LE PELERINAGE JHESUCRIST.

l'acteur

pres ce que m'ot dit denant de ce q'uen mon
deuant ie un compter et reciter bous bel
aultres merueilles que deuoie lab bices
Ainsi comme ordonne m'estoie de touz pois
amen aller mon chemin ie comence apecer pourquoy
cestoit que ie ne pouoie ainsi porter mes armeures
comme la chamberiere cy deuant nomee Memoire
faisoit qui apres moy les aportoit. 2 disoie moy mesmes
ainsi en esset Je suis huy home grantz fourny et
sain de touis mes membres qui pour porter sus assez

THE PILGRIM IN HIS CELL.   Frontispiece.

*G*², fol. 55.

LE PELERINAGE

JHESUCRIST

DE

GUILLAUME DE DEGUILEVILLE.

EDITED BY J. J. STÜRZINGER, Ph.D.,
Professor in the University of Würzburg.

PRINTED FOR THE

Roxburghe Club.

LONDON
NICHOLS & SONS, 25, PARLIAMENT STREET,
1897.

WESTMINSTER:
PRINTED BY NICHOLS & SONS,
25, PARLIAMENT STREET.

The Roxburghe Club.

MDCCCXCVII.

THE MARQUESS OF SALISBURY, K.G.

PRESIDENT.

DUKE OF DEVONSHIRE, K.G.
DUKE OF BUCCLEUCH, K.T.
MARQUESS OF LOTHIAN, K.T.
MARQUESS OF BATH.
MARQUESS OF BUTE, K.T.
EARL OF PEMBROKE AND MONTGOMERY.
EARL OF CRAWFORD, K.T.
EARL OF ROSEBERY, K.G.
EARL COWPER, K.G.
EARL OF POWIS.
EARL OF CAWDOR.
EARL OF CREWE.
THE LORD BISHOP OF LONDON.
THE LORD BISHOP OF SALISBURY.
LORD ZOUCHE.
LORD AMHERST OF HACKNEY.
LORD ALDENHAM, *V.P.*
LORD MALCOLM OF POLTALLOCH.
HON. ALBAN GEORGE HENRY GIBBS.
RIGHT HON. ARTHUR JAMES BALFOUR.
SIR WILLIAM REYNELL ANSON, BART.
SIR JOHN EVANS, K.C.B.
SIR EDWARD MAUNDE THOMPSON, K.C.B.
CHARLES BUTLER, ESQ.
INGRAM BYWATER, ESQ.
RICHARD COPLEY CHRISTIE, ESQ.
WAKEFIELD CHRISTIE-MILLER, ESQ.
CHARLES ISAAC ELTON, ESQ.
GEORGE BRISCOE EYRE, ESQ.
THOMAS GAISFORD, ESQ.
ALFRED HENRY HUTH, ESQ., *Treasurer.*
ANDREW LANG, ESQ.
CHARLES BRINSLEY MARLAY.
JOHN MURRAY, ESQ.
COLONEL J. SCOTT, C.B.
EDWARD JAMES STANLEY, ESQ.
REV. EDWARD TINDAL TURNER.
VICTOR WILLIAM BATES VAN DE WEYER, ESQ.
W. ALDIS WRIGHT, ESQ.

INTRODUCTORY NOTE.

The text of this third part of Deguileville's trilogy, to be called *Pelerinage Jhesucrist*, composed in 1358 as line 22 has it, is printed from MS. β (Paris, Bibl. Nat., fonds franç. 14976), a very correct copy of the very beginning of the fifteenth century; its spelling is a little more modern than that of MS. t, reproduced in the first volume, but less than that of MS. a in the second. It has, of course, in the following edition been treated in the same way as the MSS. t and especially a in the two preceding volumes with regard to the use of symbols like ( ), [ ], ¨, and ', the accents, italics, hiatus, feminine lines of seven syllables (the tampering with which has been noted here only for the first 200 lines), marginal directions, footnotes and additions of the Appendix.

As to the other 26 copies (the text is preserved only in 26 MSS. copies, viz. $abcdgpvyza\beta\epsilon\theta\pi\phi\chi A^2 A C^2 G H B^2 B^3 B^5 P P^1$ and in the early print $\mathfrak{P}$) they have been consulted for the first 362 lines and now and then for difficult or decisive passages in order to establish the relation of the different copies and to select accordingly the best out of them for the constitution of the text, viz. $a\theta\pi C^2 G H \mathfrak{P}$, which have been compared throughout with the text of β. In this part of the work I have again to acknowledge my great obligations to Lord Aldenham for noting the variant readings of MS. C^2 and revising those of G.

All that has to be said about these MSS., the date and place of the poem, its author &c. will be found with the corresponding observations to the text of *Vie* and *Ame* in the "Introduction," which is intended to form, together with the "Glossarial Index" and the Notes, the fourth and last volume of this edition of Deguileville's great trilogy.

As to the second recension of *Vie*, it is proposed to have it printed for the Early English Text Society together with Lydgate's English verse translation of it.

J. J. STÜRZINGER.

BAD ROTHENBRUNNEN, *Aug.* 22, 1897.

LIST OF ILLUSTRATIONS.

		LINE	PAGE
** "The Pilgrim in his Cell" (*Frontispiece*).			
† "The Fall of Adam"		70 & 181	4 & 8
* "Justice, Truth, Mercy, and Angels"		300	12
† "The Annunciation"		1,076	38
† "St. Joseph and the Blessed Virgin Mary"		1,760	59
* "The Nativity of our Lord"		1,976	66
* "St. Joseph and the Angel Gabriel"		2,171	72
†‡ "The Adoration of the Three Kings"		2,495	82
† "Ignorance remonstrates with St. Joseph and the Blessed Virgin"		3,359	109
‡ "Our Lord disputes with the Doctors"		4,022	132
‡ "The Last Supper of our Lord"		7,737	251
* "Our Lord teaching his Disciples"		7,947	258
† "Judas betrays his Lord"		8,219	266
* "Our Lord before Pilate"		8,487	274
† "The Repentance of Judas"		8,504	275
* "The Crucifixion of our Lord"		8,865	286
‡ "The Holy Women and the Angel at the Sepulchre"		9,751	315
‡ "Guillaume de Guileville"		To face	360

  * Coloured Drawings from Book *G* (Aldenham MSS.).
  † Tinted Outlines from Book *H* (Huth MSS.).
  ‡ Coloured Drawings from Book *C²* (Bibliotheca Lindesiana).
  ** Lithograph from Book *G²* (Aldenham MSS.).

LE PELERINAGE JHESUCRIST.

Prologue du tiers pelerinaige $\mathfrak{P}$ (T.)

Entre pluseurs paraboles
Que Jhesus en ses escoles
A ses deciples ensegnoit
Et a cui ouir les vouloit
Il dist quë un homme jadis   5

Fu qui ala hors du païs
En pelerinage lointain
Ou par lonc tempz il fist remain.
Et de ce s. Gregoire di[s]t

En l'omelie qu'il en fist   10

Que de li mesme ce disoit
Jhesus qui pelerin estoit,
Qui la char humainne que prist
Haut u ciel peleriner fist
Quant de li y fu menee   15

Com en estrange contree.

pl.] pl. [des] P^1 pl. [grans] c pl. [aultres] A^2 les belles H les bonnes z diuerses $\mathfrak{P}$
Quant dA, Q. [ot] Jh. $\pi g C^2$, Q. ihesu[crist] en $A^3 B^5 \mathfrak{P} cz P^1$ Q. ih [dist] en H, escles χ
—a Ag, c.] qui $\pi \mathfrak{P} \phi ad Acz P^1 H C^2 \chi P$, A c. a ouurir A^2, ourir Θ
Disans q. vns homs fu j. $C^2 \chi P$, homs fu (fust g) j. $dA a e c z b p P^1 g H C^2 \chi P$, Vng h. disoit il j. $\mathfrak{P}$
Eu $B^3 B^2$ —Fu $d(Aa$ &c.), Q. a. h. de son p. Aa Q. [sen] a. h. du p. $eczbp P^1 g H C^2 \chi P$
t. y. fu $C^2 \chi$ fust r. p fu r. $d A a e b g H C^2 \chi P$ fu romain cz
—9 $g H C^2 \chi P$, dist $\Theta A^2 y \phi ad Acz P^1$, s. george d. $A^2 Aa$
—en A, En vne omel. q. escripst p, q. escrip(s)t $a e b (pc P^1)$, lom. est il escript (escripst $s) z H C^2 \chi P$ lom. escript estoit g
De soi meismes a Q. de soi m. c, Q. de soi meismes (meises p mesmes C^2) dis. ebp $P^1 g H C^2 \chi P$
Que $\Theta y a e c z b p P^1 g C^2 \chi P$ Car AH, quil p. $\Theta \pi \mathfrak{P}$ $a z b p g H$ qui p. A
Ou h. c. p. f. z, H. au c. C^2 qui p. f. P^1, pelerin a
li [elle] y $A^2 B^5 B^3 B^2 \phi a$, y] elle χ, li [elle] y fu (elle fu A elle fust P, fust $p \mathfrak{P}$) montee $\pi \mathfrak{P} A e c z b p P^1 g H C^2 P$, montee da
Comme $\Theta A^2 \pi a c z b p P^1 g H C^2 P$ Ainsi quen $\mathfrak{P}$, en [vne] est. pc

1-118 wanting by loss of one leaf G (fol. 153). 1-238 wanting by loss of two leaves v (between fols. 146 and 147).

9-12.—Greg. *Homil. in Evang.* n. ix. (ed. Migne *Patr. lat.*, vol. 76. col. 1105-6).

10 a.—Veoir le peut on par escript (lescript C^2) $C^2 \chi P$.

B

Le Pelerinage Jhesucrist.

Or vous di qu'a ceci pensant
Une volenté me vint grant
De regarder quel voiage
Il fist et pelerinage ;   20

Mesmement quar en une nuit

L'an mil ccc. ·lviii·

Songié m'estoie pelerin
Où avoie fait grant chemin,
Et point ne l'avoie vëu   25
En ce chemin ne percëu.

Si m'en alai a ce pensant
Dedens un gardin assez grant
Où le lieu estoit gracieus
Et arbres y avoit pluseurs   30
Portans pommes et autres fruis
Des quiex regarder grant deduis
Estoit, et la s'assembloient

Mainz oisiauz qui y chantoient

Qui avoient un si douz chant, 35

Si delitable et si plaisant

di [ie] que a ce p. $\mathfrak{P}$ que ceci $B^2y\phi a$ que a ce p. $\pi\mathfrak{P}Aaeczb\dot{p}.P^1gH$ que ad ce p. C^2 quant ad ce p. χP
r.] considerer $A^2\mathfrak{P}$, que v. d com fait v. $bp P^1czgHC^2$ qung fait v. χP
et] ou B^3B^2dAe et [quel] ΘA^2B^5 en a en [ce] $\pi\mathfrak{P}czb\dot{p}P^1gHC^2\chi P$
—21 A^2, Meesm. (Meism. A Et mesm. $\mathfrak{P}$ Mesm. g) quant une n. $\pi\mathfrak{P}AgH$, q.] quant $daeczb\dot{p}P^1C^2\chi P$, en] a B^3B^2
—22 A^2aC^2, L et ·viii· A cinquante et huit $czp\chi P$ cinquante huit $\mathfrak{P}HC^2$
—23 A^2, S. [ie] m. $\mathfrak{P}$ S. quest. p. b
—24 A^2, iauoie $\mathfrak{P}cC^2\chi P$, f. [tres] gr. $\mathfrak{P}$ f. [molt] gr. p
—25 A^2, Et [que] p. [ie] ne $\mathfrak{P}$
—26 A^2, ce] cel ϕa tel y, ce ch. (cherap d) ne apperc. B^5B^3dA En ch. napp. B^2 Ou chem. ne (ny gP^1) apperc. $\pi aeczb\dot{p}P^1g HC^2\chi P$ En mon ch. ne apperc. $\mathfrak{P}$
al. tout meditant A^2
—un y, En u. jard. quest a. gr. B^5, ass.] bel et A^2
Qui est. bel et grac. $C^2\chi P$
Car a. p, Et abres (habres P) χP, Y av. et arb. pl. A^2
—32 π, D. q. a r. d. B^5, Plains dodeurs et dautres deliz $\mathfrak{P}$
Estoi[en]t A^2A Illec estoient et s. $\mathfrak{P}$, Car est. laiens s. g E. car leans s. (ass. cH) $czb\dot{p}P^1H$ Auoye car y ass. $C^2\chi P$
Pluseurs o. $\pi\mathfrak{P}eczb\dot{p}C^2\chi P$ Plus. o. q. ch. $B^3B^2 dAaP^1gH$, M. o. q. rechant. a M. o. q. hault ch. B^5 M. o. q. si bel ch. A^2, —y C^2
Et a. $A^2\phi aAgH$, Et a. si tresd. ch. A^2 Et a. un d. ch. g, Lesquelz a. si P^1, si] tres c (A^2), Si d. et delicieux ch. $\mathfrak{P}$, Vn doulz et melodieux ch. $C^2\chi P$
d.] gracieux $aeczb\dot{p}P^1gHC^2\chi P$, et tant pl. z

19, 20.—The well-known copyist of MS. z, Raoulet d'Orliens, and illuminator of this third part of MS. ε, has cancelled many lines of ε (especially the feminine lines) and entered in place of them, on the margins or between the lines, those of z, which in the whole, are inferior. Lines 19, 20 have thus been changed by him. These pretended corrections will be disregarded further on.

25 twice in C^2, being repeated at the top of fol. 175 b.

29 a, b.—Pour deporter et deliteux
    Car herbes odorans et fleurs A^2

Le Pelerinage Jhesucrist. 3

Que jamaiz ne me tenisse
Que du tout n'i entendisse ;

Pour la quel chose je m'assis

Et au pié d'un pommier me mis   40
Ou le lieu flouri et herbeus
Estoit assez et gracieus.
Et pour miex le chant entendre

Et miex y mon soulas prendre,

La m'acoutai et les yex clos   45

A fin que ne vëisse lors

Quelque chose qui m'empeschast
Et le grant deduit m'en ostast.

A insi escoutai longuement
  Ce douz chant tout a mon talent, 50
Mez pour ce que clos avoie
Les iex, de dormir estoie
Plus prest assez ; si m'endormi
Et en dormant mervelles vi
En songant songe mervelleus   55
Selonc le tesmoing de touz ceuz,
Si com croi, qui l'orront dire

j.] a nul fuer H ie pour rien $C^2\chi P$, j. [ie] ne $A^2\mathfrak{P}^1z$, moy t. B^5
Q. [ie] du $\pi b p P^1 g H$, de t. B^5, t. [ie] ni $A^2\mathfrak{P} C^2\chi P$, actend. d, Qua eulz escouter nentend. z
quelle cause mass. $\pi\mathfrak{P} czbpg HC^2\chi P$, quelle cause iou (ius A) m. $A^2 A$ quelle ie m. a, ch.] cause P^1, je] ius $B^3 y\varphi ad$
au] ou cH, du $azbpg$
Et ·i· li. qui bien delicieux c, li. asses (estoit $C^2 \chi P$) deliteux (delicieux ϵa) $zgHC^2\chi P\epsilon u$
E. et a. g. d, ass.] plaisant $Aczbp P^1 gH$, Tres plaisant et tresgrac. (et grac. χP) $C^2\chi P$
= 44 (Et p. y mi. mon s. p.) $\pi\mathfrak{P}$, p. bien leur ch. A^2, le] le doul B^5 ce doulz $czbp$, p. ce doulz ch. e. g p. ce doulx ch. m. ent. $P^1 HC^2\chi P$
= 43 (Et p. ce doulx ch. (ces d. ch-s bien $\mathfrak{P}$) ent.) $\pi\mathfrak{P}$, Et mi. mon s. y p. d Et mon s. mi. y p. (y comprend. $czbpgHC^2\chi P$) A $\epsilon aczbpgHC^2\chi P$ Et tout mon s. mi. compr. P^1 Et p. mi. mes place pr. B^5
macouday $\mathfrak{P}$ me couchai $B^5 P^1$ me acoute l. A macoutrai l. a, mescoutay mes deux y. χP, —et $d(Aa)\epsilon p$, et cl. mes yeux cz
q. [ie] n. $\pi\mathfrak{P}$, veis d veille a, v. alors p, q. iescoutasse mieux z, Pour ce q. ne v. dieux c Bien fort pour entendre a bries mos A^2
Quel[con]que ch. g, —qui a, Et que veoir ne m. z, Que nulle riens ne m. A^2
le] la φa, Et si g. delit moy o. B^3, d. ne most. A^2, Et mon g. d. ne motast $C^2\chi P$, me o. H mempeschast A

ascout. longhem. Θ
—tout $Aa(A^2 P^1)$, Ce tres (bel P^1) d. ch. a $A^2 P^1$
q. [lors] cl. $\mathfrak{P}$ q. [ie] cl. $zbp P^1 HC^2 \chi P$
Les] mes deux $czbp P^1 HC^2\chi P$, M. ii y. douir e. p, do. [plus] e. $\mathfrak{P}$, L. oelz [et] de d. B^5 prests C^2 pres $\Theta A^5 da\epsilon pb P^1 H$, a. tost ie m. $\mathfrak{P}$ m-lle A
songes dC^2
le] ce p
Comme $\mathfrak{P}$, com [ie] cr. $A^2 \pi\mathfrak{P} a P^1$, d.] lire $y\varphi a$, c. [ie] cr. q. l. lire $dA\epsilon bpcz HC^2\chi P$

49-64 omitted in g (fol. 146 c).

Ou qui ci le voudront lire.

que Θ, [y]cy $B^3B^2\mathfrak{P}$, Ou par cuer raconter et l. P^1 Cy (Oy αεbp Oyr dAc) ou raconter ou dire $y\phi adAaebp\varsigma$, Ou v. raconter et dire H, Ou de bouche compter et dire $C^2\chi P$, Et auant le voront redire B^5 En liure ou recorder ou dire z

Ne sai dont me vint a songier
Ce, forz pour cause du pommier   60
Souz qui endormi estoie

a] tel a cy p, a [ce] s. A
Se a Celle p Et d, Ne mes p. A, Ce fu (fust P) $C^2\chi P$, p. la (le B^5) c. πB^5
Souls a, q.] lequel $B^3B^2\mathfrak{P}zH$, S. q. [ie] end. ς, S. che end. [ie] est. B^5, end. [ie] est. bpP^1 end. [ie] mest. $C^2\chi P$

Que pas faire ne cuidoie

Qui p, Qui p. [ce] f. P^1 Qui [ce] p. H Et [ce] p. $C^2\chi P$ [Ce] q. p. bcz [Si] q. p. B^3B^2, f. [ie] n. $B^5\mathfrak{P}$

Ou pour la cause de Jhesu
Qui com est dit pelerin fu.

Si c. B^5, c. (comme C^2) d. est AC^2

Cy commence le songe de laucteur H.
Adam rauit la pomme et tumba et de ce procede la ruine de tous les humains. $\mathfrak{P}$ (T.)

Le songe est tel : il me sembla   65
Quë ·i· viel homme haut monta
Sus un pommier qui la estoit
Qui tres belles pommes portoit
Des quelles quant il ot mengié
Du tout a son plaisir, le pié   70
Li falli, et jus tresbucha
En tel guise quë il trouva
La terre qui estoit souz li
Ouverte qui ens l'englouti ;
Et ne scu lors quë il devint,   75
Mez bien sai que li mesavint,
Et éust voir este perdu
Se secours ne li fust venu

Qui si grant fu et mervelleus
Que s'en esmervelleront ceuz   80

Ce s. $\pi\mathfrak{P}$, t. quil m. B^2, moy s. B^5, s-bloit $HC^2\chi P$
Comme g, v.] bel χP, ho. v. en ha. $\mathfrak{P}$, ha.] sy P^1, m-toit $gHC^2\chi P$
Sous Θ, la] haut $aeczbpP^1gHC^2\chi P$
p.] auoit B^5
Et q. dicelles ot (eust P) m. $C^2\chi P$
De t. B^5 Trestout $aeczbpP^1gHC^2$
j.] puis ΘB^5
telle (celle ϵ) g. quil tr. $A^2\mathfrak{P}dAaeczbpP^1gH C^2\chi P$, tel maniere quil B^2, qui t. dA
q. s. lui est. A
Ouurir q. e. l. (lengloutissoit A) dA Ouurir et dedens l. $aecz$
Et [ie] n. s. l. quil $\mathfrak{P}$, sceut ag scay dA, s. adont quil B^5, quil A qui ς, qui d. χP
qui ϕaP^1C^2 quil B^5B^3cP mesuint A
Et (En p) eust voir (pour v. $C^2\chi P$ tout z) este p. $y\phi adAaebpP^1czgHC^2\chi P$ Et eust este du tout p. $B^3B^2\pi\mathfrak{P}$] Et finablement fust p. $\beta\Theta A^2B^5$
grans Θ$aebpg$, fust P
Q. moult sesm. $\mathfrak{P}$ emerueillerent A, s. merueillerent c. $y\phi aae$ s. (se P^1) merueilleront (m-llerent bpC^2P) [tous] c. $P^1czgHbpC^2\chi P$, Q. [bien] s. merueilleront [tous] c. B^5, Q. merueille en aront [tous] c. A^2

THE FALL OF ADAM.　　　　　Lines 70 & 181, pp. 4 & 8.

H, p. 407

ntre les belles
paraboles
Que Jhesus dist
en ses escoles
A ses disciples
ou seignoit
Et a que on les
vouloit

Il dist que ung home fu jadis
Qui sen ala hors du païs
En pelerinaige longtaing
Qui par long temps il fu remaines
En l'omelie est il escript

Que de soy meismes disoit
Jhesus qui pelerins estoit
Ou la char humaine quil prist
Aulx on cel pelerinier fist

Le Pelerinage Jhesucrist

Qui m'orront dire que j'en vi,

Quar encor en sui esbahi,
Et m'est avis qu'encor songe
Ou ausi soit com menconge.

A vis me fu, quant trebuchié   85
Fu ce viel homme dont pas lié

Ne fu, quar il m'apartenoit
De lignage, ce me sembloit,
Que les oisiauz qu'ai dit devant,
Des quiex j'escoutoie le chant,   90

Tout entour moi s'assemblerent

Et me prirent et leverent

Sus une montaingne tres haut
Qui en lieu dë ·i· eschafaut

Me fu pour le monde vëoir,   95
Si que n'i avoit rien de voir
Qu'a mon avis ne vëisse

Se bien entendre y vousisse.
Prés, rivieres et boscages,

Villes, chastiaus, labourages,   100

moiront d, moirent d. q. ie vi $B^5 ag$ que je vi C^2 me oyrent d. ce q. ien vi A, je vi $B^3 B^2 \pi \mathfrak{P} bpcz$, d. ce q. vi (q. ie v. χP) $A^2 P^1 H \chi P$

Dont encores (encor C^2) s. e. $C^2 \chi P$, encores s. g

—83 $cC^2 \chi P$, Il m. A, a. encore que s. A^2, que encor H, encore Θa &c.

—84 $cC^2 \chi P$, ainsi $\mathfrak{P} y \phi a$] que ce z, comme $\Theta A^2 B^3 B^2 \mathfrak{P} \phi a z$, Ou que ainsi s. c. (comme je A) songe dA Ou que ce (Ou ce B^5) s. ainsi com. (comme P^1) songe $a \epsilon B^5 P^1$ Ou (Et b) que (quil g) s. ainsi songe (s-gie g) pbg Par la grant merueille du songe H

Puis me f. q. [fu] t. y, q. tumbe fut $\mathfrak{P}$

—dont $A^2 B^2 A a \epsilon (B^5 c)$ F. ce [lui] v. h. p. l. c, h. [ne fuy] p. l. B^5, h. mie l. $z b p P^1 g H C^2$, ce bel h. p. l. χ ce bel h. p. l. nen fust P Ce v. h. d. p. ne fut $\mathfrak{P}$

Nen $bpzgHC^2 \chi$, Car apres il B^5 Car certes il P, Joyeux car $\mathfrak{P}$

ce] se $A^2 A a H P$

Et Ac, L. o. que iay $bpP^1 gHC^2 \chi P$ —Que C

De coy ie escoutai les chans B^5, jasc. Θ je escoutay $A^2 B^3 B^2 d A a \epsilon c b P^1 g H C^2 \chi P$ le [doulx] ch. $\mathfrak{P}$

Tous A [Tres]tout A^2 [Tres]tous P^1, e (autour C^2) [de] m. $\mathfrak{P} cz C^2 \chi P$, [il] sass. B^5 se ass. $B^3 B^2$

Et [puis] m. $B^3 B^2 z$, priserent C^2 pr. [lors] c, et [es] lev. A et [me] (moy B^5) l. $A^2 B^5 \pi \mathfrak{P} H C^2 \chi P$ et [puis] l. P^1

En B^5, t.] moult H, Dessus un tertre forment h. z

Q. [est] en l. dun e. p, Q. ens ou l. dun e. P^1, dun $A^2 B^5 B^2 \pi \mathfrak{P} d A a \epsilon b g C^2 \chi P$ dun [grant] e. $\mathfrak{P} cz H$

fust π, m. [mieulx] v. $\mathfrak{P}$

Pour coy B^5, q. r. ny a. $\pi \mathfrak{P}$, veoir χ

av.] vouloir $B^3 B^2$, av. [ie] n. B^5, Que ie tout a plain (Q. t. a pl. ie $\mathfrak{P} C^2 \chi P$) ne v. $\pi b p P^1 g H \mathfrak{P} C^2 \chi P$ Que bien (tresbien c tout z) veoir ne peusse (poisse c pouisse z) $a \epsilon c z$

Se [ie] b. P^1, ent.] regarder z, gy·v. $\mathfrak{P}$ le peusse B^5

P. [et] r. $A^2 \mathfrak{P} c$ P. [champs] r. $bpP^1 C^2 \chi P$ P. champs r. b. gH P. vingnes r. b. z

ch. [et] l. $B^5 \mathfrak{P} dA$, l.] et riuages $a \epsilon b p g H$, V. [et] (bourgs $C^2 \chi P$) ch. et riuages $czP^1 C^2 \chi P$, Camps et valees et montaignes A^2

Champz, montaingnes et valees,

Divers päis et contrees,

Hommes et bestes et oisiaus,
Avoirs, richeces et jouiaus
Sanz la tres grant infinité 105
D'autres choses dont tel plenté
Y a que ne puet estre dit
Në onques pensé ne escrit.
Et avint, com regardoie

Tex choses et y pensoie, 110

Les oisellons qui aporté

M'avoient la et haut leve
Commencierent a voleter
Au dessus de moi et chanter ;
Et estoit leur chant si serain, 115
Si joieus et de douceur plain
Que tost il me couvint lever

Mez iex haut pour euz regarder.

Or soit Dex au commencement,
   Au moien et definement 120
De la vision que puis vi
De quoi pas digne je ne sui
Raconter et onques ne fu ;
Et encor mainz digne je fu

= 102 ϕa, Ch. [et] m. $\mathfrak{P}$, m. [terres] et v. B^5, Et m. $a\epsilon b\rho g$ Et [les] m. z Haultes m. cP^1 Haultes m. basses v. H Mont. grandes et v. $C^2\chi P$
= 101 ϕa, [Et] div. cP^1 [Les] div. B^5z [De] div. A^2, p. diuerses c. $\mathfrak{P}pH$ Et pluseurs diuerses c. PC^2
H. b. ag
AuoirB^5aC^2 Auoit χP, j.] oiseaulx A
la grande (grant χ) i. C^2P
Dautre ch-e g, De telz ch. B^3B^2, ch. a grant pl. B^5 tel] grant $\pi\mathfrak{P}Ac$ a ΘA^2z
qui B^5dA quil z, —ne y, peust P
Nonq. πg, Nestime ne p. nesc. $\mathfrak{P}$, Raconte ne p. $C^2\chi P$, onq. ne p. A, ny P^1
av. c. je (si c. je $a\epsilon czbpgHC^2\chi P$ comme je $\mathfrak{P}$ si comme π ainsi que P^1) pensoie $A^2\pi$ $\mathfrak{P}a\epsilon czbpgHC^2\chi PP^1$, c.] quant $y\phi a$ si com (comme A) B^3B^2dA, Av. comme je r. B^5
Telles B^2, A ceste chose et p. B^5, A t. (ces z) ch. (tel chose a) et regardoie ϵa $czbpP^1gHC^2\chi P$
oyseaulz $A\chi P(P^1B^5)$, [Que] l. oisiaux q. P^1 [Tous] li oysielz B^5
—la π, la h. et le. a, et h. monte P^1, M. et en h. esleue $\mathfrak{P}$

—et P

l.] le $\pi\mathfrak{P}\phi aAcP^1gHP$, chault χ, si souuerain A
j.] plaisant z tres bel c souef H seri $a\epsilon b\rho gC^2\chi$ $P(P^1)$, seri et dodeur si pl. P^1
t.] lors A^2, Q. tantost me conuient B^5 Q. tenir ne peu de (ne me p. de π ne me p. $\mathfrak{P}$) l. $B^3B^2\pi\mathfrak{P}$ Quil (Que $y\phi adA$) me c. les iex l. $y\phi adAa\epsilon czbpP^1gHC^2\chi P$
euz] miex ΘA^2 les $B^3B^2\mathfrak{P}$, M. i. en h. et. r. B^6, Vers le ciel p. $y\phi a$ Vers le ciel (les cieulz A) et r. dA, Et enuers (deuers P^1) le ciel r. $a\epsilon czbpgHC^2\chi PP^1$
au] a B^5, commencent a
et] au ΘdA, et au finem. $a\epsilon czbpP^1gHC^2\chi P$
q. vy χ q. je v. HC^2P q. vi p. P^1
q. ie p. d. ne fuy (sui $a\chi$) $a\epsilon bcgHP^1\chi$
—123 A, et] ne B^5ag, Du rac. nonq. ne f. H, R. la ne ne fu onq. P^1
—124 A, —je B^5, d. fus donques P^1

Le Pelerinage Jhesucrist.

De vëoir la, et fort y a   125
Qu' aucun soit qui m'en croie ja.
Quant les iex en haut o levé

Pour vëoir, si com j'ai conté,

Les oisellons qui chantoient
Et grant deduit me faisoient   130
Nul n'en vi, mez le ciel ouvert
Et desclos vi tout en apert
Dont me vint si tres grant clarte
Qu'a pou que n'en fu avuglé ;
Et este l'eusse vrai[e]ment,   135
Se mes paupieres prestement
N'eusse sus mes iex abatu
Et clos nes ëusse tenu.
Mez voir est quë un parlement
Ouy assez prochainnement   140
Qui fu d'angres a mon avis
Selonc qu'apercu par leur dis,
Et par ce quë apres en vi
Dont grandement fu esbahi.

Anges interroguent le bon ange Adam qu'il a fait de Adam qui lui auoit este baille en garde 𝔅 (T.)

"Compains, disoit l'un, qu'as tu fait 145
D'Adam, le premier homme fait
Que Dex te bailla et commist
A garder des ce que le fist ?
Mont esbahis nous sommes tous
Quant sanz li tu reviens a nous."—   150
"Segneurs, dist l'autre, or entendés !

Je croi qu'en serai avoués
Du roy quant la cause sara
Si com bien tost li dirai ja.
Vo*us* saves bien que, quant Michiel   155
Trebucha jus Orguel du ciel
Pour estre puni en enfer
Avec son pere Lucifer,
Orguel en terre demoura
Espave, au quel s'acompaingna   160
Adam et avec li se mist
Pour quoi tost eslongnier me fist
De li et sa compaingnie,
Quar compaingnier ne doi mie
Orguel en terre qui hors mis   165
A este du ciel et bannis."—

"Comment s'acointa, dirent il
Adam d' Orguel qui en essil
Estoit mis sanz esperance
Ja avoir de retournance?"—   170
"Pour ce, dist il, qu' Adam cuida
Estre com Dieu, il l'appella
Pour li venir tantost aidier
A monter haut sus le pommier
Que Dieu deffendu li avoit   175
Quant son gardinier fait l'avoit.
Il y vint, et si li aida
Que prestement en haut monta
Et des pommes tout à son gre
Menga et à sa volenté.   180
Mez apres le pié li falli
Si qu' a terre pas ne chäi
Tant seulement, mez l'assorba

quant s. *g* que s. *aC²χP*
r. la c. grant s. *g*, serra *χP*
Ainsi que t. ℬ, comme t. *H* comme b. li d. (dira *g*) *P¹g*, le d. *b*
Tous s. b. *B⁵*, B. s. que q. saint M. *B³B²π*ℬ B. s. que q. M. *A*, B. s. tous que *φaGd aeɛbP¹gHC²χP*
infer Θ

sour t. *B⁵*

Espoir *B⁵* Confus *c*, a qui s. *C²χP*

Et pour che esl. *B⁵*, eslongier *χ*
et [de] s. *B⁵B³B²π*ℬ*φGaeɛbP¹gHχP*
acomp. ℬ*Ag*, c. [pas] ne *B³B²* c. [je] ne *πℬa cbP¹HC²χP*, doie *d*
en] de *aeɛbP¹C²χP*, q. bannis *c*
chiel abatus *B⁵*, et hors mis *c*

—167 *P¹*, distrent *φεHχ* disdrent *G*
—168 *P¹*, eschil Θ eslit *χ*
—169 *P¹*, s. [nulle] e. ℬ*cbC²P*
—170 *P¹*, Ja [mais] av. ℬ Ja dav. *A*, de] sans Θ, De av. jamais r. *C²* De ia (ia mais *c* y *b*) av. r. *aeɛb* De y av. ia r. *gH* Av. point ne r. *B⁵* Dav. iamais recouvrance *χ*
c.] son *G* —com *χP*, il ap. *B³B²π*ℬ*φGaeɛb P¹gHχP* Dieu si a. *C²*
Orgueil p. l. v. a. *B³B²π*ℬ*φGaeɛbP¹gHC²χP*
le] ce *χP*

Qui *c*

iardin *χPB⁵*, iardin f. li av. *B⁵*, f. av. *B²*
y] lui *AχP*, Tantost y vient et li a. *B⁵*
Qui ℬ Et *a*, Tant q. p. il m. *χP*, en h.] il y *aeɛbP¹gHC²*, Q. tous sour laubre il m. *B⁵*

et] tout *π*
li pies Θ
Par coy a t. ne ch. *B⁵*
m. le sorba *B⁵*

159 after 165 *B³*.

Le Pelerinage Jhesucrist.

Et en enfer jus l'avala.
La est et la sera touz jours   185
Se de par le roy n'a secours.
Plus je ne doi estre avec li,
A bonne cause en sui parti."

Les angres. Les autres dirent : "Tu dis voir.
Or fai tost ce au roy savoir,   190
Et apres toi no*us* touz irons
Et que dira le roy sarons."

L'angre Adam. 'Et jë y voiz, dist, sanz delai.'

Quant ce oui, je me pensai
 Que nulle rien ne faisoie   195
Se le maintieng ne vëoie.

L'acteur met son scapulaire de sarge pour pouoir veoir la clarte du paradis. ℬ (T.) Un escapulaire vestu,
De sarge laschement texu,

Avoie dont le pan geté
Devant mez iex pour la clarte   200
Que mal ne me fëist a euz
Quant les leveroië auz ciex.
Ainsi ouvri tout belement

Mez iex et paoureusement
Pour la clarte que doutoie   205
Que devant sentu avoie ;
Mez pour ce ne fu pas exent
Que la clarte tres aspremant
Ne me ferist, et se vouloir
N'ëusse ëu de ce vëoir   210

De quoi j'ai par devant parlé,
Jamaiz je n'ëusse enduré
Si grant lumiere com senti.

j. av. c j. deuala A
La est il et s. B^5

Point B^5, —je $B^5 G\phi dA\epsilon bgHC^2\chi P$, doie d
—en B^6, c. men p. c

disoient d *miswritten* disdient G, Li angle dient B^5, Certes beaulx compains tu d. v. $C^2\chi P$
ce tost $\mathfrak{P} a\epsilon c b P^1 g H C^2 \chi P$
Et n. tous ap. toi i. $c a P^1$ Et n. tous ap. i. ϵb
 Et n. [tres] tous ap. i. $gHC^2\chi P$
Ce q. $B^5 B^3$, r. nous s. B^5, s.] ferons gH
je v. dit [il] $B^3 B^2$, voy B^5, di. [il] $B^3 B^2 \pi \mathfrak{P} G \phi c$, dist] tout $A a \epsilon b H C^2$ tost g dont P^1, v. s. nul del. χP

ce [ie] o. $\mathfrak{P}$, Q. oy ce $a\epsilon cbC^2\chi P$, ma p. πC^2
r. [ie] ne $B^6 \mathfrak{P} A$, Q. plus auant ie rien saroye (ie nen seroie χ ie nentreroie P) $C^2\chi P$
leur m. c, m. [ie] n. $\mathfrak{P} A$ m. [tout] n. P^1, m].
merrien b maniere $HC^2\chi P$ maistre g, le responce nen ooie B^6 scapul. lors v. $\mathfrak{P}$
D. singe (soie ac) largem. t. ϵbac, lasquem. Θ largem. $\phi GdAP^1gHC^2\chi P$ mult larquem. B^5
adont B^5, Jauoye duquel le p. getay $\mathfrak{P}$

Quaucun mal $\mathfrak{P}$, feistes d] venist c, f. as (es χP) yex ΘGa &c.
Q. [ie] les $B^3 B^2 P^1$, auz] es $a\epsilon cbgP^1$, Q. ie l. leuoie ϕG Q. l. leuoie π Q. l. subleuroye $\mathfrak{P}$, A les leuer deuers les c. χP, Q. ie regarderoie le chiels B^5
pauouronment Θ, et [bien] p. $\mathfrak{P}$

senti $\mathfrak{P}$ veu $\epsilon b P^1 g$ veue $acH\chi P$, veu iav. C^2
fuy H
t.] moult $\phi GdA\epsilon c b P^1 gHC^3\chi P$
moi f. a son v. B^5, fresist Θ
Je n. eu bien grant d. $\mathfrak{P}$, ce] li $\epsilon acbgH$ bien $C^2\chi P$

De quoi j'ai par devant parlé,
Jamaiz je n'ëusse enduré
Si grant lumiere com senti.

Ce dont j. $C^2\chi P$, ie ai d. B^5, auant H
A jam. $\mathfrak{P}$, —je $B^5 B^3 B^2 abgH$, ne eusse $B^3 H$
g.] com π, Tel l. que ie s. $\mathfrak{P}$, c.] quon χ que on $B^3 B^2$ que B^5

10　　　　　　　　*Le Pelerinage Jhesucrist.*

Si dirai quel chose je vi,
Selonc que vëoir pouoie,　　　　215
Quar bien cler pas n'i vëoie.
La grant lumiere, qui venoit
Du ciel haut, ressortir faisoit

Ma vëue, com rebouquer

Fait le soulel quant il luist cler　　220
Les iex de la chauve souris.

<small>Vision du pelerin en oyant les anges chanter. ℙ (T.)</small>

Dis grans cercles a mon avis
Qui l'un dedens l'autre estoient
Et dont 'ix' touz jours tournoient
Vi, et estoit cil du milieu　　225
Cil où estoit le siege Dieu,
Si com apres dit il me fu
Et aucunement ape*r*cu
Par les choses qu'apres dirai
Selonc que remenbrance en ai.　　230
De la si grant clarte issoit
Que jamaiz n'i pëusse droit
Avoir ma vëue geté
Que n'eusse este tost avuglé.

Le cercle qui entour estoit　　235
Assez je regardai a droit
Et les autres 'ix' miex encor
Qui plus reluisoient quë or,
Et d'or furent a mon avis
Sus autres cercles d'azur mis　　240

quelle ch. vi *dAa*
Tout s. q. v. ie p. ℙ, Si comme (com *da*) v. *dacebg*$HC^2\chi P$ Ainsi comme v. *A P*¹
Q. p. (point *B*⁵) b. cl. (ie *C*²) ne (ni *B*⁵*a*) v. *B*⁵*aecb P*¹*g H C*²χP
D. c. r. me f. *B*⁵, D. c. en h. (c. damont *c*) et descendoit (reboucher *B*⁵*a* rebourser *g* rebouter *H*) *P*¹*c*, Haut (Den haut *H*) du c. et descendoit (et qui d. *C*²χP) *ϵabg H C*²χP
v. si comme rebourcier *A* si c. tresmuer *B*² *B*³ ainsi que reboucher ℙ, rebouchier *φ* rebouscher *G*, Et ma v. rebouquier (reboucher *B*⁵*a* rebourser *g* rebouter *H*) *ecb B*⁵*agH*, Ma v. faisoit rebouter *P*¹, Faisoit ma v. rebouter *C*²χP
Saicle s. *g*, q. l. bien cl. *B*⁵, Com f. le s. q. lu. *H* Com le s. q. il fait cl. *P*¹, Tant par estoit luisant et cl. *C*²χP
—la *P*¹, des ch-ves *φG*, Mais sachies que moult bien je vis *C*²χP

Mis et *A*, d. les neuf *C*², De coi les ix toudis tourn. *B*⁵, d. les v toudiz tourn. *c*
Sy est. cellui d. m. χP Et est. cellui *C*²
La *B*⁵ℙ*φ GdAeacb P*¹*g H C*²χP
dist *d*, —il *B*³*B*²*φG*
autrement a-ceu *B*⁵*ϵacb P*¹*g H C*²χP, Et que aut. lap. *P*¹, laperc. ℙ
S. ce q. r. ai *B*⁵, q. ie r. *g*, ram. θ, —en ai *A*

Ma v. a. illec g. ℙ, A. y mon regart g. *c*, gettee *A*
Q. av. n. e. *H*, Q. neust e. aueuglee *A*, tout av. *B*³*B*²ℙ, —tost *B*⁵*φ GdAeacbg P*¹*H C*²χP, auulle θ
=236 (A. ie r-doye a.) *A*
=235 *A*, A. r. ore endroit *B*⁵, Je r. assis bien droit *c*, r-doie *dAϵbgH*, r-doie dr. *aχP*
m. ix *g*, —ix *Aa*
Q. trop pl. r. q. lor ℙ, reluisent *a*, q. lor *c*
c. dessus m. *A*

Qui largeur assez avoient
Pour quoi plus parans estoient.

Distances grans ausi avoit
Entre les cercles, et sembloit
Que tout fust de cristal poli 245
Si cler quë on vëoit par mi.

Et estoient ces cercles mis
Par tel ordenance et assis
Que cil qui le plus grant estoit
Et les autres environnoit 250
Estoit de touz le plus bas mis,
Et cil apres a mon avis
Et touz les autres en suiant
Aloient touz jours en montant,
Si que cil qui ne se mouvoit 255
Et ou la grant clarte estoit
Estoit le plus haut eslevé
Et tenoit le plus haut degre.
La estoient deduis tres grans,
Et par les ·ix· cercles tournans 260
Voletoient et tournoient
Et en riant haut chantoient
Angres de tres clere facon,
Dont la avoit si grant foison
Que tout en estoit fourmiant 265
Le lieu et plain de joie grant.

Ainsi vi com se demenoit
 U ciel, de quoi mont me plaisoit,
Jusques a tant que haut monta
L'angre qu'ai dit, qui droit ala 270
Humblement agenoullier soi

Dung l. χP Dazur q. l. A, largueur θ
Par AB⁵, Par q. pl. parant en e. B⁵, apparans ℬ comparans π parens d parez A pareulz cg pareilz bHC²χ, pareil pl. e. α
D. grandes ensi B⁵, Grandes d. χ, ainsi φGcb
Entour εαcP¹gχP, et] se d
Q. fuissent d. B⁵
—que A, cl. com y v. d, cl. v. en tout p. B⁵, quon v. jour p. ℬ, Si q. on (—on b) y v. εαcbP¹gHC²χP
chil c-cle B⁵ iceulx c-s ℬ
telles d, —et B²
que θ, —le B⁵A, q. cellui pl. P
auiroun. B³B²π!ℬεαcbP¹gH enluminoit B⁵
E faut α, du (de χP) tout εαcbP¹gHχP, E trestout li pl. omnis B⁵
dapres cC²χP
ensieuant θ ensuiuant G
Si al. ℬ, toudis B⁵
Par coy chis point n. B⁵
—Et α
Chestoit B⁵

li d. B⁵, e. ioyes et d. g. ℬ

V. druement et t. ℬ, tournoioient θc tournioient εαP¹H
r. tant bien ch. P¹, h.] moult C²
cl.] grant π grande ℬ noble B⁵
D. y av. a g. B⁵, aloit A, si tres g. g
t. aloit retentissent C²χP, formi. θ forment α ferment g fremiant B³B²εcbP¹H
lie θ, et tout pl. ℬ, De la j. qui estoit g. C²χP

Lors v. c. on s. ℬ, com] que θB⁵, se] ce χ te P
c. dont moult me pl. θ c. dont forment me pl. αεcbP¹gHC²χP, q. bien me B³
qui] et B⁵B²αεcbP¹gHC²χ tout P
H. en genoulant s. B⁵

Sus le cercle où estoit le roy ;
Pour quoi tantost assemblerent

La endroit et avolerent
Les angres to*us* et a chanter   275
Laissierent lors pour escouter
Que diroit, quar a leur avis
N'avoient pas tel chose apris.

> L'angre adam a Dieu le pere.

"Douz roys qui es mon createur,   [280
Dist l'angre, et qui es mon segneur,
Je me vieng escuser a toi
Dë Adam qu' en garde de moi
Tu baillas quant tu l'ëus fait,
Quar par Orguel si s'est meffait,

Qu'il est sus le pommier monté   285
Que li avoies devëé,
Et a mengié a son talent
Des pommes, de quoi sui dolent ;
Quar pour cela est trebuchie
En enfer et l'ai la laissie.   290
Ce scet Cherubin qui est ci
Qui hors le chaca et banni
De ton gardin com transgresseur
Et com rebelle a son segneur.
Autre chose n'en puis faire ;   295
Ne te vueille pas desplaire !"

Quant humblement ainsi parlé
  Ot l'angre et se fu escusé,
De ce lieu hautain et luisant
Troiz dames de noble semblant,   300
Qu' autre foiz vëu avoie

P. quele chose s. $\mathfrak{P}$, Et apres t. B^5, s-bloient G g la sass. C^2
De toutes pars et a. $aεcbP^1HC^2\chi P$, L. end. angles et vol. B^5, auoloient g
T. l. ang. et $\mathfrak{P}$, Et tout lasierent le ch. B^5
l.] tous χP, asc. Θ, Pour les parolles e. B^5
Quil d. $\mathfrak{P}c\chi P$, droit χ, d. langele la venut B^5
Nauoit p. telle $\pi\mathfrak{P}$, —pas $\phi GdAeP^1gH$, Au roy en rendant son salut B^5

r.] dieu cb

—qui B^5

a] vers $C^2\chi P$

Dad. que (qui $\mathfrak{P}$) en $B^5B^3B^2\mathfrak{P}$, que en χ
Me b. $aεcbP^1gH$ Tu me b. $C^2\chi P$, b.] liuras B^5, b. des ce que l. $\mathfrak{P}$
Que ϵP^1H Quil $\mathfrak{P}$, si] tant $\mathfrak{P}$ se il π il $B^3aebP^1gHC^2\chi P$, si est B^2, Coment p. o. est m. B^5
Il $C^2\chi P$ Et H, Car B^5, e.] a c, —le B^2
desuee aG deuoie π denie A, Q. tu li a. prohibe $\mathfrak{P}$ Qua garder estoit ordonne $C^2\chi P$

Et $B^5B^3B^3acb\chi$, p. ce fait e. $\mathfrak{P}$, p. ce lay ie t. $AεacbP^1HC^2\chi P$ p. ce langre t. g
la lai $B^3B^2\pi\mathfrak{P}\phi GAεacP^1$ lauaI H, —lai g
scet] cest $C^2\chi$
h.] lors $B^5B^3B^2\pi\phi GeaP^1P$, la chasse A le cacha (Pic.) Θ le sacha gH
Dou g. B^5B^2, g. tant gracieux H
Est on r. g, Si lauons laissie trestous deux H
ne p. A, pos H ay peu C^2 ay sceu χP
Pour ce ne A, Et ne ten v. C^2, ten v. χ, De ce ne t. v. d. H Or ne t. v. point d. B^5

p-lay $\mathfrak{P}$

sen Θ ce $\mathfrak{P}$, et luy exc. B^5

hault A

—301 c, Quatre f. Θ (Pic.), Que daut. f. bien v. iav. $\mathfrak{P}$, veues $B^5B^3B^2\pi AaP$, veu iav. C^2

301.—See *Ame*, 1785-2198.

JUSTICE, TRUTH, MERCY, AND ANGELS. Line 300, p. 12.

G, fol. 155.

	En autre lieu où estoie,	—302 c, —lieu b, iest. $\pi\mathfrak{P}dAa$ ie est. C^2
	Vi venir a celui parler.	se] ce g, p. soffre cl. H p. ouy (ie vy C^2) cl. $C^2\chi P$, se fit nommer P^1
	La premiere se fait clamer	
	Justice, l' autre Verite 305	J. et l. $B^3B^2Ae\epsilon bP^1gHC^2\chi P$
	Que piec'a mont fieres trouvé,	—306 B^5, fiere A, t-uai $\mathfrak{P}$
	L'autre Misericorde estoit	Li a. a M. este B^5
	En qui toute douceur manoit.	—308 B^5, menuoit H auoit $g\chi P$
	Justice lors a l'angre dist :	dit B^5B^3 a dit $B^2\epsilon agH\chi$

Altercation deuote de iustice raison et verite contre le poure pelerin. Et misericorde le defend contre elles et lennemy. $\mathfrak{P}$ (T.)

Justice a l'angre adam.	"Au roy et a nous bien soufist 310	A nous et (—et g) au roy b. s. ϵabP^1g, Ce cas fait au r. b. s. $C^2\chi P$
	Ce qu'en as fait, en ton lieu va !	que a. B^5bgH, quas f. en t. l. ten va P^1, en (ou c) l. ten va ϵacb, Nen parle plus et si ten va $C^2\chi P$
	Ton ordre sces bien de piec'a.	
	Adam s'il a fait folie,	faite B^3B^2 commis $\mathfrak{P}$, Se (Et ce χP) adam a f. f. $\epsilon acbgHC^2\chi P$, A. (Sadam P^1) a fa. une f. AP^1
	Boive la toute sa vie	Si la b. t. $\mathfrak{P}\epsilon acbP^1gHC^2\chi P$
	Sans ja redemption avoir 315	jamais B^5B^2 point P^1 —ja $A\epsilon bgC^2$, Et s. r. a. H S. r. nulle a. $B^3a\chi P$
	Ne pardon tant li com si hoir !"	De p. ne trestuit si h. H, p, ne l. ne si (son $G\mathfrak{P}$ ses C^2) h. $C^2\chi P\mathfrak{P}$, c.] que P^1, —li πg, —si B^2 son $\pi\mathfrak{P}GP^1$
	Lors l'angre se parti de la	Li angle B^5, s. departi π
	Et avec les autres ala.	auecques χ, av. ses compaignons va B^5
Çil qui songe.	Or vueil ci donner un avis	—ci B^2
	De maintes choses qu'ai ci mis 320	De maintes ch. $B^5B^3B^2\pi\mathfrak{P}\phi GA\epsilon acbP^1gH C^2\chi P$] Daucunnes $\beta\theta$, que cy m. P^1
	Et encor metrë y entent,	encore m. ΘabP enc. a. m. $B^3B^2\pi\mathfrak{P}\phi GA\epsilon cgH$
	Qui ne sont mie seulement	Qui $B^5B^3B^2\mathfrak{P}\phi GA\epsilon acbP^1gHC^2\chi P$] Que $\beta\Theta\pi$
	En ce songe contenues,	ces s-ges $B^5A\epsilon acbgC^2\chi P$
	Mez trouvees et vëues	prouuees B^3B^2A
	Mot a mot ou [pou] autrement 325	=326 π (Cy deuant en mon s.) $\mathfrak{P}$, peu $\mathfrak{P}$, De m. a (en c) m. P^1c M. apres autre ou a. χP
	Sont en mon premier songement	=325 (M. a m. ou peu a.) $\mathfrak{P}$ (M. a m. ou a.) π, —Sont a, En m. premerain s. χP
	Qui appellé est Pelerin.	Q. e. ap. P. π, Ou deuxiesme pelerinaige $\mathfrak{P}$
	Et ai ce fait a ceste fin,	Et qua ce A, a bonne f. P^1, Et ycy mectre voulu lay ie $\mathfrak{P}$
	Quar trop grant enui aroient	Pour ce que g. $\mathfrak{P}\chi P$, anui Θ
	Ceuz qui ci endroit liroient, 330	Cil B^5H, C. et celles q. c. l. $\mathfrak{P}$, que Θ, q. droit cy adroit l. P^1, lorroient H

324-327 refer to the *Pelerinage de l'Ame*, see below lines 675-728, 801-811, 829-836, &c.

S'estoient renvoies ailleurs,
Mesmement quar seront pluseurs
Par aventure qui aront
Cetui qui l' autre ne pourront
Avoir, et aimme miex ausi   335
Quë on die que ·ii· foiz di
Une chose que *pareceus*
Fusse dit ou deffectueus.

  Verite parle.

Or di, quant Justice ot parlé
 A l'angre et il s'en fu alé,   340
Tost apres la parole prist
Verite, sa compaingne, et dist :
"Bien aroit ici a penser
Aucunne chose et discerner.
Quar quant Adam au roy parel   345
Vout estre, ce fu par Orguel,
A l'instance et sugestion
Du serpent et temptation,
De quoi fu moiennerresse
Eve qui crut la pramesse,   350
Pour quoi que dire apertement
Ne sai pas bien quant a present
Forz tant que grant punissement

A desservi tres longuement."—

  Justice respont.

"Ne di pas, a dit Justice,   355
Longuement pour si grief vice,

Mez di que perpetuelment
Painne doit avoir et tourment ;

enuoies B^5 remues χ
M. il sont pl. B^5, q. (que $C^2\chi P$) il sont pl. $aP^1HC^2\chi P$ q. selon pl. B^3B^2 car sont pl. G

Ceste a, que A et H
iayme $\mathfrak{P}$, ainsi AG

perec. $\Theta\pi H$

defritueux g

—339 H
—340 H, fust χ, rale B^5
—341 H, la] sa aP^1
—342, H, et si d. $\mathfrak{P}$
auoit i. B^3B^2 auoie cy a aroye cy (ycy χP) $P^1HC^2\chi P$
et a d. A

Que $H\chi$, a moy p. AP, q. a moy A. p. C^2

subiection $B^5B^3B^2\phi GaP^1\chi P$ substraction A

Que de che f. B^5, qui G, Il na pas tenu sa promesse $C^2\chi P$
creoit P^1, Quant obeit a sa pr. H, Pour ce viura en grant (—grant C^2) tristesse $C^2\chi P$
—351 $C^2\chi P$, que] ie B^2, P. q. ne scay quant a present P^1
—352 $C^2\chi P$, Nen $\pi\mathfrak{P}G$, s. que dire tant quen pr. B^6, Que dire en appartient fors tant P^1
F. q. a long temps punition $\mathfrak{P}$ Quil a tres g. punition P^1 Auoir doit g. punition $C^2\chi P$, punition $\mathfrak{P}GAaP^1H\chi P$

t.] moult B^5, D. par longue saison P^1, A d. (D. la $C^2\chi P$) par grant saison (foyson G) $AaHC^2\chi PG$, En a d. par raison $\mathfrak{P}$
a d.] ce dist χ
si] le Θ, Grant (Longue P^1) saison a (pour G) si gr. (grant GAP^1) v. $GAaP^1HC^2\chi P$, A longtemps p. le cruel v. $\mathfrak{P}$
M. tousiours p. A M. di p-tuelem. $\mathfrak{P}C^2\chi P$

After 338 thirty-two lines interpolated in $\mathfrak{P}$ (fol. 150 c), see Appendix.

Quar selonc ce qu'est infeni
Cil a cui a desobei, 360

Ausi sanz fin punissement
Doit avoir par droit jugement."
Misericorde dist : " Bien croi
Quë il soit ainsi, se li roy
Le meffait ne li pardonnoit 365
Ou grant grace ne li faisoit."—
" Pardonnoit ? a dit Justice,
Comment te plaist il dire ce ?
En nul meffait ne gist pardon,
Se n'en est fait punition 370
Du tout selonc la qualite
Et sa grandeur par equite.
Et ce meffait si est si grant
Qu'estre mesuré tant ne quant
Ne pourroit a droit ne bonné."— 375
" Si feroit, a dit Verite,
Qui a ta rigueur mesurer
Le voudroit du tout et bonner,
Quar ta rigueur dure tous jours
Et sanz fin faire fait son cours."— 380
" Certes, dist Misericorde,
Ausi bien selonc ma corde
Puet le meffait estre bonné
A mon avis et mesuré
Commë il fait a sa rigueur, 385
Quar ausi bien est sa longueur
Infenie et sanz mesure
Com sa rigueur et tant dure."—
" Je ne voi pas, dist Verite,

=360 (Car quant il a des.) $C^2\chi P$ —ce A, s. que est i. π s. q. cil i. $\mathfrak{P}$
Cel Θ, Cellui a qui a d. a, qui il a d. G, Auquel adam a d. $\mathfrak{P}$, Il doit estre de tous (de t. e. C^2) hay χPC^2
Ainsi s. p. G, Et s. f. grief p. χPC^2
dr. de j. A

Quil seroit a. $\mathfrak{P}$

grant] se $\mathfrak{P} G A a P^1 H C^2$ sa P, Ou grace il n. π
Ne lui p. dist j. $\mathfrak{P}$, P-nast AP^1, P-nast ce a d. (ce dist HC^2P) aHC^2P
te] ce A, C. oses tu d. ce (yce P^1) aP^1HC^2P, pl. il a ce dire $\mathfrak{P}$

Se nest faite P^1, faite A
Ou t. a, De t. s. sa q. π
Qui est en li et quantite $G A a P^1 H C^2 P$
Or est ce m. si tres g. $\mathfrak{P}$, Et cestuy cy si e. $GAaP$ Et ceste ycy s. e. HC^2 Et cest ycy qui e. P^1
N. peut a d. ne limite $\mathfrak{P}$, p. ne (ny P^1) estre b. AaP^1HC^2P
Ainsi seroit dist v. $\mathfrak{P}$, f.] seroit AaP^1HP

Du t. le v. A, du] en P^1, bourner πH donner P

faire fin $\mathfrak{P}$

d.] a dit P^1, A ce respond M. $\mathfrak{P}$, C. ce dit C^2
Ainsi G, A. s. ce macorde A
bourne πH donne P

Comment G Que A, il a f. P^1 il feroit $\mathfrak{P}$
ainsi G, sa] ce a A, b. a il doulceur P^1, sa doulceur $\mathfrak{P}$ sa largeur H et sa m. P
Quest s. $\mathfrak{P}$, et autant $\pi \mathfrak{P} G A a P^1 H C^2 P$
dit $\pi G A P^1 H P$

Lines 385 and 386 after 388 in A (fol. 134c).

	Que traitié puist estre trouvé	390
	Par quoi Adam redemption	
	Ait ja et liberation,	
	S'entre vouz ·ii· ne faisïes	
	Aucun acort et trouvïes,	
	Par quoi Adam par droit puni	395
	Fust, et par quoi ëust merci ;	
	Quar comment que punissement	
	Doie avoir sanz definement,	
	Si semblë il, s'estre pouoit,	
	Que grace assez y afferroit	400
	En tant qu'a este decëu	
	Par autrui com despourvëu."—	
Miseri-corde.	"Misericorde dist, bien croi	
	Qu'a ce s'acordera le roy,	
	Se tu, Justice, t'i consens."	405
Justice.	Justice dist : "Se tu m'aprens	
	Comment ceci estre pourroit	
	Sanz laschier la rigueur de droit,	
	Assez m'i assentiroie,	
	Mez point ne voi que la voie	410
	En puist estre pourpensee	
	En aucun tempz ou trouvee ;	
	Quar avec la forfaiture	
	Amende grant sanz mesure,	
	Si com sces, est dëue au roy.	415
	Or entent et regarde et voi	
	Quë Adam qui tout seul la doit	
	Jamaiz paier ne la pourroit.	
	Rien ne puet et rien n'a vaillant.	
	D'autre part n'est pas afferant	420
	Qu'autre paieur en soit du sien	

390 Q. compte p. P^1, puisse 𝔓 peust AP

remission $Aa P^1 HP$

Si aist et P^1, et] de H, Aie j. ne l. 𝔓 A. ne delib. C^2P

·ii· vous ne f. 𝔓, faises a

A. bon ac. 𝔓, e. ny C^2 et ne t. P, trouues a trouuissies P^1H

par] a G

eusist P^1

Q. combien q. 𝔓$Aa P^1 C^2 P$

s. fenissement Θ s. finem. P et s. finem. C^2

Si me s. 𝔓, il que s. G, Si s. ce estre petit a

g-ces G, afferist a

quil a 𝔓

comme 𝔓a desproueu πa

sacorde bien l. C^2P

toi j. 𝔓 ta j. P

Se] bien C^2P, tu] ce H

= 408 $aP^1 C^2 P$ (A laissier la r. d. d. C^2P S. laissier longueur d. d. a)

= 407 $aP^1 C^2 P$ (Dy moy com. e. p. C^2P), —laschier π laissier aHP muer 𝔓, r.] longueur a, de] du A

= 410 (Trouue du tout (—d. t. C^2) la droite v.) C^2P, consentir. 𝔓

= 409 P, p. ie ny v. q. v. H, ny P^1H

puisse π𝔓 peust P^1, Mais pas ne croy que po. C^2P

Jamais en nul t. ne tr. P^1, Elle peust estre ne tr. P Peust estre ia ne tr. C^2, ou] ne 𝔓A (P^1P)

fourf. Θ

Comme sc. en e. 𝔓, Comme tu sc. en e. au r. P^1, C. tu sc. appartient a. C^2P, c. tu sc. A, c. tu sc. couuient (est tout a) a. Ha

t. fin s. 𝔓

p. auenant $P^1 H C^2 P$

s. de rien aC^2P, p. de riens en soit P^1

Qui n'a meffait et n'en doit rien.
Si que n'est mie faitible

Ceste chose ne possible."

et] ne AaP^1HC^2P, doy a, ne r. n. doit P^1
Et pourtant n. m. fais. H Par quoy aucunement fais $\mathfrak{P}$ Ce n. m. chose possible C^2P, faintible a faisible $\pi\mathfrak{P}H$ bien sensible P^1
Mais me semble tout imposs. C^2P

Verite.
L ors dist Verite : " Nous plaidon   425
Ci endroit si com nous voulon.
S'il vous plaist, a Sapience
Par acort parleron de ce,
Si orron que nous en dira."

Justice.
Justice dist : " Perdu sera   430
Ce parlement si com je croi,
Mez laisson cel Adam tout coi,
Se malëureus il s'est fait,
Punition touz jours en ait ! "—

Miseri-
corde.
"Ha, ce dist Misericorde,   435
Ne voi pas mont c'on se torde
De Sapience ouir parler
De ceci et determiner.
Puis que tant parlé en avon,
Bon est que la conclusion   440
Soit scëue, si que penser
Plus ne nous y faille ou muser."

Justice
respont.
Item a
Sapience
parle.
"Or viegne donc, dist Justice.
Sapience, bien oui ce
As quanque dit ci nous avon.   445

Vieng avant, et t'entention
Nous en di et ton jugement
Si que de ce plus parlement
Tenir n'aions occasion !"

c. que Θ si c.] com A comme $\mathfrak{P}aP^1HC^2P$
plaisoit P^1H
p-leriens P^1, Parl. par ac. C^2P
Et nous o. quelle e. d. $\mathfrak{P}$, q. elle e. d. π q. dire en (—en aP^1HC^2P) vouldra GAa P^1HC^2P

si que ie Θ

Et C^a cel] cest $\mathfrak{P}$ cy AaP^1HC^2P
maleurete P^1, ma. qui cest meffait C^2P

T. j. p. aP^1HC^2P Sans fin p. $\mathfrak{P}$

se Ga, H. a ce P, Adoncques d. $\mathfrak{P}$
Quant est de moy bien je maccorde C^2P, quon sacorde a, se descorde H
Pour P^1
Et de c. d. A, et] est $\mathfrak{P}$

parler P, —en π, Et p. q. t. p. a. $\mathfrak{P}$
S. congneue afin q. y p. $\mathfrak{P}$
Pl riens y f. A, Ne n. y f. nauiser H P. ny f. ne aduiser C^2P, —ou Ga] et Θ ne πP^1

oyt A

A AHP, A et q. d. a. C^2P As quentre n. trois d. a. P^1 As tu q. d. n. $\mathfrak{P}$, q. ce d. n. π, —ci GaH
Or a. dis t. P dy C^2, V. tost et tes int-ns P^1, et] rent H
Et n. en di t. j. H, Ton aduis et t. j. C^2P

occoison Θ

Sapience
parle.

Adonc de soi ostension
Fist celle dame qui luisoit
Com le soulel et belle estoit.
" Bien ai, dist, vostre parlement
Ouy, et que pour jugement
Fair'en apellee m'aves ;
Si vous dirai, or entendés !
Quanqu' aves dit, consideré
Et diliganment regardé,
A fin quë Adam sauvé soit,
Et que l'amende quë il doit
Soit paiee soufisanment
Et de soufisant paiement ;
Estre ne puet, comment que soit,

Se li roy mesme ne vouloit
Devenir homme qui debteur
De toute l'amende et paieur
Se fëist ; mez trop grief seroit,
Et a li pas n'apartendroit
Quë en rien tant s'umiliast
Et quë en rien on l'emparlast.

N'a pas homme tant de valeur
Que li rachater tel segneur
Doië, et que painne il en ait.
Grant chose fist quant l'avoit fait
A sa semblance et li creé,
Et a son ymage fourmé
En tel guise, si com sai bien,
Quë il n'i falloit nulle rien.
Si que, si com dit Justice,
Laissies li plourer son vice
A touz jourz maiz sanz finement
Et n'en tenes nul parlement !"

450 ostencion Θ obstencion C^2
ceste P^1
Comme s. $\mathfrak{P}H$, b.] vielle P^1
B. elle v. a, B. d. elle ay (—ay C^2P) vo p. P^1C^2P
Ay ouy aC^2P, —que C^2
455 En f. ap. $\mathfrak{P}$, —en πAaP^1HC^2P
or] si a, Faites donc paix et si moez P^1
dist Θ, c-derez A
r-dez A
460 —460 A
—461 AaP^1HC^2P
—462 AaP^1HC^2P
—463 A, comme q. G, quil s. aH, Soit payee est. ne pourroit P^1, Se paye bien faire le puet C^2P
r. de soy m. veult C^2P
465 Deueuenir Θ, h. et que H, q. est seigneur C^2P
tout A, De lam. estre p. C^2P, paeur π
Ceste chose t. C^2P, fist $a\mathfrak{P}$, fist m. estrange s. $\mathfrak{P}$
napartenroit Θ
Q. il (lui A) t. se humil. AaP^1HC^2P Quen r. t. il se h. $\mathfrak{P}$
470 Ne que de tel chose on p. $\mathfrak{P}$, lenp. Θ li en parl. aP, on en p. AG
Ne na lhom. $\mathfrak{P}$, plus h. a
le rachet. $\mathfrak{P}$, rachepter a
Le d. $\mathfrak{P}$, et] ne C^2P, —que aH
ch. seroit q. laroit f. A, q. il l. P
475 —li aP^1HC^2P, creer P plasme $\mathfrak{P}$
former P
= 478 HC^2P, —guise A, g. comme sai b. $\mathfrak{P}P^1$
il] y A, Q. du tout ne luy f. r. $\mathfrak{P}$, Ainsi le fist il y pert (il appert PC^3) bien HC^2P
Par quoy ainsi que d. $\mathfrak{P}$, dist Θ
480 L. le la p. $\mathfrak{P}$
—481 Θ
—482 Θ, tenons P^1

Le Pelerinage Jhesucrist.

  Lors Misericorde s'assist
   Sus le cercle, et a son chief mist
Sa main en li sus souspuiant   485

Et en monstrant piteus semblant
Et commenca a souspirer
Ausi com se vousist plourer.
"He, dist, *chier sire* S. Esp(e)rit
Dont tout confort et vient et ist,   490
Où est ce que me praměis
Quant advocate me feis
De toutes tes causes mener ?
Tu praměis que passer
Rien en ta court ne lairoies,   495
Se par moi ne le faisoies,
En commandant quě ostasse
Ou au mainz amoliasse
Rigueur où la trouveroie
Et que trop tendre verroie.   500
Et ausi souvenir te doit
Que l'arc en ciel qui fort tendoit
Jadis me feis destendre
Et la corde en ma main prendre
Pour chetis sachier de prison   505
Et oster de chaitivoison,

Pour quoy sui Misericorde
Nomee, des chetis corde.

Et oublier mie ne dois
Que l'arc sanz corde a celle foiz   510
U ciel en senefiance
De pais et de concordance

Misericorde se complaint.

Soubz *A*
Se m. (Pic.) Θ, m. et tout en souspirant $C^a P$, en luy fort (en tresfort 𝔅) souspirant 𝔅 $F^1 H$ en luy souspirant *G*, souspirant α *G*𝔅$P^1 HP$) soustenant *A*
En m. precieux s. *HP*, precieux C^2
Elle c. *P*, A gemir prist et s. 𝔅
Ainsi *GA*, Comme selle v. 𝔅, si α
He] Et C^2, chier sire S. E. π*GAa*$P^1 HP$] elle S. Esperit βΘ elle doulx S. E. 𝔅
—et *A*, D. tant de c. v. α$P^1 HC^2 P$, c. procede et i. 𝔅
Quest ce *GA*, —me π
tu me fis 𝔅*P*

—me α, promis q. riens p. 𝔅
Dedens t. 𝔅

octroiasse *P*
au] du *P*, que ramoliasse 𝔅, amoderasse $HC^2 P$
Ou q. tr. dure la v. 𝔅
—501 $HC^2 P$, ainsi *GA*
—502 $HC^2 P$, en] ou α du *A*, t.] estoit P^1 le doit α
—503 $HC^2 P$, Que f. j. descendre *Aa*P^1
—504 $HC^2 P$, la] ma α, —ma Θπ
—505 $HC^2 P$, chestifs chacier d. *G*, s.] tirer 𝔅
—506 $HC^2 P$, Et π𝔅*GAa*] Ou β, On oste de caitiuis. Θ, chestiuoison *G* subiection *Aa*P^1
—507 $HC^2 P$, q. [ie] s. α
—508 $HC^2 P$, chestifs *G*, ch. et corde *A* ch. concorde P^1 ch. et concorde α, Des poures miserable co. 𝔅
m.] pas tu 𝔅
lac α, l. daliance vne f. *H* Q. le maccordas vne (celle C^2) f. $C^2 P$, ceste f. P^1
Ens en c. P^1, en] a *A* de α, Se me sembla s. *P* C^2

Laissas ; pour quoi avis m'est bien
Que le signe faillir en rien
Ne doit, et quë Adam sauvé,   515
Comment que soit, et rachaté
Doit estre, et le dëust sauver
Le roy mesme et li rachater
Selon qu'a dit Sapience ;
Quar comment pourroit estre ce   520
Que pais et federation
Mise fust entre Dieu et hom,
Së Adam n'estoit rachate
Et de sa chartre hors gete ?
Et le signe faus dit seroit,   525
Et couvenant pas ne tendroit
Dieu, qui n'est pas chose afferant
En li en rien n'a*par*tenant ;
Si que, S. Esprit, a ce ci

Vueilles regarder, je te pri."   530

A pres avint que se leva
    Et Justice ainsi arrena :
"Justice, compaingne chiere,
Se tu te moustroies fiere
En maintenant touz jourz rigueur   535
Sanz avoir devers moi faveur,

Si ne croi je pas que li roys
Ait fait quelque[s] nouvelles loys
Par quoi ne tiegne touz ses dis
Et face quanqu'il a pramis.   540
Tu sces que, quant jadis ot fait
Homme de quoi nous tenons plait
Et vit quë a pechie se mist,
Un grant mot et notable dist :

Misericorde a Justice.

Pour quoy certes a. $\mathfrak{P}$, Si me semble et est aduis bien C^2 Si semble et aduis b. P falir Θ
Point ne d. et que dam s. $\mathfrak{P}$
Conuient q. $\mathfrak{P}$, quil s. P, q. ce (il a) s. r. AHa
Si do. $\mathfrak{P}$, deubt s. π
me(i)smes et r. $GAaP^1HC^2P$
S. le d. de s. $\mathfrak{P}$, S. que d. A S. ce que d. P^1P
Et $\mathfrak{P}$, estre en ce Θ

entre] en Θ, lhom $\mathfrak{P}$

Le dist si. C^aP

conuenans a conuenant C^2

Na l. en r. ap. $\mathfrak{P}$, En r. nen l. ap. A, l. nen (ne a) r. ap. aP^1HP r. ap. G
Par quoy s. e. $\mathfrak{P}$, s. espris Θ sains esperis aH, esp. entens cy C^2P
Et y r-de je ten p. C^2P, ten $\mathfrak{P}AaP^1HP$

quil G, A. elle se releua $\mathfrak{P}$
Et ainsi j. ar. $GAaP^1HC^2$, Et a j. ainsi parla $\mathfrak{P}$
compaignie H, Et (Si C^2) lui dist ma c. ch. PC^2
Se te m. ainsi f. $\mathfrak{P}aP^1H$, monstres en ce f. A, Justice se te m-roys f. C^2P
En (AP) m-tenir AaP^1HC^2P

S. aucun d. H, de m. G, S. tenir enuers m. $\mathfrak{P}$
croi] di aH, ne te dy p. P^1, Mal feroyes bien scay q. (—que C^2) PC^2, le roy $\mathfrak{P}$
Na C^2P, quelques Θ] nulles $\pi GAaP^1HC^2P$, nulle no-le loy $\mathfrak{P}$
Que il ne aP^1HC^2P, ne] ie G, —touz a faire a

gros m. H

Le Pelerinage Jhesucrist.

De ce que l'ai fait me repent, 545	
Ausi com së apertement	Ainsi $\mathfrak{B}GAP^1C^2P$, comme $a\mathfrak{B}$
Dëist, grant painne en soufferrai	Dist $H\mathfrak{B}$, D. que p. P^1, p. ien s. $\mathfrak{B}$
Pour la grant pitie quë en ai.	q. ien $\pi\mathfrak{B}GAaP^1HP$
Ainsi ce David expose	Aussi AaP^1, ce] sur H, Aussi d. si e. A A. d. le nous e. C^2P
Par une notable glose : 550	
Le roy se repenti, ce dit,	ce] te G se AaC^2P, se dist A
Selonc la quantite qu'il vit	qualite AHC^2P
De miserations en moi	m-on Θ, en soy H
Pour a mon vouloir baillier soi,	P. en m. v. b. moy (soy A) aHC^2PA P. en v. b. a toy P^1, soi] loy Θ
A fin que ne perisse pas 555	q. ie ne pensse pas P, preisse G punisse P^1
A touz jourz maiz ce chetif, las	—maiz a, chestif G
Adam ; si que je te requier	A. laissier pour ce r. P Laissier A. pour ce r. C^2
Que n'i faces nul destourbier,	n'i] ne aHP, face $\mathfrak{B}$, descombrier P
Ains laisse le roy acomplir	
Ce qu'il voudra a son plaisir." 560	paisir Θ

Justice respont.

Justice dist : "Empeschement	empeechem. Θ
Point ne vueil contre son talent	son] ton GaP^1HC^2P
Faire, mez quë il face droit,	—il A, quil vse de dr. $\mathfrak{B}$
Et quë Adam si puni soit	
Que du tout il me soufise. 565	De t. que il H Quentierement il C^2P
Mez pense bien et t'avise	Et p. P^1HP, M. considere et bien t. $\mathfrak{B}$
Que Dieu le pere, de qui sui	de] pour P^1HC^2P par a
Advocate et parle pour li,	
Ne doit mie ce comparer,	d. pas cecy co. $\mathfrak{B}$, comperer a
Qui a droit y veut regarder, 570	y] il AP
Et point pramesse n'en a fait ;	pour pr. P, ny a A, Et onques pr. n. fist P^1
Mez se le S. Esprit l'a fait,	—se ΘA, —le H, l'a] le G, M. se f. la S. esperit P^1
Si com dis, point ne m'en descort,	Comme d. $\mathfrak{B}$, m.] nen G, recort P
Et assez l'otroi ; mez que tort	Ass. ie l. $\pi\mathfrak{B}GA$, Ass. l. naues q. t. aC^2P, A. l. m. q. nul t. P^1, A. oct. ne m. H
N'en face a moi n'a Equite."— 575	Encontre m. et eq. G^2P, na] ne $\mathfrak{B}$ et a A

545.—Gen. vi. : Poenitet enim me fecisse eos.
549.—Ps. 105, 45 : Et poenituit eum secundum multitudinem misericordie sue.

"Certes, dist l'autre, devisé
Des ·iii· pe*r*sones le vouloir
Onques ne fu ne le pouoir ;
Tout est un, et tu le sces bien,
Mentir n'en pourroie de rien.   580
Et avec ce outre te di
Que n'ap*ar*tient de rien ceci,
Si com je croi, au S. Esprit ;
Quar le pechie quë Adam fist,
D'inobedience engendré   585
Fu principaument et causé,
Au quel pechie par contraire
On doit medicine faire,
C'est que par obedience
La dite inobedience   590
Recoive medicinement
Et garison dëuement.
Or est le S. Esprit egal
D'auctorité imp*er*ial
A Dieu le pere et a son fil,   595
Si ne [me] semble pas quë il,

Comment quë il soit dirivé

Des ·ii·, sanz muer unite,
Obedience proprement
Doie, mez bien assentement   600
Li ap*ar*tient, quar c'est tout un
Et leur vouloir est en commun."

" *Donc*, dist Justice, ap*ar*tendroit
Au fil miex ceci, s'il vouloit,
Supposé que li commandast   605
Dieu le pere ou que l'en priast.
Obedience miex li duit
Qu'au pere ne au S. Esprit,

div. $\mathfrak{P}$
De trois p. le pooir A
ny fust P, ny f. n. li p. C^2
—et a$H(P^1)$, sc. tresbien P^1
ne ten p. $\mathfrak{P}A$
o. ie te $\mathfrak{P}$

esp*er*it $\Theta\pi\mathfrak{P}GAaP^1HP$
Quant H, Pour ce que le mal quad. f. $\mathfrak{P}$

e. p. c. C^2

Qui d. G

Ceste male i. $\mathfrak{P}$, Cilz qui se soubmetra en
  ce P^1
Retourne HP
Auecques g. $\mathfrak{P}$
esp*er*it Θa, ygal H equal $\phi G\mathfrak{P}$
Droicturier et i. H
—a Θ
me $\pi\mathfrak{P}aP^1$, Cy A, Et si ne me s. a, Par quoy
  ne mc $\mathfrak{P}$, —ne π, n. s. il p. H, n. s. mie
  q. P
—597 C^2P, —il A, quil soye $\mathfrak{P}$, diuine G
  deite H
De πAaP^1 Aux H, Soient deulx s. auoir
  vniment C^2P
Dob. C^2P
—600 C^2P, Il d. $\mathfrak{P}$, m. vn appensem. H
A (Et C^2) l. ap. t. est un C^2P, qui est t. A
en] tout GP^1

Donc $\Theta\mathfrak{P}$] Dont $\beta\pi Ga$ &c., dit π
M. c. au f. s. v. aHC^2P M. au f. se il le v. P^1,
  c. m. $\pi\mathfrak{P}$, si v. π
—605 Θ, Par ainsi q. $\mathfrak{P}$, le C^2P, c-dasse H
—606 Θ, le] son $\mathfrak{P}$, ou] et P^1, —que aP^1HC^2
  P, priasse H
—607 Θ, duist πGHP
—608 Θ, ne] ou P et P^1, nau H ne quau $\mathfrak{P}$,
  esperit G

Supposé que s'i consente
Verite qui est presente ; 610
Advocate pour li ell' est,
Si en dira ce qu'il li plaist."—
"Certes, respondi Verite,
Se le fil du roy volenté
Tel a, je ne le sai mie, 615
Et ausi n'ap*a*rtient mie
Que je face traitié de li,

Se n'est par le congié de li ;

Et nulle procuration
Je n'en ai ne commission, 620
Et de si grant chose ne fu
Onques maiz parlement tenu.
Toutes creatures qui sont
En ciel et en terre, et seront
Esmervelliees quant parler 625
En orront, si que de plourer
Ne se pourront grans et petis
Et de geter en grans souspirs.
Et ce as tu tout esmeü,
Misericorde, ce sces tu, 630
Pour Adam qui par son pechie
Est dampné, dont tu as pitie ;
Si que devers le roy irai
Et ceste chose li dirai,
Et avant que reviegne ci 635
L'ordenance sarai de li,
Se je puis, et la v*o*us dirai
Au retourner que je ferai."

Par ainsi q. bien s. $\mathfrak{P}$, q. il s. P^1
q.] que ci Θ
luy en est C^2P luy sera P^1, A. p. li a este α P. luy ad. a este H
d. se il l. C^2P, q.] que $\pi\mathfrak{P}GA$ qui Θ, d. sa volente αH, Sa volente nous en d. P^1

T. aye ie $\mathfrak{P}$, A telle ne α, T. a ne s. ie mamie P^1
ainsi G
—je Θ, Q. saiche le t. $\mathfrak{P}$, Q. ce f. congie (f. sens c. α) de l. $AH\alpha C^2$, Quainssi soit sans congie d. l. P, f. sans son congie P^1
Ne conferme si grant traictie P^1, p. c. car d. $\mathfrak{P}$, c.] traitie $A\alpha$ tiltre $H(PC^2)$, p. le tiltre daultruy PC^2
Car H, Aucune p. $\mathfrak{P}$
Nen ay (a C^2) eu ne c. PC^2
=622 C^2P, si] soy H, ne fu] tenu α
=621 C^2P (De tel ch. de luy n. f.) P, tenu] ne fu α
Ou A, t. s. $\pi\mathfrak{P}A$, Qui onques furent et s. $\alpha P^1 HC^2P$
E-elles πGH E-lliez ϕA Tous e-llez $\mathfrak{P}$ Sesm-lleront P^1C^2P, E-lliez q. p. en orront A
Si q. tenir ne se pourront A
De plourer et g. A, N. s. tenront g. P^1C^2P, et] ne $\Theta\alpha H(P^1PC^2)$
Tenir et de ge. s. $\mathfrak{P}$, Tenir de ge. gr. H, de en ge. (denget. A) gr. αA, en] mains C^2P
Et tout cecy as tu es. $\mathfrak{P}$, tu] du P
ce] se α, s.] fays P

giray $\mathfrak{P}$

—635 $\alpha P^1 HC^2 P$
—636 $\alpha P^1 HC^2 P$
—637 $\alpha P^1 HC^2 PA$
—638 $\alpha P^1 HC^2 PA$

24   *Le Pelerinage Jhesucrist.*

Verite est montee aux cielz pour le remede de lhumain (sic) et a parle au roy vng dieu en trinite. $\mathfrak{P}$ (T.)

Verite ra-
onte qua
ait v ciel.

L ors monta haut et demoura
 Par longue espace et sejourna, 640
Et puis revint où elle estoit
Par devant où en l'atendoit,
Et dist ainsi : "Jë ay parlé

Au roy, un Dieu en trinite,
Si com assez tost le verres 645
Par effet et bien le sares."

Apres assez de parlemens
Et de tres piteus argumens
Qui entre les persones trois
Ont este dis a ceste foiz 650
Le fil du roy benignement
A receü commandement
Pour faire pelerinage
Pour Adam et son lignage
Pour estre en terre pelerin, 655
A la quel chose ja enclin
N'eüst este, se Charite
Si pres de li n'eüst este.
Mere est, si com dirë ouy,
Misericorde qui est ci. 660
En la fille et en la mere
Nulle chose n'a amere.

Assez entresemblabes sont
Par la douceur qu'en elles ont.

—haut $\pi(\mathfrak{P})$, L. el m. et d. $\mathfrak{P}$, L. verite en h. m. H
P. bien (vn a) long temps et s. GAa P. lonc temps et se s. P^1 P. vn temps et y (—y P) s. HP P. longtemps e. y. s. C^2 en] len GP^1P on HC^2
A. disant jai p. A Et lors d. a. iay p. $\mathfrak{P}$, dit G, jen ay P^1 jay $AaH(\mathfrak{P}P)$, iay bien p. P bien iay p. C^2
r. qui maint en t. AaP^1HC^2P
Ainsi quass. $\mathfrak{P}$, t. bien l. A
Et p. eff. b. aP^1HP

Q. contre A
dit $\Theta\pi H$ dist a, celle f. C^2P
du] au P^1, begninem. π
Si a r. a, recheut Θ, r. le c. $\mathfrak{P}P$
De AC^2P

Et $\mathfrak{P}P$
De quelle ch. $\mathfrak{P}$, quelle ch. encl. a
Neusist P^1, se la ch. P
Ainsi p. P^1, N. moult p. d. l. e. P, li] la G
—est GaP^1H, Pere s. c. d. iay (joy C^2) o. C^2P M. elle e. de misericorde $\mathfrak{P}$
A M. A, Q. a pitie tousiours sacorde $\mathfrak{P}$
Nen $\mathfrak{P}$, et] ne $\pi\mathfrak{P}AaP^1H$, f. nen l. m. G, Est la f. et si est l. m. C^2P
Il na (nest H) nu. (nesune P^1) ch. am. $\pi\mathfrak{P}AaGP^1H$ En luy na nu. ch. am. P C^2, Ny a quelconque ch. am. $\mathfrak{P}$
—663 C^2P, entresanlables Θ e-blables πGa &c.
—664 C^2P, Pour $\pi\mathfrak{P}GAaP^1H$, que el. GAH

Conclusion faicte ou ciel que le filz de dieu seroit pelerin $\mathfrak{P}$ (T.)

Verite dit
la maniere
du traitie.

O r dirai comment il en va 665
 Et quel parlement il ot la:

ot] eust aP ont π

Lines 643-914 wanting in ϕ, two leaves (the inside double leaf of its layer) being lost between fol. 163 and fol. 164.

Le Pelerinage Jhesucrist.

Quant devant le roy o conté
Ce de quoi avïons parlé
Et quelles les opinions
Eü ensemble en avïons, 670
Le pere le fil regarda
Et a dire ainsi commenca:

Dieu le pere au fil.
"Chier fil, se bon il te semble,
Bien vueil qu'en traitons ensemble;
Voir est que pour homme mal va, 675
Quar il qui le meffait fait a
N'a rien dont se puist rachater
Ne rien dont me puist agreer
Quant à l'amende qui est grant.
Quitier ne le doi tant ne quant, 680
Quar il faut que je face droit
Et qu'en ceste court raison soit.
Or n'ai angre qui le pëust
Aidier et qui tenus y fust.
Homme tout seul l'amende doit, 685
Au paier est tenu par droit."

fil au pere.
"Pere, dist le fil, il est voir
Que par fraude li decevoir
Vint le serpent, si seroit bon
Qu' aucunement li aidast on 690
Qui la voie pourroit trouver
Où se pëust droit acorder;
Mez il qui tout s'est fait pecheur
Ne puet ja avoir successeur
Ne hoir qui ne soit entechié 695
Du premier meffait et pechié,
Et qui puist estre soufisant
De paier amende si grant.

ou π ieu 𝔓 heu a os GAC^2P eus H ot θ eult P^1
Tout ce 𝔓, q. nous auons aP^1P
q.] toutes P^1P, —les a, Et com faictes o. H
En π, Entre nous ens. 𝔓, Ens. (Que ens. P C^2) eues (ense C^2) a. $GaPC^2$ Que en ens. a. P^1 Nous trois ens. a. H
ai.] lui P

sexpedient te P
Bon est que (q. nous P^1HP) t. AaP^1HC^2P, que t. π𝔓 trestous 𝔓
Vray 𝔓, Bien voy q. AaP^1HC^2P, p.] a A
Quant πHC^2, —il a] lui π𝔓P^1, m.] peche 𝔓
=678 (Na r. d. m. p. a.) HP ra.] agreer C^2
Ne d. il se peust acquitter H Ne bien lamende reparer P (restorer C^2) C^2
—a A, Et tu sces quelle e. tres gr. C^2P
Cuitier ne le doit θ, le] la aC^2P luy P^1𝔓, doit C^2

En P^1

Quar A, nai ie a. HPC^2, luy 𝔓
Faire ne q. aP^1HC^2P, et] ne 𝔓AaP^1HP

A AP^1
v.] droit C^2
—fraude a, le d. 𝔓 pour d. P^1
se P

Ou d. s. p. a. A O. s. p. par d. C^2
M. luy 𝔓P^1, M. luy q. s. f. t. p. 𝔓, que t. se f. θ, M. q. t. seul s. f. p. A
ja] point 𝔓
—ne P
et] du P^1
Ne aP^1HP, peust a

671-800 wanting in G, fol. 158 being lost.

675-728 = *Ame* 6197-6258.

E

	Et bon est qu'en die qu'en sent
	Le 'S' Esprit qui est present. 700
	A li le consel apartient
	Et bien scet que fair' en convient."
Le saint esprit.	"Certes, dist il, il est raison
	Que proprement celui soit hom
	Qui tel amende paiera, 705
	Quar le meffait tout seul fait a.
	Si faut que cil innocent soit
	Et que pouoir ausi grant ait
	Comme nous 'iii' ensemble avons;
	Mez ne sai où le trouverons, 710
	Se l'un de nous homme n'est fait
	Qui amendera ce meffait.
	Et croi, qui ceci ne fera,
	Jamaiz homme sa pais n'ara."—
Dieu le pere.	"Certes, dist lors Dieu le pere, 715
	Bien croi qu'il faut que compere
	Ceste folie l'un de nous
	Ou quë hommes perissent touz.
	Que t'en semblë il, tres chier filz?"—
Le fil au pere.	"Il m'est, dist il, ausi avis, 720
	Mez mont grief chose ce seroit
	A cil qui commis y seroit."
Le pere au fil.	"Tu dis voir, fil, ce seras tu,
	Mez que ce soit a ton plëu
	Et quë il plaise a Charite 725
	Qui pres de toi siet au cousté.
	Si te pri quë il te plaise
	A soufrir ceste mesaise.
	Et ausi te pri, Charite,
	Quë a ce par toi excité 730
	Il soit, et qu'il obëisse,

—699 aP^1HC^2P, que d. πA
—700 aP^1HC^2P, esp. ycy p. $\mathfrak{P}$
li] vous C^2P, c. estre en doit $\mathfrak{P}$
B. scauez q. C^2P, —en A, Et quen est de f. par droit $\mathfrak{P}$

cestui aH, s.] cest P
t.] celle HC^2, emenda A

Se Θ, Et si f. quinn. cil s. $\mathfrak{P}$, s. inn. P^1
puissance A, au. g. p. P, g. p. a. a. C^2 quauss. g. p. il a. $\mathfrak{P}$, p. ait au. g. P^1
n.] tous A, —'iii' HC^2P
Ne s. ou nous le t. aP^1HC^2P

emend. A, cest AH cet a
—713 C^2P, que AH
—714 C^2P, Que j. h. P^1, lhom. $\mathfrak{P}$
dit π, C. l. a dit D. H, Et encor oultre (—oultre C^2) dist l. p. PC^2
Ja cr. b. q. $\mathfrak{P}$, cr.] voy aP^1, B. f. ie cr. q. le c. A, que f. H, f.] couuient P^1
Celle P
Voire ou q. $\mathfrak{P}$
—il A, tr.] mon $\mathfrak{P}P$
ainsi $\mathfrak{P}AaP^1HC^2P$
griefue ch. s. C^2P
cel q. Θ
—fil $\pi(\mathfrak{P})H$, d. verite c. $\mathfrak{P}$
t. bon pl. $\mathfrak{P}$
Aussi quil pl. $\mathfrak{P}$, —il A
—726 Θ, Q. p. se s. a ton c. $\mathfrak{P}$ Q. se s. deles ton c. aP^1HC^2P
—727 Θ, prie AaP^1C^2P, p. mon filz quil t. $\mathfrak{P}$
—728 Θ, soustenir c. $\mathfrak{P}$, celle C^2
—729 Θ, A. ie t. $\mathfrak{P}$, Si t. p. a. ch. A, p.] dy HC^2, pri a ch. a
Qua c. p. t. soit ex. $\mathfrak{P}$, Misericorde et verite H, Le consent bien et de bon gre C^2P
Y s. P^1, Et que volentiers il ob. $\mathfrak{P}$ Que a ce pour toy ob. H Si te prie que ad ce ob. $P C^2$

Pour ce qu'autrement le vice
D'inobedience curé
Ne seroit pas selonc mon gre."

le] ce grief $\mathfrak{P}$

sera A, p. ne restore C^2P

Charite et sa doulce persuasion. $\mathfrak{P}$ (T.)

<small>harite au dieu.</small>

Charite lors s'umilia 735
  Vers le fil Dieu et dit li a:
"Mon douz segneur, bien prevëis
Des ce quë Adam [tu] fëis
Quë a pechie enclin seroit
Et que tost on le decevroit. 740
De matiere ne fu pas fait
Où de noblece rien plus ait
Qu'il a en ton angre premier
Qui se consenti a pechier,
Sanz ce que rien en fust tempté 745
Fors d'Orguel de sa volente,
Que dë Adam n'est pas ausi

Qui fu decëu par autrui.
Si que, puisque n'est trouvee
Autre voie ne pensee 750
Selonc les loys de droiture
Ou sanz faire a droit injure
Forz ceste ci pour li sauver,
Assez te devras encliner
A faire le gre et plaisir 755
Du pere et a li obëir,
Mesmement quant si doucement
T'en prie et si benignement.
A ce ausi te doit mouvoir
Quar n'est pas semblabe de voir 760

—735 P^1, se humilie $\mathfrak{P}$
—736 P^1
M. treshault s. $\mathfrak{P}$, D. s. b. tu veis C^2P, pourueis aP^1H
tu $P^1\mathfrak{P}$, ad. iadis tu fis $\mathfrak{P}$, De πA, D. le premier q. ad. f. C^2P
pechier P^1, e. il s. $\mathfrak{P}$

m.] noblesce H, m. p. fait ne fut $\mathfrak{P}$
Mais d. n. p. r. a. P^1 Mais d. matere r. p. lait H En quelle n. tant eust $\mathfrak{P}$
Comme en C^2P, Comme fu t. H, ton] toi a son A

S. q. r. il f. A, quen P, r.] point $\mathfrak{P}$, fut π
F. org. P^1, de] a $\pi\mathfrak{P}$
—747 a, Ce que dad. ne fut ainsi $\mathfrak{P}$, Mais dad. n. p. a. A Mais il n. p. dad. ainsi P^1HC^2P, ainsi $\Theta\mathfrak{P}P^1HP$
—748 a, Le quel $\mathfrak{P}P$, Q. d. f. A
Par ainsi p. $\mathfrak{P}$, q. ne peult t. P^1
Estre aut. P^1, ne trouuee p. A, pourpens. H
les (l. haulx P^1) drois de nature AaP^1HC^2P
Et s. ja. f. C^2
le s. $\mathfrak{P}P$
ty C^2, deueras A dois tu C^2P
—755 A
—756 A, Ton p. C^2

Te pri A] Ton pere $a\chi P$, et b. χ, b.] dignem. v.
Et ad ce B^2
semblable $\pi\mathfrak{P}$ semblance B^2, sanlable deuoir Θ, de] te A^2

Lines 759–796 preserved only in $\beta\Theta A^2B^5B^3B^2\pi\mathfrak{P}$, omitted in yav (ϕ and G have a gap here, see above 643 and 671) $dAeaczbpP^1gHC^2\chi P$.

Et n'affiert pas a ta bonte,
Si com semble, qu'aies crëé
Homme selonc ta semblance
Pour li metre en non chaillance
Et li laissier si hastiment, 765
Quar de li il est autrement
Qu'il n'est de ton dit Lucifer.
Quar se touz jours est en enfer,
Il n'a nul successeur ne hoir
Qui se doie de li douloir 770
Ou ait pour son meffait tourment.
Li et les siens tant seulement
L'aront selonc qu'ont desservi
Et l'ont, to*us* ensemble puni.
Mez homme qui a et ara 775
Hoirs, et qui monteplié ja
Est grandement par ton plaisir
Et que jusques au defenir
Du monde penses augmenter
D'oir en hoir et monteplier 780
Jusques a nombres infenis,
Si com piec'a tu as pramis,
Së a touz jourz puni estoit
Avec les ligniees qu'aroit,
Ne seroit generation 785
Qui a son tour malëicon
Ne li donnast, et ne dëist :
Je ne sai pour quoi Diex no*us* fist.
Miex afferist qu'a sauvement
Nous ëust fait qu'a dampnement, 790
Mesmement quar rien desservi
N'avons, mez est le fait d'autrui.

Ainsi que s. 𝔓, c. moi s. quaie B^5
Lhom. a ton ymaige et sembl. 𝔓
P. le tenir a n. ch. 𝔓, caillance ϴ chalance B^3 chalence B^2 talanche B^5
De B^5, —li B^2, hastieum. A^2 hastieuem. B^5 hastiuem. $B^3\pi$ entierement 𝔓
luy e. tout a. 𝔓, l. est il a. B^5
—767 A^2, Q. est ϴ Qui n. B^2 Que n. π, Que na este de L. 𝔓
—768 A^2, Car ton dis il est B^5
nul h. ne s. 𝔓
de] pour $B^3B^2\pi$, Q. pour luy doie prendre doleur 𝔓 De coy il se doit dol. B^5
Quaist p. B^5 Souffrir p. 𝔓
si.] aultres B^5

Et soient t. 𝔓 Et lonc temps B^3B^2, Et tous iours en seront p. ϴA^2B^5
lhom. 𝔓, homs at et qui aurat B^5
multepie ϴ, multeplie ha A^2 monteplientiau B^5
Et B^2, grantem. A^2
—que π(𝔓), Et tousiours iusquau d. 𝔓, qui j. au deffiner A^2
p.] le veulx 𝔓 passes B^5
multipl. π𝔓
as n. ϴ aus n. B^3B^2 au n. π
Ainsi que pi. le pr. 𝔓, as] la A^2
Sa t. j. p. [il] e. 𝔓
Auecques 𝔓, le lignage q. B^5

Q. tousiours malediction 𝔓, maleyction A^2
Ne se d. et qui ne dist 𝔓, nen de. π, desist B^5
nous] me B^5
afferit π afferoit 𝔓 afresist B^5, qui assauv. B^2
[Il] n. e. 𝔓, faiz B^3B^2
que r. π𝔓, —rien B^5
mez] ains ϴ$B^5B^3B^2$𝔓

781.—Gen. ix. 1, 7.

781 a.—Tu les dois bien exauchier A^2.

Le Pelerinage Jhesucrist.

Si que, douz fil de Dieu, vëoir		—fil B^2, y v. $\mathfrak{P}$
Y vueilles et le cuer avoir		Te plaise et $\mathfrak{P}$
Selonc que ton pere prie	795	pere te (ten A^2) prie $\mathfrak{P}B^3A^2$
Qu'escondire ne doiz mie,		—796 $\mathfrak{P}$, tu n. B^2
De quoi ausi certes te pri		—797 $\mathfrak{P}$, Et encore c. H Et je a. $C^2\chi P$, ainsi $A\epsilon$, ten p. $A\epsilon aP^1HC^2\chi P$
Et tres humblement t'en suppli.		Et moy h. t. s-lie $\mathfrak{P}$
Et sai que, se tu m'aimmes bien,		—799 A, Je C^2 Bien χP, q.] bien πA^2, —se aP^1, maismes H
Ja ne m'en escondiras rien."	800	—800 A, ne mescond. de r. P^1C^2P, de r. H
"Ha, dist il, com male pomme,		il] le filz H, comment A dame $\mathfrak{P}$
S'il couvient que porte somme		Si c. πP^1HP, Or c. il q. $\mathfrak{P}$, la s. G
Et que [je] deviegne sommier		—803 A, je $\pi\mathfrak{P}GaP^1HP$
Pour la redemption paier		—804 A
De celui qui mengiee l'a	805	Du maleureux q. $\mathfrak{P}$, m-gie P^1HP
Et qui par *aventure* ja		auenture $\Theta\pi a$ &c.] auentura β, que H
N'en sara gre n'a moi n'a toi.		gre a m. πa, g. n. toy n. m. GAP^1HC^2
A certes repentir me doi		Bien c. $\mathfrak{P}$, men $AaHC^2$
Quant fu a sa creation		fui ΘH
Pour avoir en tel guerredon ;	810	P. en receuoir t. g. (guerdon $\mathfrak{P}$) $\mathfrak{P}A$
Mesmement quar je voi des ja		quant AP^1HC^2P, —des AaH des] bien C^2
Et tu ausi et de piec'a		toi a. des grant p. $\mathfrak{P}$, et] vois H
Que les filz Adam qui seront		l.] des $GAaP^1HC^2P$, f. dad. $\mathfrak{P}$, s.] feront A
Pluseurs ja mercis n'en rendront ;		mercy $C^2\mathfrak{P}$
Et mainz m'en aront en despit,	815	Voire et men $\mathfrak{P}$, maint πGP^1C^2P, moins men a. a d. AaH, aueront je cuit P^1
En desdaing et en contredit,		despit a
Et ouir parler n'en voudront.		En $\mathfrak{P}$
Et supposé qu'en soient mont		que (quilz C^2) s. moult $\pi GAaP^1HP$, Et pose que pluseurs seront $\mathfrak{P}$
Qui apres en oent parler		oient $GAaP^1HP$ orront $\mathfrak{P}C^2$
Et se facent crestienner,	820	Qui le f. G, feront $\mathfrak{P}C^2P$
Si ne m'en saront il ja gre,		Si nen sa. A
Et m'aront tost le dos tourné		Et tost m. le AaP^1HC^2P
Sanz rien amender leur vie		=824 (P. (Ne p. C^2) ch. que on l. d.) aP^1HPC^2
Pour chose c'on leur en die,		=823 aP^1H (Ne vouldront am. l. v.) C^2P, P. quelque ch. quon l. d. $\mathfrak{P}$, ch. que l. G

801-811 = *Ame* 6259-6268.

La quel chose me grevera	825
Grandement quant ce tempz venra,	
Quar j'arai perdu mon labour	
Et en vain emploié m'amour.	
Mez, pere, s'ainsi le couvient	
Et a ton gre et plaisir vient	830
Et pour ce qu'a ce me semont	
Charite et m'en prie mont,	
Comment que tres grant grief me soit,	
Ton vueil, non pas le mien soit fait.	
Tous jours vueil faire ton plaisir	835
Et jusqu' a la mort obeir.	
Mez, pere, bien savoir voudrai	
Comment ceste chose ferai	
Et quel la maniere sera,	
Et së en terre me faudra	840
En apert ou celé aler,	
Et se rien me faudra porter	
Qui soit neccessaire au chemin.	
Onques maiz ne fu pelerin,	
Et onques pelerinage	845
Ne fu tel ne si sauvage.	
Du tout il sera a rebours,	
Quar devers moi deüssent tous	
Droit venir et peleriner,	
Et il me faut a euz aler."	850

Charite au
fil dieu.
A ce respondi Charite :
"Touz par pechie sont arresté
Aval, et ne puëent monter
Ca a toi ne peleriner
Devant que querre les iras   855

829-836 = *Ame* 6269-6274.

que cose Θ
q. le t. sera aP^1HC^2P, v.] sera A
Que aP^1HP
E. tres mal e. C^2, v.] neant H, emploijet Θ
M. cher p. s. c. $\mathfrak{P}$

—pour a, que ce H, que fort m. s. C^2P, P. ce aussi que ma doulce amie $\mathfrak{P}$
et] qui aP^1H, Ch. tendrement m. p. $\mathfrak{P}$
Combien q. C^2
v.] gre G, fait soit ΘAaP^1HC^2P
plaisir π
jusques a $\mathfrak{P}$a

que la π, Quele l. A, Par quele m. s. $\mathfrak{P}$
sen la t. $\mathfrak{P}$, t. mestera H
Et en π, ou en c. Aa, c.] secret $\mathfrak{P}$, ap. descendre et al. P
Ne s. C^2

fui ΘH fuz $\mathfrak{P}$
Bien scay quoncques C^2
t.] pareil $\mathfrak{P}$
Qui d. t. s. $\mathfrak{P}$
Q. par dev. $\mathfrak{P}$
Drois G Tous P^1, e. y pel. C^2
a] vers aC^2

—851 PC^2, Et lors r. a, Mon doulz seigneur dist Ch. H
Tout Θ (Pic.), pechies s. a-tes a, T. a. par p. s. C^2 Cest pour ce que par pe. s. P
pourroient $\mathfrak{P}$, N. m. n. p. amont C^2 Arrestez et ne p. amont P
Cha Θ Sa a, a] vers $\mathfrak{P}$, A t. ne y p. A Et c. n. peuent p. C^2 Tost monter ne p. P
querir $\mathfrak{P}$

854 a.—Ne bonnement acheminer C^2P (7 c).

Le Pelerinage Jhesucrist.

Et les destourbiers osteras.
Mez quant aras ce fait, venront
A toi et pelerineront,
Et ausi tu retourneras
Et a toi venir les feras,   860
Et a toi sera du moustrer
Comment devront peleriner
Et comment te devront süir
Et quel chemin to*us* jours tenir."

Dieu le pere au fil.
"Certes, a le pere au fil dit,   865
Ta response bien [me] soufist,
Et bien me plaist que Charite
Soufisanment t'en a parlé.
Mais or faut il que nous traitons,
Comment ta voie ordenerons,   870
Selonc que demandé tu as :
Premierement, avant que bas
Doies aler ou descendre
Pour hostel soufisant prendre,
Apa*r*tient devant envoier   875
Un ape*r*t et bon messagier.
Et premierement me diras
En quel lieu descendre voudras.
U monde n'a hebe*r*gement
Que ne voies ape*r*tement   880
Ausi clerement com je fas,
Et a certes je ne vueil pas
Que tu ne soies hostelé
Tres honnestement a ton gre.
A fil de roy pas n'apa*r*tient   885
Avoir hostel qui mesavient."—

Le fil dieu a pere.
"Pere, dist le fil, il semble
Quë on a traitié ensemble

leurs d. πℬP leur d-ier C², Et de d. (d-bier a) GAP¹a, Et dencombrier les o. H

ainsi ℬAaP¹ adonc C²P

A t. s. de leur m. ℬ, de leur m. C²P de m. A, t. faura il m. H, monstrer G

suiuir H sieuir ΘP¹
tous j.] demont C²

me Θπa &c.

Et m. p. ce q. ℬ
ten'j en aP¹HC²P men A
or] il C², —il G, traittions A trouuons aP¹HC²P
En quel (Quelle H) maniere ord. aP¹C²PH
S. ce q. d. as a, tu mas ℬ
quen b. ℬAH quembas C²
Te do. en al. ℬ, Tu do. a. ne de. aP¹HC²P, ou] ne A

Bien ap. HC², expert ℬ
me] lui C²

hab. GP herbeg. Θπ herberg. a

Tout aussi cler comme j. f. ℬ, comme a
a] pour ℬ E. c. filz j. C²
Q. ne s. bien h. H
ton] mon a

Dauoir πℬGAaP¹HP, Destre hostelle que honnestement C²
i. me s. C²
on] len G, Qil a este t. e. ℬ Que nous auons tr. (trouue P¹) e. P¹C²P

Quë homme doie devenir
Pour ce quë y est ton plaisir, 890
De quoi me deportasse bien,
Quar nul proufit je n'i voi mien ;
Si croi que sanz moi hosteler
En ventre de fame et entrer
Ne puis pas faire bonnement 895
Ceste chose et dëuement.
Et de tel hostel tu me dis
Et me parles a mon avis,
De la quel chose te di tant
Que nul n'en voi, petit ou grant, 900
U monde qui me soufise
Quant à ce selonc ma guise ;
Mez un tel bien m'apresteras,
Se tu veuz, et ordeneras
Sanz nouvelle creation 905
Fairë, et qu'i production
Dë Adam continuee
Ara sanz estre muee,

Qui me soufira assez bien
Et où n'ara a dire rien 910
Qui ne soit tres honnourable
Et de bien incomparable."

Adonc Dieu le pere appella
Gabriel et li dist : "Vieng ca !
En Nazareth tu t'en iras 915
Et a Joachym parleras
Et a Anne qui sa fame est
Et qui lonc temps brehangnë est.
Il sont touz ·ii· de bonne foy
Et pluseurs biens ont fait pour moi. 920
Di leur que dë euz vueil avoir

h. ie d. $\mathfrak{P}$
est] as aP^1HC^2P, q. cest le tien p. $\mathfrak{P}$, plas. π

pourfit Θ, ne v. α
Et si c. q. s. me h. $\mathfrak{P}$
Ou $\mathfrak{P}$

C. besoingne ne d. $\mathfrak{P}$, et] ne $\mathfrak{P}P$, deubm. π
h.] chose α

Pour aP^1HC^2P
—Que aC^2, Nul ny en v. P^1HP, ou] ne aP^1HC^2P
q. assez s. $\mathfrak{P}$
Me contenir $\mathfrak{P}$
bien $\beta\Theta\mathfrak{P}$] lieu $\pi GAaP^1HC^2P$
Sil te plaist et $\mathfrak{P}$

et] mais $\mathfrak{P}$, que aC^2
Aura dad. c. $\mathfrak{P}$, ad. aras c. P^1, c-nue GA
Auras G, S. e. aucunement m. $\mathfrak{P}$ S. e. ja par toy m. P^1 Soit et puist e. menee C^2P, menee HP
Ce C^2
Et ny aura a d. r. α, Car a d. ny ara r. C^2
Que il n. P^1, Quelle n. H, s. bel et h. $\mathfrak{P}$
d. tout b. P^1C^2P, bonte H, Et a nulle autre comp. $\mathfrak{P}$

—913 $GAaP^1HP$, parla C^2
—914 $GAaP^1HP$, G. ce dist il v. C^2

a A. s. f. qui P^1
q.] de P, Qui de l. (d. bien l. $\mathfrak{P}$) $aH\mathfrak{P}$, De l. t. b. est aussy P^1

bien πGA

Une fille quë au vouloir
De mon fil je benëirai,
Et d'originel purgerai

Si que sera sainte chose 925
Avant qu'elle soit desclose
Aval u monde et moustree ;
Et iert Marie nommee
Medicinement **A**portant,
Rigueur **J**ustice **E**nclinant, 930
Les quiex choses naiscement ont
Es lettres qui u dit non sont.
Or va et fai ce que t'ai dit."
Lors ala il, revint et dist :
"Sire, fait ai ton mandement ; 935
Se plus veuz, touz jours me present."

Lors le pere au fil reparla :
"Tandis, dist il, c'on attendra
Quë iert celle fille nee
Et que sera aprestee 940
Pour toi aler ens hosteler,
Il me semble que regarder
Nous devons quel arroi aras
Et comment apointié seras
Selonc que ja as demandé, 945
De quoi te dirai mon pensé :
En terre où iras la aval
Aras assez painne et traval

Gabriel a dieu le pere.

Dieu le pere au fil.

qui $\Theta\pi\mathfrak{P}GA\alpha P^1P$
m. cher f. $\mathfrak{P}$, beneistray α
Et dorig. pechie pu. A Dorig. peche p. α Et de pechie original p. C^2 Et de orguel p. π Et dorgueil ie la p. P, Et de tous pechies p. P^1 Et de tout peche absoulray $\mathfrak{P}$ De tout pechie la garderay H
q. se. sanz nulle faincte $\mathfrak{P}$
A. que celle s. α, Tousiours benoiste et tousiours saincte $\mathfrak{P}$
u] au Θ, et] ne αHC^2, Et de toute grace aornee $\mathfrak{P}$
iert] sera $\pi\mathfrak{P}A\alpha P^1HC^2P$

Rigueur α Rigoureuse $\beta\Theta\pi GP^1C^2$, Rigueur de iust. $\mathfrak{P}HP$
Lesquelles ch. naissance o. $\mathfrak{P}$, naisem. α
Des $\mathfrak{P}$, que on d. αH qui ont d. G, nom $\Theta\pi\mathfrak{P}$, qui exposees s. P En lettres exposees sont C^2
q. [ie] t. Θ
Et l. a. r. $\mathfrak{P}$, il] et HC^2P puis P^1, r.] et vint A, dit $\mathfrak{P}H$
t. comm. αA, f. ay command. $G\pi$
pl. en v. je men pr. α, v. a toy me pr. A v. vemecy pr. H, pl. riens v. je my pr. P^1, Se tu pl. v. (v. pl. C^2) ie me pr. PC^2

=938 HP —937 C^2, f. parla G
Toudis Θ, Que le jour et leure sera H Et que terme venu sera C^2P
Comme α Comment AH sera ceste f. A, c. f. hostelee HQ: soit c. π Q. sera c. $\mathfrak{P}$, Q. c. f. sera n. P^1 Q. c. f. si soit n. C^2P
hostelee αP^1 (C^2P), quelle soit h. (la h. C^2) PC^2, Et ert et quelle s. nee H
—aler G, t. ens al. h. H

—arroi α

S. ce q. tai (as H) d. αP^1HC^2P, ja mas d. $\mathfrak{P}$
ten d. αP^1H

En la t. o. i. la val $\mathfrak{P}$, i. laual G

929, 930.—The five initials spelling the name MARIE are in red. $\beta\Theta$

Le Pelerinage Jhesucrist.

Pour Adam de chartre geter
Et de ses paines delivrer. 950
Et plus de ·xxx· ans voiage
Feras et pelerinage
Avant quë il soit la saison
De faire sa redemption,
Quar së homme tres bien p*a*rfait 955
N'estoies, quant feras le fait
De li rachater, complainte
En feroit Justice enfrainte ;
Si que, pour ce que longuement
Tu feras pelerinement, 960
Bourdon et escherpe te faut,
Dont au mainz prendras ci en haut
Ma potence où t'apuieras
Et de quoi ton bourdon feras,
Mez il le te faudra souvent 965
Celer dessouz le vestement
Que de la virge tu prendras,
Quant en li te hebe*r*geras,
Quar se chascun ape*r*tement
Le vëoit, grant destourbement 970
Seroit a ce qui a faire est."

Escharpe est baille au doulx iesus par le sainct esperit : luy baillant sa doulceur, clemence et benignite par escharpe. 𝔓 (T.)

Le S.
Esprit.
Lors dist le 'S' Esprit: "Tout prest
Je sui ausi de li baillier
Escherpe tele com mestier
A et que tout à descouvert 975
Pourra porter et en ape*r*t.
C'est ma douce benignite
Quë il metra a son costé,
Et la pendra a la corde
Qu'a osté Misericorde 980
De l'arc du ciel qui trop tendoit."—

ch.] peine G
se p. a
Si que p. 𝔓

—il $AaHC^2$, q. viengne l. 𝔓
sa] la aP^1C^2P —sa H
se h. nestoies tout p. 𝔓
Q. tu commenceras le fait 𝔓, q. lauras fait A
q. tu seras fait HC^2 q. ce sera fait P
li] lhomme 𝔓
seroit AHC^2P
Par quoy p. 𝔓, longhem. Θ

—et π, esquerpe Θ
Donc G
La C^2P Ta aP^1H, ou] et H, ou tu tap. 𝔓, tapuiras a

—le a, le f. couuent Θ
le] ton aP^1HC^2
la] ta G
en] de P^1, en elle taberg. 𝔓, herbeg. Θ herberg. a haberg. G
ch.] aucun AaP^1HC^2P
Te 𝔓
que aP^1, que f. HC^2P

—Lors H, Tout esperit $\Theta\pi a$ &c., esp. ie suis pr. a
ausi] tout prest a
—tele π, tel comme a, E. comme en a m. 𝔓, tel com a m. C^2
La quele t. 𝔓 A q. toute H, et] ce P^1, —que Θ, Quii portera a d. C^2P
Pour y mettre tout en C^2P, et] tout $A\pi HC^2P$
Quil m. a s. doulx c. 𝔓, Quil m. droit a P, m.] prendra A
La quelle il p. 𝔓, pendray G prandra P, la] sa P^1HC^2P
Que (La quel H) osta M. $GAaP^1HP$(𝔓)
Q. osta iadis M. 𝔓

Gabriel est enuoye en nazareth annuncer a la vierge marie le partement du pelerin iesuscrist et de la relation quil a son retour fist en paradis de la doulceur et humilite delle. 𝔓 (T.)

<small>Dieu le pere a gabriel.</small>
Adonc dist le pere: "Or endroit
Il faut penser du remanant.
Va t'en Gabriel maintenant   Gab. va t. m. HC^2P, gagriel Θ
Pour moi raporter qui est fait   985   m. (me 𝔓) r. (apport. α) ce quest f. P^1HC^2P
Et a quel fin la chose trait   𝔓α, que π quil G
De ce que j'ai par toi mandé   Et quelle f. HC^2
A Anne, et comment proufité   pourfite Θ
A le desirré fruit de li
Qu'ai en son ventre benëi."   990   Qua H Que iai π Que as P,-- ai C^2,
                                                  Quayme iay tousiours et beny 𝔓

Gabriel ala, et retour
  Fist sanz faire [trop] grant sejour   trop GP, Il fist s. 𝔓, gr.] lonc $AαP^1HC^2P$

<small>Gabriel a Dieu le pere.</small>
Et doucement au roy parla :   d. a dieu p. (parlant la A) $αP^1HC^2PA$
"Sire, dist il, en terrë a   t. la Θ t. y a. 𝔓
Par ton ordenance levé   995   —995 P, ordenement G
Une resplendissant clarte.
Onques maiz si belle chose   m.] vne 𝔓
Ne fu u monde desclose.   u] au α, fu sur la terre d. 𝔓
N'est nul qui vëoir la pëust   Tant quil nest nul q. 𝔓
Qui grant joie n'en concëust.   1000   Q. moult g. 𝔓
C'est un lucifer tres luisant,
De bonte tout estincelant,   De toute b. e. A Et de b. (beaulte C^2P) est.
                                            $αP^1HC^2P$
De toute vertu et biaute   viertu Θ, bonte $GAαP^1HC^2P$
Et de toute grace paré.   t-es g-es π𝔓
Onques ne fu ton Lucifer   1005
Premier plus noble ne plus bel,   ne] et H, bel] cler $GAαP^1HC^2P$
Et n'as nulle creature   Tu nas on monde c. 𝔓
Qui soit si noble et si pure.   Q. si n. soit ne si p. 𝔓, et] ne AP^1HC^2P, et
                                            si] ne α
Si noble est que touz la devons   tout Θ (Pic.) tuit αH
Servir, moi et mes compaingnons,   1010
Et en terre vers li aler   li] elle 𝔓
Pour li reverence porter,

Quar soufisant est et digne
Qu'en faces nostre royne,
Que ta grace tu li donnes 1015
Et com dame la coronnes."

En ce point le fil s'enclina
Et vers terre jus regarda.
"Pere, dist il, je voi ja bien
Que Gabriel ne ment de rien. 1020
Je voi la douce pucelle
Dont parlé as, qui si belle
Est du tout selonc mon plaisir
Que nulle rien tant ne desir
Com devers li tantost aler 1025
Pour moi dedens li hosteler
A fin que le mariage
De moi et humain lignage
Soit fait en li et celebré
Si com devant est pourparlé. 1030
Si que, chier pere, je te pri
Que tantost envoies a li
Pour li par devant aviser
Et la maniere deviser
Comment la chose se fera ; 1035
Quar li, qui virginité a
Du tout en tout en pensee
Fermé et l'a ja vouee,

Trop espaourer se pourroit
Së en sursaut sousprise estoit. 1040
Et d'autre part ma venue
Doit bien estre avant scëue,

Si com sces, et des maintenant

marginal: til dieu pere.

right column notes:
elle e. e. d. C^2
Que tu en f. n. reigne $\mathfrak{P}$, facies a faictes P^1 faisons H fassions P facons C^2
d.] royne $\mathfrak{P}$

sauanca C^2
v. la t. r. H deuers t. r. C^2P

—de a

D. as p. q. $\mathfrak{P}$ D. il p. q. C^2P, que H, q. est s. $\mathfrak{P}AaC^2P$
Et d. $\mathfrak{P}$, plas. π
Q. autre chose n. d. aP^1HC^2P
Que H, Comme vers l. π ($\mathfrak{P}$), Comme vers elle men a. $\mathfrak{P}$
P. me dedens elle h. $\mathfrak{P}$
A cel f. $\mathfrak{P}$
h.] dum. ΘH de hum. G lum. a de lhum. $\mathfrak{P}C^2$
li] elle $\mathfrak{P}$, S. en lui c. A
Comme d. $\mathfrak{P}$

t.] prestement $\mathfrak{P}$
Afin de d. laduis. $\mathfrak{P}$
diuis. $\pi\mathfrak{P}GP^1P$

li] elle π el $\mathfrak{P}$
t. ia empensee P^1 t. est posee H t. exposee C^2P
Confermee $\mathfrak{P}$, En (Et en a) son cuer l. HP^1a Et ia en son cuer v. P Et en son cuer j. v. C^2
Tost aP^1H Bien C^2P, espauourer Θ espourrir aH espaonter π espouenter $\mathfrak{P}AP^1C^2P$
Sen su. soubzp. elle e. $\mathfrak{P}$, seurs. prise e. AaP^1HC^2P, soupr. πG
Aussi d. $\mathfrak{P}$
B. d. P, Luy d. b. e. deuant s. $\mathfrak{P}$, b. a. e. s. G, devant C^2
Comme s. $\mathfrak{P}$, c. tu s. que m. H, s. que m. aP^1 s. car m. C^2P, —des A

Le Pelerinage Jhesucrist.

Le bourdon qui m'est afferant
Et l'escherpe je vueil avoir　　　1045　　Et escharpe *H*
Pour estre tout prest de mouvoir."

Verite qui
a raporte
le parle-
ment du
ciel dit
outre.

O̲r vous di que le fil du roy
　　Avoit ja pris tout cel arroi　　　A. t. pr. ia c. a. π, ia t. pr. son a. $\mathfrak{P}$, cel]
Avant que retournasse ci,　　　　tel *AaP¹HC²P*
Et Dieu le pere avoit ausi　　1050　　Deuant *H*, Comme devant jay dit ycy *C²*
　　　　　　　　　　　　　　　　p. autressy *aHC²*
A Gabriel dit qu'il alast
A la pucelle et li noncast　　　nunciast *a*
L'alee du dit pelerin　　　　　Le partement du p. $\mathfrak{P}$
Qui se vouloit metre a chemin.　　a] en *A* au *aP¹HC²P*
Si que, si com je vous ai dit,　　1055　　Par quoy ainsi que v. $\mathfrak{P}$
Ja assez tost verrés, ce cuit,　　venes π verras *G* venra *H* orres *C²P*, ce] se *a*
　　　　　　　　　　　　　　　je $\Theta\pi$
Gabriel qui ira devant　　　　Com G. i. d. *C²*
Et le pelerin ensuiant."　　　　ensieuant Θ

Or parle
cil qui
songe.

Et je qui tout ce oioie　　　　ooie ΘP^1 ouoie π veoye *G*, q. cecy veu
　　　　　　　　　　　　　　　auoye $\mathfrak{P}$
Et qui encor bien vëoie　　1060　　quencor *A*, oyoye *G*
Les dames a cui Verite　　　　a qui Θ
Disoit quanque j'ai ci conté,　　q. ay cy recite $\mathfrak{P}$
Garde me pris, se verroie
Ce que dire oui avoie.　　　　Tout ce quouy d. iau. $\mathfrak{P}$, oui d. *aP¹HC²P*
Et ne demoura pas granment　　1065　　demourra *G*
Quë aval vint isnelement　　　Q. cy bas v. $\mathfrak{P}$, isnelm. *a* ynelment *C²* ys-
　　　　　　　　　　　　　　　nellement *G*
Un angre qui plus reluisoit　　p. luis. *a*
Que chose qui u monde soit,　　Q. nulle ch. quou m. s. $\mathfrak{P}$, que πGP^1P
Si que li bien considerer　　　quassez b. $\mathfrak{P}$ q. tresbien *aP¹HC²P*
Ne peu mie ne regarder;　　1070　　Ne le p. $\mathfrak{P}$, pos *HC²* poet Θ
Mez toutevoies tres bien vi　　toutes voies Θ, toutesfoiz t. b. ie v. $\mathfrak{P}$
Que chiez la Virge descendi　　chieux π chelz $\mathfrak{P}$] a *aP¹* en *HP* sus *A*, v. il
　　　　　　　　　　　　　　　d. $\mathfrak{P}$
Qui dedens sa maison estoit
Où plus que le soulel luisoit
Et estinceloit de clarte.　　1075　　Qui *A* Et *P¹PaH*, Et p. q. s. reluis. *aHC²*

Collocution et dialogue de gabriel et de marie. ℔ (T.)

Gabriel a Marie.	A la quelle tost dist : "Ave !	dist tost *G*
	Voiz ci le fil Dieu qui en toi	Voy cy *a* Vecy *AHC²* Veez cy *G*, f. de D. quen t. ℔
	Vient du ciel pour hebergier soi,	herbeg. Θπ hosteler *G* osteller *C²*
	A fin quë ·i· mariage	A celle f. q. m. *P¹℔*, q. le m. *aHC²P*
	De li et humain lignage 1080	et dum. *A* et lum. *a* et de lum. ℔*P¹C²P*
	Y soit fait pour la pais faire	s. parfait ℔
	Qui a homme est neccessaire.	lhomme ℔
	Et ne soies esbahie	
	En rien, quar te senefie	De ℔*AaP¹HC²P*, q.] ce *GaHC²* cecy *P¹*, q. ie te supplie *P*
	Que le S. Esprit y venra, 1085	
	Et du mariage fera	—du *a*
	Et des noces le parement	noeches Θ
	Tout seul et l'encourtinement,	le court. *G* lenterinement *aP¹HC²P*
	A fin que tout soit bien celé	
	Et de sa vertu obumbré ; 1090	—sa *G*, virtu Θ
	Quar Dieu le pere ne veut pas	
	Que son chier fil qu'envoie bas	Qui s. ch. f. env. b. *H*, —chier *C²*, s. f. q. en (sa *P*) b. *P¹P*, —fil *a*, quil env. *C²*℔
	Soit de toute gent connëu	t-tes gens *AaP¹HC²P*, recongneu ℔
	En apert et tantost vëu	ap. ne si trestost v. ℔, ap. ne apperceu *aP¹HC²P*
	Pour ce que tres secretement 1095	
	Veut faire ce que faire entent,	
	Si com plainnement le saras	Comme pl. *P¹℔*, c. plus pl. s. *HC²P*, pl. le fait s. *A*
	Apres que concëu l'aras	
	Et habit li aras vestu,	
	Par quoi sera desconnëu." 1100	P. lequel seras d. ℔
Marie a Gabriel.	Lors dist la Virge [a] Gabriel :	*a π℔GA* &c.
	"Chiers amis, mont me seroit bel	Mais *a. A*
	Que de ce tu me dëisses,	de tout cecy t. m. disses ℔
	La maniere et aprëisses,	Toute l. m. et aprisses ℔ aprenisses *C²*
	Quar connoissance de moi n'a 1105	
	Homme, n'a mon vouloir ara."	ne m. *G*, nara Θ*GAaP¹HC²P*
Gabriel respont.	"Bien le sai, a il respondu,	il a r. *HC²*

THE ANNUNCIATION. Line 1,076, p. 38.

H, p. 422.

Et pour ceste cause fus tu,
N'a pas granment, espousee   grandem. 𝔓
A Joseph et (a) li donnee,   1110   a βΘπ &c.
Qui est ·i· grant tapissement   Que G, —est GαC²
Et honneste encourtinement   Et ·i· grant e. αP¹HP, en continem. G
                                              encointment C²
De ta virginite garder   warder Θ
Pour tout soupecon hors geter,   P. h. t. (de A) s. oster GC²A P. toute s. o.
                                              αP¹HP
Et pour de blasme garder toi   1115
Selonc que le vouloit la loy.   S. ce q. veult (le veult C² vouloit A) AαP¹H
                                              PC², q. la v. Θ
Si respont a [ta] demande   resp-s C², ta π𝔓 GAP¹HP] me Θ (Pic.) ma αC²
Selonc que raison commande :   S. ce q. αP¹HC²P, r. le c. 𝔓
Celui qui en toi descendra
Est celui qui homme crea   1120   Et C², cil q. H, lhomme 𝔓
De noient, et tu le crois bien   et cecy c. tu b. 𝔓, cr.] sces AαP¹H, Asses tost
                                              tu le sauras b. P Est et tu le saras b. C²
Et n'en as doutance de rien.   Et] Car Θ, naies d. C²
Se donc de noient il a fait   doncques 𝔓
Homme complet et tout parfait,   complete α
Bien te doit venir en pensé   1125   = 1126 αP¹HC²P, B. d. v. a ton p. A, pensee
                                              G𝔓
Que de ce qui est ja creé   = 1125 αP¹HC²P, Q. cellui q A, Q. dune
                                              chose j. cree 𝔓
Et de matiere tel com veut   c.] quon α que 𝔓, vuelt H
Homme fourmer et faire puet
Ausi et plus parfait et bel
Com le premier et de nouvel.   1130   Que 𝔓
C'est le cors que pour li fera
Dedens ton ventre et fourmera
De ton pur sanc qu'a eslëu   quil a eleu 𝔓
A ce faire par son plëu.   s. bon pl. 𝔓
N'est mie si a mervellier   1135   Et n. pas tant a m. 𝔓
Conversion d'estat premier   Conuertion Θ
En autre com creation   com] quest 𝔓
De noient et production.   D. tout n. 𝔓
Et a fin quë entendes miex   q. lent. 𝔓
Comment en toi venra des ciex,   1140   en] a A, v. en toy HC²P
Voi le soulel comment descent   Vois αC²

Par un voirre et la couleur prent	En aP^1HC^2P, verre $\pi\mathfrak{P}$, la] sa P^1HP
Dont il est couluuré et paint	Comme aHC^2
Si qu'au passer en devient taint	au] a C^2
Sanz faire quelque lesion 1145	
Au voirre ou quelque fraction.	quel f. H
Mez en entrant et en issant	
L'enlumine plus que devant :	Enlum. GA
Ausi di qu'en toi descendra	A. desquen t. de. $AaHC^2$
Et dedens toi si se metra 1150	Et que en t. aHC^2, toi se mettera Θ
Que de la substance de toi	—de G, De la s. d. soy C^2
Il convertira tant en soi	tout $GAHC^2$, en toi a
Qu'en sera non pas seulement	Que s. A, Que nen sera p. s. aH Tu ne seras p. C^2
Coulouré, mez realement	Coloree $\mathfrak{P}$, Couronne m. reallem. Θ, realm. πa royalm. G
En sera couvert et vestu, 1155	c.] pare aHC^3
Tres parfait homme devenu.	Tout $\mathfrak{P}$ Et aHC^3
Et de ce rien tu ne seras	saras a
Bleciee, quar le recevras	quant aC^2, Blessee q. tu l. r. $\mathfrak{P}$
Com le soulel qui plus clarte	Que a Car C^2
Que devant et plus grant biaute 1160	
A ta virginite donra	
Et en miex la confermera,	
Non pas seulement en entrant,	
Mez en demourant et issant.	—en π en] y $\mathfrak{P}$, ysant H
Et voir se virge ne fusses 1165	v.] certes $\mathfrak{P}$
Et virginite n'ëusses,	v. en toy n. $\mathfrak{P}$
Et dëusses touz jours avoir	la d. $\mathfrak{P}$
De fait, de propos et vouloir,	p.] penser HC^2, et] de $GAaH$
En toi ne daignast descendre	
Pour nature d'omme prendre. 1170	
Sainte chose sanz plus aimme	S-tes coses Θ
Et ailleurs n'a son demainne.	na a s. G ne prent s. $\mathfrak{P}$
Sainte chose es, et es celle	ch. tu es et c. A ch. es et c. aH, si es celle C^2
Dont Ysaie nouvelle	

1174.—Ys. vii. 14: Ecce virgo concipiet, &c.

Le Pelerinage Jhesucrist.

	Aporta quant de toi disoit,	1175
	Ausi com te moustrast au doit :	
	"Voiz ci, la virge concevra	
	Et virge pure enfantera	
	Un fil qui sera appellé	
	Dieu avec la gent et nommé."	1180
Marie a Gabriel.	"He Gabriel, a elle dit,	
	Sces tu bien que pour moi fu dit ?	
	Onques maiz ne l'oui gloser	
	En tel maniere et exposer."	
Gabriel a Marie.	"Certes, a il dit ; autrement	1185
	Ne puet estre pris bonnement.	
	Ja ne sera, onques ne fu	
	Virge de qui comme de tu	
	Puist estre dit que mere soit,	
	Et qui tel fil et tel non ait.	1190
	C'est le fil Dieu du quel mere	
	Seras en terre sanz pere.	
	Pere a u ciel, il n'en veut plus.	
	U ciel n'a pas mere, mez jus	
	Ci en terre la veut avoir.	1195
	Ce seras tu par son vouloir.	
	Sus toutes fames nommee	
	En seras et appellee	
	Tres benoite et precieuse,	
	Sanz parel et glorieuse.	1200
	Et sai bien que finablement	
	Rien n'ara souz le firmament	
	N'angre qui en paradis soit	
	Ne creature quelque soit	
	Qui obëir a ton talent	1205
	Ne vueille et ton commandement.	
	Et qui plus est, feras a toi	
	Encliner le vouloir du roy	

Ainsi ΘG, Ainsi que t. 𝔓, t. demonstrast A, A. c. au doi te moustroit H
Vecy αHC², Veezcy GA, qui c. C²
p.] apres αHC²

le grant HC², —et α

—bien π(𝔓), tu q. p. m. f. ce d. 𝔓
O. ne louys g. G
Nen celle m. exp. H En la m. ne exp. A, m. nexp. 𝔓 m. ne exp. αC²
C. dist il a. A, aut.] bonnement π nullem. 𝔓
Est. pr. ne p. b. α, peuent 𝔓, b.] autrement π𝔓
nonques 𝔓AHC² ne o. α
cui Θ
Puisse π𝔓, qui GAH
—Et Θ, nom Θ
—dieu αH, le propre filz duquel m. C²

u] au πG en C²

Ci endroit l. AαHC²
sera toy 𝔓, Se s. tu p. ton v. α

benoit Θ benoiste G
Et s. p-lle gl. 𝔓, pareille 𝔓H per ilz A, et gracieuse αH tresgracieuse C²
si scay C², —que AαHC²
Que r. na s. AαHC², sus Θ
= 1204 (N. c. quelle quelle s.) G, Nangle Θ, Ne a. quen p. α
= 1203 (Ne a. q. en p. s.) G, quel quel s. Θ queiquelle s. C² q. il s. α
ton] son α ton bon 𝔓, a ton mandement C²

fera π𝔓

G

Pour faire quanque te plaira,
Ja si grant chose ne sera.   1219
Rien impossible ne li est.
À quanque veut est to*us* jourz prest.   q-quil v. 𝔓
Or me respont ta volenté !   respons *C²*
Bien sai quë il est apresté
De descendre tost et venir,   1215
Mez que li aie ton plaisir   quen li aies Θ que il oye *GAαHC²*
Noncié et ton consentement.   Par moy et *GAαHC²*
Null' autre rien ausi n'atent   Nulle Θπα &c., rien] chose *C²*
Humain lignage qui a mort   Lum. α
Est mis a touz jourz, se confort   1220
N'a par ce que tu me diras
Presentement et respondras."

Lors la Virge mont doucement
　Baissant la chiere et humblement,   La ch. b. h. 𝔓, —et *GAHC²*(𝔓)
Benignement li respondi :   1225 li] me *G*

Marie a "Chiers amis, puis qu'il est ainsi
Gabriel. Que tant se veut humilier   humelijier Θ
Le roy et vers moi incliner,
A sa volenté me consent
Et a li du tout me present   1230
Pour estre sa chamberiere   Destre son humble ch. 𝔓, ch-briere α
Pour li en toute maniere   A *AαH*, Et seruir en 𝔓, Et a li *C²*
Servir, que faire le pourrai   Tant comme f. te p. 𝔓
Et que bo*n*nement le sarai.   q. miex (—miex *H* faire l. (je l. *C²*) s. α*HC²*
Ma chambre est toute aprestee   1235 chambrete 𝔓
Et toute nete et paree.   T. n. et toute p. 𝔓 De t. netete p. *AαHC²*
De virginite blans drapz ai   dr. y ai α
Où netement le coucherai.
Couverture pour li couvrir   le c. 𝔓
Ou vestement pour li vestir   1240 Et a Le *HC²*, le v. 𝔓
Vueil bien qu'il prengne dede*n*z moi,   que p. *AαH*, que il prenge en m. *G*

Ma char et mon sanc li otroi.
A tel matiere bien donra
Tele fourme com li plaira.
Mainz a, si com dis, à muer 1245
Matiere que n'a a creer.
Bien voi ausi qu'il couvendra
Ci apres, quant né il sera,
Que le nourrisse doucement
Et le couche et lieve souvent, 1250
Que l'alaite et que le paisse,
Que l'embrace et que le baise
Souvent, a fin qu'il ne pleure
Et que tout temps et toute heure
Je le garde tres netement 1255
Et sanz faute soingneusement.
Et volentiers voir ce ferai
Com sa baiesse que serai,
Qui de bonne heure nee fu
Se je puis faire son plëu. 1260
C'est ce que tu li respondras
De par moi quant retourneras."

celle m. *AHC²*, matere Θ
Tel f. comme Θ*a*, c.] que 𝔅, comme a l. *HC²*
Aussi c. d. a a m. *H*, M. aussi que d. *aC²*, M. a comme as dit a m. 𝔅
Matere Θ, Moins asses q. *aH*, na la c. 𝔅, A ence quil n. *C²*
B. doi a. Θ, a.] apres *aHC²*, qui c. π que c. *A*
Tantost a. que n. s. *C²*, nes *a*, q. nasqui s. 𝔅, sara π
n.] remue *aHC²* souvent *C²*
Que 𝔅, et le l. *C²*
q. lappaise *G* q. le baise *aC²* q. le berce *H*
b.] paisse *a* pesse *H* rapaise *C²*
que n. π
tous t. *H*, quen tous t. et qua t. h. 𝔅*C²* (—qua *C²*)
le tiengne net. (bien n. *C²*) A*aHC²*
Et que ie le baigne souuent *aHC²*
Et moult v. le f. 𝔅, ce] le 𝔅*aH*
Comme baesse *H* Comme bayasse *C²*, baiasse π beasse *G*, C. son ancelle q. 𝔅
Et de moult b. 𝔅, ne fu Θ
Se lui pu. *HC²* De li pu. *a* f. a s. π, Se le pu. seruir a s. pl. 𝔅

Jesus descendit ou ventre virginal. 𝔅 (T.)

Lors tantost le vi retourner,
     Et dont estoit venu [r]aler.
Et ne demoura pas granment 1265
Que fu ouvert apertement
Le ciel, du quel je vi issir
Et descendre et aval venir
D'angres une foison tres grant
Des quiex Gabriel au devant 1270
Aloit, et u milieu d'iceus
Estoit le fil Dieu glorieus
Le quel, pour sa tres grant clarte,
Li vëoir a ma volenté

raler Θ realer 𝔅

av.] bas π*GAaHC²* cy bas 𝔅
Dangles Θ Dangelz *G*

u] au *a*, m. de ceuls Θ*a* ceulx *C²*

Regarder a π Regrader a 𝔅

		1275	Je ne 𝔓
	Ne pouoie, dont dolent fu.		—je a
	A ce sanz plus je le connu		
	Que vi s'escherpe et son bourdon		D. d. ai (iay 𝔓) f. m. π𝔓GAaH D. d. est f. C²
	Dont fait ai devant mention,		Et de (a A) c. q. diray or(es) cy AaP¹C²P
	Et à ce que dirë oui		Et de c. q. oie diray cy H, iouy π𝔓G
	A Gabriel, disant ainsi :	1280	Que oy de G. A, Gab. luy disoit a. C²P, disoit G

Gabriel au fil dieu. "Or ca, mon douz segneur, or ca !
Voiz la la Virge, voiz la la !
Regarde la ! tant est belle
Que tout le ciel s'esmervelle
De sa biaute, de sa bonte   1285
Et tres plaisant humilite.
Elle t'atent, pour toi vestir
L'abit de quoi tu as desir,
Dedens sa maison où iras
Et où tu te reposeras   1290
Neuf moiz en son lit fait de fleurs
Vertuables, rendans oudeurs.
C'est la premiere station
De ta peregrination.
Par tout le chemin quë iras   1295
Nul lieu plus bel ne trouveras
Ne si saint (ne si saint) ne si precieus
Ne si digne ne vertueus
Devant que seras remonté
A Dieu le pere et retourné."   1300

Les angres a Gabriel. "Ha, ont les autres angres dit,
Gabriel, qui onques maiz vit
Tel chose ou en oui parler !
Deduit est grant de regarder
La belle que dis que voions,   1305
A cui touz nous nous obligons
Pour li honnourer et servir
Et a li du tout obëir.

Vela l. v. vela l. πC², V. la vi. G, Vees la vi. vees aH, v. le la Θa
R-des a, que t. C²
c. si son merv. aHC², sen esm. A𝔓
De sa p. AaHC²
—1287 C²

Virt. Θ Vertueuses H, Belles et redolens od. 𝔓

q.] ou AaHC²
N. pl. b. l. aHC²
—ne si saint Θπa &c.
d.] plaisant H, si bel ne si v. AaP¹C²P

le] ton 𝔓
Haa o. l. anges d. C²
m.] ne G, m. dit A
Telle H, ou] et G, ch. ne ouy p. aH, noy C²
Plaisir 𝔓, Gr. ded. e. aHC², de] du Θ
Ceste tant b. q. v. 𝔓, b. q. nous cy v. H, d. q. nous v. A
c. n. t. n. o. 𝔓GC²
li] la π, De lhon. et la s. 𝔓
a elle de bon cuer o. 𝔓

Le Pelerinage Jhesucrist. 45

Mont est voir chose tres digne
Quant nostre roy s'achemine   1310
A li pour devenir son filz ;
Et non obstant que si grant pris
Ait ceste dame et tel valeur,
Mervelles est quant au segneur
Est venue tel volenté.   1315
Douz roy, nul ja n'ëust ousé

Penser si grant dignation
De toi et inclination,
Quar voir proportion n'est pas

De toi tres haut à homme bas ;   1320
Et bien croions, se Charite
A ce ne t'ëust excité,
Et se la douce Pucelle
Ne fust si bonne et si belle,
Jamais à ce faire acordé   1325
Ne te fusses ne encliné.
Et voirs est, puis qu'il est ainsi
Et te veuz humilier si,
Bien as choisi et eslëu,
Quar n'est nulle n'onques ne fu   1330
Si tres noble creature,
Si tres digne et si tres pure ;
Et onques ton pere ne fist,
Tu avec et le S. Esprit
Rien qui tant plaire te doie,   1335
Puis que tu te mes a voie
De faire pelerinage
En terre jus et voiage.

voirement ch. d. 𝔅, voir] certes C^2, ch. et t. *H*
r. si sach. C^2
li] el 𝔅
N. contrestant q. $A a P^1 H C^2 P$

qua tel s. 𝔅
telle π ceste 𝔅
O d. r. et qui eust o. 𝔅, —ja a ja] penssér *P* C^2, *D*. (Tresdoulz *G*) r. nul nest o. *HG* *D*. r. nulz de nous nest o. P^1, ouse] este Θ
La tresgrande d. $C^2 P$
encl. *G* lincl-on C^2
Q. voy proposicion na p. *H* Voir proposicion n. ce p. C^2, propotion Θ, na π𝔅*GAH* nas *a*
—a *a*
—bien Θ, Et croy assez se (que *A*) ch. *GaA*, Et roy aussi s. HC^2
Ne t. a ce ex. $AaHC^2$
si ceste d. 𝔅
Neust este si bo. 𝔅, —et π
J. au f. HPC^2, J. a ce encline *A*
Tu n. t. f. nencl. 𝔅, ne accorde *A*
vray 𝔅, Et il e. voir q. aHC^2
Que te (Que tu te *H*) 𝔅aHC^2

nu. autre no. *Aa*
S. belle et n. 𝔅
S. t. clere et (ne HC^2) si p. aHC^2, et] ne 𝔅, —et *G*, —si π
tes peres *G*
Auoec le s. esp*e*rit Θ, et] ne aHC^2 —et *G*, Ne toy naussi le s. e. 𝔅

The lines 1316-1342 are headed by : *Cil qui songe* in *G*, by *Lacteur* in 𝔅, and by *Cy parle laucteur a dieu* in *H*.

Assez miex te sara servir
Et faire selonc ton plaisir   1340
Que toutes les fames qui sont
U monde, furent et seront."

s.] tout *aH* du tout *A* du tout a *P*
le f. Θ

Vision deuote et contemplatiue de lacteur a lheure que nostre dame conceut nostre seigneur iesus. 𝔓 (T.)

Lors tantost en ycelle heure
  En sursaut et sanz demeure
Une tres grant mervelle vi   1345
Que pas ne doi metr' en oubli :
La Virge, sanz mutation
Faire de sa belle facon,
Apparut comme de cristal
Où il n'avoit amont n'aval   1350
Rien qui tout tresparant ne fust
Et dyaphanité n'ëust

Ausi grant com en voirre cler,
Le plus pur c'on pëust trouver ;

Et enz s'estoit com soulel mis   1355
Le roy et u milieu assis
En tel maniere qu'il luisoit
Par mi li et l'enluminoit.
Onques lanterne si luisant
Pour chandoile dedens ardant   1360
Ne fu com reluisant estoit
De ce soulel qui ens luisoit.

Adonc me vint en semblance
  Que de ce senefiance
La fame estoit qui moustree   1365
Fu u ciel qui affublee

t.] promptement 𝔓, t. et sans demeure *C*²

s. nul d. 𝔓 en ycelle heure *C*²

mettre Θ

m.] inuocacion *C*²

Qui n. *C*² namont Θπ𝔓 *GAaH*, Et nau. namont ne av. *H*, na val 𝔓
que tout parant Θ, q. tr. f. *a*, transp. 𝔓
Et q. d. 𝔓, dyaphinte *P*¹, dyaphante (diaphice *H*) ny eust *aH*, Et que tres grant clarte ny e. (ne fust *C*²) *PC*²
Et a. se (—se *a*) le v. *aC*²*P A.* comme le (en *G*) v. *GP*¹*H*, en] est *A*
Et pl. p. quon ne p. t. *A*, pl. clair quon sauroit t. 𝔓, com π*H*, pu. que len peult t. *GP*¹*C*²*P*
Dedens se. 𝔓, estoit *G*, solaus Θ
u] au *a*
qui l. Θ que l. π𝔓
li] elle 𝔓, et enlum. *G*

comme luis. 𝔓

q. leans posoit 𝔓, l.] estoit π

Estoit la fame βΘπ &c. Est. de l. f. *C*²
q.] et *a*, c. laquelle affulee 𝔓

1365-1372.—Apoc xii. 1 : Mulier amicta sole, et luna sub pedibus eius, et in capite eius corona stellarum duodecim.

Le Pelerinage Jhesucrist.

Et *du soulel vestue* estoit
Et souz ses piés la lune avoit
Et avoit le chief couronné
De ·xii· estoiles et paré.   1370
Vestue ceste virge estoit
Du soulel quë en soi avoit,
Si com par exemples vëoir
On puet assez et percevoir :
Souz la nue si se tapist   1375
Le soulel que par mi il luist,
Et dehorz li fait parement
De grant clarté et vestement,
En soi de la nue couvrant
La nue vest et fait luisant.   1380
De la clarte qui est mise
En la lanterne en tel guise
Di, si la va outre passant,

Que par dehors la fait luisant,
Et ce la vest et embelist   1385
Et pour vestement bien soufist.
De ceste virge fu ausi :
Quar quant le fil Dieu dedens li

Entra com soulel et s'i mist,

Si resplendissant il la fist   1390

Que la clarté un vestement
Li fu dehors et parement.
Et c'est ce que disoit David :
Dedenz le soulel a Dex mis
La Virge, son tabernacle,   1395

Et v. (vestu *a*) du (dun *G* de *aH*) s. est. βΘπ𝔅*GaHC*²
—Et *a*
—1369 𝔅, estoit encourtinee *C*²
—1370 𝔅
—1371 𝔅, c.] estoit *G*, Ceste v. v-ue e. *C*²
—1372 𝔅, qui π
Ainsi que p. e-ple 𝔅, e-ple 𝔅*H*
Qui *G*, peust *a*, apperc. *A*
Car so. l.n. se t. 𝔅, n.] mue *P* lune Θ*A*, si] il *C*²
qui (lequel 𝔅) p. m. luist *AaH*𝔅, il] y Θ luy *P*¹

cl.] lumiere π𝔅*G*, De lumiere et v. *AaHC*²
En se d. l. n. recouv. 𝔅, de toutes pars c. *P*
n.] lune Θ, n. il v. 𝔅
—1381 *A*, cl.] lumiere 𝔅
—1382 *A*, De *HC*²*P*
—1383 *A* De π, Ainsi l. 𝔅, De la v. o. p. (o. ou p. *a* o. trespass. *P*¹) *HaP*¹, La lueur v. *C*²*P*
—1384 *A*, Et *aP*¹*HC*²*P*, la] le Θ (Pic.)
En π*G*, Et si l. 𝔅*AaP*¹*HC*²*P*
—1386 *H*
De ce c. *a*, ainsi Θ𝔅*GAP*¹, Or de c. v. ainsi fu 𝔅, v. a. fist (fust *C*²*P*) *HC*²*P*
—1388 *H*, Quant l. f. de D. *G*, f. D. ens se mist *a* f. D. ens mis fust *C*²*P*, —li π, Q. q. ded. l. f. de dieu 𝔅, Clere luisant plus que ne dy *P*¹
—1389 *a*, = 1390 *C*²*P*, = 1388 (Q. q. l. f. D. ens se mist) *P*¹ (L.i f. D. qui d. se mist) *H*, E. et c. le so. se m. *A* E. comme so. sy m. 𝔅
Et si r. la f. 𝔅, Que toute de clarte (sa cl. *C*²) reluist *PC*²
Et *C*²*P*

dieu a mis *A*

1394.—Ps. xviii. 6 : In sole posuit tabernaculum suum.

La quel chose est com miracle ;　　　　　　　—1396 *a*, ch. fu m. *H*
Quar ausi com dedens il est,　　　　　　　　Q. tel comme d. 𝔓
Ausi par dehors il la vest,
Ens contenu, li contenant,　　　　　　　　　En c. le c. *G*, li] el 𝔓
En li enclos et li cloant ;　　　　　1400　　En elle encl. 𝔓, Li encl. et li encloant *aHC*²
Et di que pour ceste raison　　　　　　　　dist *aHC*²
Diex un petit jouel et don
Li fist a ce commencement :　　　　　　　　ce] son *HC*²
Ce fu qu'a son ordenement　　　　　　　　 quant s. *AH* quant o. *C*²
Bailla et sommist la roe　　　　　　 1405　　soustint *HC*²
Où touz tempz la lune roe　　　　　　　　　—1406 *C*² (*line left blank*) *H*
Avec mouvemens et choses　　　　　　　　 m-nt π𝔓*a*
Qui dedens li sont encloses,　　　　　　　　li] elle 𝔓, encl. s. *C*²
A fin que tout en sa posté　　　　　　　　　en] a *G*, poeste *HC*² proste *a* puissance *A*
Fust, et en ce fust assené　　　　　　 1410　　—fust *aH*, assigne *a*, Et a elle f. ordonnance *A*
Aucunement son douaire　　　　　　　　　 A. fu s. *H*, Fait auc. de s. d. *A*
Jusqu'a tant que tempz de faire　　　　　　Jusque t. *H*, a temps q. *G*
Fust autre chose ap*ar*tenant　　　　　　　ch. afferant *a* ch. et afferant *HC*²
Au mariage et afferant.　　　　　　　　　　m. appertenant *HC*², et appertenant *a*
C'est la maniere comment a　　　　　 1415　—1415 (*line left blank*) *H*, —a *C*²
La lune souz piés des piec'a.　　　　　　　—1416 (*line left blank*) *H*, s. li d. *a*, de p.
Et dirai de la couronne　　　　　　　　　　　θπ𝔓*GA*, s. lui sestent *C*²
Qui à tous lés l'environne　　　　　　　　 Si d. *H* Or d. *C*²
Si que par tout est paree　　　　　　　　　 Q. de t. costez le 𝔓, envir. π*G*
Et n'a rien de quoi loee　　　　　　　 1420
Ne doie estre par honneur grant,
Quar n'est mie le ciel luisant,　　　　　　　n. pas le c. cler l. 𝔓
Au miex que puist estre paré　　　　　　　 puisse π𝔓 poet θ
Et de planetes aourné,　　　　　　　　　　 des *G*, de la planete *aC*², adorne *G* adore *A*
Si bel, si cointe, si plaisant,　　　　　 1425　c.] noble *aHC*², p.] puissant *HC*²
Si de noblece estincelant　　　　　　　　　 Et d. θ
Com ell' est consideree　　　　　　　　　　 Comme celle 𝔓
De ·xii· estoiles paree,　　　　　　　　　　 e. et p. *GC*²

　　　　　1408 *a*.—Et qui moult tresgrant vertu ont *C*².

Le Pelerinage Jhesucrist.

Et de toutes honneurs digne		toute Θ
Couronnee com royne ;	1430	Couronnee Θπα &c.] Conronnee β, Et cor. r. benigne ꟼ
A la quel chose s. Bernart		
Adreca si bien son regart		Adrece Θ
En prerogatives disant		prouocatiues *H*
Ces ·xii· estoiles et nommant		Se *C²* Et xii est. lui n. *H*, et] li α*HC²*
Quë apres li rien je n'i sai,	1435	Quap. l. r. ne s. ꟼ, ne s. ꟼ*GA*α*HC²*
Pour quoi a tant je m'en tairai.		teray π

Mez en revenant au propos
    Premerain du soulel enclos
Qui par mi la Virge luisoit
Et comme cristal la moustroit   1440   cr. reluisoit α*HC²*
Tresparant, et avoit moustré   Transp. ꟼ, Trespur et net lauoit trouue *H*, lauoit *Aa HC²*, m.] trouue α*HC²*
Quant dedens li estoit entré,   li] elle ꟼ
Assez tost et briément je vi   je] le α
Que ce dit soulel se couvri   Q. cestui s. *A*, Q. le d. ꟼα*HC²*
D'une toie delïee,   1445   toille Θ*Ga* taie *AH* teye ꟼ, bien d. *C*
Blanche, pure et affinee
Que dedens la Virge trouva
Souz quoi sa grant clarte muca,   Sur α, qui le souleil se m. *C²*, sa] si *Aa H*, moustra π monstra ꟼ
Si que je le vi tout a plain   —le *GA*
En la fourme de cors humain.   1450
Sa grant clarte qu'avant monstroit   cl. quant m. *C²*, moustroit *G*
Point vëoir ne le me laissoit.   Pour πꟼ*GA*α*H*, P. a plain v. ne me la. ꟼ, ne me le la. π
Toutevoies a mon semblant   Toutes voies Θα, Et toutesfois a ꟼ
Petit estoit et com enfant   P. me sembloit c. enf. *A*, est. comme vn (—vn *H*) enf. α*HC²*
Qui a ses angres hors parloit   1455   lors p. ꟼ*H*
Et tex paroles leur disoit :   De t. *HC²*, p. et d. *C²*

         Jesus parle aux anges leur recommandant sa mere. ꟼ (T.)

Le fil dieu   "Chiers menistres, vous vees bien   voyez ꟼ saues *G*
aus angres.   Où je sui et le lieu dont (je) vieng.   —je Θπα &c., Le l. ou (donc *A*) j. s. et d. (donc *A*) v. α*HC²A*, dou v. ꟼ
Se la cause tous ne saves,   t.] vous α*HC²*

H

Ci apres bien tous la sares. 1460
Servés ma mere et gardés si
Que point ne departés de li !
Et tu Gabriel mesmement
Qui sces bien tout ce sacrement,
De li ne t'esloingne mie ! 1465
Tenir li pues compaingnie,
Et venir souvent et aler
A Dieu, mon pere haut parler
Pour li noncier mon afaire
Et comment sui debonnaire 1470
Devenu pour l'onneur de li
Qui m'a voulu envoier ci
Et ausi pour la grant amour
De ma mere où je fas sejour
Et ferai jusqu' a tempz certain 1475
Que jë istrai hors de son sain
Pour le voiage parfaire
Que j'ai entrepris a faire."

ap. t. b. le (la $\mathfrak{P}$) $\pi a\mathfrak{P}$, b. tost le s. GAH, vous le s. C^2, le $\Theta\pi a GAH$
mamer a, garde π

toy $\mathfrak{P}$

seurement C^2
Delle ne teslongneras m. $\mathfrak{P}$, teslonge Θ tesloingnes G tesloingnier H
Mais lui tien bonne c. $\mathfrak{P}$, p.] dois aH, tu li dois C^2
Pour $\mathfrak{P}$, veoir a

Et aHC^2, annuncer $\mathfrak{P}$

comme ie s. a, je suy C
p. lamour d. $G.AaHC^2$

ennoncier c. C^2

—je A, fay H fais C^2

Adonc i. a Et dont i. H, irai A seray $\mathfrak{P}$

Visitation de lhumble marie a sa cousine helizabeth. $\mathfrak{P}$ (T.)

Apres ces paroles se tut,
Et la Virge a aler s'esmut 1480
En un haut lieu, et puis trouva
Une fame que salua
Qui estoit encainte d'enfant,
Si com perçu tost ensuiant,
De qui fu resaluee 1485
Et dite benëuree.

Et avint que parler oui
L'enfant de la fame que di
Qui tex paroles haut disoit
A cil que la Virge portoit : 1490

teut G, A ces mos s. t. plus ne dist C^2
sesmeut G se mut ΘH se mist C^2
lieu haut πGA, un mont h. ou elle t. $\mathfrak{P}$, l. ou tr. aHC^2

defent $\mathfrak{P}$
Comme iaperceu e. $\mathfrak{P}$, ensieuant Θ, Et telx parolles luy (va a) disant $GAaHC^2$
q. refu saluee a, ress. Θ ressalue G
dit (dist H) que b. aH, boine euree Θ, Et nommee la tres bien euree $\mathfrak{P}$ En lappellant b. C^2
Et apres bien p. o. C^2 De qui lenfant p. o. aH, iouy $\mathfrak{P}$

Que Θ

qui πGa

Le Pelerinage Jhesucrist. 51

Dialogue contemplatif de iesuscrist et sainct iehan estans es ventres de leurs meres. 𝔅 (T.)

S. Jehan
au fil dieu.
"Qu'est ce, fil de Dieu, où vas tu ?   Hee filz de D. et o. v. t. *C*²
Es tu pelerin devenu ?
Pas ne doiz estre pelerin
Qui es des pelerins la fin
Et le terme où doivent aler   1495   t. et ou *a*
En touz tempz et peleriner."   tout π

Le fil dieu
li respont.
"Tu diz voir, dist il ; autre foiz   vray 𝔅
A este dit, mez savoir doiz
Que, se ne pelerinoie,   se] ce *A*, s. je n. p. *C*²
Nul ne trouveroit ja voie   1500   ne sauroit trouuer la v. 𝔅, ja] la 𝔅*aH*, ja l. v. *C*²
Par quoi a moi venir pëust   P. ou a m. v. il p. 𝔅, venir a moi *aH*
Pour quelque pouoir qu'il ëust.   quelconque p. 𝔅, poir il e. Θ
Si faut que je voise premier   —je π(𝔅), q. v. le p. 𝔅
Pour le droit chemin ensegnier
Et que par les pas où irai   1505   giray 𝔅
Et les chemins où passerai   ch. que p. *C*²
Tous s'adrecent a cheminer
Apres moi et peleriner.
Et ainsi a moi il venront   verront *C*²
Et fin de leur voie m'aront.   1510   Et en f. *A*, —leur *H*, v. ilz m. 𝔅, me ar. π
                                              menront Θ, d. v. y trouueront *C*²
D'autre part il couvient ausi,
Puis que sui venu jusques ci,   Que p. q. ie (—ie *H*) s. v. cy (ycy *H*) *aHC*²
Que je face le voiage
Que j'ai pour humain lignage   —Que *G*, Quest empris p. *C*², p. tout lhum.
                                              l. 𝔅 p. lum. l. *a*
Entrepris, et a ce s'atent   1515   Entreprins a *C*² et acertenant *a* et a ce
Mon pere tout entierement."   sacrement *HC*²

S. Jehan
au fil dieu.
"Ha, dist li autre, chier segneur !   Haa *C*², Ha ce d. laut. 𝔅, d. lange ch. *A*, a.]
                                              enfes *H*
Puis que veuz prendre tel labeur,   Quant volentiers prens t. l. *H*
Un loyal et certain sergant
Doiz avoir qui voist au devant   1520   av.] prendre *aHC*², q. aille *a*, v. d. π voise
                                              d. 𝔅
Pour toi la voie apparellier   P. la v. tapp. 𝔅, appareilliet Θ
Et ton advenement noncier   nonchiet Θ
A fin que truisses apresté   truise Θ trouues 𝔅

H 2

Par tout où iras a ton gre,
Supposé que puist estre fait   1525
Et que tel sens et pouoir ait
Cil qui envoié y sera
Et commission en ara.
Les voies mont dangereuses
Trouveras et espineuses.   1530
Tout le monde en desert est mis
Et y a tant de fourchëis
De teles voies qu'il y a
Que nul par droit chemin n'i va
Se par grant aventure n'est.   1535
D'autre partie avis il m'est
Quë assez il ne soufist pas
Des prophetes qu'envoiés as
Devant toi u tempz de jadis,
Quar leur paroles et leur dis   1540
Ont este si souz figure
Et souz umbre et couverture
Que n'ont pas esté entendus
De toutes gens et connëus.
Et crëus en rien n'ont este,   1545
Par quoi se soient amendé
Leur auditeurs, en estrepant
Leur ors chemins et essartant ;
Si me semble que raison fust
Que maintenant aucun ëust   1550
Mandement de dir' en apert
Ta venue, puis qu'es si prest,
Pour si ta voie apparellier
Que mainz y truisses d' encombrier."
"Bien dis, dist il ; ce seras tu,   1555
Et a ce faire es eslëu
De mon pere qui te fait don

Par moi de sa benëicon.   de benediction 𝔓
Saintefié te veut estre   il t. C^2, —estre π
Avant que tu doies naistre,   1560   Deuant HC^2
Et de ce plus sëur seras
Par touz les lieus ou tu iras.   En A, P. les desers ou H
Or va par les desers que dis
Esrachant mauvaiz plantëis   En esr. 𝔓, plantis 𝔓GA
Et ainsi com as dit faisant,   1565
De toi ne voi plus soufisant."

A pres ce parlement finé   ce] le 𝔓
  De ces ·ii· enfans qui pas né
N'estoient, et autres pluseurs   et des a. 𝔓
Que les meres dirent entr'euz,   1570   leurs m. π𝔓$GAaH$, disdrent G
Le fil Dieu dist a sa mere :

Le fil dieu a sa mere.

"Mere, il est tempz que m'appere   qui mapere C^2
Tel amour com tu as a moi.   De lam. que t. 𝔓 Par am. que t. A Pour lam.
Par amour sui venu a toi   que t. aP^1HPC^2, a] en C^2
                                            P. am. fait venir A, a] en 𝔓
En ton hostel moi heb*er*gier.   1575   t. doulx h. me h. 𝔓, hab. G herbeg. Θ
Se mandé par mon messagier   Si Θ Ce G Que α Et H, Te mandai A
M'as que ma venue plaisant   Bien scay m. v. C^2
T'est et en as joie tres grant,   et quen as eu j. 𝔓, —tres αHC^2
Ausi moustrer tu le me doiz
Au mainz ceste premiere foiz ;   1580
Si te pri que tu me dies   Pour quoy te p. 𝔓
Une chancon, et deslïes   desliees π
Ta douce voiz que dë ouir   v. car de loyr AaC^2 v. car doir H
J'ai grant volenté et desir.   Ai $AaHC^2$
Et faire prier ne t'en doiz,   1585
Mesmement quar ja sces et voiz   que tu s. C^2, ja] tu AaH
Que, pour toi et ton lignage   p. racheter ton l. 𝔓
Rachater, pelerinage   Vng moult pezant p. 𝔓, R. fay p. HC^2
Fair' en cest monde sui venu,   Qui en ce m. H Et e. ce m. C^2, Suy en ce
                                              m. cy v. a, ce m. Θ𝔓$GAaHC^2$
Et en toi me sui ja vestu   1590   en] de aHC^2

De ton blanc habit agnelin agnellin Θ aguelin π aignelin C^2
Pour moi tantost metr' a chemin. a] au aC^2
Si te pri : or en commence ! —en C^2
Aprestee est l'audience." Appreste G

Marie apres la salutation de helizabeth magnifie et loue nostre seigneur chantant et composant le cantique magnificat. ℜ (T).

Lors la Virge se vout monstrer 1595 si $π\mathfrak{P}GAaHC^2$
 Comment elle savoit chanter
En faisant chancon nouvelle f.] composant ℜ
Qui si plaisant et si belle pl. est et H
Fu et est quë il n'est chancon Et fu quil n. nulle ch. H, Fu et qui n. ch. π
 F. quil n. aucune ch. ℜ, quil n. aC^2, quil
 ne canchon Θ

Qui doie avoir si grant renon, 1600 auoir doye ℜ, a. tel r. C^2
Et qui estre couronnee q. doye est. ℜ, est.] ainsi A
Doie miex et honnouree. M. paree ne miex h. ℜ, et] ne a estre ne AH
 nestre C^2

*Condicions Et qui la cause veut savoir, = 1604 C^2
requises a
bonne   A ·iii· choses apercevoir lap. ℜ, Peut on et devray sauoir C^2
chanson.
ℜ (T.) Le puet, sanz les quelles chancon 1605 La π ℜ, la quelle ch. a, Quant aucune ch. C^2
N'est digne d'estre de renon : Est C^2
C'est qu'il y apartient biau dit, Cest cil qui ap. G, C. que il (C. ce quil A) y
 (—y a) ait b. d. $AaHC^2$
Et qu'il y ait chant bien ellit, —y G, Et ch. qui soit tresbien esl. aHC^2
Et que cil qui chanteur s'en fait —que π, Et celui qui ch. ℜ, se f. $AaHC^2$
Ellite et bonne voiz il ait. 1610 Bien esl. et belle v. a. ℜ, —il a
Et cez ·iii· choses j'apercu
En la chancon quant dite fu que d. aC^2
Qui Magnificat nommee m. est n. $AC^2\mathfrak{P}$
Est en latin et clamee. Et π, En l. C^2, En langue latine et ℜ, Et en l.
 est cl. A, cl.] appellee aH
Le dit est bel, quar de Dieu est, 1615 q.] et a, b. pour le D. H, pour D. C^2
Et plus belle matiere n'est
Onques recitee en chancon ; Nul temps r. C^2
Quar n'est rien, comment quë ait non, quil $πAaHC^2$ quel G, c. il aie n. ℜ
Où ait biaute, bonte, douceur O. est bonte beaute d. a, bonte] toute C^2
Fors en Dieu seul, le createur, 1620 en] que a
Si com tesmoingne s. Bernart Comme t. ℜ

Le Pelerinage Jhesucrist.   55

Et l'apostre Pol autre part ;
Si que de biau dit paree
Est la chancon et ditee.

Apres di qu'il y a biau chant   1625
 Et bien se va entremellant
De haut, de moien et de bas,
De quoi la teneure di bas
Quant chamberiere elle se dit
Et le pris de soi fait petit.   1630
Haut monte, ausi moiennement
Quant joie en soi de son fil prent
Et quant son confort et deduit
Ell' en fait a son esperit.
Apres haut et au double va   1635
Quant dit que chascun la dira
Benoite de la grant honneur
Que Dieu li fait, son bon segneur.
Et est voir que mont embeli
Est de muances ce chant ci,   1640
Quar de be quarre et de be mol
Et de nature prent son vol
Pour donner entrelacement
D'un en autre com l'art l'aprent.
Par be mol est le chant chanté   1645
Quant dit que Dieu s'est acordé
A misericorde faire
Comme douz et debonnaire,
Et quë humbles essaucera
Et les povres gens repaistra.   1650
En be quarre ausi est mué
Quant dit que seront desnué
De leur honneurs et desvestu
Orgueilleus et jus abatu.

lapostle Θ, daut. *GAHC²*
bel *C²*, et p. 𝔓*H*
Ceste ch. est bien d. 𝔓

b.] tel *HC²*
Qui *C²*

tenure Θ teneur a*C²*, dit a*H* se dit *C²*, t. elle dist b. 𝔓
Car camb. e. se dist Θ, ch-briere a, se fist π𝔓
s.] li a, s. pet. fist 𝔓
Et h. monter m. a, monter a*H* mont Θ, —ausi *C²*
soi] li Θ

en a f. 𝔓, Elle f. (Elle a f. a*HC²*) en s. esp. Aa*HC²*
a d. *C²*
—1636-8 *C²*, dist Θ𝔓a*H*
Benoiste *G* Beneuree *H*
b.] doulx 𝔓, segeur π

bequerre *HC²*, beq. en b. *A*
so v. *G*
d. en terre larement a
De lun a laut. c. l. ap. *A*, D. et daut. *HC²*, D. en lautre Θ, le prent *G*
le ch. hauce *H* haulce *C²*
Qui *C²*, dist Θa
Prest a 𝔓, Aux siens m. *H*, m-des π*G*, m. de f. *A*
Ainsi que do. 𝔓 Et comment do. *A*
Les h. il exaulc. 𝔓, ensauchera Θ
Et que p. r. a, —gens π] il 𝔓, p. raemplira *H*, Et p. g. repaistrera *A*, g. reposera *C²*
bequerre *C²*
dist Θ*GA*a dire π
honneur Θ, deuestuz 𝔓 abatu a*C²*
De leur orgueil et desuetu a*C²* (desuestu *C²*), Les org. et desuestu *H*, a-tuz 𝔓

En nature ausi s'en reva 1655
Quant dit que Diex grant posté a
Et puet faire ce que li plaist
Si com monstré li a de fait ;
Si ques en ce chant nul ne voit
Rien a dire qui bel ne soit. 1660
De la belle voiz dont fu dit
Ce biau chant, assez il soufist
Par le tesmoing que fait en a
Son fil en Cantiques piec'a :
"Fai moi, di[s]t il, ta voiz ouir ! 1665
Tres douc' est selonc mon desir."
Et ausi bien doit soufire
Par ce que nul onques dire
Ne li oui rien desplaisant,
Com Bernart dit, ne aspre chant. 1670
Et pour ce di que sa chancon
En doit avoir plus grant renon,
Et ausi plus honnouree
En doit estre et miex amee.

Et ne fait pas a oublier 1675
A ce propos ou trespasser
Une parole quë oui
D'un viel homme dont m'esbahi,
Quar soutainement la endroit
Vint, et ne scu dont il venoit 1680
A un baston soi apuiant
Et a la Virge ainsi disant :

dist ΘꝐ, q. g. poeste a αHC² (—Diex C²), puissance ꝐA
quil l. C²
Comme m. Ꝑ
Par quoy en Ꝑ, ce] son HC²
que H
la] moult Ꝑ
Cest bel ch. C², il] y G —il A

Ton πGαH, es C. C²
dist ΘπGAαH
Qui est t. douce sens mentir HC², est] et Ꝑ, des.] plaisir Θ
E. qui aussi d. b. s. C², ainsi H, doit bien A
Pour HC²
oyr r. de plais. A, r.] ne αH mot C²
dist ΘH, ne reprouchant A, d. et va prest ch. C²
dit πꝐGAH

g.] de αH

pourpos Θ, ou] ne HC², pr. oultre passer GA pr. et passer a
Dune αHC², iouy C²Ꝑ
v.] bon C², dont] qui C²
soud-t GC²
scay αHC², —il H

Joseph oyant chanter Marie le magnificat luy dist quelle chantoit pour autre que pour luy. Ꝑ (T.)

Joseph a Marie.
"Douce dame, vostre chant douz
Me semont de parler a vous.

Vostres chans douls Θ
de] a G

1664-1666.—Cant. viii. 13 : Fac me audire vocem tuam. Cant. ii. 14 : Sonet vox tua in auribus meis : vox enim tua dulcis.

Onques maiz chanter ne vous vi 1685
Ne vostre douce voiz n'oui.
Et voi qu'il faut, ce m'est avis,
Que de vous soie departis
Comment que soit celeement,
En recoi et repostement. 1690
Pour autre que pour moi chantés
Et enfant dedens vous aves
Qui, si com bien saves, de moi
N'est pas engendrés, et otroi
Onques ausi n'en donnastes, 1695
Et des ce que m'espousastes
Dëistes bien que ja a vous
Part n'aroie, ce saves vous.
Et je n'i contredis de rien,
Mez le voul et vouloie bien ; 1700
Quar chasté a ce me menoit

Et viellece s'i consentoit.
Pour ce vous plevi seulement
Que ne vous blasmassent la gent,
Se com autres ne fëissiés 1705
Et la loy n[ë] acomplissiés,
Et que vous fusse com abri
Et un esconsal où tapi
Fust vostre desir et propos
De virginité et enclos. 1710
Et a celle fin fu ausi
Que fust celé a l'anemi
Le mystere que Dex feroit
En vous, quant faire li plairoit,
Si com maintenant il a fait 1715

m. vostre chant (voix A) noy AaP^1HC^2P
Ne onques (—onques A) chanter ne vous vi AaP^1HC^2P
—voi Θ, ce] se G
ie s. $\mathfrak{P}$, soies a
quil s. aC^2 q. ce s. $\mathfrak{P}$, —soit H, prochainement C^2
et] ou aHC^2, reposement π secretement $\mathfrak{P}$
Vn a

Que a Car H, Q. comme b. $\mathfrak{P}$, Et si sa. b. que d. m. A
et] car $\mathfrak{P}$, eng. bien le scay A
A. iamais ne men. d. $\mathfrak{P}$, ainsi GP, ne d. A ne men d. $\Theta\mathfrak{P}P^1H$
de ce $\Theta\pi$, desque vous m. P^1HP
Dites b. q. iamais a v. $\mathfrak{P}$
ce sceuent tous $\pi\mathfrak{P}GAaHC^2$

Et a, voeil et $\Theta\pi\mathfrak{P}GAaH$
—1701 C^2P, Chastete a $\mathfrak{P}$ Q. chastete a GAa, me mouuoit AP^1, Car ca este a ce mauoit H
—1702 C^2P, En v. H, si com sentoit G
plain s. aHC^2 plainge s. A plaing je s. P^1 plaing tant s. P
vous ne b. G, blasment AaC^2, v. en blasment (blasme P) P^1P v. lapident H
Si $\Theta GAaH$, faisier C^2
ne ac. H vous nacompl. $\mathfrak{P}$, Et la racompl. a
q.] com Θ qua $\pi\mathfrak{P}$ ne aHP, Et ne v. feisse c. a. HC^2P
Ou A, En u. e. et t. aHP^1C^2P, Et vn (—vn $\mathfrak{P}$) esc. et vn t. $\pi\mathfrak{P}$, escousail G
Fut H
et] tout HC^2P
a tel fin il fu a. aP^1HC^2P, —fu A
Quil a, fut π

plaisoit C^2
Et c. H, Comme m. $\mathfrak{P}$

1706 —*Or read :* n'acompl[is]issies (?)

Qui to*us* jours fait si com li plaist.
Si que, dame, certai*n*nement
Je n'ouseroie bonnement
Estre plus lonc tempz avec vo*us*,
Non pas que soupecon de vo*us*   1720
Aie, mez pour ce que voi bien
Que ne sui soufisant de rien
De vous compaingnie tenir
Ne de vouz dignement servir."

 A ces paroles s'avanca   1725
  Gabriel et respondu a
Pour la Virge en tel maniere :
" Joseph, aies bonne chiere,
Et doutance nulle n'aies
Quë assez digne ne soies   1730
De faire l'office quë as
Selonc la grace quë en as.
Tu sces que par le S. Esprit
Dedens li est causé son fruit,
Et avant que l'espousasses   1735
Et rien de li te mellasses,

Son hostel dedens li avoit
Et pour li dedié estoit.
Si que ne la laisse mie,
Mez la serf toute ta vie !   1740
Plus digne, plus noble, plus grant
Ne puez servir a ton vivant.
D'autre part encor rien n'as fait
De service qui mestier ait,
Mez or est, et est près le tempz   1745

Que t. f. *G* Et (Si *a*) que il f. *aHP¹C²P*, Q. t. j. ce qui li p. *A*

Jaye 𝔓

De c. v. t. 𝔓

Lange a Joseph et dit li a *aP¹HC²P*, r. ly a *GA*
= 1728 (J. faictes tresb. ch.) *C²*, cele m. *A*
= 1727 (Et naiez plu ceste m.) *C²*, a.] faictes *GAHC²* face *a*, faictes b. maniere *A*, Amy Joseph fay b. ch. 𝔓
Q. sainct et d. a. ne s. 𝔓
ques as ϴ
grece q. tu as *a*

En l. *aHC²*, En elle e. *P*, D. elle est forme s. f. 𝔓
Desauant q. *H*, Par a. *C²P*
Ne que r. delle t. 𝔓, Ne que de r. ten m. *P¹H* Ne de (en *C²P*) r. tu (ne *a*) ten m. *GAaC²P*
li] elle 𝔓
par *HC²*, dedije ϴ
Et par quoy n. 𝔓, le ϴ
sers 𝔓 *GAaP¹HP* șert π

a] en 𝔓
nas rien *a*
que 𝔓, que m. est *a*
or est assez pr. 𝔓, et es p. *G* et sera p. *A*, et sera l. *aHC²*, li ϴ*HC²*

1724 a, b.—Et selon ceste present glose
Origine le texte expose. 𝔓 (157 d).

ST. JOSEPH AND THE BLESSED VIRGIN MARY. Line 1,760, p. 59.

H, p. 431.

Le Pelerinage Jhesucrist.   59

Que de li soies diligens
Pour li garder et son honneur,
Et que de son fil, ton segneur,
Tu te prengnes garde souvent,
Quar certes a toi il s'atent   1750
Quë en mainz lieus où il ira
Et pelerinage fera
De li et la mere ducteur
Soies et loial conduiseur.
Et des ja ordené il a   1755
Le fil Elizabeth qui a
[A] non Jëhan que devant voist
Pour faire voie où aler doit."

   Lors Joseph a genous se mist
      Et ainsi a la Virge dist :   1760
"Dame, puis quë assëuré
M'a Gabriel et qu'est vo gre
Que vous serve, faire le vueil
En humilite sanz orgueil.
Si vous dirai qu'il faut faire :   1765
Vers Bethleem nous faut traire
Pour ce que la sont adjournés
Touz ceuz du dyocese nés,
Quar Cesar l'empereur nombrer
Veut touz ceux du monde et conter,   1770
Et que trëu paie chascun
Si quë exent n'en soit pas un,

Pour quoi faillir pas n'en devons
S'amende paier n'en voulons."
Adonc la Virge respondi :   1775
"Joseph, Joseph, tres chier ami,
Or doiz tu ci bien regarder

Joseph a Marie.

Marie a Joseph.

—de G, delle s. 𝔓
De AaHC², la g. π𝔓
son] ton GAH

Car de ce certe a t. s. 𝔓
en] de AaHC², Quen pluseurs l. 𝔓

la] sa 𝔓, duicteur H
condis. π

heliz. 𝔓GAH
—Λβθπ𝔓GAαP¹HP, N. J. afin q. d. voise 𝔓,
  d. enuoit A d. voit π d. va α
P. f. et preparer sa voye 𝔓

Adonc Jos. sagenoulla αP¹HC²P
Et a l. v. ainsi d. 𝔓A Deuant la v. et dit li
  a αP¹HC²P

M. G. se cest v. g. H, voz grez a

que nous f. f. H
n. conuient faire H, retraire A

—Quar α(HC²), Ces. lemperere n. HC², Q.
  lemp. veult n. A
—Veut A
truage π𝔓, tr. li p. α, p. pour ch. H
Sans ce quex. en s. aucun 𝔓, ne s. Θπ, Et q.
  ex. n. s. nesun αH, s. nez vngs A ne sera
  nesun C²
Si que f. p. (p. f. H) ny d. αHC², ny d. AαH
ne v. Θ𝔓H nous G

J. t. ch. frere et a. 𝔓
bien ci πH

Et de bon euil considerer
Que tel chose senefie
Qui sanz mystere n'est mie.   1780
Ne pense pas qu' ait adjourné
Cesar tout le monde et cité
Fors du tout de l'ordenance
Mon fil et de sa plaisance.
Naistre de moi veut prestement,   1785
Quar preste sui d'enfantement.
Et comment qu'en pluseurs cités
Soient ainsi les gens cités,
Tout est a la fin que feront
Ceuz qui en Bethleem seront.   1790
Bethleem representement
Sera de tous communement,
Aus quiex mon fil naistra tout prest
De faire que mestier leur est,
De faire distributions   1795
De sa misericorde et dons
Selonc que seront disposés
Les semons et les adjournés.
Recevoir ausi le devront
Tous par honneur qui cités sont,   1800
Quar pour c'est plus l'adjournement
Que pour faire autre paiement,
Se bien avisés estoient
Et la chose bien savoient ;
Si que la endroit nous irons   1805
Et tout nostre devoir ferons.
Bien croi que la acoucherai
Et leur segneur leur baillerai,
Si verrai ceuz qui li feront
L'onneur que faire li devront."   1810

e.] cuer A, Et en ton cuer c. H Et tresbien ymaginer α E. a loisir c. C^2
Q. ceste ch. C^2
Que $\pi\mathfrak{P}Ga$ Et que H Quar AC^2, Q. pas m. C^2
quaie α quant $GAHC^2$ qu*a*nd Θ
Fu t. H Si fu t. C^2
Si non du t. par l. $\mathfrak{P}$, de] a α, Que soit si non par l. C^2

veult de moy HC^2

combien q. $C^2\mathfrak{P}$
Saient π Voisent A, S. tout a. $\mathfrak{P}$, aussi HC^2
la] tel $\mathfrak{P}$, seront $A\alpha HC^2$
Tous ceulx que par dela yront C^2
B. est presentem. H En B. promptement C^2
c-naument Θ, Pour veoir et sauoir comment C^2
Au quel Θ, nestra H monstra $\mathfrak{P}$, Mon f. n. pour eulx t. p. C^2
f. ce q. m. e. (m. leur e. A) $A\alpha H$, q.] ce dont C^2
Et fera d. C^2
et grans d. H
S. ce qui s. A
Le s. Θ, semox α

T. ceux q. es c. seront H, que Θ
Q. cest pl. p. l. Θ, p. ce est $\pi\mathfrak{P}Ga HC^2$
p. y f. $\mathfrak{P}$, Non pas p. a. p. C^2
—1803 C^2, Sassez b. $\mathfrak{P}$
—1804 C^2, b. consideroient $\mathfrak{P}$
Par quoy l. $\mathfrak{P}$, —nous αC^2
Et n. d. bien f. αHC^2
iacouch. $\mathfrak{P}$

verra Θ
Honn. et f. a Honn. com f. C^2, q.] et αH

Le Pelerinage Jhesucrist.

La mena Joseph Marie,		Lors m. la j. ℬ, amena *AaHC²*
Et la fu tel compaingnie		t.] celle *A* si grant ℬ
De tant de gent qui la estoit		De si grant g. ℬ, que *AH*, que tant estoient *A*
Que trouver il ne peurent toit		Q. point tr. il ne pouuoient *A*, il ne pouoit *H*,
Où pëussent estre hostelé	1815	poirent *a*, Mais ilz n. p. tr. t. *C²* peusse *G*, La ou ilz fussent h-ez *A*
Que plain ne fust et occupé,		Qui *a*, Q. tretout ne f. occ. *A*, et] ou π
Et point n'i furent recëus		Aussi ℬ, ne f. *GH*
Ne appelés ne connëus.		Ne point ap. ℬ
Et je qui tout ce vëoie		
Pitie tres grant en avoie	1820	T. grande p. ℬ
Jusques a tant que j'ap*er*cu		Jusqua t. q. ie ap. *GA*, De ci a t. *aHC²*
Une dame qui rien vestu		que *AH*
Quë une flocoie n'avoit		flochoie π flocaie *H* flossaie *a*, coultre-
Dont à son pouoir se couvroit.		poincte ℬ

Pourete fut le secours et aide de la vierge a son enfantement. ℬ (T.)

Appellee estoit Povreté	1825	
Si com apres me fu conté.		Ainsi quapres ℬ
Celle de la Virge aprocha		V.] dame *G*
Et li dist : "Dame, venes ca !		
Un lieu jë ai pour touz commun		Je ay (Jay *aC²*) vn l. trestout c. *AaHC²*, l.
Où vient metre et lier chascun	1830	iay p. trestous c. ℬ
Qui dehors ci vient, së il veut,		Q. de deh. cy v. sil v. ℬ, Q. vi. d. (d. vi. *HC²*) si comme il v. *aHC²*, v. c. *G*
Tel beste com avoir il seut !		Telle b. comme a. puet *HC²*ℬ
La à la creche en a pluseurs		a] en πℬ*G*, crache *G*, La a la celle e. *a* La au cele e. *H* L. est, bestes ya pl. *C²*
Qui sont a celles et a ceuz,		—sont *G*
Qui faire hommage venus sont	1835	
Selonc le mandement qu'il ont.		quilz *C²*
Si vous di, tres noble dame,		Pour quoy v. ℬ
Quë en autre lieu par m'ame		Quen nul aut. l. p. mon ame ℬ
He*ber*gier ne v*ou*s saroie,		Herbeg. Θπ
Mez venes y, quar est moie	1840	y] cy *G*, q. cest m. Θ q. elle est in. ℬ
La place ; et lieu v*ou*s y ares,		
Et reposer v*ou*s y pourres		

Pourete a Marie.

Un pou sus ·i· petit de fain
Que je vous querrai ou d'estrain.
Ne puet que remanant n'i ait   1845
D'essaies ou aucun soustrait."

—je G
remanent $\mathfrak{P}$ remenant C^2
Dass. Θ, De quel que aiz ou a. $\mathfrak{P}$, dauc. $\Theta\pi GHC^2$

Dictie du pelerin du profit de ce liure et aultre bonne doctrine. $\mathfrak{P}$ (T.)

He, douce Virge, où iras tu ?
Sces [tu] qui tu es, et que tu
Portes en ton ventre benoit ?
Ceste dame ne te connoist   1850
Qui te veut faire aler gesir
Avec les bestes, que soufrir,
Comment que fust, ne devroies
Se bien tu te connoissoies.
Tu es la dame du monde   1855
Qui n'as parel ne seconde,
Qui portes le fil Dieu en toi
Et de ses angres as convoi
Qui aprestés pour toi servir
Sont et a ton vueil obëir.   1860
Di leur quë un hostel royal
Ou un palais imperial
Aprestent pour ton fil et toi,
Quar royne es et il est roy.
Se le commandes et te plaist,   1865
Tost et sanz delai sera fait.
D'autre part së or n'estoies
Mere Dieu, et point n'avoies
A li si grant alliance
Com tu as et acointance,   1870
Si es tu [du] sanc de David
Qui noble roy fu et gentiz,
Et fu segneur de la endroit
Où es, dont te duit aucun droit ;

tu $\pi\mathfrak{P}GaH$, qui] que HC^2, qui es tu G, et qui es tu a
benoist G
—te G

qui ΘGaH
—1853 π, Nullement iamais ne d. $\mathfrak{P}$, deueroies Θ
Au moins se b. te c. $\mathfrak{P}$, cogniss. Θ
da.] royne H, es da. de tout le m. $\mathfrak{P}$, de ce m. C^2
pareille $\mathfrak{P}AaH$

Et as de s. ang. c. aHC^2, Et des ang. $\pi(\mathfrak{P})$, ang. tu as c. $\mathfrak{P}$
te s. $\mathfrak{P}$
et pour a $\mathfrak{P}$, et a toy veullent o. HC^2
l. donc q. $\mathfrak{P}$

Q. r. tu es et luy r. $\mathfrak{P}$
plest H
fet H
Et d. $\mathfrak{P}aHC^2$, or] point H
M. de D. C^2
accointance aHC^2
aliance aHC^2
du $\Theta\pi a$ &c., —de $\Theta\pi$
tresnoble C^2, —roy aC^2, gentil $\mathfrak{P}$ gentis G
segeur π
Tu π, A toy donc ten du. $\mathfrak{P}$, Or est donc ce a. dr. a Ou est dont ce duit a. doit H

Pour quoi tu doiz estre aprise	1875	Par 𝔓*a*, q. d. e. bien a. 𝔓
Qu'en vil lieu en quelque guise		Ou en v. π Que v. *a* Q. tel v. 𝔓, en] par ϴ
Onques habiter ne doies		
Et ja si humble ne soies.		
Mez certes, dame, je sai bien		scey 𝔓 scoy *G*, M. de toy d. *C*²
Que de ce tu ne feras rien.	1880	seras π*GH*
A Povreté te commetras		—te *a*
Et sa pourvoiance attendras		pourueance ϴπ𝔓*GaH*
En tenant sanz quelque declin		
De Humilite le chemin.		Dhumil. lestroict ch. 𝔓
Bien sces, quant humble est devenu	1885	scay π𝔓, B. grant h. *a*, Si comme h. *H* B. voy que h. *C*²
Le fil Dieu qui est descendu		f. de D. quest d. 𝔓, quen toy d. *C*²*G* quant d. *a*
En toi, qu' ausi humilier		—qu' *a*, Est et se veult h. *C*²
Te doiz et a li ressembler.		Pour ce li veulz tu r. *C*²
Pas ne seroit bien afferant		Car p. ne s. af. 𝔓
Que Dieu qui est roy tout puissant	1890	poiss. ϴ
Humbles dedens toi habitast		
Et la endroit le compaingnast		la c. *GaHC*²
Orguel, la quel chose seroit		
Se dedens toi point en avoit.		Se en t. *HC*² Laide sen t. *a*
D'autre part, certes, tu sces bien	1895	p. aussi t. *C*²
Que noble[ce] royal n'est rien.		noblece ϴπ*a* &c.
Tous d'un pere sont engendrés		Tout ϴ
Et touz de une mere nés.		tout ϴ, trestous dune m. 𝔓 t. dune m. *Ga* t. sont dune m. *HC*²
Se ton pere David roy fu,		
Ausi certes bergier il fu	1900	berchier π bregier ϴ
Premierement, et les brebis		
Garda aus champz a mon avis.		G. si comme il mest av. *aHC*²
Et n'est nul roy n'autre segneur		nest r. ne aut. s. *aHC*², ne aut. π*G*, segeur π
Qui quelque noblece ait gregneur		Q. point a. n. (richesse gr. *G*) g. *aHC*²*G*, gregeur π
Que un foueur ou ·i· berchier	1905	Qua *C*²*G* foeur *A* houeur *P*¹*HC*² honeur *a* honneur *P* laboreur 𝔓, berg. 𝔓*G*·*IaH* bregier ϴ
Ou un homme d'autre mestier,		
Se n'est que du sens ait aquis		aq.] apris *HC*²
Plus que les autres et apris,		et de pris *H* dont ait prix *C*²

Ou que de Nature donné
Li soit, ou de Dieu influé.   1910
Touz furent nés pour labourer
Et pour leur pain painne endurer.
Et s'en aucun est noblece,
Seulement du cuer se drece ;
De cuer vient et est germee,   1915
Et ailleurs n'est point trouvee.
Saul, qui roy d'Israel fu,
Gardeur des asnes avant fu.
Et sergant du roy Roboam
Fu le roy dit Jheroboam.   1920
Et a parler g[e]neraument,
Qui regarde le fundement
De touz les roys du tempz passé
Et des princes qui ont este,
Nul estoc ne racine n'ont   1925
Fors dë Adam de quoi touz sont.

Si que, dame, se Povreté
N'a point pour toi de lieu secré
Ne de palais ne de sale,
De nulle rien ne t'en chaille !   1930
Pren en bon gré et humblement
Que te fera et doucement !

Ainsi certes la Virge fist.
  En la main Povrete se mist,
Et avec li, où la mena,   1935
Tres benignement s'en ala.
Ce fu au lieu qu' elle disoit
Où des bestes pluseurs avoit,
Et la li fist elle son lit
D'un pou d'essaies que li quist,   1940
U quel la Virge doucement

de] par aHC^2
s. de D. et infl. aHC^2

est] y a 𝔓
de c. ΘH, S. de c. est ce H, c. elle s. d. 𝔓, sadrece a, le c. li adressè C^2
Du π𝔓$GaHC^2$
p.] onques 𝔓
q. le r. 𝔓
—1918 π, Garde aC^2, Le moindre de beniamin fut 𝔓
= 1920 (Et l. r. d. J.) $GaHC^2$, seruant 𝔓
= 1919 (Varlet fu du (—du Ga) r. R.) GaH Valet fu du R. C^2
generaum. Θπa &c. generalm. ΘHC^2 g-aulm. 𝔓
fond-t C^2

escot G, N. nestoit ne a, N. nestoit autre ne ne sont H Grans et petis nec dadam sont C^2
F. dadam G, F. que dad. 𝔓, F. que dad. dont t. (t. nez H) s. aH, tout Θ, Au tel noblesse com li ont C^2
Par quoy d. 𝔓
pour] en a, serre 𝔓
N. de chambre p. ne s. C^2P
Ne a, Treshumble dame ne t. 𝔓, te ch. π, Pren en bon gre et ne t. HC^2P
—1931 H, Ce que pourras et h. C^2P
—1932 H, Ce q. te f. d. 𝔓 Va auec luy et d. C^2P

li] elle 𝔓, le mena Θ
Et tres humblem. s. A Et tres bonnem. s. aH Et tres doulcem. s. P^1 Moult tres doulcem. (M. doulc. P) s. C^2P

dass. Θ, peu de paille que 𝔓
En quoy l. H

Le Pelerinage Jhesucrist.

S'enclina et benignement	Se coucha C^2, begninem. π
Tant que tres grant confusion	De quoy t. $\mathfrak{P}$, Et bien gr. C^2
En doit avoir orguelleus hom	A. au cuer o. C^2
Et orguelleuse fame ausi, 1945	
Non obstant la grandeur de li.	grandeux G, Se bien advisement a cecy C^2
Or soit le S. Esprit aidant	—soit le π, Ores le s. $\mathfrak{P}$
A p*ar*dire le remanant	perdire a perfaire $\mathfrak{P}$ parfaire C^2, remanant G demourant aH
Et les grans mervelles que vi,	De la grant m-lle q. aHC^2
De quoi le ciel fust esbahi 1950	fu πGaH
Se ne scëust le grant pouoir	Se il n. C^2, Si non que feust l. $\mathfrak{P}$, sceut π G, la g. π
De cil qui fait à son vouloir.	c.] quil Θ
Entour l'eure de mie nuit,	Enuiron $\mathfrak{P}a$, E. la heure d. minuit H, minuit π mienuit C^2
Que retournés a repos tuit	Q. en (a HC^2) rep. sont tourne tuit aHC^2
Doivent estre communement, 1955	Ou d. e. bonnement H Chacun y va c. C^2
Une clarte soutainnement	
Apparut et luisoit ausi	et] qui C^2, ainsi $\mathfrak{P}$
Com fait le soulel a mi di.	Que $\mathfrak{P}$, meidi Θ
Et avec ce une vapeur	
Issi, getant si grant oudeur 1960	Icy G Illec $\mathfrak{P}$, I. donc vint s. a, Estoit auecque la lueur H Qui estoit de tresgrant douceur C^2
Que touz enbasmés en furent	Si que t. emb. f. H, enbausmes ΘC^2
Ceuz qui près et qui loing furent.	C. et q. $\mathfrak{P}$, et l. en (si H) f. aH, l. de la f. C^2
Bien sai que loing en estoie,	scoy G, jen C^2
Mez non obstant la sentoie.	M. touteuoies l. a, le s. Θ
Et venoit ce de la endroit 1965	
Où la Virge se reposoit,	
De la quelle tout en apert	
Je vi le pis tout descouvert,	
Non obstant que tournee fust	retournee fut $\mathfrak{P}$
Sus le costé et s'i gëust. 1970	Dessus l. c. et s. geut $\mathfrak{P}$, se g. H
Et qui plus est, outre dirai	Et que pl. encore d. aHC^2
Et point a dire ne lairai,	P. a d. ne le l. aHC^2

Between lines 1942 and 1943 are inserted l. 1946 and *Dont doiuent estre esbahi* in C^2.

Comment que je soie pecheur		s. tout p. 𝔓
Et tres indigne raconteur.		recompt. α
Du pis de la Virge nasqui	1975	
En ·i· moment et hors issi		h.] en G
En la maniere quë ist hors		Tout en 𝔓
		L. pour transp. α, L. portant parant c. HC^2,
Lumiere par tresparant cors		transp. α𝔓 trasp. π tres p. ϴ
L'enfant qui dedens li estoit,		li] elle 𝔓
Et a alaitier se prist droit	1980	Qui a la laictier 𝔓
Ses mammelles et a sucier.		suchier π sachier HC^2
Et la Virge qui pas dangier		
N'en faisoit, tres benignement		begninem. π humblem. αHC^2
L'embraca et tres doucement.		—tres α, et deuotement G
Et avint, com je pensoie	1985	Or a. C^2
A ce et m'en mervelloie :		et moult me merv. αHC^2
Une vielle, qui aprochier		Je vi si com me fu auis HC^2
De la n'ousoit, vi rechinier		Dilec n. 𝔓, Nos. de la et rechignoit α, Vne dame vieille de vis HC^2
Et faire trez mauvaiz semblant		Qui faisoit doulcereux s. HC^2
Sanz dire rien ; et sai bien tant	1990	r.] mot HC^2
Quë estoit celle qu'ailleurs vi		Questoit c. qui a. vi π, que oy α que joy H que je oy C^2
A Grace tencier et oui,		T. a gr. je la vy αHC^2
A cui Joseph qui estoit la		
Ausi tost com la vit parla.		Ainsi G, c.] que 𝔓, Tantost c. la v. lappella αHC^2

Altercation entre Joseph et nature. 𝔓 (T.)

Joseph a Nature.

" Je voi, dist il, et connoiz bien	1995	
A ton semblant et ton maintieng		et] α ϴ
Que tu as desplaisance grant		
Que sanz toi est né cest enfant,		—toi π, nes cet α
Qu'appelee n'i as este		Et q. 𝔓
Et point ne sces comment est né."	2000	Car C^2, Ne ne s. c. il e. n. 𝔓

1990 a, b.—Que de la approucher nosoit
Mais je scay bien comment quil soit HP^1C^2P
1991-2.—*Vie* 1505-2004 (vol. i. p. 48-63).

THE NATIVITY OF OUR LORD. Line 1,976, p. 66.

C, fol. 167.

Le Pelerinage Jhesucrist.

Complainte de nature de ce que vne vierge demourant vierge auoit eu vng enfant. 𝔓 (T.)

"Certes, dist elle, tu dis voir ;
Bien en doi desplaisance avoir,   desplaisir 𝔓
Quar mon usage jĕ y pert   Q. tout m. u. y p. HC^2, m. viel u. 𝔓
Et mes coustumes en apert.   const. 𝔓
Ne doit pas fame enfant avoir   2005   On ne doit pas enf. C^2,—enfant π
Sanz moi dire ou faire savoir,   me d. 𝔓, assauoir *H*, Sans moy dire et sans s. C^2
Ou fantosme est, ou desraison   faulsete ou d. *A*, —est α, ou] et 𝔓*G*, Pour faire generation *H* Dieu qui trestout fist par raison PC^2

Me fait Diex en ceste saison.   =2007 (Sans fant. ou desr.) *H* (Mais cest fant. et desr.) PC^2
Et se sage bien estoies,   bien sage tu e. 𝔓HC^2
Honte grant en toi aroies   2010   Moult g. h. en t. en a. 𝔓 Grant h. auoir' en deuroies C^2
Quant celle que tu espousas
Et de qui compaingnie n'as
Point ĕu, voiz qu'a enfanté   heu α, P. en veys π, P. et v. que enf. *H*, Ne natouchas ne tant ne quant 𝔓 Tout sans moy a e. C^2

Et ne sces dont (il) fu engendré.   —2014 π, =2013 (A eu comme tu v. enfant) 𝔓, —il Θα, sc. qui la eng. HC^2
Va t'en bien tost et si t'en fui,   2015   Vaten tantost C^2
N'as mie bel demourer ci !   m.] nul π, B. d. na pas ycy 𝔓, ycy *G*𝔓
Laisse l'enfant a cui il est,
A toi a garder mie n'est ! "   A le g. a t. m. n. 𝔓, —a ΘC^2

Adonc Joseph li respondi :
    "Mez tu, vielle, fui t'en de ci ! 2020   M. toy αHC^2, f.] va Θ, f. toy d. *G*αHC^2, dicy 𝔓
A toi si grant chose de rien   =2022 C^2
Point n'ape*r*tient, ce sai je bien,   =2021 C^2, Nap. p. α, sces je *G*, sceis tu b. π𝔓
Ne a toi respondre n'en doi,   Na t. r. ie n. 𝔓, ne d. αHC^2
Se ne vueil, ou pour futer toi.   —2024 α, Si non que p. confut. 𝔓, Je ne doy ou *H*, fuster *GH*C^2
Tu as vĕu que com lueur   2025   comme 𝔓, c. la l. *G*
Ist hors du souleil sanz douleur
Ou ausi com la lumiere   comme la verriere *H*
Passe parmi la voirriere   T'respasse 𝔓 Tresp*er*se *H*, verriere π𝔓*GH*

2006 a, b.—Car a ce faire mordenna
Le jour queue et adam crea HP^1C^2P.

Sanz li violer ou brisier,		S. la v. ou la b. 𝔓, S. li muer ne b. *aC*² Tout s. la muer et b. *H*
Ausi mon douz segneur et chier	2030	kier Θ
E[s]t de dedens la Virge issu		Est Θπ*a* &c., E. ded. sa mere i. π*GaHC*² (de dedans *C*²)
Sanz rien avoir y corrumpu.		—rien *a*, y av. π𝔓*GC*² y av. r. Θ*H*
En la maniere qu'enz entra		que y ent. *a* quil ent. *H*,—enz *C*²
Est issu, quar le pouoir a		q. p. en a *a*, pooir [en] a Θ
De faire tout à son vouloir.	2035	A f. 𝔓
Se retenu n'avoit pouoir		
Ausi grant com il a donné		c. auoit d. *a*, Ainsi g. c. auoit deuant *A* De son gre et abandonne *HC*²*P*
A son soulel qu'il a creé		—2038 π, =2037 (A. g. c. auoit d.) *HPC*², Et plainement abandonne 𝔓 De son gre et abandonne *GaP*¹ Et comme assez apparant *A*
Pour trespasser et penetrer		A son soleil pour pen. π𝔓*GAaH*
Un voirre sanz li violer,	2040	Ou *aC*², Le *AH*, s. le v. 𝔓*H*
A bien foi tu le tendroies		Tresbien f. tu le renderoies *H* A follete reputeroies 𝔓, f. li reputeroies *C*²
Et de li te moqueroies.		tu t. m. *C*²
Mez [il] n'a mie fait ainsi.		il *AH*, M. certes n. 𝔓
Pouoir n'a donné quë en li		P. il n. 𝔓, P. ma d. Θ P. ne d. *GAaH*
Ne remaingne sanz departir.	2045	r.] demeure 𝔓, en partir *C*²
Si ne m'en doi mie fuir,		Par quoy n. 𝔓, Si nen d. *A*, d.] vueil *a*
Mez li servir et honnourer		=2048 *P*, Pour li (le *H*) s. *aP*¹*H*, s. tres doulcement *C*²
Et li et sa mere garder.		=2049 (P. ce d. c.) *C*², Commis fut et eulx honnourer *P*
Pour ce des le commencement		—2049, *P*¹*HP*, =2048 (De li et s. m. g) *C*²
Me fu bailliée seulement,	2050	—2050 *P*¹*HP*, Commis fu et eulx honnorer *C*²
Et c'est la grant honneur de moi		
Dont honte pas avoir ne doi.		Et (Ne *H*) p. av. h. nen d. *aH*, p. h. av. nen d. *C*²
Et ne di pas ou ne maintieng		ou] ne *GaH*, Je n. d. p. ne ne m. *C*²
Que ne connoisse et sache bien		Quil *C*²
De quel pere il est engendré.	2055	—il *H*
Dieu le pere qui tout creé		cr.] cite *a*
A, l'engendra, ce sai je bien,		sces je *G*, sache b. π
Avant quë onques creast rien.		Deuant q. cr. o. r. *HC*², quil cr. o. r. *a*, quonques il cr. 𝔓

2046 a, b.—Mais (De *C*²) li seruir tresdoulcement
Pour ce des le commencement *aP*¹*HC*²*P*

Le Pelerinage Jhesucrist. 69

Sanz fin et sanz commencement
Est touz jours son engendrement.   2060
Et quant à sa divinite,
Onques ne fu que ne fust né.   q. f. Θ, fust] fu πGaH
Touz jours aussi naist et naistra   —2063 vGaH
Et ja estat n'en muera.   —2064 vGaH
Mez de ce que temporelment   2065   —que vG, temporeem. 𝔓 corporelm. aHC²
Est né, com voiz presentement,   voy H
Nulle n'a engendrëure   Et nu. a, Il ne a nu. eng. H, Il na eu
                                          quelconque e. 𝔓
Fors de (sa) mere, virge pure   sa βΘπ𝔓GaH, v. et p. ΘHC²
De qui pur sanc est engendré   cui p. Θ
Selonc ce quë y a ouvré   2070   Tout s. ce qui a o. 𝔓
Du S. Esprit la vertu grant
Qui si com veut est tout puissant.   —si Θ, Q. selon quil v. e. p. 𝔓 Que sus
                                          tous e. trestout p. H Qui sur tout est
                                          quant veult p. C²

Et fantosme ceci n'est pas   fantasme π𝔓
Si com folement dit tu as ;   Comme f. 𝔓, tu las aHC²
Et desraison point ne te fait   2075   p. d. Θ, ta f. aHC²
Dex qui tele com es t'a fait   D. t. comme es (com tu es HC²) aHC²
Sanz le quel ne puez faire rien ;
Pour quoi il t'apartenist bien   Par H, il ap. a, tap-nit π
De ses biauz faiz li mercier,   biens f. H bienfais π𝔓G, le m. π𝔓
Non pas murmurer ne groucier."   2080   par m. ne tenchier Θ, p. gr. (groingner 𝔓) ne
                                          murm. π𝔓GaH

Nature a Joseph.

Adonc la vielle respondi :
  "Certes voirement le merci
De touz les biens quë il m'a fait,   trestous 𝔓, fais ΘGa
Mez saches, je ne tieng pas plait   Et s. C², je] que 𝔓, nen t. GH, s. ne t. pas
                                          a pl. a, plais ΘG
De ce qu'en la Virge se mist   2085   que l. π
Et en li char humainne prist,   chair 𝔓
Et noient plus n'i contredi   Et non point pl. y c. 𝔓
Que du soulel qui avec li   Qui a
Du voirre paint la couleur prent   v. cler sa (la H) c. aH, Du v. cler pr. l. c. C²
Quant parmi li outre s'estent,   2090   —li Ga, p. o. il s. H p. passe sa lueur C²

Quar bien sai que par tout aler
Sa divinité et passer
Puet sanz point de risistence ;
Mez bien plaindre me doi en ce
Et mervellier et esbahir   2095
Que non pas seulement issir
A voulu dont estoit entré,
Ainz avec li a hors mené
Le cors humain qu'il avoit pris,
Et subtilité y a mis   2100
Si que sanz voië issu est,
La quel chose contre moi est
Selonc l'exemple quë as dit,
Quar le soulel nulle foiz n'ist
Du voirre par où est passé   2105
De sa painture coulouré.
Së en entrant prent la coulour,
Toute la laisse a son retour,
Porter ne l'en puet et ne doit,
Sanz plus a l'entrer la recoit.   2110
Et pour ceste cause je di
Que, se fait ëust Diex ainsi,
Assez bien je m'en soufrisse
Ou pou y contredëisse.
Mez de la Virge il [a] mis hors   2115
Ce qu'en li a pris, humain cors,
Et l'a à sa divinité
Si fort joint et si unié
Quë avec li est hors issu
Sanz ce que rien ait corrumpu   2120
En la Virge qui l'a porté
Et dont est Dieu et homme né
Si que voir ne m'en pourroie
Taire jamaiz ne saroie."

t. cler α t. acler *H* au cler *C²*
et] peut *C²*
s. quelconque r. 𝔓, S. avoir p. *C²*, ressist. Θ
M. pl. ie me d. 𝔓, d. de ce α*C²*

Et α, Car *C²*, s. p. *C²*
d.] de ou 𝔓
A. a auec li h. α*H C²*
q. av. Θ

iss. il est 𝔓 iss. en e. α*HC²*

Et sel. ce q. tu as d. (dist α) α*HC²*, q. mas d. 𝔓
Que *HC²* Qui α, f. yst *G*

tainture α sainture *H*
Sen entrent il pr. 𝔓 Se entretant pr. α*H*

le p. Θπ la p. 𝔓, et] ne Θα*HC²* ny 𝔓
len *C²*

se D. leust f. a. α*HC²*, tout a. 𝔓
me s. *HC²*, b. cela ie s. 𝔓
Et petit y α, Ou au moins peu gy c. 𝔓 Ou poy je me c. *C²*
a π𝔓α*H*] ma *G*, il mist Θ
Et q. *GH*, C. que li *C²*, Et luy et apres h. c. 𝔓
Quil a a s. 𝔓
Si tresfort j. 𝔓, f. empaint et onnye *H*, u.] onnie α onnye *HC²* aune Θ
Quauec α Quauecques 𝔓, —hors Θ

Et *H*
Est dicte et D. α Est dedens D. *C²* Est vierge et D. est h. *H*
Telement q. ne p. 𝔓, v. ie (se *C²*) ne p. α*HC²*
Men t. ne ne s. α T. ne ne men s. *H* T. men ne je s. *C²*

Le Pelerinage Jhesucrist. 71

Joseph a Nature.

"Mez t'en tairas, a Joseph dit,   2125   ta. J. li d. C^2
Se la vertu du S. Esprit   De G
Connois qui en la Virge maint   que *a*, quen l. v. remaint $\mathfrak{P}$
Par le quel est ce soulel paint   ce] le $\pi\mathfrak{P}$
De la couleur d'umanité
Qui miex dite realité   2130   Que m. donne r. C^2
Est, qui veut parler proprement,   Et HC^2
Que couleur ou coulourement.   ou] et C^2
Un sont le S. Esprit et li.   et] en *a*
Entrant le soulel se vesti
Du voirre paint, et en issant   2135   —et *a*
Le S. Esprit li convoiant   le c. $\mathfrak{P}$
Rien de la couleur departir
Ne li laisse ne desvestir.   deuest. Θ
Se le soulel materiel
Com cetui pëust faire autel,   2140   Si com cuit (je c. C^2) peut (peust H) *a*HC^2,
Entrant et issant com vousist   peult Ga, f. et aut. $\mathfrak{P}$
La couleur du voirre prëist.   du dict v. prist $\mathfrak{P}$, prist $\mathfrak{P}G$
Mez onques ne fu droiture
Quë ausi la creature   ainsi ΘHC^2 tout ainsi $\mathfrak{P}$
Pëust faire com son segneur   2145   Peult G
Ou son maistre *ou* son createur."   ou $\Theta\pi\mathfrak{P}GA\alpha H$] et β

A ce mot tantost s'en fui
 La vielle, et lors plus ne la vi.   —lors *a*C^2, et depuis n. $\mathfrak{P}$, pl.] puis G, je n.
Et en ce point le chief leva   l. C^2
La Virge et s'assist et dreca   2150   —Et *a*
Sus ses genous l'enfant tout nu   ses] les π, nu *a*

  2146 a-f.—Et dautre part ou est louurier
    Qui puit donner et ottroier
    A son ouurage autel poste (o. tele essence $\mathfrak{P}$)
    Com il a et auctorite (a en sa puissance $\mathfrak{P}$)
    Nul ne le vuel et (veult ne $\mathfrak{P}$) ne vouldroit
    Et mains encore dieu par droit π (175 d) $\mathfrak{P}$ (159 d).

Povrete a Marie.	Si com de li estoit issu, Et parla a li Povreté Et li dist : " Je t'ai aporté Des drapelès que jë ai quis Tex com trouver et avoir puis Des quiex, si comme tu voudras, Ton enfant enveloperas. Autre chose quant a present Ne te puis faire bonnement." Yceuz drapelès vi prendre A la Virge et euz estendre Entour son fil qu'ell' en lia Si com sceut et envelopa. Et apres quant ot fait ainsi, En une creche qui près li Estoit, où bestes estoient Et de nuit se reposoient, Le mist doucement et coucha, Point autre lieu prest ne trouva.	2155 2160 2165 2170

Ainsi que delle e. i. 𝔓
A elle p. P. 𝔓
dit GHC^2
De petiz drapeaulx 𝔓, tay q. aHC^2

q. com t. a q. ainsi que t. 𝔓, com Θ

ch. tant qua p. H

Lors ic. drapeaulx je vy p. 𝔓
l. douce v. et ext. 𝔓, ens est. Θ puis e. C^2
quelle l. GaH, f. et len l. C^2
Comme elle peut 𝔓, sot GaC^2 pot H, enuolepa Θ

E. la creiche q. p. de luy 𝔓, q. emprès l. H
q. lez li C^2, p. de l. π𝔓
b. mangoyent H, o. de nuit reposoient C^2
Les bestes et lors estoient C^2

dautre 𝔓$GaHC^2$

Gabriel a Joseph. Joseph respont.	En ce point vi Joseph assis La endroit qui estoit pensis Et a son front sa main avoit Sus quoi son chief enclin tenoit, Le quel Gabriel arrena Qui en apert lors se monstra. " Joseph, dist il, que penses tu ? " " Ou je sui, dist il, decëu Ou nostre dame qui ci gist Bien alast ailleurs, se vousist, Et emportast bien maintenant De ci sanz gesir son enfant. Pour sa naissance nul labeur N'a ëu ne sentu douleur,	 2175 2180

Pres ce lieu v. 𝔓
Q. est. moult forment p. aHC^2 Q. sembloit bien estre p. 𝔓
Qui H, sa] la GaH
Et a son baston sapuioit aHC^2
Qui $G. C^2$, Au q. G. sadressa 𝔓, araisonna aHC^2
Moult doucement et dit li a aHC^2
—il a
Au G, il] ioseph a, Il respond Je suis d. C^2
Ou ma d. q. yci g. 𝔓aHC^2
Alast bien aHC^2

ci se vousist son e. a

Elle na eu ne 𝔓, ne point s. de d. C^2

'H AND THE ANGEL GABRIEL.   Line 2,171, p. 72.

G, fol. 168.

En ce point vit Joseph assis
En endroit qui estoit pensis
Et a son front la main avoit
Sur quoy son chief en clin tenoit
Lequel gabriel arraisna

Le Pelerinage Jhesucrist.

<small>Gabriel a Joseph.</small>

Et ce lieu est honteus et lait 2185
Et en ce tempz trop grant froit fait."
"Certes, dist il, tout ce sai bien,
Mez ausi faire le maintieng.
Par droit li faut de gesine
Comme de ce que plevine 2190
Entre li et toi faite fu
A fin que ne fust connëu
Le mystere que ja bien sces
Et enfourmé en es assez.
Si ne te doiz pas esbahir, 2195
Se ce elle veut acomplir
Qui est commencié par devant,
Le dit mystere concelant.
Et ausi en parleroient
Pluseurs, së il la vëoient 2200
Parmi les voies cheminer
Si tost apres son enfanter;
Et pourroient tost demander
Tele chose qu'a reveler
Ne seroit pas quant a present, 2205
De quoi seroient mal content.
Si te dirai que tu feras :
Assez tost departir verras
Les gens des villes qui ci sont
Et qui leur bestes hors merront. 2210
Lors un pou plus avant feras
Le lit la dame, et pourverras
Que soit un pou priveement
Par le vueil et consentement
Povreté qui të aidera 2215
Si com devant aidié y a,
En gardant que molestee
Ne soit de froit ou gelee;

Or est ce l. h. $\mathfrak{P}$
ce toit tr. *H*, Et de present tres g. $\mathfrak{P}$, Et maintenant tresgrant f. f. C^2
t. cestui b. *P*, scoy *G*, secoy je b. C^2
ainsi $\mathfrak{P}$, M. a ce f. aHC^2

Tout ainsi de $\mathfrak{P}$, Ainsi c. de ce pl. P^1, qui *G*, ce q. (—que *A*) pelerine $Aa HC^2$
toy et ly $\pi\mathfrak{P}$, t. et ce fu *H* t. ce te f. C^2

Et dont inf. es a. $\mathfrak{P}$
Et *G*, point e. Θ
Se elle 1e v. aHC^2 Se la dame v. $\mathfrak{P}$
—2197 PC^2, =2198 (Le d. m. cautement) *H*, Ce quest c. $\mathfrak{P}$
—2198 PC^2, =2197 *H*, Ainsi ce m. celant $\mathfrak{P}$, conseillant a
A. tu scez quen p. $\mathfrak{P}$
il] tantost $\mathfrak{P}$
mi] dedens $\mathfrak{P}$

p. faire question $\mathfrak{P}$ peut estre demanderoient C^2
Tel ΘaH, qui a r. aH, releuer Θ, Tele qua reuelation $\mathfrak{P}$, ch. que pas ne saroient C^2
ne saront q. C^2, pas tant qua pr. ΘH

Le lit la dame pouruerras Θ

b. amenront a, h. en menront *H* enmerront C^2

Le lit lit la d. p. Θ, la] ta *H*, pouruoirras $\mathfrak{P}$
Quel s. $\mathfrak{P}$, p. plus pr. *G*
Pour aC^2, vent C^2
De P. q. taid. $C^2\mathfrak{P}$, ti a. aH
Ainsi que d. a. ta $\mathfrak{P}$, y] ty aH
q. si m. $\mathfrak{P}$
du *G*, ou (ne $\mathfrak{P}$) engelee $\Theta\mathfrak{P}$, f. et greuee aH f. ne point grevee C^2

L

Quar tendres sont li et l'enfant,
Et le froit, si com dis, est grant ; 2220
Si en fai ce que tu pourras !
Et ci estre ne t'ennuit pas
Jusques au quarantiesme jour
Que de ci fera son retour."
Lors se leva Joseph tout droit 2225
Et dist qu'ainsi il le feroit.
Et ce fist il quant departis
Se furent la gent du päis.
Li et Povreté la mirent
Plus ens avant, et la firent 2230
Là couchier en li abriant
Des essaies que par devant
Avoient là les bestes fait
Et abatu en leur soustrait.

Cil qui songe.

He fil de Dieu, que penses tu ? 2235
Ne sces tu pas dont es venu,
Qui es et quel pouoir tu as ?
Point n'apert et ne semble pas
Qu'aies de toi connoissance
Ou point aies de puissance. 2240
Voiz ci quë as fait acouchier
En cel estable et ce fumier
Ta mere deshonnestement,
Et où tu seras povrement
De ce qu'il te faut pourvëu. 2245
Couvert n'i seras ne vestu
Forz des drapelès que donné
A à ta mere Povreté.
Feu n'i aras ne baing ausi
Ne fame ne baiesse qui 2250
Te serve de servise humain,

—2219 C^2, li] elle 𝔓
—2220 C^2, f. c. as dit 𝔓, f. orendroit e. *H*, dist Θ
Et Θ
Et de ci a, ci] si *G*, tennuie π𝔓
De cy au a*HC²*, q-tisme Θ
dicy 𝔓, Q. cy aura fait son sejour C^2
L. Jos. se l. t. a
que a. le f. Ga*HC²*
cy f. 𝔓, firent q. a*H*
F. C^2, les gens Θ𝔓C^2
mistrent *HC²* misdrent *G*
P. a. dedens et 𝔓, P. a. et si la f. a P. a. en ce lieu et f. C^2
Illec c. en labr. 𝔓, abraiant a, Sa couche c. C^2, La couche vn pou plus grant *H*
ass. Θ aissaions 𝔓, quai dit d. aP^1*HPC²*
Quav. *HC²*, la] illec 𝔓

Le *HC²*, Hee f. *G*

de] en *H* a C^2
tu a. fiance C^2, poiss. Θ fiance a
Veez *G*, Vecy a*H*, quas f. a, Quant tu as f. cy ac. 𝔓 En ta mere qui a. C^2
celle est. π𝔓a*H*, As fait ycy sur c. C^2, et] en Θ, et ce] en a ou *H*
Ainsi d. C^2
Ou elle sera p. a*HC²* Ou quel lieu sera p. 𝔓
qui t. *H*, q. test besoing p. 𝔓, pourueue a
ne s. a*HC²*, ne sera n. v-ue a, sera 𝔓a
de dr. *GC²*
A t. m. a p. C^2

F. ne chamberiere q. π𝔓, baiasse C^2G
seruice Θπ𝔓Ga*H*

Se n'est Joseph, ce viel vilain
Qui miex au bos ouvrer saroit
Que tex services ne feroit.
De ta mere bien soufisist   2255
Se bien ëust ce que fausist ;
Mez rien n'a, escuser l'en doiz,
Quar sa bonne volenté voiz.
[Bien te fera ce que pourra,]
Te couchera, alaitera   2260
Se du haut ciel lait li donnes
Et com pour toi li foisonnes.
Et a son costé doucement
Te metra et benignement
En soi chamberiere monstrant,   2265
Si com a pramis par devant.

He tres douce chamberiere,
    La chambre où tu sers mont chiere
Ne te doit estre ne plaisant
Se n'est pour cause de l'enfant   2270
Qui y est venu reprimer
L'orguel du monde et supplanter.
Petit s'est fait qui estoit grant,
Povre qui estoit habundant ;
Et s'i est fait emmailloter   2275
Par toi de drapiaus et lier,
Et hebergier en povre lieu
Sanz rien monstrer quë il soit Dieu.
Ce sont choses apar[te]nans
A pelerin et afferans.   2280
Pelerin doit estre restraint
Et lïé et forment surcaint,
Et pour povre giste ne doit
Laissier son chemin quant est droit ;

Ce π𝔓C², Jos. poure vil. 𝔓, vil.] humain π
Que m. au los Θ, au] en π𝔓GaH, ouv. en
  (au C²) b. aC²
tel s-ce HC
A 𝔓aHC², souffes. Θ souffist aC² souffit π
Selle auoit ce q. te f. 𝔓 Se eust (elle e. C²)
  ce q. lui f. aHC², fausit π
M. bien (a C²) exc. tu l. d. 𝔓HC²
Ca la (sa a) b. Θa, s. v. bien tu v. C²
B. te f. ce q. p. π𝔓GaHC², Toi couchera et
  nourrira Θ
Et de son lait talaitera Θ, talait. Θ𝔓, Al. et
  couch. GaP¹HC²
—2261 GaP¹HPC²
—2262 GaP¹HPC²

ch-briere a, Ch. se monstrera 𝔓
Ainsi qua lange pr. la 𝔓

O tresbenigne ch. 𝔓, doulcete H, ch-briere a
s.] gis aHC², tu es granment ch. 𝔓

par H
Q. e. v. reprimier   Q. e. v. pour reprouuer H,
  pour reprimer C²
souspl. a
set f. π se f. G
si sest f. π𝔓G, si (—si a) se f. enuoloper
  (enueloper C²) aHC²
lijer Θ
herbeg. Θ
Et s. m. aH, S. demonstrer C² S. en r. m.
  quil 𝔓, monstre Θ
apartenans Θπa &c.

f.] tresbien 𝔓, sourchaint π estraint Θ

Si que, Virge, ne t'ennuit pas 2285
Së avec li Povreté as.
Ainsi le veut et voulu l'a.
Autrement, quant voudra, fera.

Or dirai ce quë a celer
   N'est mie ne a oublier : 2290
Ausi tost com l'enfant fu né
Es lieus forains fu demonstré,
Et fu sa clarte vëue
Près et loing et perçëue ;
Quar aus pasteurs qui veilloient 2295
Et leur bestes près gardoient
L'angre la nouvelle nonca
Et signe de ce leur donna.
Et il ausi haut ouirent
Le chant des angres qui dirent : 2300
"V ciel soit Dieu glorefié,
Et ceuz de bonne volenté
Aient pais qui est donnee
En terrienne contree !"
Or sembleroit il ci endroit 2305
Que li angre pas ne bailloit
Signe qui fust bien soufisant
Pour connoistre que cel enfant
Vrai sauveur fust, se la clarté
Et le chant d'en haut n'eust esté. 2310
"Vostre sauveur, dist, trouveres
Au signe quë emmaillotés
Le verres de drapiaus petis
Et en la creche aus bestes mis."
Estat de sauveur n'est mie 2315
Ou qui point ait segnourie.
A quoi une response fas :

Par quoy v. 𝔓, tennuie π𝔓, Sen peine es et poure giste as HC^2
=2285 (Doulce v. ne t. p.) H, Sauecques 𝔓G, Se poure giste et pov. as α
las α
feras α

Si t. comme l. 𝔓,—tost C^2

sa] la α tresgrant HC^2 sa grande 𝔓
De p. et de l. apperc. 𝔓, apperc. π𝔓$GaHC^2$
as p. Θ les p. H
Et qui l. b. g. α, b.] ouailles 𝔓, p.] apres Θ aux champs H, Et qui aux champs b. g. C^2
anonca 𝔓
de coulour do. HC^2
Et eux a. den h. 𝔓, ouyerent π
d. sains a. C^2, disdrent G

c.] homs 𝔓

—il α, s. ycy e. 𝔓HC^2
lange πG, cest ange 𝔓
que fut G
cest H cet α ce π
fu π

Nostre s. dit G, d.] vous αHC^2
A ce s. quenmaill. 𝔓, Dist il ou s. q. verrez HPC^2
—de G, En maillot en dr. αHC^2
En la creiche (crache G) des b. 𝔓G
sauoir α, A son est. ne semble m. HC^2
Que il a p. de s. HC^2, que α, segeurie π

Le Pelerinage Jhesucrist.

Quar droit estoit que haut et bas,
Qui de bas et de haut estoit
Et en soi haut et bas joingnoit, 2320
Ëust signes apartenans
A ceste chose et afferans,
Que de haut son tesmoing ëust
Que Dieu et vrai fil de Dieu fust,
Et de saing terrien signé 2325
Fust en cest monde povre né,
Au quel saing segnié le disoit
L'angrë aus pasteurs et noncoit,
Ausi com së il leur dëist :
La clarté et le chant vous dit 2330
Que Dieu est, mez la povreté
Où mis s'est par humilité
Homme le monstre vraiement
Qui fera vostre sauvement.

qui G] et HPC^2
Et q. de b. et h. $\mathfrak{P}$, de h. et de bas ΘG, Q. de h. est. si bas A
son h. $\mathfrak{P}$, b. et h. $\Theta GaHC^2$
Ce sont s. C^2

Q. homme (homs HC^2) et GHC^2
seing $\mathfrak{P}a$, Et par ce signe demonstroit $bpcg$ HC^2
Fut πG, ce m. $G\Theta$, Que p. nez ou (au HC^2) m. estoit $bpcgC^2$
—2327 c, Du q. $\mathfrak{P}$, q. signe saing li d. $aebpgH$, A. q. signe demonstroit C^2
—2328 c, as p. Θ, et annuncoit $\mathfrak{P}$ et leur n. $aebpgHC^2$
Ainsi G, Tout (—Tout C^2) ainsi comme sil l. $\mathfrak{P}C^2$, dist $\mathfrak{P}G$
Le ch. et la cl. v. $GaebpgHC^2$

sest (se est π) mis $\pi\mathfrak{P}$, Ou m. e. cest h. C^2
le] se GC^2, menstre Θ
Quil f. H, nostre Θ

Apparition de lestoille qui apparut lors de la natiuite iesuscrist. $\mathfrak{P}$ (T.)

Es lieus lointains ausi je di 2335
  Que revelé fu quant nasqui
Par nouvel signe de clarté
Qui en Caldee fu moustré
A ceuz qui du tempz Balaam
Pramis fu et que chascun an 2340
Attendoient les filz des roys,
Quar il pramist a celle foiz
Que, quant Dieu homme né seroit
En Israel adonc naistroit·

ainsi G
reuelle A
Car $dAacC^2$, n-lle s. de charte a
Q. lors en $\mathfrak{P}$
t. abraham $acHC^2$
Fu prom. cH, —fu Θ, —et G] si A
f.] enfans $\mathfrak{P}$

—Dieu a, D. et h. C^2, —ne A
E. ycel. lieu a. C^2, adoncques $\mathfrak{P}$, nesteroit H

After 2334 forty-four lines interpolated in z (166 a), thirty-four lines in $avGabpP^1g$, see Appendix. These 34 lines have been added in the margin of fol. 55 ro in ϵ, probably by R. d'Orliens (see above, note to lines 19, 20). They occur also in H (p. 441 a), but inserted between lines 2346 and 2347.

2339.—Num. xxiv. 17.

Une estoile de grant clarte 2345
Dont l'air seroit enluminé.
Or vous di quant fu né ainsi,
Vers le ciel regardai, et vi
En l'air une estoile luisant
A tout grant brandon flamboiant, 2350
Et une voiz avec oui
Qui parloit a je ne sai qui :
"En Caldee tu t'en iras
Et ceste estoile porteras
Par mi l'air de jour et de nuit 2355
Si que la puissent vĕoir tuit
Ceuz a cui il apartendra.
Et quant portee l'aras la
Et aus attendans moustree
Par un pou de demouree 2360
Au devant de ceuz qui venront
Et qui a chemin se metront
Pour venir mon fil aourer
Et d'aucuns dons li estrener
Pour aler en son voiage 2365
Et son grant pelerinage,
Devant euz tu retourneras
Jusqu'a tant que les amerras
Droit a l'estable où mis il est,
Où de peleriner est prest. 2370
Et lors en ton lieu t'en iras
Et l'estoile muer feras
En la matiere dont la fis
Pour l'onneur grant de mon dit filz."

Or vous di quë ainsi fu fait 2375
Quanque j'ai ci dit et retrait.
Troiz de ces roys s'apresterent

Vne grant est. l. $GaHC^2$ En ysrael celle est. l. A
grans b-ns A

E. c. ou tu t. G

le ΘA, peussent bien v. $\mathfrak{P}$, Si q. v. la p. t. $GaHC^2$
C. aux quelz il $\mathfrak{P}$

A ceux qui lattendent m. $\mathfrak{P}$, aux amis dieu demoust. H
l'. soufisant (suffisante A suffisance G) dem. (demonstree C^2) aHC^2AG

a] au $\pi GAcHC^2$, se tenront c

—dons π, dauc. presens lestrener $\mathfrak{P}$, estorer c presenter C^2
P. venir a s. (s. long C^2G) v. $GacHC^2$, en] a A, P. les despens de s. v. $\mathfrak{P}$
Et a s. p. a Et a s. bel (bon c) p. GHC^2c
enz] ceulx C^2
Jusques a t. q. l. (le A) verras $GAacHC^2$

D. en la hale o. $\mathfrak{P}$, —il G
pel. il e. a, e. tout pr. GH
t'en] tu Θ

maniere AaC^2

P. honorer mon ame f. $\mathfrak{P}$, P. lamour de m. ainsne (ame HC^2) f. GHC^2, P. l. de m. doulz f. a

Et v. a
dit cy π
si sapr. C^2

Et de venir se hasterent		v. la. s. C^2
Pour li aourer comme Dieu,		P. ladorer c. vray D. $\mathfrak{P}$
Quant seroient venus au lieu.	2380	
Mez or dirai quë il avint		or] aincois c
Dont tres grant mervelle me vint,		
Et quant encor il m'en souvient		encore m. $\mathfrak{P}a$, —il GHC^2
Grant espouentement m'en vient :		espoent. Θ espoant. G
Avant que ces roys venissent	2385	c. trois r. C^2
Et que point l'enfant vëissent,		Et quant q. $\mathfrak{P}$, q. cest enf. v. aHC^2, Et p. l. ne v. G
Vne vielle emmantelee,		
Toute froncieé et ridee,		f.] refroignee $\mathfrak{P}$
Qui unes grans tables avoit		av.] tenoit GH
Et souz s'aisselle les portoit,	2390	sus sesselle G, soubz laisselle $\mathfrak{P}$ soubz sa seille H soubz sesselle C^2
A tout un coutel se moustra		c. sapproucha a, Entour le conseil saprocha C^2
Et pres de l'enfant aprocha		sapproucha GH se monstra aC^2
En li desliant, et main mist		Et le deslia et puis m. C^2, et puis mi. H
A li tost, et le circuncist		Et tantost lenfant c. H Tellement que l. c. C^2, circonc. ΘC^2
Si lourdement et rudement	2395	Si r. et l. $\pi\mathfrak{P}H$, ruid. Θ
Que de son sanc habundanment		
A terre jus en espandi		
Si que souz la place rougi,		sur l. $\mathfrak{P}$, q. l. pl. (terre H) en (si C^2) r. aHC^2
Pour quoi la Virge qui ce vit		
Ausi com en plourant li dist :	2400	Ainsi $\mathfrak{P}Ga$, pl. a dit a
"Qu'est ce, vielle emmantelee,		v. entremeslee HcC^2
Comment es tu si ousee		Comme π Pour quoy aHC^2, estu Θ
Que mon enfant traites ainsi		De m. e. traicter a. $\mathfrak{P}$, enf. couches a. a enf. a. atouches H, Qua m. e. a. atouches C^2
Qui onques mal ne desservi ?		o. riens ne t. meffit a, En qui nest (na C^2) ne m. ne reprouches HC^2
Onques ne te fu tel posté	2405	ten fu poeste HC^2, poeste a pooste G, Si grant auctorite donnee $\mathfrak{P}$
Donnee ne auctorite,		Onques ne te fu octroye $\mathfrak{P}$
Si com je croi, et se tu l'as,		Comme je $\mathfrak{P}$
Celer tu ne le me doiz pas."		
A quoi la vielle respondi :		Tantost l. a
"Se bien scëusses qui je sui,	2410	b. tu sauoies $\mathfrak{P}$

Marginal notes:
- Vieille loy circumcist le petit enfant Iesus. $\mathfrak{P}$ (T.)
- Marie a la vielle loy.
- La vielle loy a Marie.

Je croi que point ne plourasses   cr. j mactens 𝔓, cr. bien q. C^2
Et tantost te rapaisasses.   que t. t. C^2, rep. α
J'ai non et sui la Vielle Loy
Qui commandement ai du roy
De circu*n*cire les enfans   2415   circoncire C^2
Et les hommes qui sont ja grans,
S'en enfance ne l'ont esté   Senfance ne leust este α
Apres .viii. jours qu'ont este né,   ·vii· j. que e. ne HC^2, qua e. ne α
Et ce a ordoné li roys   Ad ce G, le roy 𝔓
Et fait metre dedens ses loys   2420   sa loy 𝔓
En signe quë il veut punir   s. comment v. 𝔓, quil v. la char felle HC^2
La char rebelle a l'esperit   chair quest r. 𝔓, a] et Θ, Punir quest a l. r. HC^2
Pour le pechié qui est nommé   que iay n. G
Originel et appellé   Orgueil et ainsy ap. π α HC^2 Orgueil dont tout pechie est ney 𝔓
Qui dë Adam prist naissance   2425   dadam tira sa n. 𝔓
Pour sa desobëissance ;   Par G, s. grant d. C^2
Si que, Virge, ne t'ennuit pas   tennuie π 𝔓
Se du roy le mandement fas !   Se le commandem. du r. f. G
Faire le doi, tu le sces bien,
Et desobëir n'i doi rien."   2430   Des. ni d. de r. C^2, ny puis en r. 𝔓

<small>Marie a la vielle loy.</small>
" He, dist la Virge, quar m'entent !   Ce π Et lors 𝔓 Or α, q.] or 𝔓 α H
   Fait n'est pas ce commandement   ce] le π
Forz pour ceuz qui par nature   F. des hommes q. $Ga HC^2$
Par homme ont engendrëure,   h. et femme o. 𝔓, Ont prinse (pris H prins C^2) leur e. α HC^2
Es quiex de l'un en l'autre va   2435   Desquielx en lun et laut. α HC^2, en] a G
Le dit pechié et transport a ;
Mez en ceste chose n'a rien   ch.] cy H
Mon enfant chier qui tout est mien,   M. ch. enf. 𝔓
Seulement de mon sanc estrait   extrait GH actrait α est trait 𝔓
Sanz ce quë homme rien y ait.   2440   S. q. nul h. 𝔓
Et supposé que dëisses   Par quoy s. q. tu diss. 𝔓
Ou maintenir tu vousisses   Et m. C^2
Quë engendree d'omme fu,   Q. ie e. H Q. moy e. 𝔓, et d. f. C^2

Le Pelerinage Jhesucrist.   81

Et pour tel cause il soit tenu		p. celle c. s. (—s. C^2) aC^2
A circuncision avoir,	2445	De $\mathfrak{P}aHC^2$
Si di jë et maintieng pour voir		Se a, Je te dy et $\mathfrak{P}$, p.] de $GaHC^2$
Quë a ce fist pourvoiance		
Li roys, quant par sa puissance		Le grant roy par G Le roy par sa (sa grant HC^2) pu. aHC^2
De tout tel pechié me purga		me garda $\mathfrak{P}$
Quant du tout me saintefia	2450	Et de t. HC^2, Me preuint et me preserua $\mathfrak{P}$
La quel saintefication		Le q. a, sanctif. G, Laquelle preseruation $\mathfrak{P}$
Fu droite preparation		propriacion aC^2
D'estre reçeü saintement		
Sanz ce que rien senistrement		Et s. q. $\mathfrak{P}$, S. q. r. sera se iustement a S. point de contrariement C^2, senest. Θ sin. G sarcistrem. H
Pour cause de moi li venist	2455	m. auenist aH, Ne qui riens quil soit auenist C^2
Où circu*n*cision afferist.		affrist Θ faillist $\mathfrak{P}$
En ma conception pechié		
Si circuncis et retrenchié		Fut c. $C^2\mathfrak{P}$
Fu que venir jusques a li		Par quoy iamais v. a luy $\mathfrak{P}$, jusqua li Θa
N'a pëu." L'autre respondi :	2460	p. la vieille r. $\mathfrak{P}$
" Virge, bien connois quanque dis ;		
Mez bien sai que ton fil est filz		
Du roy qui ce a commandé		q a ce co. $\pi\mathfrak{P}a$
Sanz ce que fil ait excepté.		S. q. son f. $\mathfrak{P}$, q. len a. H, q. a. riens e. C^2
Et qui plus est, il semble bien	2465	que GaH, —plus G
Quë excepter ne le veut rien		Quexcept. ne le v. en r. $\mathfrak{P}$, il ne v. C^2
Quant ton fil devenir l'a fait		a fa. $\mathfrak{P}$ las fa. HC^2 le fa. a
Et homme complet et parfait		H. c. et tout p. $\mathfrak{P}$, complait π
Pour exemple aus autres donner		as Θ
De ce qu'a commandé garder ;	2470	que c-de g. G que c-de a g. aHC^2
Mesmement quar est avenant		quil e. a, cest av. Θ
A bon fil et apa*r*tenant		bien a. C^2
De garder [les] commandemens		les πa &c.
Son pere et establissemens		
Sanz quelque cause demander	2475	
Pour quoi ainsi veut commander,		—quoi a

La vielle loy a Marie.

M

Supposant to*us* jours qu'a bon droit S-se a*HC*², que b. Θ
Toutes ses ordenances fait.
(Et) telle obedience bonne Et ceste ordonnance b. a*HC*²
Est, et exemplaire donne   2480 E. ex. que je d. *C*², example Θa*H*
Aus autres de miex obeïr A tous aut. 𝔓
Et les commandemens tenir.
Et a ce est venu ton fil, A ce c. v. ca ius t. f. 𝔓
Douce Virge, en mondain essil, D. dame e. *HC*²
Si ques a grief ne te soit pas   2485 Donques a 𝔓, —a *C*², que g. ce ne *H*
Se l'ai circu*n*cis, quar verras Que l. c. et v. π𝔓
Ci apres autres griefz pluseurs gries Θ
Qu'il soufferra et grans labeurs souffrera *G* suffrera 𝔓
Avant qu'ait fait son voiage
Pour sauver humain lignage,   2490 P. racheter lhum. l. 𝔓, lum. l. a
Pour quoi Jhe*sus* il sera dit,
Si com l'angre piec'a te dist, Si que l. Θ Comme l. 𝔓, p. le dit *G*
Qui vaut autant comme sauveur
Au tesmoing de l'interpreteur." A 𝔓 En *HC*²

Apparicion des trois roys adorans nostre seigneur iesus. 𝔓 (T.)

Apres ce fait et parlement   2495 A. tout cestui p. 𝔓 Et tost ap. leur (le a*H*
   Vi venir devers orient mais *C*²) p. *G*a*HC*²
  Voy *C*²
Les ·iii· roys des quiex ai parlé r. de quoy iai (ay *G*) p. Θ*G* r. dont iay (ie
  ay *H*) p. a*HC*²
Qui, où l'enfant estoit, entré Q. a (o *HC*²) lenf. tantost entre a*HC*² Q.
  deuotement sont ent. 𝔓
Sont, et tantost l'aourerent Ou fut lenfant et lador. 𝔓
Et de presens l'estrenerent.   2500 leurs p. *C*²
C'estoit mirrë, encens et or Ce fut de m. 𝔓
Qu'avoient pris en leur tresor. Que p. av. 𝔓
Autres offrendes, autres dons nautres 𝔓a, aultre don *G*
Ne fait et faire ne puet homz Point ne f. ne f-re p. h. 𝔓, et] ne π, Ne puet
  ne puet (Ne p. ne ne doit *H*) f h. a*H*
  N. peut et ne scet f. h. *C*²
Qui ja soient agreables   2505 Au moins q. point s. ag. 𝔓

2494 a, b.—Ainsy la vierge ce (se a*HC*²) souffry
Et la vieille se departy *G*a*HC*²

THE ADORATION OF THE THREE KINGS.   Line 2,495, p. 82.

H, p. 443.

C², fol. 191.

Au fil Dieu ne acceptables.		de D. C^2
En desdaing et despl[a]isance		desplais. Θπα &c., Car a desd. 𝔓
A Dieu est cil qui s'avance		Est a D. 𝔓*H*
De faire li don et present		De luy f. d. ne p. 𝔓
Qui n'est aquis dëuement,	2510	
Qui en bourse d'autri est pris		la b. C^2, bourbe Θ burse *G*
Et par extorsions aquis.		Ou C^2, extortion Θα*H*
Or vous di que cil qui offri		
Or a l'enfant li dist ainsi :		li] si C^2 et Θ, —li α*H*

Le roy qui offre or.

"Veritablement je connois	2515	
Que du ciel et du monde es roys		les s-es q. d-es *H*, qua d. αC^2
Selonc le signe qu'as donné		
De l'estoile a nous et moustré		lest. et demonstres *H*, Lest. a n. demonstre α
Qui loing en estrange terre		
Par toi nous est venu querre	2520	Pour C^2, P. ton vueil n. 𝔓
A fin que nous voion comment		—nous *H*
Tu as fait ton aprestement		ton] nostre *G*
Pour aler et peleriner		P. en al. p. *H*, P. a. p. C^2, et pour p. α
Par terre pour hommes sauver.		t. et p. α*H*, t. et h. C^2
Or me semblë il que pris as	2525	p. tu as 𝔓
Bourdon qu'encor ne moustres pas,		quencorez π, m-tre *H*
Mez repost le tiens en recoi		repos Θ] mucie π𝔓*GaHC*^{2}
Souz celle lïeure que voi ;		ceste l. 𝔓 cest liure *GH*, Dessoubs ce liure α, S. cette lettre q. je v. C^2
Mez de t'escherpe est autrement,		—de *H*
Quar la moustres ape*r*tement ;	2530	Que tu m. 𝔓, le C^2Θ
Et croi que se n'i metoie		
Aucun don, je mesprendroie,		d. qui j. C^2
Mesmement quant par Povreté		
Je te voi estrë gouverné.		demene C^2
Si que de moi or tu prendras	2535	Par quoy d. 𝔓, o. tu p. C^2
Et en t'escherpe le metras !		
Autres estrenes ne present		estreines π, A-re e-ne nay a p. αC^2, nay a. p. (α)*H*
N'ai dont si co*n*venablement		De quoy si c. α*HC*^{2}, —si π, Je nay d. c. 𝔓
Ta royaute puisse honnourer		

	Et toi com roy puissant monstrer.	2540
	Le don te soit agreable,	
	Je te pri, et acceptable."	

c. p. r. m. *H*, puisse m. Θ
Ce d. *a*, Or. t. s. ce d. acceptable C^2
p.] supply ℬ*H*, agreable C^2

Le roy qui offre encens.

L'autre qui encens aporta
　Se mist avant et dit li a :
"Inspiration devine　　　　　　　2545
M'a demoustré et le signe
De l'estoile que tu es Dieu
Comment que tu soies en lieu
Dont grant desplaisance me vient
Pour ce qu'en rien ne t'apartient.　2550
Et avec ce il m'est avis
Quë ·i· nouvel habit as pris
Pour habiter et converser
Entre pecheurs pour euz sauver,
Non obstant que te soit puant　　2555
Humain pechié et desplaisant ;
Si que je me sui appensé,
A fin que ne soit retardé
Le remede que faire veuz
Aus hommes pour le pechié d'eus　2560
Qui abhominable et puant
T'est et a desplaisance grant,
Que de moi tu aies encens ;
Qui sera senefiemens
Quë, ausi com sa fumee　　　　　2565
Par feu haut evaporee
Oudeur donne et hors enchace
Punaisie de la place,
Ausi devotes oroisons
Et humbles supplications,　　　　2570
Qui u tempz a venir seront
Faites, [hors] enchacier devront

Vraye i. d. ℬ, diu. Θπℬ*GaH*
Si ma d. par le s. ℬ, d. par le s. C^2

Ja soit ce q. ℬ, Combien C^2
men v. *H*
que r. π*GaH*

h. apris π

p. les s. ℬ

je ne say ap. Θ
recorde *HC*^{2}
Que le r. f. (reme (regne C^2) deffaire *HC*^{2})
　v. *aHC*^{2}
Que π*GaH*, a. est et C^2
Dont tu as C^2, a] as *aH*
a.] aras πℬ*GaHC*^{2}
ser. pour s. ℬ
Q. tout ainsi q. ℬ, sa] la πℬ*GaH*
f. chault envap. *G* f. h. est emporee *a* f. est
　(f. en C^2) h. transportee *HC*^{2}
et dehors chace ℬ, encache Θ en chasse *G*
Toute pu. ℬ La p. C^2

u] au *a*, t. s. av. ℬ t. aucun s. C^2
Feront ch. et relinquir ℬ F. si enchasseront
　H, encachier deueront Θ e. en d. *a*

De pechié la punaisie ;
Si que tu ne doies mie
Laissier que ne parfaces tout   2575
Qu'as en pensé de bout a bout.
Et tel mysteriel encens
Te present, et avec entens
Que l'oudeur te soit vaillable
Tant com es en cest estable   2580
Qui sac a commin ne sent pas ;
Ne sai com bien tu y seras."

   Le tiers apres se traist avant
   En tex paroles li disant :

Le roy qui offre mirre.
"Je voi par le signe envoié   2585
Qui piec'a fu prophetisié
Que tu es cil qui de nouvel
Es né pour sauver Israel,
Et avis m'est que commencié
As, quant circuncire laissié   2590
T'es, pour moustrer qu'es homme vrai
En toi sousmetant a la loy,
La quel chose ne fëisses
En rien, se tu ne vousisses
Parfaire tout le remanant   2595
Qui a ce faire est avenant,
C'est a dire jusqu'a mourir
Et puis tout mort ensevelir.
Or est que m'ensegne raison
Que pas n'affiert corruption   2600
A toi qui es né et venu
De saint lieu et non corrumpu,
Et qui es sanz pechié tres saint
Où n'est trouvee ne ne maint
Cause de putrefaction   2605

Par quoy sire tu ne dois m. ℙ, dois π me dois *HC²* deuroyes *G*
p.] faces *HC²*
Ce quas p. ℙ, a] en Θπℙ*GaHC²*
E. de t. mistere est e. *C²*, entens *H*
Le p-te *H*, auecques en temps a, ientens ℙ, Ce p. que en tout temps *C²*
Q. cel od. ℙ, Lo. t. sera *C²*
Cependant ques ℙ, es] seras a*HC²*, ceste πℙa*C²* tel *G*
Q. sec *H* Q. sant a, commun ne sont p. *GaH*, c.] safran ℙ
Je ne s. c. b. y s. *GaH*

ap.] roy a*C²*, trait π*GaHC²* tire ℙ met Θ
Et *GaH*, li] va a

Que π*GaH*, prophecie a
noel *G*, q. dois sauuer *C²*
Es nascu p. ℙ, p. deuenir mortel *H*, Les pecheurs et regenerer *C²*
met π
Tu as q. c-cir l. ℙ, circoncirre Θ
P. m. (demoustrer *C²*) que es h. lay *HC²*, que h. *G*
te s. ℙ

Nullement s. ℙ, Pour r. *C²*
remen. π*GHC²* demourant a
av.] conuenant ℙ
jusquau *HC²*
toi πℙ*GaHC²*
qui a et *H*

p. tout s. a*H*, E. sans p. mien essient *C²*
Or *G*, Quil nait en toy n. n. *H*, trouue Θ, t. ny ne rem. ℙ

Ou d'aucune corruption ;	Ne 𝔓, dautre c. Θ
Si ques en senefiance	Et pourtant e. s. 𝔓
De ce et en demonstrance	cecy 𝔓
Mirre te doinz et te present	dons *Ga* donne π𝔓*HC²*
Qui puet garder entierement　2610	peus *a*
Miex qu'autre rien par nature	
Cors humain de pourreture.	
En t'escherpe le met, te pri,	les *H*, mech Θ mes *C²*, te] et *a*
Ausi co*m* les autres dons qui	Ainsi *G*𝔓, c.] que Θ𝔓, Que (Et *C²*) l. a. d. q. a ty (que ycy *HC²*) *aHC²*
De mes compaingnons presentés　2615	
Te sont maintenant et donnés.	
Et a toi nous recommandon,	
Et tempz est que nous retournon	Car t. 𝔓*H* Il est t. *C²*
Pour lieu et espace donner	
Aus autres de toi aourer.　2620	
A ce toutes gens sont tenus,	tenu Θ
Riches, povres, gros et menus."	R-e p-e g. et menu Θ, grans *aHC²*

A pres que furent depa*r*tis
　Ces ·iii· roys et a chemin mis,
Avisés que retournassent　2625
Par autre voie et alassent
Que par où estoient venus,
Avisé fu Joseph que sus
Se levast, et prëist l'enfant
Et Marie, sa mere quant　2630
Sa gesine faite seroit
Et que tost, quant bon point verroit,
En la terre d'Egypte alast
Et point illeuc ne demourast
Pour Herode, qui le querroit　2635
Pour occire, et mainz occiroit
Autres pour la cause de li.
Apres la quel chose tost vi

q. se sont d. *aH* A. ce q. *C²*
au ch. *C²*
A-se (A-sies *a*) sont q. Θ*Ha* Admonnestez q. 𝔓 A. furent q. *C²*
vois π chemin *aHC²*

A-ses *aH* Advisez *C²*

Aussi M. 𝔓, Et en maine s. *H* Et emmenast s. *C²*
fait Θ
Que tantost que b. Θ Et q. qua. son b. 𝔓, b.] son *aHC²*

p.] plus 𝔓*H*, d-rat π seiournast *H*
queroit 𝔓*G*
occiroit *C²*Θ

La quelle ch. tantost vi *aHC²*, quelle ch. vy 𝔓

Le Pelerinage Jhesucrist.

La dite grant occision	
Qu'en Bethleem et environ 2640	En B. *a*, et] ou *G*
Fist faire le cruel tyrant	
Pour metre a mort le dit enfant	P. occire l. *aHC*², mort iesus lenf. 𝔓
Së, où estoit, fust demouré	
Et il ëust este trouvé.	Se il *a*, i. y e. *C*²

Joseph et marie portent lenfant iesus en egypte. 𝔓 (T.)

Or avint, quant acompli fu 2645 av. que a cop li fu *a*
Le tempz que la Virge gëu Tout le t. q. l. V. eut g. 𝔓, la V. ot (eust *a*) g. *HaC*²
Ot selonc qu'elle le vouloit, Et Θ*aHC*², que elle v. *aHC*², —le π(*aH*), S. lordre q. v. 𝔓
Joseph qui apresté estoit
La prist et son enfant ausi Le Θ, p. soy (—soy *a*) et lenf. a. *HaC*²
Pour euz mener aveques li 2650 P. les m. 𝔓, auoec Θπ*a*
En Egypte sanz targement tardem. 𝔓*a*
Selonc qu'en avoit mandement. que av. π, Si come ot en commandem. *aHC*²
Mes(t) la vielle qui circuncist Mes Θπ*a* &c.
L'enfant Jhesu, si com est dit,
A [l]i droit vint et l'arresta 2555 li Θπ*a* &c., v. dr. *H*, et arr. *a*
Et tex paroles dit li a : telles *a*

Disputation entre Joseph et la vieille loy de la purification nostre dame. 𝔓 (T.)

La vielle loy a Joseph.

"Qu'est ce, Joseph, ou veuz aler
Et ou veuz ta fame mener ?
Ne sces tu pas que j'ai piec'a q. ja p. *GH* quil est p. *a*
Ordené que fame qui a 2660 Est ord. quant f. a *H*, Est o. f. *C*²
Fil, ses parens doivent venir Filz *G*
Au temple et leur offrende offrir, t. pour o. o. *G* t. pour lenfant: offrir *aHC*²
Et qu' ainsi purefiee Et par a. p. 𝔓
Soit et reconciliee
La mere à Dieu et à s'amour 2665
A fin du quarantiesme jour ? q.] xl*e* *HC*² xv*e* *a*
Et il semble quë oublier Toutesfoies s. 𝔓
Ceci vueilles et trespasser, V. cecy *aHC*², deloissier *C*²
La quel chose faire par droit Ce que ne peuz f. 𝔓

2659-2665.—Levitic. xii.

88   *Le Pelerinage Jhesucrist.*

	Ne pues, et si m'en desplairoit.	2670
	Fai que tu dois, et puis iras,	
	Se tu veuz, où en pensé as."	
Joseph respont.	Adonc Joseph li respondi :	
	" Sanz cause m'as arresté ci,	
	Et semble que ne connois pas	2675
	Celle que ma fame dit as,	
	Ou que tu aies oublié	
	Ce que, n'a pas mont, t'a[i] conté,	
	A quoi assez te consentis	
	Et [en] rien n'i contredëis,	2680
	Et ausi ne le pouoies	
	Par raison et ne devoies.	
	Ceste fame di ma dame	
	Et par droit ainsi la clame.	
	A toi n'est tenue de rien,	2685
	Tesmoing en sui, je le sai bien.	
	Et tu ausi savoir le doiz	
	Par ce qu'est escrit en tes droiz	
	Aus quiex sanz plus tenues sont	
	Les fames qui concëu ont	2690
	D'ommes et de leur semence.	
	Par le quel dit du tout en ce	
	Ma dame ci tu exceptas	
	Pour ce qu'elle ne concut pas	
	D'omme si com les autres ont	2695
	Qui a toi obligiees sont.	
	Euvre tes tables et ens li,	
	Si trouveras ce que te di.	
	Et te dirai que doiz faire :	
	De ma dame te doiz taire	2700
	Quant a purification	
	Et reconciliation,	

2670 Et grandement m. 𝔓, me d. *HC*²
F. ce q. d. 𝔓a*H*, p. si vas a*HC*²
La endroit ou emp. a*HC*², La ou delibere tu as 𝔓

—2676 a*HC*²
tu o. (omblie a) as *HaC*²
tai Θ𝔓a*C*², q. p. m. ne ta c. π q. nagaires tay c. 𝔓
Car a. tu t. *C*²
en Θ*G* de 𝔓, ne c. π*G*
li pourroies a
et] ne Θa*HC*², deuroies a, r. ne le d. 𝔓
dis *C*²
le Θ

toy 𝔓
dr.] loys Θa*C*²
As Θ
—Les a*HC*², femeles 𝔓
Daucun homme et de sa s. 𝔓
dit] escript 𝔓, q. don du t. de ce a*C*² q. don t. ce *H*
—ci a*HC*²𝔓, d. tu en exc. 𝔓
conceust *G*
D. comme l. *G*, ont] font Θ𝔓
oblegies Θ
Oeuvres t. (les 𝔓) t. et les li Θ𝔓, ta. dedens li a
Tu y trouuras ce q. ie dy 𝔓, tr. quil est ainsi a*HC*²
Si π*G* Or a*HC*² Par quoy 𝔓, q. tu d. *C*²
d. tu t. *C*²

Between 2678 and 2679: Et que tu as bien escoute *C*².

Le Pelerinage Jhesucrist. 89

Quar en li rien a purgier n'a.
Tous jours a esté et sera
Exemplaire de mundice 2705
Sanz pechié et tache et vice,
De si tres grant perfection
Quë onques encor ne fu hom
Que, së a droit la regardast,
Tost sanz delai ne hontoiast 2710
Së en pensé avoit pechié
Ou d'aucun mal fust entechié.
Et cause ainsi ell' a donné
Et donne que tout homme né,
Qui a li veut les iex lever 2715
Pour sa grant grace demander,
De tout pechié se gete hors
Ou de ce faire ait le propos,
Quar së autrement le faisoit
Confusion avoir devroit. 2720

Et saches ausi com mestier
  Elle n'a de soi rien purgier,
Ausi cause ne achoison
De reconciliation
N'a, mez reconcilier puet 2725
Les pecheurs a Dieu si com veut.
Entre ses bras elle le tient.
A nul autre si n'apartient
Commë a li de li donner
Et a cui plaist abandonner. 2730
Sainte est et purefiee
Tout avant qu'elle fust nee.
Onques pechié en li ne fu
Et onques soupecon vëu

En elle r. 𝔓, Q. en a p. r. na α Quant en luy p. r. na *H*
Ex. nette (net *C*²) et propice *HC*², de] et Θ p. t. ne v. α, et] sans *C*², taque Θ, t. de v. *GH*
—tres *G*(𝔓), Et de si g. p. 𝔓
Quonq. e-re α*H* Q. iamais 𝔓, —Que *C*² si *G*, le Θα*HC*²
Que s. d. ne lonnourast *HC*²
empense *C*² enpensee α, Sil av. pense a p. 𝔓
Qui d. m. fu (fust *C*²) *HC*², fu *GH*
Par quoy e. a d. et donne 𝔓, aussi *C*²
A toute femme et a t. h. 𝔓, h. est ne *GH*
a elle les i. l. 𝔓
P. quelque grace (cause α chose *HC*²) d. *G*α*HC*², Veulent p. grace d. 𝔓
Que de p. se gectent h. 𝔓
aient l. 𝔓, ait (ot *H*) p. α*H*, Se du f. a. en p. *C*², pourpos Θ
Et sautr. ilz le f-soient 𝔓, Et se a. *C*²
deuroient 𝔓

sachies Θ, c.] que Θ*G*α*HC*²𝔓, Saiche a. quainsi que m. 𝔓
soi] li α, En elle na de r. p. 𝔓
Naussi 𝔓, c. et occoison Θ
Na d. r. α
—Na α, Ains voir r. 𝔓
—a Dieu α, a D. comme elle v. 𝔓
les t. α
nulle 𝔓*H*, Et a n. a. nap. α
C. fait a li de do. α*HC*², C. a elle de ce do. 𝔓
—a α, pl.] veult 𝔓*G*α*HC*², laband. 𝔓
—est π*G*, S. fu α*HC*², S. est de tout mal preseruee 𝔓
Av. q. f. onques n. α, Aussi si tost q. fu engendree 𝔓

Ne Θ, Ne s. en elle v. 𝔓 Ne o. de personne v. *PC*², neu *H*

N

N'i fu ; lonc tempz l'ai gardee,	2735	—2735 P^1PC^2, =2736 H, Ne Θα, Ne fut bien scay l. g. $\mathfrak{P}$
Onques en propos muee		—2736 P^1PC^2 (left blank) H, Je lay en $\mathfrak{P}$
Ne fu que sa virginite		Elle a garde v. PC^2, De garder s. v. $\mathfrak{P}$
Ne gardast en stabilite		Par grant cure et st. $\mathfrak{P}$ En propos et establete PC^2, en establete Θ et st. P^1, g. estabil. αH
Tres constanment et fermement,		T. f. et c. $\mathfrak{P}$
Sanz declin ou vacillement	2740	ou] et GαH ne C^2, vacilem. $\mathfrak{P}$ vacillaum. G variement C^2
Tant que tous jourz en grant paeur		grande peur $\mathfrak{P}$
L'ai servie et en grant cremeur		—gr. αC^2, tremeur $\mathfrak{P}$
Pour ce quë indigne estoie		
Et indigne me vëoie		i.] non souffisant HC^2, v.] reputoye $\mathfrak{P}$
De si digne chose garder,	2745	
A cui ne se peut comparer		
Nulle chose qu'ait Dex faite		quant dieu f. G que d. ait f. π$\mathfrak{P}$, ch. de d. f. a ch. qui est (quest C^2) de d. f. HC^2
Tant soit noble ne parfaite ;		s. elle no. ou p. $\mathfrak{P}$, ne] et bien H, ne bien p. C^2
Si te lo que ne parles plus		
De chose qu'aies dit dessus.	2750	choses πα, as C^2
Les autre[s] fames ailleurs va		autres Θπα &c., vas αHC^2
Arrester où ton droit sera.		ou d. as α, s.] auras HC^2
Ci n'en as point, grant folie as		p. trop forsenee $\mathfrak{P}$, gr. vilenie C^2
Fait, quant a li tu t'arrestas."		F-te q. a li tarr. π F-te (Fait H) q. cy nous arr. αH, Tu es de lauoir arrestee $\mathfrak{P}$, Nous fais darrester cest folie C^2
Lors quant Joseph ot tout ce dit,	2755	L.] Et C^2, —ce H
La Virge la parole prist		
Devers li la face tournant		la] sa $\mathfrak{P}$
Et tex paroles li disant :		li] va α

Marie a Joseph.

" Joseph, chiers amis, tu sces bien		
Quë onques ne se meffist rien	2760	—Que HC^2, Quonq. (Onq. C^2) n. s. m. de r. $\mathfrak{P}$αC^2, m. de r. GH
Et pechié ne fist mon chier filz		Naucun p. f. $\mathfrak{P}$
Qu'as vëu quë a circuncis		Que as v. (Quas or v. H) qua c. πH Que tu as v. que c. $\mathfrak{P}$, —a α
Devant moi ceste vielle ci,		Ha d. m. la v. $\mathfrak{P}$, celle Θ
De quoi la moitie pas ne di		q. pas l. m. n. HC^2, —pas α

Line 2735 was wanting in the MS. from which H is copied, since the scribe of H noticed the omission of one line, leaving therefore blank one line, but the wrong one, viz. 2736 instead of 2735.

De la douleur qu'en ai ëu,	2765	—en a
De quoi grant part en as vëu ;		partie π, Dont g. pitie tu en as eu 𝔓
Si que, Joseph, dire te vueil :		Par quoy 𝔓
A mon chier fil jë ai si l'ueil		O C², A m. f. telement iay l. 𝔓, f. yray si vueil HC²
Que, pour ce qu'il est sanz pechié		que il s. p. a, Q. ia soit quil soit s. p. 𝔓
Et s'est a la vielle obligié	2770	Si 𝔓, cest C²
Et s'est voulu humilier		
Pour exemple a chascun monstrer		P. a tous e. donner C² A tous ex. demonst. H, ex. a tous demonstrer (donner a) π𝔓Ga
De douceur et humilite,		et] de aH, dumilite C²
Que comme li en verite		Par quoy com l. 𝔓
Sanz rien laissier je doi faire	2775	l. tout j. C
Et moi vers le temple traire		Et deuers l. t. me tr. 𝔓, Et moy devers C²
Pour faire com les autres font		F. comme 𝔓
Qui de purgement mestier ont.		
En ce rien perdre je ne puis		ny G
Et [miex] en plaira a mon filz	2780	miex π𝔓GaHC²] si θ, plairay G sera aHC²
Quant ausi comme li ferai		—ausi a ainsi 𝔓H, a. que l. ie f. 𝔓
Et humblement me maintendrai.		me contenrai a
Si que, Joseph, or y alon		Par quoy J. 𝔓
Et tel offrende la porton		li p. C²
Com Povrete la nous donra	2785	Que 𝔓
Qui pas ne nous oubliera.		Que θ, Q. en riens ne 𝔓
Autre foiz nous a pourvëu,		A. f. p. n. a a, proueu π
N'a pas mont, et tu l'as vëu."		m. (longtemps 𝔓) tu l. bien v. π𝔓, Si comme bien t. l. C²
A ce Joseph se consenti.		
Et puis s'en alerent ainsi	2790	aussi G
Apres la vielle qui devant		
Les menoit forment chancellant		f.] tres fort 𝔓
Pour ce que soutainnement lors		
Souprise fu en tout le cors		Surpr. C²𝔓, entour l. G
D'une maladie pesant	2795	Daucune m. bien grant 𝔓
Qui forment l'aloit apesant.		f.] moult fort 𝔓, appressant GaHC²

	Et quant furent u temple entrés		fu ou t. Θ, u] au α
	Et en lieu certain arrestés		en c. l. ar. α*HC*²
	A Joseph celle vielle dist :		
La vielle loy a Joseph.	"Savoir doiz que pas ne soufist	2800	
	Se Marie purefier		Se la vierge p. *HC*² De la vieille p. α
	Se fait pour exemple monstrer		p. (par *H*) ex. donner α*HC*²
	Dë humilite si com dit,		Dhum. si comme d. 𝔅, Aux autres de h. *C*²
	Mez entent encor .i. petit !		entens 𝔅*GaH*, Mais entens pas ne tay compte *C*²
	Mon ordenance de piec'a	2805	De m. *C*²
	Est que toute fame qui a		Cest α
	Masle fil au commencement		
	Ou de li naist premierement,		Ou delle n. π𝔅
	A Dieu doit estre presenté		
	Et offert et saintefié,	2810	
	La quelle constitution		
	Fu faite pour l'occasion		—2112 (left blank) *H*, Si est p. la saluation *PC*², par *G*
	Des enfans ainsnés qui occis		aisnes Θ masles *HPC*², o.] peris α
	Furent en Egypte et peris.		perilz 𝔅 occis α
	Et ceste chose, Joseph, di,	2815	—chose π, Ceste ch. J. te dy 𝔅, a J. dit *C*²
	Quar Marie dont parlons ci		p-les α*H* p-le *G*, p. ycy 𝔅, La vielle par moult grant despit *C*²
	Pour ce qu'a filz qui est ainz né		que *HC*², est aisne Θ, ainsne *C*² ainsnes *G*
	A Dieu doit estre presenté		
	A celle fin que saint il soit		
	Et en li soit gardé mon droit."	2820	Et quen 𝔅
Joseph a la vielle loy.	"Qu'est ce, dist Joseph, tu que dis ?		J. q. tu d. π𝔅*GaHC*²
	Garde que n'erres en tes dis.		
	Comment entens que fil ainz né		C. distu q. α*C*², f. aisne Θ, ainsne *C*²*G*
	Ait ma dame douce porté ?"		do. da. π*GaHC*², bonne da. p. 𝔅
La vielle loy respont.	"Ausi, dist elle, com le dit	2825	Ainsi Θ𝔅*GaH*, dit e. que l. *G*
	L'euvangeliste en son escrit."		
Joseph a la vielle,	"Certes, dist Joseph, tu dis bien		

2806-10.—Exod. xiii. 13-15.—2826.—Math. i. 25 ; Luc. ii. 7.

Le Pelerinage Jhesucrist.

Et a reprendre n'i a rien.
Certainnement fu il ainz né
Avant que la Virge enfanté 2830
L'ëust, quar est son naiscement
En tous tempz pardurablement.
Ainz né est devant toute rien
Fil Dieu le pere, com sai bien,
Sanz commencement et sanz fin. 2835
Mez en tant com est pelerin
Devenu, dire pues assez,
Apres que de la Virge est nés,
Que fil elle l'a enfanté
Comment que de voir fust ainz né, 2840
Ainz né que point sa mere fust
Nee ne point le concëust."
A donc la vielle respondi :

La vielle loy a Joseph.
"L'euvangeliste pas ainsi
Comme tu dis pas je n'entent. 2845
Voi Mahieu au commencement
Qui dit que point n'as connëu
Marie devant qu'a ëu
Son enfant qui est fil ainz né.
Lequel dit selonc mon pensé 2850
N'est mie vrai, së en suiant,
Pour engendrer de li enfant
Ou conn(eu)ëue tu ne l'as
Ou ci apres la connoistras,
Si que l'enfant qui en naistra 2855
L'enfant ja né ainz né fera,
Et cil sera mainz né clamés
Pour ce que derraiv sera nés."

Joseph respont.
"Vielle, dist Joseph grant despit

au prenre tu nas C^2
aisne G ainsne C^2 ains ne Θ

est] en $\Theta a H C^2$ a G

Ainsne C^2, Aisne e. $\pi\mathfrak{P}Ga$, A. est ne d. Θ
sceis π sces $\mathfrak{P}$

entent C^2, t. quil e. $\mathfrak{P}$
dois a. C^2
est] fu H
l'a] a G a eu $\mathfrak{P}$
Comme H, —que Θ, Combien q. d. v. fut $\mathfrak{P}$, aisne πG ainsne C^2
Aisne q. G Ains q. HC^2 Auant q. a, Que sa doulce m. nee f. $\mathfrak{P}$
Ne quaucunement l. c. $\mathfrak{P}$, p. ne la c. a

Leuuangile a
Comment π, d. mie ne lent. $\mathfrak{P}$, —je aH, pas ne lentent C^2
Vois a, Vey M. a c. π, Mathieu $\mathfrak{P}$
dist Θ, na aH
M. par auant quelle a $\mathfrak{P}$
ainsne $\pi\mathfrak{P}aHC^2$ aisne G
dist Θ dy G
si non quensuiuant $\mathfrak{P}$
Peut delle eng. autre enf. $\mathfrak{P}$
congneue $\Theta\pi a$ &c.
Mais C^2, congnist. Θ
Et de l. $\mathfrak{P}$
—2856 a, ja ainsne (ne s. C^2) sera HC^2, aisne G, f.] sera $\pi\mathfrak{P}GH$
cil] si HC^2, mainsnes aH mainsne C^2, Et le second puisne cl. $\mathfrak{P}$
q. s. daerr. n. Θ, q. demain s aHC^2 quapres il s. $\mathfrak{P}$

2846.—Math. i. 18, 23, 25.

Me faiz de ce que tu as dit,	2860	Mas fait $\mathfrak{P}$
Quar onques Mahieu pensee		mathieu $\mathfrak{P}HC^2$
N'ot a tel erreur trouvee.		Neust a celle e. *a*, A t. e. par toy tr. $\mathfrak{P}$, tournee *H*
Bien avint, quant la voul laissier		que *G*, qua (quay *H*) voulu laiss. aHC^2, q. le vauch l. Θ, voulu π
Et sa compaingnie esloingnier,		eslongier ΘC^2
Que ne la connoissoie pas	2865	Qui HC^2, c-ssoit *a* c-oient C^2
Si com presentement je fas.		Comme p. $\mathfrak{P}$
Son fil, qui dedens li enclos		Cil f. *G*
Estoit, ne m'esclaroit pas lors		mescharroit $\mathfrak{P}$ mesclair. *G* mescler. πH mesquerroit C^2 mesbairoit *a*
Si com il fait quant hors issu		comm a f. $\mathfrak{P}$
Est de li et dehors venu.	2870	Et de la vierge est hors v. $\mathfrak{P}$, def.] hors aH
C'est la vraie lumiere qui		Il est $\mathfrak{P}$, la vierge lu. *a*
Maintenant m'enlumine si		
Qu'avis m'est que pou connëu		p.] deuant $\mathfrak{P}$
Ai de sa bonté et vëu		Peu iay d. $\mathfrak{P}$
Au regart que presentement	2875	
En voi et connois clerement.		Jen $\mathfrak{P}$, cl.] proprement Θ
Maintenant par demonstrance		p. cognoissance aHC^2
M'est venue connoissance		v. a demonstrance aHC^2
De sa tres grant perfection		
Et tres noble condicion,	2880	
De sa dignité excellent		
A cui ne puet u firmament		
Ne haut u ciel estre trouvé		
Angre qui a li comparé		q. luy soit c. *H* qua li soit c. C^2
Soit ne autre creature	2885	Ne nulle a. c. *H* Ne nesune a. C^2
Tant com l'infinité dure		
De touz les lieus quë a fait Dex,		les biens πG
Soient nommés mondes ou ciex.		ou] et aC^2
Seraphin s'encline vers li,		senclina HC^2
Cherubin et li autre ausi	2890	li] tout $\mathfrak{P}$
S'umilient a li touz tempz		Sumiliant *G*, A l. shum. et t. t. $\mathfrak{P}$
Et de li servir diligens		De le s. sont di. $\mathfrak{P}$
Sont en reverence et honneur.		En r. et tout h. $\mathfrak{P}$, et] en aH

A li ausi le haut segneur
Se presente de tout faire   2895
Quanque scet que li doit plaire.
Si mervelleuses et si grans
Sont ses honneurs quë honz vivans,
Toutes creatures qui sont,
Ont esté et encor seront   2900
Ja ne les pourroient dire,
Penser en cuer ne escrire ;
Et le ciel pas n'i soufiroit
Se de ·ii· pars escris estoit,
Supposé que fust exposé   2905
A ce du tout à volenté,
Et qu'en soubrieveté fust mis

Et menuement li escris.
Et en toutes ces honneurs ci
Et en autres loenges qui   2910
Sont tres grans et mervelleuses,
Excellens et glorieuses
Dont est ma dame paree
Et sus toutes honnouree,
Avant que fust né son enfant,   2915
Connoissance de rien si grant
N'avoie mie comme j'ai
Et puis ci en avant arai.
Et c'est ce que S. Mahieu dit
Et tesmoingne en son saint escrit : 2920
Je ne la connoissoie pas,
Ce dit, devant comme je fas
Maintenant qu'ell'a enfanté

segeur π
du t. de f. a par t. de f. 𝔅
Q-quil s. qui a
m-lleux a H C²
ses] les θ Ga H, quomme v. H quhommes v. 𝔅
Ne les c. C²
Qui onques furent et s. a H C²
A iamais ne 𝔅, p-roie a
descr. 𝔅
ne s. Ga H
des ·ii· 𝔅, pas escript G
Ja soit ce q. 𝔅

que soubz briefuete 𝔅, soubzbriefte C²
sousbrieuete a sobrieste H sobriete G
subrieste π
Et de tresmenue letre escript 𝔅, Et si m. e. a, mouvem. H

longtaines H lointaines a, a. bien vaillans q. C²

moult gracieuses C²

Desquelles m. d. e. p. 𝔅
t. autres h. 𝔅, sur tous C
Mais a. q. f. ne lenf. 𝔅

plus a, Et dicy en 𝔅, —en H
—c'est π(𝔅), Et ce q. S. M. en d. 𝔅, mathieu a C²
en] par 𝔅, —saint θ C²
Est que ne 𝔅, le a
Par auant ainsi que ne f. 𝔅

2919.—Math. i. 25 : Accepit coniugem suam et non cognoscebat eam donec peperit filium suum primogenitum.

Son fil qui devant estoit né,
Qui, si com ai dit, ainz né fu   2925
Qu' en ma dame fust conceü.
Si te taiz et ne parle plus
De chose qu'aies dit dessus !
Le fil ouir rien ne pourroit
De sa mere, se voir n'estoit   2930
Que, combien quë il attendist,
Cruel vengance n'en prëist.
Fil n'ot onques ceste mere
Que cetui, fil Dieu le pere."

Apres ces paroles se traist   2935
 La vielle arriere sanz plus plait
Et malade s'ala couchier
En un destour, et orellier
Des tables que portoit se fist.
Lors Jhesus a sa mere dist :   2940
" Comment qu'à celle vielle la
Qui malade couchier se va
Tenu ne soie n'obligié,
Si doit de moi estre baillié
Exemple dë humilité   2945
Mesmement tant com nouvel né
Je sui et en aage d'enfant,
Si que, mere, tout maintenant
Delivre toi dë offrir moi
A mon pere que lassus voi.   2950
De la vielle tout le talent
Vueil que soit fait quant a present.
Tous jours devant fait li avon,
Pour si pou pas nous ne faudron."

—Qui π, De dieu son pere a. 𝔓, iai d. ΘaH, ainsne H aisne G ainsi f. C²
fu πG ait este 𝔓
Par quoy tais toy n. 𝔓, parles π, pl.] puis Θ
choses 𝔓, De telz ch-es car cest abus 𝔓
Bon f. 𝔓, f. r. o. n. aHC²
vray n. 𝔓
Q. bien q. il a-deist G, comment quil en a. (quil a-deist a) 𝔓a, quil a. π
cruele π𝔓, vengement Θ
neust a, Jamais aucun f. c. m. 𝔓
c. neut f. 𝔓, f. de D. C²

c.] ses 𝔓, trest HC²
plet HC²

Combien qua ceste v. 𝔓, que c. aH, vieilla la G
sen 𝔓GaH
T-us nestoie no. aC², noubl. H
dit de G
Dhum. le vray ex. 𝔓
M. quant no. ne Θ, M. durant mon enfance 𝔓
Et que s. en 𝔓, age ΘH
Par quoy me. 𝔓
t. tost dof. 𝔓
la sus π𝔓G, Et si ny mes plus de delay C²
—tout a
V. estre f. π𝔓, f. tout en (a a) pr. Θa

'si] ce 𝔓, pas ne li f. aHC²

After 2926 ten lines interpolated in 𝔓 (see Appendix).

Adonc entre ses mains le prist	2955	—le pr. π
Et present a son pere en fist		
En tex paroles li disant :		Teles p. 𝔓, E. tieulx G, En telles p. d. H
Marie a Dieu. "Sire Dieu, pere tout puissant,		poiss. Θ
Voiz ci ton fil que me baillas		Veez cy G Vecy πaH, q. mas baille 𝔓
U tempz passé et envoias	2960	Auques p. H, Na pas longtemps et enuoye 𝔓
Pour li nouvel habit vestir		
Si com il te vint a plaisir !		Ainsi que te 𝔓
Vestu l'ai et habit mortel		ai vestu qui c. aH ay baillie qui c. C², c.]
Li ai taillié, que com mantel		ton G
Portera pour dessouz celer	2965	
Son bourdon quant dehors monstrer		
Ne le voudra apertement.		montr. G
Ainsi le te monstre et present		
En simplece et innocence		e. en i. C²
Selonc que senefient ce	2970	signe sont de ce C² senefie ce a segnefience Θ, q. font signifiance 𝔓
Les turtres et coulonbelès		tourteres et coulombes Θ tourtereules et c-belles HC² turturelles et c-betes a, et les c-belles (c-betes 𝔓) G𝔓
Qui ensemble te sont offers."		Q. offertes te s: si belles H, e. ce s. offertes 𝔓, offertes πa(𝔓H)
La endroit pluseurs estoient		
Qui l'offrende regardoient,		
Aus quiex Joseph dist et parla :	2975	
Joseph au pueple. "Segneurs, entendes a moi ca !		S. dist il ent. ca aHC²
Qui je sui, bien aves scëu		a. b: G, b. vous lav. 𝔓
Et que jadis un fevre fu		—Et aH, Qui j. a, je fu C²
Qui fu du lignage David,		Q. sui du a𝔓C²
Roy du pueple Israel jadis.	2980	p.] temple πG, israhel π disrael Θ𝔓
Et savez bien que viel donné		
Par mariage et espousé		
Fu a Marie qui estoit		Fuy H
Mont jeune, et en propos avoit		—Mont a, iouene Θ
De garder enterinement	2985	entierement C²
Virginité et fermement.		
Si est ore li tempz venu		ores. π𝔓GaHC²

98 *Le Pelerinage Jhesucrist.*

Que de toute gent soit scëu		t-es gens $\pi\mathfrak{P}GaH$, seu H cogneu $\mathfrak{P}$
Quel mariage u tempz passé		Que ΘHC^2
De li et de moi a esté.	2990	Delle et $\pi\mathfrak{P}$
Du tres haut throne descendoit		trosne GaH
Grant lumiere en li et estoit,		lu. et en li (elle $\mathfrak{P}$) est. $\pi\mathfrak{P}G$, —et Θ, en lui arrestoit HC^2
Avant que donnee me fust		Par av. $\mathfrak{P}$
Et a espous me recëust,		Et que a HC^2, Et que donnee m. a, espeus Θ
En li du S. Esprit le don	2995	De li et du S. E. don a Que le S. E. pour don HC^2, li] elle π
Avoit ja pris tel mansion		telle π la HC^2, mancion a
Que gardien et chastelain		Com HC^2, g-dijen Θ g-dian G garde a
S'en estoit fait et soir et main.		Est. en lui et s. HC^2
Mainz m'en redouta a avoir,		Moins πGa, Par quoy moins doubta de mauoir $\mathfrak{P}$
Quar bien elle savoit de voir	3000	
Que virge la *pouoit* garder		pouoit $\pi\mathfrak{P}GaH$ pooit Θ pouoir β, le ΘGa
Sanz son propos en rien muer.		r.] lui aH
Et en verité si le fist		—si π] ainsi $\mathfrak{P}$, se il l. GC^2
Quë une cremeur en moi mist		cr. y mist aHC^2
Par quoi onques ne peu penser	3005	Telle quonques $\mathfrak{P}$, peus π poy C^2
De li, comment fust, adeser.		Com. de li feusse a. a, fut πG, Delle aucunement adherer $\mathfrak{P}$
Et toute la coustume et loy		
Charnel, s'aucunne estoit en moi,		Ch-lle qui est. aHC^2, saucun $\Theta\pi\mathfrak{P}$
Si estainte et anullee		adnichillee $\mathfrak{P}$ aueuglee H
Fu que feu et que fumee	3010	et] ne aHC^2, F. q. depuis f. ne fu. $\mathfrak{P}$
Onques puis n'i fist mansion		Ny f. aucune m. $\mathfrak{P}$, O. ni f. p. mencon a
Noient plus quë en un charbon		Non p. quen u. ardant ch. $\mathfrak{P}$, —en G
Remaint chaleur, bouté et mis		bonte a
Dedens l'eaue u p*ar*font d'un puis.		En vn fleuue ou ded. vn puis $\mathfrak{P}$, parf.] fons π
Si ne devés pas entendre	3015	Pour ce n. H Par quoy n. $\mathfrak{P}$
Que de son fil face offrende		fache Θ
Pour cause ou pour raison de moi		
Selonc que dit la Vielle Loy.		ville Θ
Son fil seulement ap*ar*tient		Ce $\mathfrak{P}$
A Dieu le pere dont il vient	3020	il] ly G

Le Pelerinage Jhesucrist.

Et a li qui en [est] mere
Sanz avoir en terre pere.

Ceste chose vous di pour tant
   Quë a la mere et a l'enfant
Portés toute reverence   3025
Sachans que seulement pour ce
A la mere je sui donné
A espous, quë en verité
De sa virginité tesmoing
Fusse, et [en] ëusse le soing   3030
De li garder, si que renon
Onques n'ëust de soupecon.
Espous jë ai esté de li
Et elle de moi tout ausi
Comme conjonction on dit   3035
Quant le soulel est fait cenit
De la lune qui est dessous
Quant elle defaut en decours.
Pour ce n'est pas conjonction
Que point il ait dë union   3040
Entr'euz, se n'est tant seulement
Le commun enluminement
Que fait le soulel celle part
Où a la lune à li regart.
Mez pour ce est conjonction   3045
Dite que de terre voit on
L'un endroit l'autrë estre assis
Comment que desjoins soient mis
Sanz que point ensemble couchent
Ou de rien il s'entretouchent.   3050

Et ce di je pour ma dame,

est Θπα &c., li] elle π𝔓HC²
av. encore p. α

et] aussi 𝔓, —et HC²
P-tiez tous grande r. 𝔓, toutez π, P. (P-ter α) honneur et r. αHC²
Saches G
la] sa H, sui] fu G
Esp. afin quen v. 𝔓
A s. H
en ΘG —en βπ𝔓αH, F. et que ieusse 𝔓 F. sy reusse H, F. se jeusse besoing C² et eusse besoing α
li] la 𝔓
de] ne α, suspicion 𝔓

m. autressi αHC², ainsi 𝔓
deist α
s. a f. son nid 𝔓, f. on dist C²α f. ou dit H

il] y Θ, il y ait un. (dun. 𝔓) GαH𝔓
—3041 αP¹HC²P, —se GA
—3042 αP¹HC²P, De 𝔓, Si comme en enluminant A
—3043 αP¹HC²P
—3044 αP¹HC²P, Qua la lu. G, —la Θ, Ou la lu. a luy ha r. 𝔓, à] en A
—3045 αP¹HC²P, e. dit co. 𝔓
—3046 αP¹HC²P, Dit π, Que cy bas de t. 𝔓
end. de l. 𝔓, est as. C²α, —estre GH
Combien q. loing d. 𝔓
S. ce q. ΘG, touch. G, p. (riens H) il sentretouchent αHC²
Ne de r. il sentreaprouchent α Ne de r. lun a lautre touch. H Ne de nulle r. ilz satouch. C²
ce] de ce G cecy C² croy 𝔓

Quar de li et moi par m'ame
Est il ainsi, et a esté
De puis qu' a li je fu donné.
Ce a esté conjonction   3055
Sanz touchement et union
Fors tant que m'a enluminé
Et de sa lumiere paré,
Et je ja viel et defaillant
Et en mon decours, au devant   3060
Li ai esté mis pour celer
Aucunement et eclypser
La grant lumiere quë avoit
Et en li si estinceloit
Que n'est nul qui l'eust vëue,   3065
Regardee et perçëue
Qui esbahi et esbloué
Et tout esperdu n'eust esté.
Autre conjonction n'i sai
Forz seulement que le soing ai   3070
De li garder, et doi avoir,
Et j'en ferai tout mon pouoir."

Apres qu'ainsi ot Joseph dit
    La Virge la parole prist
Entre ses bras son fil tenant   3075
Et ce qui s'ensuit haut disant :
"Venes pres de moi bonne gent
Et receves nouvel present
Que de mon fil hui je vous fas !
Present à refuser n'est pas.   3080
C'est celui qui pour vous est nés
Et pour vostre salut donnés.
Sanz moi ne le poués avoir,
Et toute seule sui de voir

Marie au pueple.

Ainsi est il $\mathfrak{P}$, il et ainsi a e. *H*
Desp. *a*, qua elle f. $\pi\mathfrak{P}$, li refut d. *G*, fui Θ
Car ce $\mathfrak{P}$
et] ne $\mathfrak{P}$

De s. l. et p. *H*
je] moy $\mathfrak{P}$

Et auc. ecl. *aC²*
quelle a. $\pi\mathfrak{P}H$, avoit] je voy *C²*
Et qui en elle est. $\mathfrak{P}$, En elle et lest-oit *C²*
Quil n. *aH*, Telement que nul l. v. $\mathfrak{P}$
Consideree ne aperc. $\mathfrak{P}$, apperceue *C²*
—Qui *C²*, esbleue Θ
—tout *aHC²*

le songay *G*, iay $\mathfrak{P}$
la g. $\mathfrak{P}$, De g. (regarder *HC²*) et de veoir *aHC²*
Dont ie f. t. m. deuoir $\mathfrak{P}$

A. quot J. (queust Jhesus *H*) ai. d. *aHC²* ot] a *G* eut choses d. $\mathfrak{P}$
tenoit *H*
que $\mathfrak{P}$, q. ensieut π, sensieut Θ, disoit *H*
B-es g-s p. de m. v. $\mathfrak{P}$
Et n. p. r. $\mathfrak{P}$

Tel pr. a refus n. p. $\mathfrak{P}$

Car t. $\mathfrak{P}$

Le Pelerinage Jhesucrist.

Qui, si com vueil, donner le puis, 3085	Et s. a, Q. comme v. $\mathfrak{P}$
Quar a moi seule il est seul filz	Pour ce qua m. il $\mathfrak{P}$, —seul HC^2, seuls fieuls Θ
Sanz part dë autri, excepté	S. nul p. daut. $\mathfrak{P}$, p. dautri π($\mathfrak{P}$)$GaHC^2$
Dieu, le pere dont engendré	
Est touz jours pardurablement,	p.] eternelem. $\mathfrak{P}$
Sanz fin et sanz commencement 3090	
Qui le m'a baillié et donné	ma d. et b. H
A fair'en du tout a mon gré.	De f. GC^2, Den f. d. H, Pour en f. d. t. m. g. $\mathfrak{P}$ Pour en f. ma voulente a
Si ne soiés mie remis	m.] donc pas $\mathfrak{P}$
Ou pereceuz ou endormis,	Ne p. ne e. aHC^2, ou] ne $\mathfrak{P}$
Quant a faire de li arés 3095	
Ou que sa grace vous voudrés,	Ou sa g. auoir v. (—vous C^2) v. aC^2
Que tantost a moi ne vegniés	Q. a m. t. n. G, A m. seurement venes H Q. seurement vous (—v. C^2) venes aC^2, Q. t. ne v. a m. $\mathfrak{P}$
Et seurement n'en aprochiés !	n'en] men Θ en πG, Et tantost vous men a-ches a Et tost de moy vous a-ches H En esperance et bonne foy $\mathfrak{P}$ Et avoir vous feray ottroy C^2
Et en verité je vouz di :	Car $\mathfrak{P}$ Ce C^2, je] ce H
Se faire le voules ainsi, 3100	
Tost vous ferai avoir secours	Tous aH
Se ne demeure ou tient a vous.	Sil $\mathfrak{P}HC^2$, ou] et a, a] par Θ en π$\mathfrak{P}$
(Je) sui la simple doucereuse,	doloureuse C^2
La debonnaire piteuse,	[Et] la Θ, d. et p. C^2
La nourrice de Concorde, 3105	
Dame de Misericorde.	Et da. d. C^2
Pour ma hauteur, pour ma grandeur,	
Pour mon estat, pour ma valeur	
De rien ne sui desdaingneuse,	De nulle chose d. H
Onques fiere n'orguelleuse, 3110	Dune f. $\mathfrak{P}$ De riens f. a, Ne sui ne de riens org. H De riens faire ne o. C^2
N'en moi trouver ne pourroit on	En $\mathfrak{P}$
Quelque cause ou occasion	Q. chose a, c. nocas. $\mathfrak{P}$ c. ne achoison H, occoison Θ achaison GaC^2
Pour quoi on me dëust douter	Ait p. q. C^2, Par a, deubt π doiue $\mathfrak{P}$
D'aucune grace demander.	g.] chose a
Së un arbre bon fruit portant 3115	Saucun a. $\mathfrak{P}$ Se sui a. a, p-toit H
Est bien chargié et haut et grant,	Et aH, Et b. ch. est h. G E. fort ch. mais h. $\mathfrak{P}$, h. estoit HC^2

N'est pas cause que de son fruit
Ne doie on faire son proufit,
Mesmement que plus chargié est,
Plus s'umilie et plus est prest   3120
De donner son fruit a touz ceuz
Qui d'avoir en se font soingneus.

Je sui voir l'arbre de vie
Fruit portant touz jours flourie
Que pour ma grant hauteur fuir   3125
Ne doivent pas qui fruit queullir
Veulent en moi, quar encliner
Me sai bien et humilier
Si que n'est nul qui avenir
N'i puist du tout à son plaisir.   3130

De mon fil ausi vëés bien
Que soupeconneus n'est en rien.
Enfant est, pour une pomme
Est apaisié qui li donne.
C'est a entendre et exposer   3135
Que, pour pou de semblant monstrer
A li de bonne affection,
Sa grace tost avoir puet on.
A son ääge bien affiert
Que qui doucement le requiert   3140
Refuser il ne le saroit,
Ja si grant chose ne seroit.
Pour pou de chose tout donra
Son regne qui li requerra.
Si quë a touz lo bonnement   3145
Que nul ne face targement
D'avoir a li s'acointance
Tant com il est en s'enfance ;

—de Θ
Len ne d. f. 𝔓, Ne d. f. π, doion f. ΘG, pourf. Θ
Mesmes q. tant p. 𝔓, q.] com H, cargie Θ
s'] famillie G

Q. den av. seront (en sont a) so. 𝔓a, en sont s. H en ce sont s. G, de lauoir sont bien s. C²
vo.] pour vray 𝔓
F-s p-ns πGH

Qui aC² Mais 𝔓, ma grandeur f. GaHC²
que π pour aHC²
Viegnent a m. C²
s. et b. h. a
qui en cueillir 𝔓
Ne G, Nen puisse t. 𝔓, puisse π(𝔓)

Et a
Qua souspessonner n. 𝔓, Q. s. nestes de r. H, de r. C²

Appaisiez C² a-sies Θ, q. la luy d. 𝔓H
ent.] dire a
pour] sun a si H par C²
de] par C²

Et a s. 𝔓, eage Θ

sairoit G

P. bien p. de ch. do. 𝔓, tost do. πGaH
S. regart q. HC², S. reaulme a q. 𝔓, le Θ𝔓aH
lo] et a est HC²
Sans faire nul atarg. aHC², tardem. Θ𝔓
De li (a li C²) av. ac. aHC², De prendre a li ac. 𝔓, ac. π𝔓GaH
Durant ce quil e. en enf. 𝔓, en enf. Θπ𝔓aHC²

Le Pelerinage Jhesucrist.

Quar tost soi acointier de li
Le fait devenir son ami.   3150
Et cil fera il compaingnon
En tout tempz et toute saison
De son voiage et son chemin
Jusqu'a tant qu'en venra a fin
La où le guerredonnera   3155
De ses grans bien[s] que li donra.
Si que, bonne gent, acourés
Tant comme l'avantage avés
Du fil Dieu et de sa mere
Où nulle rien n'est amere.   3160
Jë et li a vous nous offron
Et a vous nous abandonnon.
Comment qu'aions assez sergans
Fors et nobles et bien puissans,
Ja nul d'euz vous ne trouverés   3165
Par quoi vous soies destournés,
Mez voie et acces vous feront,
Quar tex sergans mie ne sont
Com sont les sergans terriens
Qui ne sueffrent quë entrent ens, 3170
Où sont les grans, fors à dangier
Ceuz qui y ont a besoingnier."

Ainsi com la Virge parloit,
    Vers li vint et aprocha droit
Un viel homme, les bras tendus,   3175
[Symeon.] Haut disant : " Je n'attendrai plus
Que ne recoive ce grant don
Puis que m'est mis en abandon."
Pres vint, la Virge li bailla
Son fil que pas ne refusa,   3180
Ainz l'en mercia et puis dist :

Q. bien t. sac. 𝔓

cil] si *G*, celui f. co. 𝔓, Et lui sera bon co. *H*,
il sera son c. *C²*
Et t. *a*, tous te. en to. s. Θ*C²*
= 3154 Θ, A *HC²*, s. pelerinaige et ch. 𝔓
= 3153 Θ, que aura (quaura 𝔓) la f. π𝔓
Et la le reguerd. *H*, le reguerdonnera Θ𝔓(*H*),
—le *C²*
biens Θπα &c., b. gr. *a*, q.] et *HC²*
Par quoy b-s g-s 𝔓, b-s g-s π𝔓α, accointez *H*

Au f. de D. et a s. 𝔓

Ly et moy a v. *a*𝔓
v. tous n. *C²*
Combien q. 𝔓, quauons *G*
B. f. et n. et p. *H*, —bien α, n. asses pu. Θ
A n. *H*, Toutesfois nul d. tr. 𝔓

a.] asses 𝔓 bien *aC²* tresbien *H*
itelz 𝔓
Comme so. se. t. 𝔓, terrijens Θ
quentrent leans 𝔓, entrer Θ entre *a*, ens]
riens *C²*
Sinon l. g. 𝔓, fais a iugier *a* f. a jugier *C²*,
dong. *G*

c.] que 𝔓
tout d. *C²*

disoit Θ
recheiue π, g.] hault *aC²*
P. quainsi m. m. ab. 𝔓, quil mest en ab. *a*
La *C²*, la V. et li b. *H*

Mais *aHC²*

"Loés soies tu, Jhesucrist,
Quar en vain n'ai pas attendu
Quant maintenant je t'ai vëu
Apaisié de tout ce que dit 3185
M'avoit piec'a le S. Esprit.
Tu es la lumiere luisant,
Le monde tout enluminant,
De candelabre en chandelier
Transportee pour ensegnier 3190
Quë a tous veuz salut donner
Sanz grant ou petit excepter,
Quar com haut candelabre soit
Ta mere que voi ci endroit,
Voulu es descendre de li 3195
Sus moi qui ·i· chandelier sui
Povre, petit, de pou de pris
Et de viellece tout salis,
La quel chose ne fëisses
En rien, se tu ne vousisses 3200
Aus petites gens toi donner
Et pour leur salut exposer.
Loés en soies tu, Jhesu,
Et a grant joie recëu !"

Apres ces paroles parla 3205
La Virge et ainsi dit li a :
"Symeon, je te connois bien
Et quë es de juste maintieng
Et bien constant et droiturier
Pour estre a mon fil chandelier. 3210
Et voir il n'apartendroit pas
Que fust mis sus chandelier bas,
Se droit et juste bien n'estoit
Et vertu et force n'avoit

Q. je t. m. v. Θ, Puis que m. 𝔓
Acompli mest t. 𝔓 A. sui de ce C^2

T. (Trestout H) le m. e. aHC^2
Clere chandele e. 𝔓, en] ou a, Le ch. et c. C^2
Mise et posee p. 𝔓, P. tout le monde e. (enluminer H) aHC^2
Qui a t. veult a, Qua t. s. d. tu veulx 𝔓
ou] ne aH, G-s et p-is ieunes et vieulx 𝔓
Q. c. (ton C^2) g. ca. estoit HC^2, Q. comment h. chandelier s. 𝔓

As v. desc. 𝔓, Vouloies desc. aHC^2

Pou pet. a, de poure pr. G
v. entrepris H, grant v. assaillis C^2, tous Θ

ihesus aH
g.] toute 𝔓, receus aH

Marie e. C^2
je c. tresbien 𝔓
Q. tu es 𝔓
B. c. et bien d. 𝔓, c.] seant a
—a a
Car certes il n-tient p. 𝔓 Et pour v. il n-tient p. aHC^2
f.] soit 𝔓aHC^2, sus] en aHC^2
d.] fort HC^2, Q. d. et j. ne seroit 𝔓
Et qui f. et v. nauroit 𝔓

Le Pelerinage Jhesucrist.

De li soustenir qui est grant	3215	le π𝔅
Com bien n'en ait pas le semblant.		C. b. que n. a. p. (le 𝔅a) s. π𝔅a
Dehors est de virge cire		Par deh. 𝔅, Faire le veult d. C^2
Tele com la vout eslire		le vault Θ (Pic.), veult a
Le S. Esprit qui la trouva		
Et la quist et la pourchaca	3220	Qui C^2, lacquist Θ
Es fleurs de ma virginité		
Dedens Nazareth, la cité.		
Et se de tel cire ne fust		Que C^2, Se de tele c. 𝔅, fut π
Onques plëu ne li ëust		A iamais pl. il ne 𝔅
Avoir mis dedens et bouté	3225	ded. m. HC^2
Le limegnon de deité		lumign. 𝔅
Pour faire chandoile de li		chandelle π𝔅G chandelier aHC^2
Et un tel luminaire qui		En C^2
Enluminast ceuz de terre		
Pour cler vëoir a li querre	3230	Plus cl. C^2, clerement v. 𝔅, le π𝔅
Qui autrement estre trouvé		Pour ce quautr. tr. a
Ne pouoit estre d'omme né.		peust a peuen H, do.] comme πG, p. ne apprehende 𝔅
Si que sus toi, Symeon, mis		
Ce liminaire ai et assis,		Ay ce l. et as. $GaHC^2$
Le quel rëavoir je voudrai	3235	rauoir Gu receuoir HC^2, recouurer ie vaulrai 𝔅
Por ce que tous jours en serai		Si q. aHC^2
Candelabre et porterresse		Chand. H, Le chandelier 𝔅, porteresse Θπ𝔅 GaH
Pour li non contraitant presse		contraict. π contrestant $GaHC^2$ contraignant Θ, paresce aH peresse C^2, Pour le franchement sans paresce 𝔅
Moustres au monde hautement,		M.] Pour a Porter HC^2
Mez tu, chandelier, autrement	3240	tu] en G
Comme tesmoing le mousterras		t. de li auras aHC^2
Disant a touz que vëu l'as."		A trestous d. q. 𝔅

S ymeon apres respondi :
"Marie, certes, je te di | | certainement te d. 𝔅
Que candelabre et chandelier | 3245 | chandelebre HC^2

Ci apres ja si grant mestier   ja] a *H*, s] soit *G*
Ne li aront qu'ape*r*tement
Ne soit mis en trebuchement   entresumement C^2, tresbuch. ϴ t-chant α
  ruinement 𝔓
Et en ressuscitation
De mainz et resurrection 3250 maint en r. *HC²*, Et maine en r. α
Et en signe dont contredit   d.] de αP^1, s. de contredisant sera dit *H* s.
  ce sera dit C^2P
De contrediseurs sera dit.   —3252 (left blank) *H*, Donc (En P^1α)
  c-disant AP^1α, Et est bien trouve en
  (lescript C^2) escript C^2P
  En *G* Dont P^1α*H* Que C^2 Que l. de t.
  morra *P*
Et l'ame de toi percera
Le glaive dont on l'occira   A gl. ϴ De g. C^2P, le oc. π
A fin que maintes pensees 3255 m.] diuerses 𝔓
De cuers soient revelees."   Des 𝔓, c.] lui αC^2

"Bien voudroie, dist Marie,
Savoir que ce senefie.   Oyr q. 𝔓
Ce sont mos que n'ai pas apris   mes ϴ, m. trop obscurcis C^2,—q. n. p. ap. *H*
Et ne sai pour quoi tu les dis." 3260 le ϴ*G*α*H*
"Certes, respondi Symeon,
Le tempz venra et la saison
Que par effet tout ce verras.   effort *HC²*, t. ce auras *H*, v.] sauras α
Autre rien par moi n'en saras.   p.] de αC^2, sceras *G*
Cause te donne de penser 3265 dy p. 𝔓
Et a ton fil de ce parler.   f le demander α*HC²*
Le voir bien dire t'en sara   vray 𝔓
Toutes lez foiz que li plaira.   Touteffois quil l. *G*, qui ϴπ quil *G*α*H*
De ci tu te departiras   ci] moy 𝔓, ten d. α, —te *G*
Avec ton fil quant tu voudras. 3270
A touz as example donné
De tres pa*r*faite humilité,
U renc de celles metant toi

Lines 3251 and 3252 condensed in one line in the archetype of *H* and C^2P. The omission of one line has been noticed by the scribes of *H* and of the common original of C^2P, the one of *H* leaving accordingly line 3252 in blank, the scribe of the common original of C^2P inserting a line of his own make in place of line 3252. MS. χ has not been consulted for this passage; it would probably range, as it generally does, wich C^2P.

Line 3266.—See below, lines 9965-10,141, and particularly lines 9968, 10,046, 10,107, and 10,137.

Le Pelerinage Jhesucrist.

	Qui subjectes sont a la loy	sub.] soubzmises πℬG tenues aH
	Ou tenue n'estoies rien, 3275	A quoy t. ℬ, n. de r. GaH
	Si com de voir je le sai bien."	Comme de vray ℬ, —je a
	L ors Joseph la parole prist	ai.] telement ℬ, Et a M. tantost d. aHC³
Joseph a Marie.	Et ainsi à Marie dist :	
	"Tempz est qu'a chemin nous meton	quau ch. GH
	Et en Egypte tost alon, 3280	E. quen C²
	Si com, n'a pas mont, avisé	Comme nagaires adv. ℬ
	Ai esté et ammonnesté."	Jay ℬHC²
Marie a Joseph.	" Puis, dist elle, qu'il est ainsi,	
	Bien le vueil, aprestee sui.	v. toute preste s. ℬ
	Puis que mon fil peleriner 3285	
	Doit, ne doi mie demourer	Veult aH, Veult et non m. H, mie] pas C²
	Derriere li quant si petit	qui s. a quainsi C³
	Encor est et si povre habit,	Est enc. et (—et HC²) en p. h. aHC², si] en GaH
	Mesmement quant amis nus n'a	que a. a, nul θ, nulz am. C²
	En l'estrange païs où va, 3290	En est. aHC², lestraigne θ, ou il va ℬGaHC³
	Où par aventure lonc tempz	
	Demourra, et n'a dont despens	Demoura a, despes π
	Soient faiz, s'avec toi nes as."	Soies θ Luy so. ℬ, t. ne las πℬGaHC²
Joseph a Marie.	" Dame, dist il, ne soiés pas	—il θ
	En soing de ce, quar des ·iii· roys 3295	De ce en s. q. (que H) aHC², s. des ce q. de ℬ
	J'ai les offrendes toutes troiz,	Ay aH
	Et quant mestier sera, secours	
	Aron de vostre fil tous jours,	De ton f. nous ar. t. j. GaHC²
	Bien le saves et miex que moi."	Tu le sces b. et m. GaHC³
Marie a Joseph.	" Alons, dist elle, je l'otroi." 3300	Lors d. H, Elle respondy j. C³
	O r avint, quant s'en aloient	Il av. HC², q. ilz s. C³
	Et encor pas mont n'estoient	—Et θ(H), Encore p. m. loing n. HC³
	Loing, une vielle vint a euz	Quant u. H Que u. C³
	Qui les iex avoit chacieus,	chascieux G cachieus θ
	Et de sa main les embrunchoit 3305	E. d. ses bras C², embrassoit aHC³

P 2

Pour ce que pas cler ne vëoit.
"Qu'est ce, dist a l'enfant Jhesu,
Qu'as en pensé, et où vas tu,

Et où le maines tu, Joseph,
Et faiz sa mere *aler* avec ? 3310
N'est pas le pelerinage
Qui doit pour humain lignage
Estre fait pour li rachater ?
En rien ne se doit destourner
Ne defuir bon champion 3315
Qui en champ par condicion
Se met pour bataille faire
Contre partie adversaire.
Et tu, Jhesus, u monde entré
Es, et champion toi monstré 3320
Pour contre la mort bataillier
Et contre li toi essaier,

Et es ja vestu et armé
De la cuiriée que donné
Ta mere t'a nouvellement 3325
Toute taillïe à ton talent
Qui est de si noble facon,
De si noble condicion,
De matiere si tres fine,
Si bonne et si enterine 3330
Quë onques champion ne fu
Armé de tele ne vestu,
Si ques avis m'est quë as tort
Quant tu t'en fuis devant la mort,
Mesmement quant voiz occire 3335
Autres enfans et destruire
Pour cause de toi seulement

q. cl. pas n. αC^2
Quesce π, Hee dist elle a C^2, d. elle a l. α, ce a dire ou vas tu *H*
= 3307 (Si a dit a l. Jh.) *H* Ou le maines et α, empense *G* en p-see 𝔓, Mon tres doulx seigneur o. C^2
Et tu J. fuyz tu arriere 𝔓
aler Θπα &c.] alec β, Qui f. α*H*, E. sa mere qui va av. C^2, av. al. π, f. foyr marie sa m. 𝔓
Ce n. 𝔓C^2, le] ce *H*
Que *H*, Que il d. C^2
le 𝔓 Pour le de pechie r. C^2
Ou r. 𝔓, retourner α

Ne fuir b. α Ne fuir le b. 𝔓

sa p. C^2

Tu es J. C^2, toy 𝔓
Tu es et ch. m. 𝔓, Comme ch. et m. (et m.] dem. C^2) α*HC*^{2}
batill. Θ
Et encontre elle tess. 𝔓, c. la mort ess. α, ass. Θ, Sans la doubter ne ressoingner *H*
E. tes vertus bien e. C^2
Qui tes j. *H*
cuirie Θα*HC*^{2} cuiree π*G* cuirasse 𝔓
Ta ta m. n. α, m. tout n. π
Taill. (Baille α) tout a *HC*^{2}α
noble] belle C^2

Et s. 𝔓*H*
Et d. C^2
b.] noble α*HC*^{2}
Si quonq. ch. α*H* Quonq. nul ch. 𝔓
ne] et *G*
Par quoy il m. av. quas t. 𝔓 Si quauis m. q. tu as t. α*H*

IGNORANCE REMONSTRATES WITH ST. JOSEPH AND THE BLESSED VIRGIN. Line 3,359. p. 109.

II, p. 456.

Qui sanz meffait sont innocent.
Herodes pas ne les tuast
Se toi qui t'en fuiz il trouvast. 3340
Pas n'attent humain lignage
Ce en ton pelerinage.
Il t'attendent pour leur salu,
Mez avis m'est quë es venu
Pour leur mort et leur grant tourment, 3345
Au mainz à cest commencement.
Desvest ta curiee et met jus
Puis que tu n'en veuz faire plus !
Moquerie et irrision
De chevalier et champion 3350
Est, quant d'armes se fait armer
Et s'en fuit sanz u champ entrer,
Mesmement quant voit occire
Devant li et desconfire
Sa gent, et pour cause de li, 3355
Et en rien n'ont mal desservi."

Adonc Jhesus leva le doit
Et sus le pis Joseph tout droit
Le mist ausi com en riant,
Par tel signe li demonstrant 3360
Quë à la vielle respondist
Et solution li fëist.

Joseph dispute a Ignorance. 𝔅 (T.)

"Vielle, dist Joseph, or entent !
Je sai bien qu'assez proprement
Ignorance es appellee 3365
Qui de chacïe avuglee
Es, si que pas bien tu n'i voiz

point C^2
S. t. tant seulement tr. aHC^2
nactendoit 𝔅, n-ns lum. l. a
Se a, toy p. G, Pour qui tu fais p. H, Pour finir de t. C^2
t-doit π𝔅, p. son s. 𝔅
M. il m. a. ques v. 𝔅
P. sa m. et son g. t. 𝔅
ce co. θG, m. sil test commandem. H, Quant tu ne veulx faire autrement C^2
Deuest θ, cuirie θaHC^2 cuiree G cuirasse 𝔅

derision 𝔅 derris. aHC^2
Se H, Sera de veoir tel cha. C^2
Qui d. C^2, f.] veult aHC^2
sanz] quant aHC^2
Il deust, et si v. C^2
D. li sa gent d. a, Sa gent a tort et d. H Sa gent et ainsi d. C^2
Ses gens 𝔅, Mesmement p. aC^2, P. c. ou achoison d. H
Qui 𝔅 Quant H

t.] ton H
Lui H, ainsi C^2
Et p. t. s. l. moustr. aHC^2
Quil H, Qua ceste v. 𝔅
Et la s. 𝔅, li] y π

I. tu es nommee 𝔅
Car C^2 Ou π𝔅GaH, chassie H, cachie et anullee θ
Telement q. 𝔅, —b. C^2, —b. tu a, ne v. π𝔅 GaH

Le Pelerinage Jhesucrist.

En la fourme que vëoir doiz.
Bien est voir qu'est Jhesus venu
Aval u monde et descendu 3370
Pour soi de la cuirïe armer
Que li a voulu aprester
Sa douce mere qui est ci,
Et en rien la cause ne ni
Que ce ne soit pour guerroier 3375
Contre la mort et bataillier
En la fourme que doit faire
Champion à adversaire ;
Mez que pour tel cause il fuie,
Du tout en tout le te nie. 3380
N'est champion qui aprendre
D'envaïr et soi deffendre
Ne doie, avant quë il aille
En champ mortel pour bataille,
Ou pour fol tenu il seroit. 3385
Jhesus s'est vestu or endroit
De sa cuirïée et mont n'a pas,
Et encor n'a mie ses bras
Estendu dedens ne apris
Comment fera, et voiz que mis 3390
Est encor a la mammelle
Dont tu mesme grant merveille
Dedens toi avoir devroies,
Se bataillier le vëoies.
Si te dirai de la fuite 3395
Et comment fuit en Egypte.
Il ne fuit mie, mez je fui,
Et a moi est dit, non a li
Que je fuie et que l'emmainne,
Et quë a moi soit la painne 3400
De li et sa mere mener

f.] guise αHC²
vray 𝔓, que Jh. αC²
Et (Est HC²) ci av. et d. αHC²
cuiree G curee π cuirasse 𝔓

ni] vi Θα

fo.] maniere C²
Bon ch. C²
t.] celle αH ceste C²
De α, Tout franchement ie l. 𝔓 Il nen est riens je l. C²

De combatre et π𝔓 De armes et G, D. soy et de (—de C²) def. HC²
d. tout par av. quil ai. 𝔓

f. repute s. 𝔓

—sa Θ, cuiree πGα cuirie C² cuirasse 𝔓, —et H
Si na m. encore s. b. H
E-dus Θ𝔓αH

feras α, Sauoir le peus tu v. C²

De quoy toy 𝔓, toy 𝔓αHC²
Certes av. en dev. αH Auoir tu en d. C²

Je tinformeray de sa f. 𝔓
Com. sen f. αC², Com. lenmaine en H Et pour quoy sen vait en 𝔓

A m. est (soit C²) d. n. pas a li αHC², dist est G
—je Θ, q. je l. G
s.] est α en est HC²

Pour euz servir et euz garder
En alant et en demourant
En Egypte et en retournant.

euz] les ℬ
en reuenant C^2
Et en Eg. r. (demourant C^2) aC^2, et r. H

Si te di, pour ·iii· causes fui : 3405
  L'un' est, quar viel et mortel sui,
Et quant voi les enfans tuer,
De moi me doi assez douter.
Mourir encor ne vueil mie
Tant com puis sauver ma vie. 3410
N'est si viel qui doutance n'ait
Quant devers li la mort se trait.
L'autre cause est assez plus grant :
Voiz ci la mere et son enfant
Que je sui tenu de garder ! 3415
S'ëusse voulu demourer
En Bethleem tout sanz paeur,
Quant ceste mere la clameur
Eust oui de l'occision
Des enfans de la environ, 3420
Qu'ëust elle fait et que dit ?
De paour fust morte, ce cuit,
Pour son douz enfant qu'ë osté
On ne li ëust et tué ;
Et cause par negligence 3425
En fusse et reprenable en ce,
Mesmement quant avisement
Avoie ëu premierement.
La tierce cause ausi est grant,
Et parlé en ai par devant : 3430
Quar n'est mie le tempz venu
Que doie encor estre vëu

Je t. C^2, p. trois choses aH
Lune ΘGC^2, que m. et v. s. aHC^2
q. l. enf. v. t. ℬ

puisse ΘaHC^2
Si v. nest q. Θ
—li Θ

Voy cy a Vecy GπHC^2
t. s. C^2
Se ieusse ℬHC^2, v.] ose C^2
—tout C^2, peeur G paour aHC^2 cremeur ℬ
Q. c. vierge l. clamour aHC^2

Quant e. f. et queust el d. ℬ, que] quoy HC^2
De grant p. ℬ, ce] ie Θ se ℬ
d.] tres cher ℬ

Dont ℬ
r.] a blasmer G, Eusse voir (je C^2) este de ce aHC^2

et a
Dont iay p-é per cy d. ℬ
Or aHC^2
Quencores il (Que encore aC^2 Quencor H) d. est. v. ℬaHC^2

3430.—See above, 3381-3394.

En guerre ne en bataille
Qui' apris rien encor sanz faille
N'en a, et faut que par lonc tempz   3435
De ce faire ait ensegnemens,
Et qu'il croisse et deviegne grant
En delaissant l'estat d'enfant,
Et en prenant autre guise
Quë u ciel n'a pas aprise   3440
Où onques forz paiz il ne vit,
Excepté sanz plus le conflit
De Michiel qui en ·i· moment
Lucifer mist a dampnement,
En quoi le fil Dieu rien n'aprist   3445
Qui a guerroier l'aprëist ;
Mez ci aval en aprendra,
De ce grans escoles y a.
Et encor est assez petis
Pour aprendr' en a mon avis,   3450
Mez apres quant äage ara
Et de bataillier point sera,
Lors n'i sera pas faintise,
Mez se monsterra en (tel) guise
Champion que sa cuiriée   3455
Y sera par tout perciée.
Et n'i a[ra] percëure
Quel que soit ne desroupture
Par où ne saille le sanc hors
De son digne et precieus cors.   3460
Et sera celle bataille
Assez plus a tous vaillable

Que s'à ton pensé maintenant
Se faisoit tuer com enfant.
Si ne di pas quë il fuie   3465

Que ap. *a*C², Quapris r. *H* Qui r. ap. 𝔓
—par Θ
—ait Θ, soit cognoissance C²
= 3438 (En d. est. d. *a*) *aH*
= 3437 *aH*
Et quil preingne (Et que appreigne *H*) a. g. *aH* Et apreigne toute a. g. C²
il nauoit ap. C²
Que *a* Car C², La ou que p. onq. ne v. 𝔓
complit *aHC²*
en] a 𝔓
Mist Luc. *aHC²*
r. ne prist 𝔓
Q. a faire guerre laprist 𝔓, la preist *a*, g. afferist *H*

ces π*G*

P. en ap. a 𝔓, a-dre a Θ*aHC²*
Lors *aHC²*, q. grant aage *H*, eage Θ, il aura 𝔓
batiller π bataille Θ, p.] temps 𝔓 il C²
ne s. *aHC²*, fera p. en f. 𝔓, point Θ
tel βΘπ𝔓*GH*] quel *a*, se demoustrera *G*
sa] la *a*, cuirie *aHC²* cuiree *G*, Que voir sa cuirasse y sera 𝔓
Lui C², percie *HC²* parcie *a*, Par t. p. et ny aura 𝔓
ara Θπ*GaHC²*, nulle p. C², parc. *a*, Ja ne pers. ne blessure 𝔓
Quelle quel s. 𝔓, Quelle que (quelle C²) s. ne cousture *aHC²*, ne] ou *G*, derompeure π𝔓*G*
—et C²
Lors si s. telle b. *H*, ceste b. 𝔓, Bien est droit que tel b. C²
De tant pl. *aH*, valable *G* prouffitable 𝔓, A champion honneur vaille C²
Q. si comme p. *a*, p.] cuider 𝔓, Plus que se m. C²
com] ton *G*
Or me dy donques p. quil f. 𝔓, quil f. *a*, di je p. C²

Pour ce qu'il ne vueille mie
Deffendre ceuz qui desservi
Rien n'ont, et sont occis pour li.
Le salut des hommes n'est pas
Principaument com pensé as   3470
Pour les cors, mez les esperis
Qui sont et seroient peris,
Së il n'ëust ja ordené
Comment par li seront sauvé.
Et saches que le sauvement   3475
De ces enfans, dont parlement
Tenons, est miex acertainné
Que së il ne fussent tué.
Sanz douter la mort, messagiers
Se sont monstrés et bons coursiers   3480
Pour aler noncier et dire
A enfer que le haut sire
Est né et enfant devenu
Et pour les bons sauver venu.
Et est chose bien afferant   3485
Quë enfans soient pour enfant
Messagiers, et soient crëus
En tant com sont en nombre plus.

Pour la quel chose je te di
Que, s'en Egypte je m'en fui,   3490
Ne doiz pas dire qu'il fuie,
Quar pour ce ne laira mie
Que, quant tempz sera, bataillier
Pour euz ne vueille et guerroier,
Et que pour leur occision   3495
Ne leur rende grant guerredon."

qui ne π
N. r. C^2
P-palment que p. ΘG, Tellement com em-
  pense as C^2
m.] et aHC^2 m. pour ℬ
—3472 a, ser.] feussent H, et qui s. perilz ℬ
Sil n. pourueu ne o. ℬ
seroit πℬG
sachies Θa saiches C^2
c.] ses H
Est, si e. C^2, Tenus H, a-tene GC^2
f. point t. ℬ

courriers ℬ, m. tous les premiers C^2
annuncer ℬ
En H, Aux enfans q. ℬ, q. nostre s. Θ

b. auenant aHC^2
Q. enfant H
s. escus C^2
L'un pour lautre car au semplus C^2, Et com
  s. Θ, Dautant quilz soient ℬ, c.] que
  πGa, t. quilz s. anoblis pl. H

quelle ch. te dy ℬaH, Delalee que fais t. d. C^2
se en C^2, se en E. m. π
Tu n. C^2, De luy ne do. di. ℬ, p.] mie aH
lairay G leray ie H, laira il m. C^2
Qua. t. s. de b. (trauaillier HC^2) aHC^2, s.
  t. G
batailler C^2

Je l. πG, lor Θ, l. retribue gr. guerdon ℬ

Ignorance a Joseph.

"Et pour quoi, dist, faiz tu fuite
    Plus en la terre d'Egypte
Que ne fais en autre päis?"

Joseph respont.

"J'en ai, dist il, ĕu avis   3500
Pour ce qu'en cel päis piec'a
Joseph, le fil Jacob, ala
Qui sauveur du monde appelé
Y fu par ·vii· ans et nommé
Pour ce que par ycelui tempz   3505
Par sa pourvëance les gens
De la famine qui fu la
Deffendi du tout et garda.
Or te di que par leur erreur
Touz jours ont cuidié que sauveur   3510
Du monde fust, mez non estoit.
Celui seulement figuroit
Qui sauveur en est, c'est cetui
Qui de la Virge que voiz ci
Est fil, et est son pere Dieu   3515
Qui ci apres, quant tempz et lieu
Sera, ses amis repaistra
Et de famine gardera ;
Si que, pour tollir et oster
L'erreur d'Egypte et anuller,   3520
Je, qui un autre Joseph sui,
La endroit tost m'en voiz et fui
Pour le vrai sauveur euz monstrer
Que tout seul devront aourer,
Qui par ·vii· anz la son sejour   3525
Fera sanz point faire retour
A fin que, tant com seignouri
Y fu Joseph, autant cetui
Y soit pour chascun enfourmer
Que seul est qui tous puet sauver.   3530

P. q. (Et p. q. H) d. elle fa. aHC^2, d. il fa. $\mathfrak{P}$
P. tost en $a\mathfrak{P}$, la] celle C^2
en vng a. $\mathfrak{P}$

il] elle a, mon av. $\mathfrak{P}$
cel] cest a ce $\pi\mathfrak{P}GHC^2$

Il H

Pour H

Par sa pourueance g. aHC^2
lor Θ
O. t. j. c. a, O. e. t. j. q. HC^2
F. du mo. m. aHC^2, e.] obstant C^2
Cestui aHC^2

q. vecy H
f. s. p. son D. π
ci] si $\mathfrak{P}$
repetra H

par C^2, p. leur t. G

Moy $\mathfrak{P}$
La asses t. HC^2
e.] leur $\mathfrak{P}$, monster Θ
—seul aH, Q. du t. d. a. (anier C^2) aHC^2
Que πGaH Et C^2
F. ainz que f. $\mathfrak{P}$, —point a
que autant c. $\pi\mathfrak{P}GaHC^2$, —com HC^2
fu] a $\mathfrak{P}$, a.] comme aHC^2
Et p. bien ch. C^2, inform. $\mathfrak{P}$
tout ΘGH] nous $\mathfrak{P}$ —tous a

Et encor un point te dirai :
Abraham, si com bien le sai
Par Joseph*um* qui le m'aprist
Et en son viez livre l'escrist,
Ensegna les Egyptiens   3535
De astrologie à son tempz,
Et apres par Ptholomee
Astronomie amendee
Et corrigiée fu si bien
Qu'amender on n'i savoit rien.   3540
Et puis en ont esté erreurs
Nees diverses et pluseurs
Pour ce qu'aus constellations
Diverses et mutations
D'estoiles se sont raportés   3545
Maintes gens comment destinés

Sero(ie)nt et estre pourroient
Së (les) estoiles voir disoient,
Ausi com s'autre Dieu ne fust
Ou faire autrement ne pëust.   3550
Pour les quelles erreurs oster
Se veut cest enfant là monstrer
Comme cil qui tout autrement
Puet faire que le firmament
Ne dit ou monstre, supposé   3555
Que tout demonstrast au pensé
Et opinion de la gent
Qui y font adevinement,
Quar souvent par aventure
Autre chose bien figure   3560
Que ne saroient supposer
Astrologiens ou penser.
Cest enfant seul la science

A. comme b. $\mathfrak{P}$
iosephus $\mathfrak{P}$, l.] y C^2, mesprist α
viel $\Theta\pi\mathfrak{P}GH$, s. li. le esc. α, En s. v. li. ou il lesc. H En s. li. ou il esc. C^2
Dast. πGH L'art dast. $\mathfrak{P}$, a] en $\mathfrak{P}G\alpha HC^2$, t.] sens Θ
thol-ee C^2

si tres b. $\mathfrak{P}$

p. o. este C^2
Nascues d. $\mathfrak{P}$
que au c. π, cost. $\tilde{G}$

Destoille Θ, Des est. se (—se H) αHC^2, r-tees $G\alpha H$
Pluseurs g. H, M-te g-t c. d-nees αC^2, comme d-nees GH
Seroient C^2, ester α
vray $\mathfrak{P}$
Ainsi C^2, Ainsi que daut. $\mathfrak{P}$
Et αH, né se p. $\mathfrak{P}$
Par G
Te α, —la H, e. demonstrer C^2
Com c. q. t. entierement $AP^1\alpha HC^2P$
f. a son commandement P^1HC^2P
—3555 P^1HC^2P, doit α
—3556 P^1HC^2P, Q. d-trer A, demourast ou p. G
—3557 P^1HC^2P
—3558 P^1HC^2P
—3559 P^1HC^2P
—3560 P^1HC^2P
—3561 P^1HC^2P, sauroit α, saront suppeser G
—3562 P^1HC^2P, ou] et G ne $\mathfrak{P}\alpha$
Car c. e. la sc. α, se.] si a H a C^2

En a et se connoist en ce,
Et pour ce le mainne je là.
Fol est qui de li n'aprendra,
Et n'ira a ses escoles
En delaissant les frivoles
Et les devinemens de ceuz
Où puet avoir maintes erreurs."

Apres ce parlement finé
Joseph qui estoit aprestė
Avec le petit pelerin
Et sa mere tost a chemin
Se mirent, et tantost je vi
Une clarté qui descendi
Du ciel sus euz soutainnement,
Et avec ce un parlement
Oui haut qui me fist lever
Mon regart pour là regarder ;
Mez la clarté me rabati
Si mez iex que rien je ne vi.
Sanz plus oui le parlement
Dont tel fu le commencement :

A et bien s. *α*, Si en a et la cognoissance 𝔓 Dastronomie et cognoissance (Ingromence C^2) HC^2
ce que ie le m. la *α*
En laiss. toutes l. f. 𝔓, les] ses *α* telles *H*
Ou *α*
maises C^2
le] ce $αC^2$
tout *α*, au ch. Θ*αH*
misdrent *G* mistrent HC^2
sur *πGα* &c., sur seulx so. *H*, soubdainem. *πGα* &c.
q.] et *α*
Mes (Les *H*) yeux amont et r. $αHC^2$
rebati *α* rembaty *H*
Tant 𝔓, —je *α*
pl. ie ouy 𝔓

Sainct esperit recommande a dieu le pere le petit pelerin iesus alant en egypte et ses parens. 𝔓 (T.)

Le S. Esprit a Dieu le pere.

" Dex, le pere, voiz la ton fil
Quë as envoié en essil
U monde, et a peleriner
Aprent ja et soi exposer
A traval, si com l'as voulu
Et a quoi me sui consentu.
Toute ta court s'en mervelle
Et de paour s'en esvelle,
Et le monde quant le sara

voi l. Θ vela *π* veez la 𝔓 vois ci *α* voy cy *H* veez cy *G*
Quas env. en cest exil 𝔓
Au Θ Du 𝔓, —a *Gα*
et] a *αH*
trauail $πGαC^2$ &c., tr. comme l. 𝔓, veu C^2
ses merueille Θ, m-illa HC^2
d. grande admiration sesv. 𝔓, esveilla HC^2
q. laissera $αC^2$

Tout esbahi en tremblera.
Et voiz qu'est sanz compaingnie 3595 voy a*C²*
Forz de Joseph et Marie   e. de M. *C²*
Dont l'un est viel, l'autre fame f.] jeune *H*, v. et l. *C²*
Les quiex, s'encontroient ame   Lesquelx *GC²*, se en-traient *π* si enc. *H* silz enc. 𝔓
Qui les vousist contrarier,
Pou y pourroient resister,   3600
Mesmement quant de leur païs   que 𝔓
Sont hors et loing de leur amis.
Et nulle connoissance n'ont
En celle region où vont
En la quelle, se longuement   3605 si 𝔓, longhem. Θ
Font demouree, povrement   demourance *H*
Y pourront leur vie trouver
Et touz les faudra mendier,   Car *C²*, Ou il l. 𝔓, Car tost leur f. a*H*, leur f. *G*, demander *C²*
Mesmement quar en peril sont   quant *H* que *a*, Et encor en peril grant s. *C²*
Que tollus les dons quë il ont 3610 l. presenz quilz 𝔓
Ne leur soient, se n'i pourvois   soies Θ
Selonc quë à faire le voiz."   S. q. f. (S. ce q. f. *aC²* S. q. ce f. *H*) le doys *GaHC²*
"Saint Esprit, a li autre dit,   a lautre d. *H* a le pere d. 𝔓 *a*

Dieu le
pere au S.
Esprit.

Se ciel et terre s'esbahist   Et *C²*, s-hit *π𝔓GaC²*
De ce quë en terre d'exil 3615   quen t. *Ga𝔓*, descil Θ de exil *a*
J'ai envoié mon amé fil,   Ay *aHC²*, Jou ai e. m. chier f. Θ, ainsne f *π GaHC²*
Ausi com toi je le sai bien   A. tost je *a*, Ainsi que t. 𝔓, Ainsi c. sces et le vois b. *H*, Cest parmoy et je le scay bien *C²*

Et sanz toi je n'en ai fait rien. Mais *C²*,—je *a*
Mez puis que tant fait en avon,   Et *aHC²*
Ainsi aler nous le(s) lairon. 3620 le la. Θ*π𝔓GaH*
Pelerin mie ne seroit   m.] pas *H*, feroit *a*
Se par mainz pas il ne passoit   Sen pluseurs lieux il 𝔓, maint *H*, —ne *a*
Et ne trouvoit aventures   des a. *C²*
Qui souvent li fussent dures.
Toutevoies avec li sont   3625   T-sv-s *C²*
Nos angres qui le serviront   angelz *G* anges 𝔓*C²*

118　　　　　*Le Pelerinage Jhesucrist.*

 Et feront grant compaingnie
 A Joseph et a Marie
 La quelle tous jours garderont
 Et d'adversité deffendront.　　　3630
 Et tu ausi la garderas
 En touz tempz et conforteras,
 Quar c'est ton temple et est le mien,
 Le lieu du monde, com sces bien,
 Qui plus est saint, que miex amon　3635
 Et où plus de bien nous trouvon."

Le S. Esprit.
 " Certes, a dit le S. Esprit,
 Rien n'en dis qui ne soit voir dit.
 Si voist, puis que il est ainsi,
 En Egypte et ton fil o li !　　　3640
 Tu le veuz et il me plaist bien,
 A contredire n'i a rien."

Cil qui songe.
 He Egypte, apparelle toi !
  Voiz ci ton sauveur et ton roy
 Qui toi veoir et visiter　　　3645
 Vient pour tes erreurs dissiper !
 Va, si abat tes ydoles,
 Et met hors de tes escoles
 Ceuz qui te dient que dex sont
 Et meschanment errer te font !　　3650
 Voiz ci le sauveur d'Israel
 Aus quiex jadis tu fus flael
 Quant tuiliers tu les faisoies
 Et leur enfans occioies !
 Reconcilïe toi à li　　　3655
 Et li vieng tost crier merci,
 Disant que tu t'amenderas,

Et tenront bonne c. ℙ E. qui f. c. C^2

Et par amour les d. H
Et a. tu L ℙ, toi a C^2, le Θ a les H
Et t. t. le deffendras a, et deffendras HC^2
Q. elle est t. t. et l. m. ℙ, et cest Θ
c.] que π ℙ G, L. l. ou il a plus de b. C^2
Que Θ, sain C^2, q.] et ℙ
—3636 a, ou le pL. de b. tr. π ℙ

que Θ π ℙ Ga, quil C^2; nen s. escript H, s.
 escript a C^2, vray ℙ
voise ℙ veist a, quil Θ ℙ $GaHC^2$
E. E. t. f. car aussi H, f. aussi $Ga(H)$. E. E.
 ce conseil aussi C^2
Quant t. l. v. il C^2
ay r. a H ay de r. C^2

Exclamation de lacteur faicte au peuple degypte lexhortant receuoir a grant ioye et honneur lenfant iesuscrist en laquelle exclamation es lettres capitales commencans au mot *Glorieux* est le nom et surnom de lacteur. ℙ (T.)

Hee π G O ℙ Eg. Eg. HC^2, esucille t. H
Voy cy a Vecy π HC^2 Veez cy ℙ G
Q. pour te ve. ℙ, Pour t. ve. aH
Et aHC^2, p.] et ℙ
—3647 (line blank) H, tes] ces a
—3648 (line blank) H, m.] boute P^1, En
 quoy vont croyant les gens foles C^2P
—te C^2
mescanment Θ
Voy cy le vray s. ℙ, Vecy π aBC^2 Veez
 cy G
A qui ℙ, Quant tu j. li f. fl. aH, fu: Θ fis π,
 flagel
cuilliers G tieuller H lier a, En lut et tuiles
 l. f. ℙ Par ton erreur t. le f. C^2
Ouurer et l. e. tuoyes ℙ, les GC^2, occisoies
 Θ G
Vien r. ℙ, Reconseille t. GaH
v.] va ℙ, —tost G

Le Pelerinage Jhesucrist.

Et plus grant honneur li feras
En un tempz qui encor venra   enc. q. HC^2, que Θ, enc.] apres 𝔓
Que ceuz d'Israel qu'il osta   3660
De ta main, qui tout le bien fait   que aC^2, m. lesquelz les bienfaiz 𝔓
Qu'en toi et ailleurs leur a fait   Que lors et depuis l. 𝔓, Que cy et ail. l. as f. aHC^2
Tout a son mal convertiront,   s.] leur 𝔓, m.] grief G gre aC^2
Et pour ce mourir le feront.   le] te 𝔓, feroit Θ
S'ainsi le faiz, il est tout prest   3665   tous Θ
De pardonner, pelerin est,   Te 𝔓, pa. car pel. e. H
Mesmement quar l'en priera   Et m. 𝔓
Sa mere, qui point ne laira
Que ne face ta requeste   Q. il ne f. sa r. H, fache Θ
Puis que la verra honneste.   3670   le Θ

En meditant et en pensant
   Tex choses, et en recordant   Tes a, Tel chose H
Les faiz de devant et les dis
Tant de la mere com du filz,   c.] que 𝔓
Je ne me peu plus contenir   3675   pos pl. soustenir C^2
Que ne getasse un grant souspir
En disant en mon cuer ainsi   en] a πGa
Et faisant lamentable cri :   En G

    Le nom et surnom de lacteur est escript es lettres capitales ou parafes. 𝔓 (T.)

1 Glorieus Dieu, dont te vint il   O gl. χ, donc ce ϵ, vient yaG
   Qu'envoias ci aval ton fil,   3680   Que env. av. P, ca $yaaεbcgHC^2$
Et que pelerin le fëis ?   Et p-iner l. f. P^1
Bien savoies qu'en tel courtil   Certes jen suis moult esbahis C^2P
N'avoit pour li may ne avril,   Auoit g, par $yacg$, li] moy a, mal π, ny z, Car il ny a point de soulas C^2P
Et son soulas point n'i vëis.   —3684 P, En H, ne $yAaεbcg$, En tel essil quil a si (ca C^2) bas C^2P

    Line 3679.—Here begins a hymn of praise, consisting of 24 12-line stanzas, the initial of the first lines of each stanza forming the name of the author, GUILLERMUS DE DEGUILEVILLA, but see note at line 3823.

120   *Le Pelerinage Jhesucrist.*

Fil Dieu, pour quoi y obëis   3685
Et le voiage entreprëis

Qui y savoies le peril ?

Mervelles ai, quant aprëis

Obedience, et te mëis

Sanz contredit en tel exil.   3690

2 V oirs est que selonc justice
    A Adam, dampné par vice,

N'es tenu n'à son lignage,
Et faire li benefice

Ne doiz par aucun service,   3695
Ne pour li faire voiage.

Et posé qu'aies courage

De li geter de servage,

Tu le pues de ton office
Sanz ce que contre toi gage   3700

Nul en tende par outrage

Ou en sueffre prejudice.

3 J ustice douloir seulement
    Se devroit, se punissement
N'estoit de la transgression   3705

3690 a.—Et en si tresgrant peril *A*.

—3685 AC^2P, F. de D. p. q. iob. π, q. y venis P^1
—3686 C^2P, Et pour quoi l. v. e-pris $\mathfrak{P}$, e-pris πbg
—3687 aC^2P, Et y s. les p-lz A, Quant $\epsilon bczg$, Quant tu s. H Q. tresbien s. $\mathfrak{P}$, En ceste terre poure et vil P^1
—3688 a, M-lle ay (M. est P) q. lentrepris $\epsilon bczgP$ M. est dont tu as pris $\mathfrak{P}$, empris A lempris b, Helas sire pour quoy prenis P^1
A ob. a Par o. ϵ, Par obeir te m. c Tele ob. et tes m. $\mathfrak{P}$, Et que en tel peril te mis (tu t. meis C^2) C^2P
—3690 C^2P, en lexil c, t.] grant b

Vray $\mathfrak{P}$ Droit A
—A $yaA\epsilon b(aczgHP)$, Ad. d. est p. v. ag Ad. d. p. son (son grant z) v. cHz Ad. fust (fu C^2) d. p. son v. C^2P
Et t. nes a s. H Nest t. a s. A, Sy convient il (que C^2) pour s. l. C^2P
= 3696 HC^2P (Que tu en (—en C^2) faces le v. C^2P), A f. A, De li f. b. g Et li f. b. $\mathfrak{P}z$
= 3694 HC^2P (Pour l. en (—en C^2) f. b. C^2P), doit A, p. autrui s. Θ
= 3695 HC^2P (Pas tu (—tu C^2) ne d. vn tel s. C^2P)
—3697 b, pour ce q. $\epsilon czgH$, Mais pour ce que as en c. P^1, Lui faire nen auoir (nauoir C^2) c. C^2P
le $\pi\mathfrak{P}g$, D. l. garder et son ymage z, hors de C^2
—3699 C^2P, Faire l. z
—3700 C^2P, = 3702 (Sans en souffrir pr.) H, —ce $A\epsilon bg(H)$, ton g. bH, q. crainte ten g. c
—3701 C^2P, = 3700 (Ne s. q. c. ton g.) H, N. nentende Θc N. estande A N. ten tende zH N. pretende $\mathfrak{P}$
—3702 C^2P, = 3701 (N. ten tende p.) H, Quen s. ϵb Que en s-es c Or tu en s-es $\mathfrak{P}$, Souffrir nen dois nul p. z, s. par iustice Θ doulour g de loir z

se] et ϵ, se aduisement $C^2\mathfrak{P}$

Nauoit C^2P

3705 a.—Que vinst par la rebellion *P*.

Le Pelerinage Jhesucrist. 121

Que fit de ton commandement
Adam par lë enbortement

Du serpent et suggestion.
Mez quant te doit subjection

Justice, à ta dominion 3710
Ne puet faire rebellement.
Ton oustil est, et action
N'a point ne execution
Se ne li donnes mouvement.

4 Loy n'est nulle qui contraire 3715
    Soit a ce que tu veuz faire,
Mez a touz est loy ce que fais.
Tes euvres sont d' ordenaire,
Et n'est nul qui t'en puist traire
En cause, pour aler aus plais. 3720
Et posé quë y fusses trais,
A fin que fust Justice en pais
Et du tout se vousist taire,
Si sont sanz contredit tes faiz
Touz jourz trouvés bons et parfaiz 3725
Et de droiture exemplaire.

5 La quel chose mont m'esvelle
    Et esmuet a grant mervelle
Pour quoi prëis humanité,
Quar chose si desparelle 3730

fist Θπα &c., de] sans *c*
Pere *A*. p. lenh. 𝔅 A. parmi lenh. *P*¹ A. tout (et *C*²*P*) p. lenh. (lennortement *C*²) *cεC*²*P*, A. p. lenh. *Aaεbg* l. ennortement *G*
—et *C*², subiest. *G* subgeccion *C*³ subiection *g* suggecion *H* suggeccion *P*¹ subrepcion *A*
q.] car 𝔅, suggect. *b* sugeccion *H*, M. selonc mon intencion *P*¹ M. q. a ta dominacion *P*
—3710 *P*, dominacion *Ag*, Mais quant a t. *C*²
f.] avoir *C*²
—3712 *P*, T. hostil *A* T. hostel *aεbczgH*
—3713 *P*, ne] et *ebczgH* a a de π ne d' 𝔅, Mais na p. dex. *A*

L. est nesune q. *c*, que *ε*
Puisse estre a 𝔅, S. a chose q. vueilles f. *c*
M. est a t. l. 𝔅, M. l. e. ce (tout ce *cP*¹) q. (q. tu *C*²) f. *aεbgHC*²*PεP*¹
d'] a βΘπ𝔅*yaGAaεbcP*¹*gH*, Ton e-re (ouuraige *C*²) est o. *C*²*P*, s. a ordonnance *A*
Si (Se *b*) *AaεbcP*¹*gHP*, —n'est π, Et nul est q. 𝔅, puisse *yaGcP*¹*P*
A *aεbcP*¹*gH* Et 𝔅
fuisse *εb*, y puisse traire *H*, quon (con *C*²) te voulsist traire *C*²*P*
—3722 *aP*, Pose q. *εbcgHC* ²Pour ce q. *P*¹, en] a Θ
de Θ, traire π𝔅*aGa*

et prouues *H*

quelle *C*², dr-es *P*, lexempl. 𝔅*yc*

Et mesmement a *a*, Et si mesm. *c*, Et me meyne a 𝔅
tu pris 𝔅
Qui est ch. *C*²

3717 a. Du tout en tout est bien parfais *P*.

122   *Le Pelerinage Jhesucrist.*

Ne vint onques a orelle,
Et tel fait ne fu recité.
Bien s'estendoit en verité
Ta puissance et auctorité
Par autre trait de merelle   3735
Aidier homme desherité
Et en enfer precipité
Qui t'avoit esté rebelle.

6 En ce toutevoies donné
    M'est un avis achoisonné   3740
Quë en matiere premiere
Fu homz de toi si loing bonné
Et si loing conditionné
Qu'à sa nature fonsiere

Resister, vertu entiere   3745
Ne puet en quelque maniere
Avoir, si com stationné

Pas ne l'eusses tant arriere,
Ou plus près de ta lumiere
Lieu li ëusses faconné.   3750

7 Regarder à ce t'a plëu,
    Et remede y as pourvëu
Qui t'a semblé neccessaire ;
Quar de ta pitié esmëu
As ordené et ellëu   3755
Toi humblement vers li traire,
De toi et li tout un faire
Par joincture qui doit plaire,

Que ne fust onq. C^2P
—Et y a $G(C^2P)$, T. fa. compte ne r. C^2P

poiss. θ

P. auant t. P, merueille θA
Daid. a h. A, lhom. 𝔓, deshirete θ, Pourroit (Ne p. C^2) a. tout h. ne C^2P
princ. g, Destre en e. principite C^2
Q. av. a Q. tant av. (tant tav. a) $AaebcP^1g$, Q. tant est puant et r. C^2P

Et en c. H, toutefois quas (mest 𝔓) d. P𝔓, toutesv. C^2
Met c, av. et chois. a, Vng av. occasionne 𝔓
Qui a, Cest quen sa m. 𝔓, Quen celle m. c
t. tresbonne P, boune 𝔓 bourne π

Que quant a n. f. 𝔓 Que sa n. fumoiere (surmeire a furniciere $ebgHC^2$ fu nichiere aG fu uiciere c fust niciere P de pechie P^1) $AaebgHC^2aGcPP^1$
A r. c, R. par v. A R. fait v. H R. a v. C^2P Eust r. v. P^1
Le peust P^1, pot c, en] par A
Estre bien condicionne c Nestre si constanti. 𝔓, si constat. G si constaciaine a si constancio. $AebP^1gH$, Sy li eust point de stablete C^2P
Que p. P^1, leusse θa, leussent trait derreniere A, t.] trait $AaebcP^1gHP$ iecte 𝔓
Mais au pl. pr. sa (de ta C^2) l. C^2P, —plus A, pr.] prouchain 𝔓
Bien l. H, L. leusses f. $ε$, eusse g, Tu leusses joint a vnite (j. et abue C^2) C^2P

Et de r. 𝔓A, Et de r. p. (y p. H) $aebcgHC^2P$
Q. (Quil P Tel quil P^1 Lequel c) te s. (sembloit H) $AaebcP^1gHC^2P$
—ta θ

T. (A toi c) v. (devers P^1), li h. tr. $aebcP^1g$ HC^2P, H. devers li te tr. 𝔓
Pour de P^1, et de l. 𝔓HC^2
—3758 P, P. j. las bien sceu C^2

A fin que, se vaincre pëu
N'a loing de toi son contraiře,   3760

Maintenant se doie taire

S'à escusance n'est ëu.

8 Maintenant du degre premier
    Jusques au bas et derrenier
Debonnaire et misericort   3765
T'es avalé, pour li aidier,
Et pour tel force li baillier
Que Sathan ne li face tort ;
Que de toi il se face fort
Pour bataillier contre la mort   3770
Toutez foiz qu'en sera mestier ;
Que boreas, nothus et nort
Ne le traient a mauvaiz port,
Et ne li facent encombrier.

9 Valeur, vigueur n'a autrement   3775
    Homz mortel ; et ce causement
Te fu d'avoir sa nature,
Qui tres grant fortefiement
Li doit estre et apuiement
Que ne chiece en mespresure.   3780

Mont te feroit grant injure,
Së avoies si grant cure
Pris pour faire son sauvement,

—que Θ, se] ce g, vencre H ventre aεbcg, v. na p. 𝔅, Par ioincture la bien sceu P Estant l. 𝔅, A a l. d. t. c. H, A lui l. b, t.] soy a, s.] en son c en sa g, c.] aduersaire P¹, Affin quil ny ait c. C²P
Qui de tout ne (ce ne C²) d. t. C²P, si ε, dois a doit Gg, M. sa toy ne veult traire 𝔅, traire Θπ(𝔅)yaGAaεbcP¹gH
A escuse ne luy soit eu 𝔅, Se n. a. esc. (excusacion Ga) eu πAyGAaεP¹g Se n. esc. (neust excusacion P) eu abcHC²P

J. au plus b. et derrier 𝔅

m-rde 𝔅 m-cordier P

—3766 (line blank) g

tele A, foire y

Toute f. Θg Toutesoies a, que s. P quant s. GP¹H
—3772 H, borreas g boneas P
—3773 H, lui P¹ ly g, trainnent A tirent 𝔅, t. (tyrent P) de leur accord C²P
Ou C²P

La (Ne A) leur vig. ne PA, vigheur Θ, na] neust P¹ ne AaεbcgHC²P
Home m. causeem. C²P, ce] se AaεbcgH
Ce ab, feust A, d.] de prendre 𝔅cP¹ pour av. C²P
Que aεbcgH, Q. bon et g. f. 𝔅, f-fiment g
Te aεbcP¹gHP Ce C²
Que chiee π, quiece Θ chiesse G chee A chiees bc chees aεP¹gHC²P tumbe 𝔅, mespri. C²
M. ce ser. H M. te ce ser. P M. te seroit ce C²
Se pris tu av. 𝔅 S. tu a. C²
Prins a, Pour perfaire s. s. 𝔅, son] le C²P

Lines 3764-5 skipped, but added by the scribe at the end of the stanza with reference to the right place Θ (23 d).

124   *Le Pelerinage Jhesucrist.*

Et plus grant entrepresure
Selonc que requiert droiture   3785
N'en avoit contre temptement.

10 Si que, douz fil de Dieu, bien voi
      Qu'amour a fait abaissier toi
Et devenir mortel homme,
Celer ton grant estat de roy,   3790
De povre enfant prendre l'arroy,
A fin que pour une pomme
Ou chose de pou de somme
Debonnaireté te somme

De grace metre hors de ploi,   3795
De garder que ne m'assomme
Justice en la guise comme
Commis li a piec'a la loy.

11 De ce, fil Dieu, fil Marie,
      Te merci toute ma vie.   3800
Ne tendra qu'a moi seulement
Que ta grace departie
Ne me soit et ellargie,
Quar tu l'offres apertement.
Se fist desobëissement   3805
Adam a ton commandement
Par son orguel et folie,
Ton amoureus descendement
Li et les siens à sauvement
Doucement reconcilie.   3810

entrepris. gC^2
S. ce q. C^2, requier b requiers c, d.] nature $a\epsilon bcP^1gHC^2P$
Ne nav. P^1, t.] sentement $Aa\epsilon bcP^1g$ seurement H, N. faisoies aucunem. C^2P

Quaual as f. C^2P, a] ta G

deuenu ab es deuenu c deuenu es C^2P

= 3794 (De deb. ta s. H De deb. de toy C^2P) HC^2P
= 3790 (Enfant as pris estat de toy C^2P) HC^2P, effant G, lerroy g
= 3791 H, —3791 P, par cC^2
= 3792 HP, cause Θ
= 3793 (Qui est ch. C^2P) HC^2P, —3794 G, Ta deb. $\mathfrak{P}P^1$ De deb. A, ta s. $Aa\epsilon g$ tassomme bc
gr-s C^2, mectez C^2P, plai A
Pour me g. $\mathfrak{P}$, qui P^1, Si que J. ne m. C^2P
Par la maniere et aussi (ainsi C^2) c. C^2P, g.] maniere $\mathfrak{P}$
la] a c

cel f. Θ, f. D. te mercie b f. de D. te mercie aP^1HC^2P f. D. ie te mercie ϵcg
Et loeray to. c Et rens grace to. P^1 Et regracy to. H Et feray to. C^2 Et tu le feray to. P
En graces q. c, t. pour m. H t. a m. C^2P, t. quoy s. b, nullement C^2
Ta doulce g. c, g. ne me soit d. A
—3803 A, et] pas ne c
Quant HC^2
Ce Gc Si H, Cest par (pour C^2) d. C^2P Et se f. desobeissenm. $\mathfrak{P}$
Dad. A Quad. C^2P Adont c
Pour$A$, Fist p. o. et f-es P Fist p. o. et par f. C^2
Pour $a\epsilon bcP^1g$ Par H, Mais lam. d. C^2P, amoures Θ
Li a (as H) les (le g) s. ϵgH Lia les s. b Lia les sains P^1, De toy menra a sa. C^2P
Les siens que tu r-lies (r-lie C^2) C^2P

3813-14 skipped, but added by the scribe at the end of the stanza (after line 3822) with indication of the right place *H*.

Le Pelerinage Jhesucrist. 125

¹² En ce point donc qu'en enfance
  Es Jhesu, et qu'à vengance
Ton entente ne mes mie,
Que gent où ait desplaisance,
Soupecon ou redoutance   3815
N'as pas en ta compaingnie,
Mez y est où mont me fie,
Ta douce mere Marie
Qui les biens touz jours avance :
Sanz targier m'ame esbahie,   3820
Mon cors du tout et ma vie
Je met en ta pourvëance.

¹³ Douceur et pitié se ne truis
  En toi et ta merë où duis
D'aler à mon besoing je sui,   3825
Plus grant grieté trouver ne puis,
Quar fontainne es et elle puis
Où en ma soif touz jours je fui.

Vous seulement tieng à refui,
A diversoire, et non autrui,   3830
Quar ne sai hurter à autre huis

—3811 χP, dont yaH, qu'en] en A que θP¹ qua $aebcg$ qui H
—3812 χP, Est a, quen v. H
Son e. ne (se P) met m. χP, met $aebg$
Es (Et C^2) gens ou a d. C^2P, gens 𝔓, —ait A aies P¹ as $aebcgH$
—3815 g, souspeczon a, ou] ne C^2P, Suspicion et r. 𝔓
Na πGa, Ne sont p. P¹, point 𝔓, Na p. en sa c. C^2P
y] il a, fi θ
Sa aP, m. et amie e
les] chascuns 𝔓, bons A, j.] diz e
tarder mon a. 𝔓, ma esb. θ
Du c. $AaebgH$, tort a, Du t. et mon c. et e, M. c. et toute ma v. P
ta] sa P, M. en t. p. saincte P¹

—3823 $P^1pbczgHC^2$χP, pite θ
—3824 $P^1pbczgHC^2$χP, et] en θa et en 𝔓 ou G
—3825 $P^1pbczgHC^2$χP, Al. a m. b. reffuy A
—3826 $P^1pbczgHC^2$χP, griete βπyaAe griefte 𝔓G gucte a bonte θ
—3827 $P^1pbczgHC^2$χP, pui e
—3828 $P^1pbczgHC^2$χP, en] a π𝔓, Quem ma seuf A Quen m. s. (foy e) ae, Ou est m. soi (foy aG) t. jo. P. yaG, f.] sui πa
—3829 $P^1pbczgHC^2$χP
—3830 $P^1pbczgHC^2$χP, deuers. a, Conduysairresce A
—3831 $P^1pbczgHC^2$χP

Lines 3823-3855.—The 13th and 14th 12-line stanzas are omitted in *pbczgHC²χP*, the former entirely, and the latter to be inserted (with *L'* before *Esperance*) between the 18th and 19th stanzas, thus varying the name from the GUILLERMUS DE DEGUILEVILLA of the text to GUILLERMUS DE GUILLEVILLA. MS. *e* has the 24 stanzas, but the rubricator, Raoulet d'Orliens (see above, note to lines 19, 20), explains that he has cancelled the stanza 13, and indicated that the stanza 14 should stand between stanzas 18 and 19 and begin with L, adding in a note at the bottom of the page (fol. 60 r): "Notez cy que ces le*tt*res rouges (the red initials of the stanzas) font le nom et seurnom de lacteur qui fist cest liure et doiuent faire ainsy GUILLERMUS·DE·GUILLEVILLA." The same Raoulet d'Orliens, scribe of MS. *z*, has added a similar rubric at the end of these stanzas in MS. *z* (fol. 177 a), viz.: "Les lettres des commencemens de ces | vint *et* trois douzaines de vers font | le nom et seurnom de celui qui fist | ce liure. Guillermus de Guilleuilla."

Se n'est pour ce qu'à mainz d'ennui
A vous me main(s)t celle ou celui
Que requerrai en mes abuis.

14 **E**sperance grant me donne   3835
    Et *mon* ennui dessaisonne

Ce que pelerin je te voi,
Qu'en toi nul orguel ne sonne,
Et qu'as du ciel la couronne
Reposte et ton estat de roy.   3840
Se fait es pelerin pour moi,
Jë ausi le sui fait pour toi
Pour droit aler a ta bonne.
L'amour que monstres me fait loy
Qu'autre compaingnie ne doi   3845
Tenir, n'est nulle si bonne.

15 **G**lorieuse virge dame,
    Avec li je te reclame.
Il est ton fil, bien l'ai scëu.
Onques en la haute game   3850
De vertus nulle tel fame
Ne trouva si com j'ai lëu.
Si ques, quant avec toi vëu
L'ai en voiage ja mëu,
Et qu'as le no*m* et la fame   3855
Que tout fera a ton plëu,
Prier te doi a mon pëu
Que par toi grace m'entame.

—3832 $P^1pbczgHC^2\chi P$, que mains ϵ, moins $\pi \mathfrak{P} ya G A a$
—3833 $P^1pbczgHC^2\chi P$, maint $\Theta \pi \mathfrak{P} ya G A a \epsilon$, celle] cel G
—3834 $P^1pbczgHC^2\chi P$, requerre yaG, en] a $\mathfrak{P}$, abris A aduis a auuis y anuis Θ auis ϵ
—3835 P^1, Lesp. $pbczgHC^2\chi P$, g.] quay si c
—3836 P^1, mon Θ] moi β, anuye g annoy Θ ennemy G, Grant confort et ioie mabonne c
—3837 P^1, De ce q. te p. te v. c, Et q. $yaG\epsilon$ Sicque A, —je C^2P
—3838 P^1, Car en t. H, En qui n. C^2P
—3839 P^1, que d. HC^2P si as d. $\mathfrak{P}$
—3840 P^1, Mussee $\mathfrak{P}$, et] en c, Tu portes comme le (—le C^2) droit roy C^2P
—3841 P^1, De A, Et si es pe. C^2P, Se pe. tes f. p. $\mathfrak{P}$, fais et p. H, pe. pouruoy a
—3842 P^1, A. l. s. ie f. $\mathfrak{P}$
—3843 P^1, ta] la C^2, boune $\mathfrak{P}$ bourne π
—3844 P^1, Labeur P, m-trer A m-tre $a\epsilon bg$, quas m-tre H
—3845 P^1, Quatre g
—3846 P^1a, T. mais nu. P

G. et virgine d. P^1, vierge C^2
A. ton filz t. r. $Aa\epsilon bcP^1gC^2P$, raclaime g

Des ΘAac, n.] vne $Aa\epsilon bcP^1gHC^2P$, te f. y, femme g femme GC^2
t-vai $A\epsilon bcP^1H$ trouueray g, t-ay comme j. P^1, t. tant aye l. C^2P, j.] lay a
v.] leu P
en mon v. $\mathfrak{P}$, v. et m. $a\epsilon bgHC^2$ v. et esmeu cP^1 v. esmeu P
—fame g fe*m*me ϵ femme G, Et que tu es mere et dame C^2P
feras $a\epsilon bcgH$, Pour faire tout a C^2P
pleu $a\epsilon bgH$ sceu c, De toy p. suis esmeu C^2P
p. ta g. me maintiegne P, mentaine a mente*m*me yaG

16 Virge douce, tu l'as en main,
    Seule nourrice soir et main,   3860
Et avec toi est jour et nuit.
Les mammelles as en ton sain
Pour garder que ne sueffre fain
Et ausi que ne li ennuit.
Le S. Esprit a ton sanc cuit   3865
Et en lait mué qui li duit,
Autrement fait que lait humain.
Pour quoi je croi quë il s'ensuit
Que, se tu veuz, com de ton fruit
De li pues faire tout a plain.   3870

17 Je donc te requier humblement
    Que a li favourablement
Recommandes mon voiage,
Que des erreu[r]s quë autrement
Ai fait que son commandement   3875
Par toi a moi s'assouage,
Que li metes en courage
Si chastier mon folage
En cest päis presentement
Que ne me soit a damage   3880
Tourné mon pelerinage
Quant en sera le finement.

18 Les avoirs du monde et les biens,
    Comment que tous il soient siens,
Je ne te demande mie,   3885
Se n'est que trop ne soie oppriens

la π, tu en la m. $aebgH$ tu es la m. C^2P tu en es a la m. P^1, V. sainte du souuerain c soit a jour $\pi\mathfrak{P}$
Auecques t. $\mathfrak{P}$, —est Aa
Les $\mathfrak{P}$ Ses $\beta\Theta\pi\gamma\varphi a Gaebg$ Ces A Tes cHC^2P, m. quas C^2P m. aies $Aaebg$, as ou s. H —3863 g, qui P
Luy donnes qui C^2P
—3865 G, a] en $aebcP^1g$ est en AP —a H, t.] son a, sain P^1
Est $Aaebcg$, le Θ, dist P
lart h. a
q. bien s. $\mathfrak{P}$, sensieut Θ
—se b ce g, —tu ϵ, —de A, ton] son P^1
puis P, ton $\Theta y\epsilon$

Et dont a, dont $aecg$, Le don te r-rt h. P
Q. que a Θ
—3873 P, Rec—de C^2
erreurs $\Theta\pi a$ &c.
Jay $\mathfrak{P}$, qua P sans c
De par t. P^1, A m. p. t. se ass. $\mathfrak{P}$

Cy H De P, chasties a, follage Gg foulage H fol age π fol eage $\mathfrak{P}$
ce $\mathfrak{P}P^1HP$, ce lieu pr. C^2P
domaige a dommage $yaebcHC^2$ dompmage G
Tour ne tout m. p. c

Lors g, —les $aGAaebg$
Combien q. tout ne soit que fiens P, —il $yaaebcgHC^2$, q. trestous so. tiens P^1, si.] tiens P^1H fiens $ebcP$
ne les te $\mathfrak{P}$ ne le tes P^1, —te H
Ce b, Si non q. $\mathfrak{P}$, —ne bC^2, t. me soient g, soies A, oppriems $C^2\mathfrak{P}$ obpr.c obpreins eb obprins g inoppiens H, Se n. t. s. oppreux P, Compte nen fais nes que de fiens P^1

128   *Le Pelerinage Jhesucrist.*

D'avoir defaute que mont criens

De garder ma povre vie.
A ce voir raison me lie
A fin que j'en remercie   3890
Toi et ton fil de qui la tiens,
Sanz le quel tost se defrie
Et la fiert tel maladie
Que finablement ne vaut riens.

19 Esperituelz biens je vueil   3895
    Et a ceuz seulz doi avoir l'ueil.
Douce dame, je les requier.
Pour ce sui venu a ton sueil
Pensant que me feras aqueil
De grace selonc qu'ai mestier.   3900
U tempz d'enfance ton fil chier
N'est mie rigoureus ne fier,
Ainz est debonnaire son vueil,
Pour quoi je croi que de legier
Tu me pues devers li aidier   3905
Moi confortant où je me dueil.

20 U cas ausi que pelerin
    Est devenu, le cuer enclin
Doit avoir a moi qui le sui,
Mesmement se tieng son chemin   3910

= 3886 (Se ce n. q. t. s. op.) P^1, moult π𝔅 *ya*
mon *G* trop *AaεbcgHC²P*, criems 𝔅
crains *aεbg* curieux *P*
Pour *C²*, Pour g-de *P*, propre *y* dolente P^1
—voir π, ma lye *H* malie *C²P*

A celle f. quen r. (q. j. mercie P^1) 𝔅 P^1
quoy Θ*b* que ε, f. que tu la t. P^1, le *g*
tout *aεbgC²* trestot P^1 tantost *c* moult t. 𝔅,
desfrie *c* desire *P*
tolle *c* celle P^1C^2
vuelt *g*, rien *H*

Espiritueux *g* Espiritueulx *GAH*, veil *y*
weul ε
Car *bcg*, c.] telz 𝔅, ces deux dois *a*, seul *εbc*,
dois *AaεgP*, auer *G*, leul *g*
l.] te *A*
—sui Θ, a toy seul *b*, seul *εbgC²* seur *A*
P-ns q. me fera Θ, aqueuil π accueil 𝔅 *yaGA*
aεbcP¹gHP acueil *C²*
qua m. *b*
deffance *a*, a ton f. *P*, ton] com *HC²*
Et nest *H* Tu nes *C²*, Qui nest ne r. *P*, ri-
gueureux *bc* rigueureux *εg*
d. ce (te *H*) v. *εbcgHC²P* d. ce (se *A*) veult
aA, E. piteulx et het orgueil P^1
Par 𝔅*aεbcgC²P*, Par qui *a*, *P*. laquel chose
d. l. *H*, logier 𝔅
peus *C²* puis *P*, enuers 𝔅 vers π
Me 𝔅, deulz *A*

Ou Θ*y*, Voiz a. *Aa*(ε) Voys ie a. *c* Voire a. 𝔅
Vois est (est *added above*) a. ε Voir est
a. (ainsi *HP*) *bgHC²P*
Es π*yaGAaεbcgH*, le] de *A*, d. de vray c.
fin *P*
Dois *εbgH*, Doy av. a toy *c*, Sy d. av. m. (amer
C²) *C²P*, len s. π lensuy 𝔅
—3910 *P*, Mesmes se ie t-ns 𝔅, tient *εg*, t.
ton ch. *bcg*, se ton ch. *H* qui tiens le
ch. *C²*

Stanza 14 (3835-46) between stanzas 18 and 19; see above, note to lines 3835-46.
Line 3898 after line 3918 with reference to the right place *A* (fol. 152 c).
Lines 3909-3915 (inclusive) at the end of the stanza, after line 3918, with reference to the right place *A* (fol. 152 c).

Et droitement je tent a fin
Par quoi ne doie avoir ennui.
Et supposé, se ne le suif

De point en point, et apres lui
  Aucunne foiz voiz par declin,   3915
Par toi que tieng à mon refui
Esperance ai qu'en son estui
Mete son glaive Cherubin.

21 Je ne voi point et n'ai vëu,
   De puis qu'en l'estable ot gëu,   3920
Que quelque rien t'ait refusé,
Que de faire tout ton plëu
En toutes choses qu'a scëu
Quelquement se soit escusé.

Si pri que selonc qu'as usé   3925
De tel pouoir, se trop musé
Ai en ce que pas n'ai dëu,

Par toi en soit cil delusé
Par qui j'en serai accusé
Si que de rien n'en soit crëu.   3930

22 Lëece et confort m'aporte
   Et en mainz mauz me deporte
Ce que voi quë en s'enfance

Ton fil a bourdon que porte
En main qui n'est mie morte,   3935
Comment qu'en face semblance.

—3911 *P*, Et mesmement ie tiens *yaG*, tens *aecgC*²
Pour *g*, doy 𝔓*g*, dois ie *A*
Et pose que se 𝔓, se] que Θ, ne] ie *Aϵ*, sup. que ie le sui (suif *G*) *yaGaP*¹*H* sup. ie le s. *g* sup. se ie ne s. *b*, Et tu sces bien que ie le s. *P*
—et *g*

Sauc. *A* A-unes 𝔓, voy *P*¹, p.] a *acP*¹*H*
Pas *H*, P. quoy ie ti. *P*¹, a] en *AP*
—ai α] si *A*
Mectra *C*²*P*

Et *a*, ni v. Θ, doi p. *y*, et] ne Θ𝔓*aebcP*¹*gC*²*P*, leu *P*¹
ot] eust *aP*
Quaucune r. taye r. 𝔓, riens ait *aebcP*¹*gHC*²*P*
Ne q. 𝔓*P*¹, t. a ton (son *P*) pl. *aP*
En quelque ch-e 𝔓*aebcP*¹*gHC*²*P*, quay *P*¹ quas *yaGAaebcgHP*
Nullement 𝔓 Quel (Quil *b* Que *c*) comment *AaebcgH*, Et ne men suy point exc. *C*²*P*
Si te p. s. *P*¹*C*²*P*, Si te p. quainsi quas u. 𝔓 poour *g*
—Ai *ϵ*, En ce ai q. Θ, en tout ce q. iay veu *cP*¹*P* en c. q. jay veu *C*², que ay (quay *ϵH* quayt *b* que ie ay *g*) veu *aϵHbg*
P. quoy *AP*¹, soy *g*, c.] il *a*, diluse *C*²
ie s. *aebcgHC*², sera Θ, excuse *Ac*
—de *A*, ne s. *P*

Liesse et reconf. 𝔓
maint *C*², en pluseurs faiz me conforte 𝔓
que (qui *b*) enf. (enfaulte *g*) *Pbg* q. en enf. *C*² q. en menf. *aϵcH* q. en mon enf. *A* quen son enf. π𝔓
f. abandonne q. *y*, f. au b. quil p. *H*, quil 𝔓*cHC*²*P* qui *aebg*
E. m. laquelle n. pas m. 𝔓, E. sa m. q. n. pas torte *C*²*P*, mo.] torte *aebcP*¹*gHC*²*P*
Combien *cP*, que f. Θ*A* que nen f. *P*¹*H*, faces *Aaebg*, s.] potence *c*

3933 at the end of the stanza *H* (p. 464 a).

Son bourdon est sa puissance
Dont moi garder de meschance
Puet, se ta pitie l'enhorte ;
Et en ce est m'esperance   3940
Mise toute et ma fiance
Tele quë onques n'avorte.

me deffendre de 𝔓, mescanche Θ, mescheance
   yaGacP
sa t. Θ, ta] sa H, P. ce (se C²) chapitre l.
   (le norte C²) C²P
En C², est (ie ay c) ma fiance aεbcP¹gHC²P
Du tout mise, et mesperance aεbcP¹gHC²P
Tellement q. iamais n. 𝔓, Telles a, qui εbcg,
   υ.] a nul temps c

23 L'escherpe ausi me fait confort
   Et me fait de soulas aport,
C'est sa douce benignité   3945
De la quelle publique port
Fait, a fin que s'en face fort
Qui le requiert en verité,
Mesmement quant est excité
Par ta douceur et charité,   3950
A quoi du tout je me raport,
Suppliant en humilité
Quë en la fin soie herité
De li par toi et ton effort.

ainsi a, ma f. a
ma f. aεbcP¹P, des aεbcgHC²
Sa tresd. b. 𝔓, sa] la bcg
— la ΘH
se fa. A
la εbcgHP
Et m. q. exc. c M. q. exc. AaεbgHP
Pour aεbcgC²P, ta] sa a
rep. g raporte aP
S-lie P, en] par yaG
Quen aεHC², Quen l. f. ie s. 𝔓cP¹, hirete Θ
et] a P¹, et au confort b, — ton ef. H, p. t.
   qui me racort C²P

24 Autrement tout mon voiage   3955
   Et tout mon pelerinage
Folement perdu aroie ;
Mis ausi à grant hontage,
Non contraictant que l'ymage

m.] ton g

Mais ΘAP
contrect. le doulx ym. 𝔓 contret. le lym. π,
contrestant ΘAεbcgHC²P, constraint a,
lignage yaG

Porte de ton fil, seroie.   3960
Si te pri quë à ce voie
Ta douceur et y pourvoie
Moi gardant de tel damage,
Et me vueilles donner voie

Pour ce d. a, De t. tresdoulx f. ie s. 𝔓, De t.
   f. p. mal s. c
p.] supplie 𝔓c, ce ie v. 𝔓, a ceste v. P
T'amour C², — et A, d. qui me p. 𝔓, p.]
   appercoiue H
Me deffendant 𝔓, domm. π𝔓Ga &c.
vueille AεbgHP, d.] octroyer 𝔓, voyaige A

3957 at the end of the stanza, with reference to the right place H (p. 464 a)

Par la quelle sauvé soie	3965		le quel *A*, soyes *g*
U glorieus herber*g*age. Amen.			—3966 *A*, En ton (Ou vrais *P*) gl̄. *cP*, heritage *aebcg*HC²*P*, A. Amen *G*

En tel pensee demourant   pense *b*
Et ma priere ainsi faisant
A ce de devant pou pensai   —de Θ*H*, pou].ie *aebcg*, ce dev. (d. je *C*²) repens. *HC*²
Et ausi com m'entroubliai   3970   ainsi c. (a. je m. *C*²) *yaGP*¹*HC*²*P*, ainsi que *Aaebcg*, c. entr. Θ, Et pres que tout lentr. 𝔓

En tel guise que ne vi rien   g.] maniere *aebg*
De la maniere et du maintieng   man.] lumiere Θ
Comment en Egypte alerent
Et comment la demourerent   la] ilz y *c*, demourent Θ
La mere et l'enfant dessus diz   3975   Joseph la m. et l. 𝔓
Dont me pesa et fu marris.   fui Θ, fuz dolent 𝔓
La cause en sai tant seulement   Et l. c. fu s. *C*²
Pour la fourme du parlement   f.] cause *H*
Que au devant Joseph en fist   au] cy 𝔓
A Ignorance qui l'enquist.   3980   Et y. *C*²
Du retour ausi rien ne vi   je n. v. *C*²
Forz d'une voiz que je oui
Qui me fist a li retourner
Et au propos devant penser,   Et a ce de d. p. *aC*²
Et disoit celle voiz ainsi :   3985
"Je, qui vrai Dieu le pere sui,   je s. *C*²
Ai de Egypte rappelé   Des e-tes iay r. 𝔓
Mon fil qui y estoit alé,
Quar est le roy Herode mort   Q. l. r. h-des est m. *a*𝔓*C*²
Qui tuer le vouloit à tort."   3990
Et lors me pris a regarder
Ca et la, et vi sanz tarder   targer *GH*
L'enfant et la mere et Joseph   Lenf. la (sa *aC*²) m. *aHC*²
Qui retournés en Nazareth   r-ne Θ

Dieu le pere rappelle son filz iesus degipte. 𝔓 (T.)

3966.—After line 3966 occurs in MS. *s* the rubric given above in the note to lines 3823-3855.

Estoient, et me sembla grant   3995   et si m. $\mathfrak{P}$, semble a
Estre ja devenu l'enfant.

Et lors avint il en cel tempz   cel] tel a ce ΘπGC², Et ia soit que lors
   Que pas ne se vout moustrer lens   tendre filz $\mathfrak{P}$
                                                 Q. ne se v. p. m. l. aHC², Feust point lent
De continuer le chemin   ne fut ne remis $\mathfrak{P}$
                                                 le] son π$\mathfrak{P}$
Dont fait il s'estoit pelerin,   4000   D. il (—il a) s. f. p. HaC²
Et dist a sa mere et Joseph :   dit πaGH

hesus a sa   " Se demouroie en Nazareth
mere.   Tous jourz, pou y aprendroie
             Et les gens ne connoistroie.   ne] peu aC², cognisteroie Θ
             Nul ausi ne me connoistroit, 4005 Po a. on me c. GaH
             Et damage a aucuns seroit.   domm. π$\mathfrak{P}$GaH, aucun aHC²
             En Egypte me sui moustré
             Et es lieus par où sui passé.   es] les GH, s. ale HC²
             En Jherusalem vueil aler
             Et la u temple moi moustrer 4010   Et moi ens ou t. m. aHC², u] au G, me
             Pour regarder et pour ouir   mou. $\mathfrak{P}$
             Quë on y fait et on y dit.   Sauoir quon (com C²) y f. et y d. (dist H)
             Savoir je le doi par raison,   aHC², et con y dist Θ et que en d. π
             Quar c'est mon lieu et ma maison.   Sauer π
             La me menés, ce lieu hanter 4015   Quant H, Quant est C²
             Vueil bien souvent frequenter."   mener a

esus apres   Et est voir, pas ne demoura   Et p. gaires n. d. $\mathfrak{P}$
on retour   Que l'enfant il menerent la.
egypte en
a terre   Et l'i menerent si souvent
israel et
uil fut de   Quë une foiz à escient   4020   lune f. $\mathfrak{P}$, ensc. Θ
eage de xii
ns ala en   Sanz le sceü de ses meneurs   m.] conducteurs $\mathfrak{P}$
erusalem   Demoura entre les docteurs
t fut par
es parens   De la loy qui la estoient
rouue le
i° iour   Où leur parlemens tenoient,   Et aHC², p-nt aC²
ntre les
octeurs.   Entre les quiex lors il s'assist 4025 Et (—Et H) entreulx doncques (tantost C²)
$\mathfrak{P}$ (T.)   il s. aHC²
             Et sus leur siege place prist.   sur leurs (les aHC²) sieges Θ$\mathfrak{P}$aHC², places a

OUR LORD DISPUTES WITH THE DOCTORS. Line 4,022, p. 132.

C^2, fol. 201.

Et commença a demander,
A respondre et a arguer
Selonc les causes lors sourdans,
Et avoit aage de ·xii· ans.   4030
Et y ot assez parlemens
Et lors et [si] en autres tempz
Selonc quë il s'assembloient
Ou aillieurs se retrouvoient,

De quoi quelque chose dire   4035
Ci apres pense et escrire,
Et sera par brief lengage
En faisant maint recoupage.

Toutevoies quant se parti
  Marie du temple sanz li,   4040
Et li et Joseph cuidoient,
Si com de coustume avoient,
Quë apres euz alast l'enfant;
Et rien n'en scurent jusqu'a tant
A leur hostel furent venus   4045
Sanz savoir qu'estoit devenus.
Dolens furent et esbahis
Si com apparut a leur vis
Et a ce qu'aloient disant
L'un a l'autre et euz complaingnant : 4050
"Joseph, chier ami, que ferai,
Dist Marie, se perdu ai
En cest päis mon chier enfant
Dont jë et tu la cure grant
Hors du päis avons ëu   4055
Et onques sanz nous il ne fu ?
Que diront ci aval la gent

—et a, —a H
leurs s. G
Lors aiant seulement xii a. ℔, eage Θ age H
Et y eut p. pluseurs ℔
Dont ceulx de la en ycel t. C², Par l. H, Et illec et en a. lieux ℔, autre G
S. ce quilz s G, quilz se rass. ℔
Entre eulx moult sen esmeruilloient C², ailleur Θ, se (sen ℔) retournoient Θπ℔ sentretrouuoient G
—4035 C², quelq.] aucune ℔, cause Θ
—4036 C², P. cy ap. ou esc. G, et] a a
—4037 C², Mais ce s. ℔, Ce escriray p. H, Et escrips p. a
—4038 C², recomplage aH restranchaige ℔

Toutes v-s π Et toutesfois ℔ Toutesfois aH
li] elle πC², Pour ce quelle et ℔
Ainsi que d. ℔
ap.] auec HC², ap. al. eulz l. π, al.] cheminast ℔
Qua l. ℔, Que a lostel πGaHC², hosteuls Θ
que feust d. G

Ainsi quapparoit ℔, leurs aH, S. c. il me fu aduis C²

et euz] en aHC²
ferons HC²
Ce d. m. s. p. iay ℔, —se C², p. auons HC²
cestuy ℔ ce GaH
D. moy et toy c. bien g. ℔, toy aHC²
H. de ce p. nous a. ℔

4035-6 refer to 5177 et seqq.

134 *Le Pelerinage Jhesucrist.*

Qui l'ont vëu nouvelement?		Et de Θ, Deulx ien s. bien fort b. ℬ
De ceuz en serai blasmee		
Dont ne serai pas amee.	4060	Et en s. trop moins a. ℬ
N'estoit pas fil a oublier,		
Quar n'est nul fil que tant amer		qui πG
Doie mere, quar tout est mien		quant H, q. il e. t. m. ℬ
Sanz ce quë autre y clame rien.		q. nul a. y ait r. ℬ, claime Θ ait aHC²(ℬ)
Alon par tout et le queron	4065	
Et faison tant que le truisson!		truison Θ trouuon ℬGaHC²
Ja maiz bien et repos n'arai		et] ne C²
Devant que trouvé le rarai."		Jusqua tant q. t. lauray aC², t. lauray H t. ie lauray ℬ

Joseph a Marie.

"Alon, dist Joseph, bien le vueil,		
Quar certes ne pourroie l'ueil	4070	c.] iamais G
Ailleurs avoir qui a garder		auer π, que GaH, regarder C²
L'avoie, et autant a blasmer		La voye HC², pour loy tantost trouver C²
En seroie com toi ou plus		feroie H, comme ℬ, Blasmes e. s. encor p. C²
Së avenoit que fust perdus,		Sil a. ℬaH, fut π
Mez ne croi pas que soit ainsi,	4075	quil s. ΘaHC²
Miex croi quë aucun avec li		Mais a
De nos parens l'en ait mené		
Ou de son gré y soit alé		y] il Ga, Ou alez y est d. s. g. HC²
Pour visiter les et vëoir		P. les v. et v. a P. les v. et les v. ℬ
Quë autre chose en soit de voir.	4080	Q. autrement mais cecy sauoir ℬ, A. ch. ny scay d. v. C²
Alons y!" Lors y alerent		A. tost et l. ℬ A. y Et l. C²
Et par tout le demanderent,		
Et par iii jours le quererent		j. il le quirent a j. ilz le quiserent C², quirerent π
Tant que mont travailliés furent		tr. se miserent C²
Et ausi com desconfortés	4085	ainsi πGaH
Pour ce que point ne fu trouvés.		Dit Joseph quar n. C²

Cil qui songe.

He fil de Dieu, qu'as en pensé,		quas emp. πG quas tu p. ℬ
Où as tu par ·iii· jours esté?		
Comment as ta mere laissié		laissiee ℬ
Et de li parti sanz congié?	4090	p̄tir a, S. len auoir point aduisee ℬ

Ne sai, së aval le païs
Avec les enfans des Jüis
Es alé jouer et muser
Et com fol toi entroublier,
Et ne scet on où as gëu, 4095
De propre volenté mëu.
Et sces bien que te va querant
Ta mere par tout en plourant
Sanz repos jour et nuit avoir,
Qui bien desplaire te devroit. 4100
Met toi en lieu que te truisse
Et que vëoir tost te puisse.
Si que de toi ell'ait confort
Et de son plourement deport.
Së u temple elle t'oublia, 4105
Là endroit querre të ira
Comment que, se tu vousisses,
Par droit, où est, la süisses,
Quar oublier tu te fëis
A li, pour ce quë aus Jüis 4110
Tu vouloies plus longuement
Tenir plait selonc ton talent,
(Et) ainsi la laissas, non li toi.
Et par aventurë y voi
Une plus soufisant raison, 4115
Quar tu qui voiz ja la saison
Que sanz li puez par tout aler,
Par ceste foiz acoustumer
L'i veuz que plus ne te quiere,
Et qu'el' aprengne maniere 4120
De soi deporter, quant seras
Hors de li, où ne sara pas,
Et së autre raison y a,
Bien li diras quant te plaira.

Je n. scay se tu es fuiz 𝔓
Auecques 𝔓
J. m. et folier 𝔓, juer Θ
Si c. a, Et comme sot tentr. 𝔓
sces H, sces ou tu as g. aC², tas g. Θ tu as g. 𝔓
b. sc. 𝔓, Et si sc. q. (qui a) HaC²
n. et j. πa, et] ne GC²
Dont moult desp. te d. (desplere te doit voir HC²) aHC²
quelle 𝔓 quon H que on C², truise Θ
Si q. 𝔓G, q. (q. bien C²) trouuer on (la on H) te p. aHC², v. elle te p. 𝔓
Et q. a
plentement a.
Et se ou 𝔓
La cercher et querir t. y. 𝔓, end. encor q. tira a end. q. encor te yra G
Ja soit ce q. 𝔓
P. tout ou elle est tu fusses (fuisses C²) aHC², suiuisses. 𝔓
Q. la o. t. t. fis 𝔓
A ta mere p. 𝔓
Te a, Tu desiroies 𝔓, longhem. Θ
s.] a aHC²
—Et 𝔓aHC², A. la l. n. el t. 𝔓, Et le laiss. Θ, nom π

toy 𝔓

quelle ΘG
se dep. 𝔓, sera a.
Dehors ou elle n. 𝔓, lieu. C², on ne sera p. H, saras Θ, ou point ne saura. a
—se Θ, y aura 𝔓
le ΘG, te] le GH

Quant son fil ot la Virge quis	4125
Entre ses parens et amis	
Sanz li trouver, au temple vint	
Avec Joseph, quar li souvint	
Qu'elle l'avoit vëu parler	
Là aus Jüis et desputer.	4130
Là le vit elle où se sëoit	
Com par devant vëu l'avoit	
En tel guise que de son sens,	
Responses et ensegnemens	
Tous oians s'esbahissoient,	4135
Et que dire n'i savoient.	
Et assez cause il y avoit,	
Quar pas on ne le connoissoit	
Encor, de la nue couvert	
Qui de couvrir le soulel sert.	4140
De li sa mere s'aprocha	
Sanz douter ceuz qui furent la.	

Marie a son fil. " Qu'est ce, dist elle, fil tres chier,
Pour quoi nous a[s] voulu laissier,
Et as fait ainsi qui dolens   4145
Të avons quis entre les gens?"
A cui tantost il respondi
Et soi escusant dist ainsi :

Le fil a sa mere. " Pour quel cause me querïés
Qui penser en vous devïés?   4150
Quë es besoingnes occupé,
Que m'a mon pere commandé
Et piec'a commis, estoie
Et y entendre devoie.
Et faudra des or en avant   4155
Quë a ce mete cure grant,
Et que de moi vouz deportés
Quant avec vous ne me verrés ;

ot] eust a, Q. l. V. o. s. f. q. C^3

le $\pi\mathfrak{P}$
quant Θ et aC^2
Quillec elle l. $\mathfrak{P}$, v.] oy ΘaH
Ou (O HC^3 Auec $\mathfrak{P}$) les J. $aHC^2\mathfrak{P}$, dep. H
C^2 disp. $\pi\mathfrak{P}Ga$
—se Θ

q.] com πGH
R. interroguemens $\mathfrak{P}$, argumens C^2
T. les o. $\mathfrak{P}H$, sesmerueilloient $\mathfrak{P}$
d.] redire a respondre $\mathfrak{P}H$
—il aC^2

—4139 P^1HC^2P, E-res $\mathfrak{P}$, n.] lune Aa
—4140 P^1HC^3P, Car a
li] la aHC^2

as Θπa &c.

f. cecy q. $\mathfrak{P}$, que aC^2
Ten π, Tauons Θ Nous tauons C^2, Tauons q. e. nos parens $\mathfrak{P}$
c.] qui $\pi\mathfrak{P}G$ quoy aHC^2
En ΘaC^2, Et sexc. luy d. $\mathfrak{P}$

quelle $\mathfrak{P}H$ quelque πG, coze Θ
Car aHC^2, Q. en v. bien p. d. $\mathfrak{P}$, deuries (written de*n*riez) C^2
Ques b. sui o. aHC^2 Questoie es euures o. $\mathfrak{P}$
Q. mon p. ma c. $\mathfrak{P}aHC^2$
c. y e. C^2
Et ent. y (gy $\mathfrak{P}$) d. $aHC^2\mathfrak{P}$
f. dores enauant $\mathfrak{P}GaH$ feray doresenauant C^2
A ce vueil mettre C^2, c.] paine a mentente $\mathfrak{P}$
—que HC^2, Et de m. v. vous d. a

Le Pelerinage Jhesucrist. 137

Mez toutevoies avec vous· — 4159 aC^2, toutesfois auecques 𝔓, Maintenant pour lamour de v. *H*
Maintenant, pour vostre courous 4160 Et p. v. tresgrant c. *H*
Tollir et oster, m'en irai   Je men i. auecques vous C^2
Et ci plus je, ne demourrai."   pl. ne demoureray 𝔓, demourai Θ, pl. ores ne seray *GaH*
Et lors avec li et Joseph   li] elie π𝔓
Il s'en ala en Nazareth
Et pour obeir se sommist 4165 A eux humblement se s. 𝔓, sonmist Θ soubmist π𝔓*GaH* soubzmist C^2
A euz, et sa maistresse fist   Et sa dame et m. f. 𝔓
De Marie, senefiant
Par ce a touz et demoustrant   tens Θ, et bien d. 𝔓
Que laissié mie ne l'avoit   laissee 𝔓
Par negligence, quar ne doit 4170
Negligent en segnourie   Le n. 𝔓
Estre mis n'avoir maistrie.   mis] nuls a*H* — mis C^2, E. esleue n. m-trise 𝔓

Jesus en laaige de xii ans estoit apparceu profitant combien quil fust aussi saige ieune comme vieil. 𝔓 (T.)

Or avint que fu p*ar*crëus   O. a. il quant au surplus C^2, q. suppercr. *H*, percr. a parcru Θ, congneu 𝔓
  L'enfant et plus sage vëus   et] est *H*, v.] apperceu 𝔓, L. p. s. deuenus C^2
Que par devant n'avoit esté, 4175 Est q. d. C^2
Comment qu'en droite verite   Combien q. C^2𝔓
Onques ne le fu plus ne mainz   ne] ou π𝔓
Forz sanz plus auz regars humainz.   regnes aC^2 renes *H*
Et de puis maintes choses fist,
Et avoit fait devant, et dist 4180 dit Θ
Qui racontees ne dites
Point n'ont esté ne escrites   N. p. e. 𝔓
Les quelles, si com Jëhan dit,   q comme saint J. 𝔓, ieham a, dist π*GaH*
S'estoient mises en escrit,   Soient m. *G* Se est. mis π, Se est. redigees par esc. 𝔓
Touz les livres, où seroient 4185 ou] en C^2
Escrites, pas ne pourroient   Plains et ny p-nt C^2

4162.—C^2 has Et je scay bien que losteray
       Quant auecques vous je seray.

4183-88.—Joh. xxi. 25 : Sunt autem et alia multa quae fecit Iesus : quae si scribantur per singula, nec ipsum arbitror mundum capere posse eos qui scribendi sunt libros.

T

Estre mis, à son escient,
U monde couvenablement.
Toutevoies sont en escrit
Maintes choses que fist et dist 4190
A fin que de *tous* soit scëu
Que son voiage mont li fu
Divers et rioteus souvent
Et plain de grant empeschement.
Et vint avant son messagier 4195
Du quel j'ai parlé au premier
Pour tex empeschemens oster
De son chemin et essarter
Selonc que faire le pourroit
Et que presenté s'i estoit. 4200
Et avoit ce messagier pris
Un vestement à mon avis
Qui estoit de peuz de chamel
Surcaint de cainture de pel,
Et portoit une serpe aus dens 4205
Et en sa main un pot, où ens
Avoit eaue, com apres vi
Quant en pluseurs lieus l'espandi,
Et parla ainsi a Jhesu:

Jehan Baptiste vient a Jesuscrist. ℬ (T.)
"Sire, dist il, je sui venu 4210
Pour acomplir ce qu'ai pramis
Et quë ausi tu m'as commis.

Bien sai qu'en mainz lieus espineus
Ton chemin sera et greveus,
Et en mainz autres lieuz sera 4215

Toutesv. *a* Et toutesfois ℬ, son π, —en C^2
Pluseurs ℬ, quil f. HC^2
tous Θ*aH*] toute gent β toutes gens πℬG chascun C^2, —soit ℬ
Feust q. s. veage ℬ
Dur et r. bien s. HC^2, riboteus β

v. deuant luy s. messaige ℬ
ie parlay *aH*, iay desia fait langaige ℬ
tous ℬ

pourront G

messaige C^2

peuls Θ peulx π peaulx G pel *a*C^2 poil *H*ℬ, camel C^2 chameau ℬ
Sursaint *aH*C^2, sainture C^2, peau ℬ
vn s. π
Et a main Θ, En s. m. un p. ou dedens ℬ, où] et G*aH*C^2
c.] que *a*, ap. ie vy ℬ
Que en p. li. esp. *aH*C^2

quas G
Tout ainsi que t. ℬ, ainsi G, tu as *a*, c.] promis *H*, Et pour faire com vrays amis C^2

que m. πG, maint lieu *aH*
—et *a*
maint a—e lieu *aH*C^2, m. l. ort il s. ℬ

4188 a-d.—Ou se le tout escript estoit
    Tout le monde ne le pourroit
    Prendre par vraye intelligence
    Ne par parfaicte comprehense ℬ (170 a).
4196 refers to *J* 1487-1566 here above.

Le Pelerinage Jhesucrist.

Ort où nulles il n'en ara.

Pour les espines essarter
Et de tes voies hors oster

Une serpe jë ai prise

Et la tieng selonc la guise　　　4220
Que je m'en puisse miex aidier,
Et a fin quë en rien blecier
Ne me puissent, un devantel
Me sui fait de sauvage pel
Et de peuz qui sont fors et durs　　4225
Et pour moi bien garder sëurs,
Et me sui caint pour miex passer
Et plus delivrement aler.
Pour les ors lieus ausi te di,
Un pot plain d'eaue porte ci　　4230
De quoi selonc que je pourrai
Les ordures laver vourrai.
Et ainsi il ne tendra pas
A moi, par où passer devras
Que ton chemin ne soit tout prest　　4235
Së empeschement fait ne m'est.
Je voiz devant, vieng quant voudras,
Touz jours mez traces bien verras."

—Ort (but space left) H, ou espine nulle nara C^a, nuls Θ, il] i π, Voire et personne ny aura $\mathfrak{P}$
esracher a hors oster A
—4218 (line blank) H, tes] ses π, v. essarter (esserter A deserter P^1) aAP^1, Vne sarpe ie veux pourter P (C^a 4219)
U. bonne espee iay p. P^1, s. y ay p. aH s. ycy iay p. $\mathfrak{P}$, Et si lai ia leuee et p. P (C^a 4218)
Laquelle t. $\mathfrak{P}$, t. en ycelle g. C^a
me p. a
Aussi a f. quen r. $\mathfrak{P}$, —en $GaHC^a$, blechier Θ
puisse aH, d—teau $\mathfrak{P}$
peau $\mathfrak{P}$
peuls Θ peux a peaulx πG poilz $\mathfrak{P}H$
me deffendre b. s. $\mathfrak{P}$ m. g. asseurs a m. g. plus s. H m. g. b. s. C^a
Si H, —sui G, saint aC^a
Pour a, deliuramment HC^a

Duquel s. aHC^a, s. ce q. G

Et par a. n. $\mathfrak{P}$, aussi C^a
—par Ga

Semp. donne ne m. $\mathfrak{P}$, ny est a, n. m. f. C^a
danuis Θ
tr. trouueras a

Sainct iehan baptiste baptize tous venans a luy. $\mathfrak{P}$ (T.)

Ainsi s'en ala essartant
Jëhan espines par devant　　4240
A la serpe qui est par non

Esp. Jeh. p. d. Θ, Saint Jeh. $\mathfrak{P}$
s. p. son droit n. $\mathfrak{P}$

4218, 4219.—Et si lay ja leuee et prise.
　　Vne serpe ie vueil porter. C^a
C^a has therefore the same readings as P in 4218 and 4219, but that line 4219 precedes 4218.

T 2

Nommee predication.
"Vëés ci, dist il, mon segneur,
De tous les segneurs le gregneur
Qui habit de pelerin pris   4245
A et à chemin [si] s'est mis.
C'est l'agnel en qui sanc lavés
Seront touz pechiés et ostés.
Ses voies li apparelliés
Et ses chemins li adreciés!   4250
Faites fruis de penitance,
Et n'(i) ait nul qui ne s'avance
De confess(i)er tous ses pechiés,
Et faire tant que baptisiés
Soit et purgié de s'ordure   4255
En soi metant souz ma cure!
Et sachiés que mes lavemens
Sont droitement aprestemens
Des grans lavemens qui par li
Seront faiz en cest monde ci.   4260
Il est si fort, si digne et grant
Qu'en rien je ne sui soufisant
De dire ne de raconter
Comment s'est voulu encliner
A sa divinité couvrir   4265
De char humainne et de son cuir,
Et comment a li s'est lié
Si forment que point deslïé
Ja maiz n'en puet estre nul jour;
Quar la lïeure a un tel tour   4270
Et un neu fait si soutilment
Que n'i a nul desliement,
Et entendre je ne le puis
Ne deslïer par nul avis.
Apres moi vient et devant fu.   4275

Appellee p. 𝔓
Voyez 𝔓, Vecy d. il nostre s. a, d. nostre s. *HC*², segeur π
les pellerins g. a*HC*², gregeur π
Q. labit *G*
[Si] a et 𝔓
C. la voie en a*HC*², sant a

v. donques l. a. 𝔓

En faisant fruit 𝔓, fruit a*H*𝔓
Et ne soit nul (—nul *GaC*²) q. *HGaC*²
c—sser Θπ𝔓*GaH*
faites Θ
p-gies Θa
En se soubmectant 𝔓, sus Θ
saches π*GaH*

De *G*
ce m. Θ𝔓*GaHC*²
nest *C*², f. d. et si g. 𝔓
Que r. π*GH*, Que en r. ne a, Qui e. r. soit bien so. *C*²

conioindre *C*²
chair 𝔓, et vestir *H*, Auec ch. h. et joindre *C*²
c. sest a li lie π𝔓
Si fermement q. d. a.*HC*²
ne p. Θa
le liure a a, tour] iour π
Vng n. f. si subtilem. 𝔓, Et nen f. si soubtilem. a, f. soubtillem. *G*
Qui *Ga*, Q. ny peut estre d. 𝔓
—Et *HC*²
d. et p. 𝔓

Le Pelerinage Jhesucrist. 141

 Et pour ce qu'il est devenu
 Pelerin, devant li je voiz
 A fin que truist ses chemins droiz
 Et nès sanz aucunne ordure
 Par ma diligence et cure."   4280

quil treuue s. π, truisses ch. α, truit C², q. s. ch. tous d. ℬ
netz G, Et ny (que ny H) ait a. o. αHC², Il treuue et s. ℬ
ma] male Θ

 Par lonc tempz ainsi espines
  De pechiés jusqu'aus racines
 Jëhan osta, en espandant
 Son eaue, et en ceuz baptisant
 Qui lavés estre vouloient   4285
 Et en foy a li venoient.
 Et un deciple lors avoit
 Qui Andrieu appelé estoit
 Le quel quant parler il oui
 De Jhesu à son maistre qui   4290
 Le looit, si com il est dit,
 De li vëoir grant painne mist.
 Et quant l'ot vëu, tost ala
 Apres li et pelerina,
 Et appela et fist venir   4295
 Pierre, son frere, et li sūir.
 Et l'endemain Jh*esus* trouva
 Phelippe qu'ausi appela.
 Et furent les premiers cez troiz
 Ses deciples a celle foiz.   4300

Les chemins a. C²
p. et enracines αC² p. et les r. H
Sainct J. ℬ
—en ΘC², c.] eulx H —ceuz α
Ceulx q. e. l. v. α Q. e. l. v. H Q. l. e. v. C², l.] nestoyez ℬ

andry α andre ℬ

louoit πℬH lauoit Gα, l. ainsi comme (quil ℬ) e. d. αHC²ℬ
le πℬ
q. il l. ℬG

le πℬ, sieuir Θ suiuir ℬ

quainsi α
—4299 α
—4300 α, Des Θ, ceste f. C²ℬ

Nopces nommees darchitriclin. ℬ (T.)

 Et apres ·iiii· jours il avint
  Que festes de noces on tint
 En un lieu de Galilee
 Ou semonce et appelee

feste πGαH, noeches Θ nopces GC²
un] certain ℬ
semonse ΘC²

Estoit la mere de Jhesu.　　　　　4305
Il ausi appelé y fu　　　　　　　　　　Lui a
Et ses deciples avec li,
Et avint que vin y falli,　　　　　　　vins Θ
La quel chose senefia　　　　　　　　quelle a
La mere au fil, disant : "Ci a　　4310　—disant π, f. et dit luy a 𝔓H
Faute de vin ; bien amender　　　　F. ont d. 𝔓H
Le puez, se tu veuz, sanz tarder."
Virge debonnaire douce,　　　　　　et d-ce C²
Es tu ore de ta bouche　　　　　　　bouce Θ
Plus quë autre curieuse,　　　　4315　q. les autres 𝔓
Ou de vin plus outrageuse?
N'i a qui en parle que toi.
D'autre partie là je voi　　　　　　　partir H, Et d. part droit la j. C²
L'espousé et l'espousee　　　　　　Et (En H) lespoux et (en H) l. aHC²
Pour qui est ceste assemblee,　4320　celle a. H.
Aus quiex la pourvëance duit　　　A yauls la Θ, d.] contint a
Qui s'en sueffrent et taisent tuit.　Q. lendurent et 𝔓, Q. sen tais. et sueff. t. aHC²
Ne sai pour quoi en parles plus　　parle 𝔓
Que ceuz qui miex y sont tenus.　que Θ, c. a qui ie sui t. aH c. de la chose t. C²
Mez, Virge, je respont pour toi　4325
Selonc quë à respondre y voi.　　S. ce q. r. Θ C², S. ce q. r. y doy aH, gy v. 𝔓
Tu m'avoueras s'il te plaist,　　　　men adv. 𝔓, si te Θπ
Ou autrement je n'ai rien fait.
Bien sai, Virge, par le tesmoing
De touz ceuz qui ont ëu soing　4330　q. en ont le s. π q. en ont besoing 𝔓, eu] en a, s.] besoing H
D'enquerre de toi et tes fais,　　　et] ne de H
Qu'en toi onques ne fu meffaiz,
Fole pensee ne mesdit ;　　　　　　Ne f. 𝔓
Et a moi n'a autre ne duit　　　　　Et a toi ne a aut. aHC², ne aut. 𝔓
Avoir quelque soit soupecon　4335　quel soit Θ, quelconque sousp. 𝔓, —soit a
De toi ou fole opinion.
Si que quant du vin [tu] parlas,　　tu πGa &c., Par quoy quant 𝔓
A ce benignement pensas

Le Pelerinage Jhesucrist.

Quë a la table où ton fil fust
Quelque faute nul n'i ëust,　　　4340

Mesmement quar nul n'i vouloit
Soi plaindre de faute ou ousoit.
Et aventure povreté
Avoit les mengans si tasté
Quë avoir plus ne pouoient　　　4345
Vin, et de quoi il n'avoient.
Ausi font noces povre gent
Com riches et ausi souvent,
Et ausi bien y est ton filz
Et tu, së en estes requis,　　　4350
Com aus riches, et ne seront
Ja noces bonnes et ne sont,
Se ton fil et tu appelés
N'i estes et se n'i venés.
Et avec ce, Virge dame,　　　4355
A certes je croi par m'ame
Que pour ce tu parlas du vin
A celle entente et celle fin
Qu'aus noces ton fil ëust los
Selonc que le cas s'offroit lors.　　　4360
Sa puissance bien savoies,
Et en rien tu ne doutoies
Que tost son vouloir fait ne fust
Se volenté du faire ëust.

M ez, douz Jhesu, qu'as en pensé 4365
Quel response li as donné !
N'est ce celle qui entre bras

—Que HC^2, fut $\pi\mathfrak{P}$
nulle π, Aucun q. f. neust G Aucune deffaulte neust a Nulle defaillance ny e. $\mathfrak{P}$ Que de deffaulte il ny e. H, De riens q. f. neust C^2
quant HC^2, ne v. $\pi\mathfrak{P}aH$
Se $\mathfrak{P}$, fain a, fait HC^2, ou] ne G, nosoit $\mathfrak{P}$
Et par av. aH, Et peut estre que p. $C^2\mathfrak{P}$
m.] hostes $\mathfrak{P}$
pl. de vin n. $\mathfrak{P}$
Ne de q. acheter n. $\mathfrak{P}$, ilz av. H, —il C^2
Ainsi GHC^2, A. bien n. $\mathfrak{P}$, noeches Θ
Font comme riche et si s. $\mathfrak{P}$
est] va $\mathfrak{P}$
toi auec sestes r. $\mathfrak{P}$, sen estoies (esties H) r. aHC^2
—4351 (line blank) H, r. ja nauront C^2
Ja b. no. ne ne s. $\mathfrak{P}$, Ja (—Ja C^2 Ne P) b. no. ne feront HC^2P, noeches Θ
tu] ti Θ toy $GaHC^2$

A. ce doulce V. d. $\mathfrak{P}$
Pour dire vray ie $\mathfrak{P}$, ce. cr. et p. a
Q. quant tu aHC^2
ceste...ceste $\mathfrak{P}$, et] a Θ
Qua ces n. $\mathfrak{P}$, noeches Θ, eussus l. a, f. monstrat lors C^2
souffroit G offroit aH offrit C^2

Et nullement tu nen d. $\mathfrak{P}$, r. ne le d. a
tout s. a, Q. ton v. HC^2, —fait G
Se du (de H) f. v. e. aHC^2, de f. Θ H

quas tu p. $\mathfrak{P}$ quas empense πG

Ne ce π, Cest celle q. e. ses b. $GaHC^2$. quentre ses b. $\mathfrak{P}$

4364 a-d.—Aussi ta doulceur et pitie
　　　　Dont tout ton cueur est enolie
　　　　Neust peu la vergoingne endurer
　　　　Des poures ne dissimuler. $\mathfrak{P}$ (171 a).

Du lait que du ciel li donnas
T'a alaitié, pëu, nourri
Et humblement tous jours servi,   4370
Qui t'a fait quanque puet faire
A fil mere debonnaire ?
Et semble que tu tant ne quant
Ne la connoisses maintenant.
Fame, dis tu, respon a moi,   4375
Quel chose est a moi et a toi ?

Ausi com dëisses : pas un

N'est ce qu'ai et as en commun.
Mez, douz Jhesu, tout autrement
Semble estre, ou pas je ne t'entent.   4380
Ton cors est a toi et a li
Et de li l'as sanz part d'autrui.
Ton sanc et le sien est tout un,
A toi et a li est commun.
Ne sai pour quoi estrangement   4385
Li demandes et asprement
Que die, quel chose est une
Entre toi et li commune.
Bien le sces, së autre chose
Ne veuz quë on y suppose ;   4390
La quel chose est bien a croire,
Quar ne pourroit chose voire
Estre que parlasses a li,
Au propos que j'ai dit, ainsi.

qui π *G*
alaicte *G*, p. et n. Θ*G*α*HC*³𝔓

f. tout ce que peu f. 𝔓
f. ta (de *H*) m. d. α*H*
Et si s. q. tant 𝔓, q. toy maintenant α*HC*²
le Θ, cognois α, m.] tant ne quant α*HC*²
dist Θ, distu α, r-ont π r-ns *G*α*HC*²𝔓
Quelle ch. est a m. et t. 𝔓, Quelle ch. na m.
 na t. *H* Quelle toy a m. et t. α Quelle
 ch. e. ce qui est a toy *C*²
Ainsi que disses p. tout vng 𝔓, A. que d. Θ*G*,
 A. que d. que vn α*H*, deusses *G*, Tout
 est a nous deux en commun *C*²
quas et ay α*H*, Et si doit estre bien tout un *C*²

—je *C*²

delle (celle π) las 𝔓π, sens port α sans port *C*²
Son s. et l. tien *C*²
A elle et a toy e. c. 𝔓
estraingnem. Θ
et] si 𝔓
Quelle te dye 𝔓, dis Θ *G*, diez quelle α
li] elle 𝔓, li est c. α*HC*²
si non quaut. ch. 𝔓
Tu requieres quon 𝔓, Tu ne v. quon y expose
 α, on ny s. Θ, Tu n. v. com par expose *C*²
b.] vn α, croirre *G*

—que *C*², q. ne p. *H*, p-asse α
Du p. *HC*², dist Θ

Solution pour quoy nostre seigneur respondit vng peu estrangement a sa mere es nopces architriclin. 𝔓 (T.)

Si que, Jhesu, j'ai pris avis   4395
 Quar tu diroies mont envis

Pour quoy iesu 𝔓
Que Θπ *G*α*HC*², Car bien scay que dirois env. 𝔓

Lines 4379-4384 added on the margin in β (fol. 87ᵛᵒ).

Chose qui semblast amere		q. fust felle et a. 𝔓
A ta chiere, douce mere.		d. ch. πaHC², ta tant d. et ch. m. 𝔓
Se fame appelee tu l'as,		Et se 𝔓
C'est la coustume quë en as.	4400	C. que l. HC. par l. 𝔓
Onques encor publiquement		p.] communem. aC²
Tu ne l'appellas autrement.		
Et est bien commune chose		bonne et co. 𝔓
Quë amour se tiegne close		am.] au iour a
De soi moustrer devant la gent,	4405	Sans la m. 𝔓, d.] enuers aHC²
Se mestier n'est, par parlement.		Nen tenir commun parl. 𝔓, m. est pour parl. a, —n C²
De ce que li dëis ausi,		Ce q. l. demandas a. 𝔓, dis aH
Que c'estoit a toi et a li,		Quelle auoit a t. 𝔓, Et sestoit aH, t.] moy HC²
Par le mot qu'ensuiant dëis		quen sieuant Θ, quen ensuiuant dis 𝔓
Entendre ce devant fëis	4410	Assez entendible le fiz 𝔓
Que ton tempz pas venu n'estoit		t. corps p. a
De faire lors ce que pensoit.		
Qu'est ce, fame, a moi et a toi ?		Quant deis f. C², m. na t. H
Bien sai le tempz quë ouvrer doi.		
Encor n'est pas tempz dë ouvrer	4415	Encore 𝔓aH, t. douvr. πG𝔓aH
Ne de ma puissance moustrer,		
En faisant miracle nouvel		De faire m. aHC²
Dont bien sai que te seroit bel,		quil Θ, q. ce. s. C²
Quar bien voudroies mez honneurs		v-oie GH
Et que les scëussent pluseurs.	4420	le ΘπGH, sceusses a cogneussent 𝔓
Si que, Jhesu, pas un n'estoit		
Ce que tu et li lors vouloit.		toy aH𝔓, toy et elle v. 𝔓, Et q. toy et lui C²
Elle vouloit anticiper		Et le v. C²
Le tempz de ton pouoir monstrer,		de] et G, de toy pour m. HC², noustrer Θ
Et tarder tu le vouloies	4425	retarder 𝔓 succeder H se ceder C²
Et honneurs pas ne queroies.		
Et ce entendi elle bien,		
Si que mëue ne fu rien		Par quoy esmeue nen f. de r. 𝔓, Nesmeue (Ne m. HC²) nen f. en (de HC²) r. aHC², nen f. Θ𝔓aH, f. en r. πGH
De ta response, mez pensa		
Que pour ce ne lairoies ja	4430	laisseroies 𝔓

Que ne fëisses son vouloir
Si comme par devant de voir
Du tout t'i estoies sommis.
Et pour tel cause a mon avis
Aus servans tantost ordena   4435
Et fiablement commanda
Que fëissent que diroies
A euz et commanderoies.

Q. tu me fisses 𝔓

submis Θ soubmis πGa𝔓 soubzm. *HC*²
p. ce tantost a a*HC*²
A s. Θ
feabl. 𝔓
feisses *H*, fissent ce q. leur d. 𝔓, f. ce q. Θπ𝔓Ga*HC*²
Et que tu (—tu a*H*) leur com. 𝔓a*HC*²

Mutation de leaue en vin par iesuscrist. 𝔓 (T.)

Or dirai que de ce avint :
Li douz Jhesus pas ne se tint   4440
Que de sa mere le vouloir
Ne fëist, monstrant son pouoir.
La il avoit ·vi· cruches grans
Et grant capacité tenans
Que d'eaue Jhesus fist emplir   4445
Et cel' eaue en vin convertir,
Si que fu dit d'archetreclin
Que ce estoit le melleur vin
Qui aus noces ëust esté,
Et en fu Jhesus hounouré.   4450
Et fu le miracle premier
Que li fist faire et commencier
Sa mere, qui a grant pouoir
De li atraire à son vouloir.
Et est ce miracle appelé   4455
De S. Jëhan signe et nommé ;
Quar signe est que les povres gens
Devroient miex dons et presens

di. de ce quil (que *H*) a. a*H*, ce il a. 𝔓 d. je ce qui a. *C*²

fist en m. 𝔓*HC*², sen Θ
—il *HC*², La a. il a
Grande c. 𝔓, capossite *H*
si f. 𝔓
celle Θ, Et la (les *H* le *C*²) fist en v. c. a*HC*²
quil f. a*HC*², architriclin 𝔓 arceteclin π archedeclin Ga*HC*²
Q. cestoit a𝔓, Q. cestoit le tresm. v. 𝔓*C*²
as noeches Θ
en] ou a, honnere Θ
Ce a*C*²
Qui πG

De lactraire a tout s. v. 𝔓

—signe *H*, Et est q. *C*²

D. trop m. 𝔓

4456.—Joh. ii. 11 : Hoc fecit initium signorum Iesus &c.
4458 a, b.—Des riches prendre et receuoir
Que les seigneurs tous plains dauoir 𝔓 (171 c).

Le Pelerinage Jhesucrist.

Des riches avoir qu'autrement,		=4460 𝔓; Av. d. r. q. G*a*HC²
Ja soit ce que communement	4460	=4459 𝔓 (On en face tout autr.), ce continuement G
Par tout soit fait le contraire.		Et entirement le c. 𝔓, Des riches est f. *a*HC²
Baillié en a exemplaire		Et de ce a b-lle lex. 𝔓, B. en est bel ex. H, lex. π𝔓
A ces povres noces Jhesus.		noeches ϴ nopces GC²
De li sont les presens venus.		
Bon vin il y a presenté	4465	Du v. *a*HC², a plante *a*
Largement et à grant plenté.		Larguem. ϴ
Venu y est com vaillant hom		
Du quel tous tempz amendë on.		Des bons to. *a*, Des bons constemps (en tout temps C²) amendon HC², amendon ϴ a. lon 𝔓

Milans ou escoufles par qui sont entendus rapineurs et rauisseurs ont pillie nostre seigneur iesus et luy ont oste ciboire calice patene et autres ornemens de son eglise que ioseph cest a dire le prestre luy gardoit. 𝔓 (T.)

Mez envis feroient presens		
Ceuz auz noces des povres gens	4470	as n. (noeches ϴ) Hϴ, nopces GC², dep. GH
Qui tout leur ostent ce qu'il ont		
Et grans noces pour euz en font.		noeches ϴ nopces GC²
Ce sont larrons et desrobeurs		et robeurs *a*H et robeeurs C²
Qui appeler se font pilleurs.		
Les quiex u tempz que songoie	4475	
Et qu'a ces noces pensoie		quen c. H, noeches ϴ nopces GC²
Me semblerent estre signés		sambloient ϴ
Par un escoufle et figurés		vne esc. π𝔓*a*, —et C²
Quë en l'air haut je vi volant		
Et de lieu en lieu tourniant.	4480	Ca et la aloit tournoyant (voletant H) *a*HC², t-noyant G*a*𝔓
Et avoit selonc mon avis		a. si com me fu vis (auis H) *a*H sicom fu advis C²
Sus troiz chastiaus troiz nis assis		Sur π𝔓G*a*H, nits G nidz 𝔓
Si que chascun avoit le sien.		
Et de l'escoufle le maintien(g)		—de C², maintien π𝔓G*a*HC²
Estoit quë aus nis retournoit	4485	qua ses nidz 𝔓, nics G
Et de l'un a l'autre voloit ;		
Et d'or avoit le plumage,		plommaige H
Et pas ne sembloit ramage,		plus ne ϴ, rammage H

Quar en ses piés uns giéz avoit,
Et c'on l'ëust tenu, sembloit.   4490
En grant agait sus les chemins
Estoit a fin, quant pelerins
Passoient, tantost assifloit
Et aval descendre faisoit
Touz les escouflaus des ·iii. nis,   4495

Par qui mainz pelerins afflis
Je vi et estre tourmentés
Et diversement mal menés.
Aus piés et aus ongles d'iceuz
Qui trop leur estoient crueuz   4500
Premierement leur tolloient
Quanque sus euz il portoient
En euz navrant et despoullant
Et a euz grans tourmens faisant.
Puis emportoient granz fardiauz   4505
En leur *haus* nis sus les chastiaus
En ravolant aval souvent
Pour faire aus pelerins tourment
Où les pouoient encontrer
Et, en quelque lieu fust, trouver   4510
En euz liant et amenant
Et en prison(s) euz mal traitant
Tant que mehaingniés estoient
Pluseurs, et mainz y mouroient.
Et par euz estoient gastés   4515
Touz biens de terre et dissipés,
Arses villes, touz huiz brisiés,
Et haut et bas touz lieus serchiés,
Et tout ramené a desert,
Si quë apres fu l'erbe vert   4520

Quant H, gietz 𝔓 ges Θ
Ausquelz on l. 𝔓, que on G, que l. t. se s. α
Et en g. a. sur ch. 𝔓, Vn g. a, aguet αHC^2
  aguait πG

P. incontinent siffl. 𝔓

De quoy (—De quoy H) les escoufles d. ·iii·
  n. αHC^2, es-fliaus Θ e-fliaux πG
  e-fleaux 𝔓
Et puis m. pleurs et (m. parlers HC^2) aff.
  αHC^2
estoit t. αHC^2

o. de ceulx HC^2 o. dentus α
Q. par t. 𝔓, Q. plus l. HC^2, estoit α
t.] ostoient 𝔓αH osterent C^2
Quanques Θ, Tout q. dessus e. p. 𝔓, porterent
  C^2
=4504 (E. e. grant tourment f.) αHC^2 En
  les n. et d-ns 𝔓, despoill. Θ
=4503 (Et en batant et d.) αHC^2, a] en G,
  f-ns 𝔓
hauls Θ haulx GC^2] haut β
raualant GC^2, av.] sur eulx G, s. a. C^2

Et f. α, t.] trauail C^2

Ou (E. C^2) en q. l. formener HC^2, t.]
  mener α
euz] les 𝔓, am. et liant Θ, et eux (en H)
  menant αH
p-son Θπ𝔓G αH, euz] les 𝔓
q. fort blessez y e. 𝔓

maint ΘC^2] aucuns 𝔓

t.] ot C^2

cerchier C^2 cerches G cherquies Θ cherchez 𝔓

ques πG, quapres y f. αHC^2, Telement
  quapres l. 𝔓

Es manoirs vëue croistre,
Et es fours et (es) astres estre.

Et qui pis est, en partoiant
    Ainsi le päis et gastant,
En Bethleem il entrerent,   4525
Et la dedens il trouverent
Jhesum qui pelerin estoit
Et où sa mere le gardoit
Dedens un bers *que* tout d'argent
Li avoi[en]t fait bonne gent,   4530
Et où Joseph l'amenistroit
Si com acoustumé avoit,
Les quiex quant Joseph vit venir,
En li n'ot rien a esbahir
Pour ce quë armés estoient,   4535
Et leur glaives nus portoient
Souz le plumage d'escouflaus
Dont il faisoient leur mantiaus.
"Marie, dist il, que feron ?
Eschapés estre cuidïon   4540
Dë Herode qui a occis
Touz les enfans de cest päis.
Je me doute que cil tyrant
Qui d'escoufles portent semblant
Venus ne soient de par li   4545
Pour occire cest enfant ci.
Je voudroie qu'en Egypte
Maintenant fusson au giste."

Lors enfant et bers tantost prist
    Marie, et en plourant se mist   4550
En un destour effrëee

Dedens les m. fut v. c. 𝔓, m. et v. *H*
—es *GaHC*², f. et autres maisons est. *aHC*²,
    aistres Θ atrez π fouyers 𝔓

que *G*𝔓, parchoiant π parsuiant *aH* pour-
    suiuant *G* tournoyant 𝔓 destruisant *C*²
    et degastant 𝔓
Jusques en B. ent. 𝔓
Et illecques d. tr. 𝔓
Jhesus q. p-ns *HC*².
La 𝔓, Et sa m. la le g. *HC*²
que πa*H*] qui βΘ𝔓*G*
auoient π*GaHC*², auoit f. la (le Θ) b. g. 𝔓Θ,
    la. b. g. *HC*²
—ou *G*
Ainsi que ac. 𝔓, c. de coustume av. *H*,
    lauoit *aG*

a] que *aHC*²

nulz π
Sur l. p. (plommage *H*) d-fliaus (d-fleaux *C*²)
    Θ*HC*², des coufleaux 𝔓
De quoy ilz 𝔓
M. lors d. 𝔓
E—pe *H*, cuidon Θa nous cuidons *C*²
Du faulx H. q. o. 𝔓
A t. l. e. de ce p. 𝔓, ce *C*²

ces t-ns 𝔓
d. monstrent s-ns 𝔓
Reuenuz 𝔓

v.] desiroye 𝔓
Nous fussions m. *C*² Feussions m. *aH*,
    fussions *G*𝔓 fuisson Θ

lenf. π𝔓*GC*², biers *C*²
Et Marie en pl. Θ
detour *G*, d. toute effree (effraee *C*²) *HC*²
    effree π*GaH* effraee Θ*C*² effroyee 𝔓

Et granment espouentee,
Mez Joseph pas ne se muca,
Ainz auz diz escoufles parla :
"Qu'est ce, dist il, vouz faut il rien ? 4555
Vostre plaisir voudroie bien
Acomplir, se je savoie
Et bien le pouoir avoie."
"De quel chose, dirent il, sers?"
"Ci enz, dist il, dedens un bers   4560
Est le fil Dieu emmailloté
En blanz draps et envelopé,
Et le couche et lieve souvent,
Et le fas vëoir a la gent
Qui ont desir de li vëoir,   4565
Et entre mes bras tout de voir
Je le porte et raporte
Selonc que raison l'enhorte,
Et le serf selonc que je puis
Et quë a ce je sui commis.   4570
Et touz jourz je doi estre prest
A ce faire quant mestier est."
"De ce, dirent il, ne nous chaut.
Avoir autre chose nous faut :
Et si voulon vëoir le bers   4575
Où est, si com dis, cil que sers,
Et quanque li et tu avés
De quoi feron selonc nos grés
Sanz quelque chose ci laissier
Que voion qui nous ait mestier."   4580

Puis ce dit par tout alerent,
    Et premierement trouverent
L'enfant qui en son bers estoit
Que Marie plourant gardoit

Joseph aus escoufles.

Les escoufles a Joseph.

Joseph respont.

Les escoufles a Joseph.

grandement G, espoent. Θ

Mais HC^2, Aincois aus esc. *a* A. a ces esc. 𝔓

Et le p. en (jen C^2) av. *a*HC^2

quelle ch. dist il π𝔓, disdrent il G
Cheens d. Θ Ceens d. GC^2, Ceans respond il 𝔓, briers P biers C^2
En dr. bl. 𝔓, enuolepe Θ
Que ie c. 𝔓
fai ΘH fais C^2
Q. volente o. de le v. 𝔓, le *a*𝔓C^2
—4566 G, m. deux b. de (pour P) v. $P^1 P$, —tout AH, b. pour v. C^2

ce q. C^2
sers GC^2, ce q. C^2
—Et Θ, qua cecy ie 𝔓
Car t. C^2, doye G
De f. tout quanque li (il li C^2) plaist (plest H) *a*HC^2
disdrent G distrent H diserent C^2
Aut. ch. av. *a*HC^2
Promptement v. v. ce b. 𝔓, ve.] auoir G
Ou es H, Ou repose cil q. tu s. 𝔓, qui G
q-ques Θ, toy π𝔓*a*H, toy et li C^2
Pour en faire s. 𝔓, q.] ce *a*HC^2
—ci a ci] en H vous C^2, S. ycy l. q. ch. 𝔓
que ΘGa, Cachee ne patente nenclose 𝔓

Apres 𝔓GHC^2
incontinent C^2

Lequel 𝔓C^2, Le que M. si g. *a* Et le que M. g. H, pl.] si C^2

A la quelle ne firent rien,	4585	Et a *a*
Quar de coustume avoient bien		
De laissier les fames en pais,		
Se n'estoit pour autres meffaiz,		nestoient *G*, Se cẹ n. *H*, p. autre fois (fais *C²*) *aC²*
Dont à ceste rien n'afferoit.		
L'enfant, qui tout coi se gesoit,	4590	—tout *a*, gisoit *G*
A terre deshonnestement		
Geterent et tres lourdement,		laidement *G*
Et son bers, et quanqu'il avoit		
De quoi servir on le devoit,		
Que Joseph li avoit gardé	4595	
Et li gardoit en loyauté		
Prirent et enfardelerent,		Prisdrent *G* Prinstrent *H* Prindrent *C²*
Et en mainz lieus si navrerent		Et puis en plusieurs l. n. *C²*, en pluseurs l. fort n. 𝔓, maint lieu *a*
Joseph, quë en peril de mort		qui ΘπB si quen *GaHC²*
En fu, et croi qu'il en fu mort.	4600	Fu et bien cr. q. fust m. *a*, Et bien c. quil en (quen *H*) f. m. *GH*, qui en Θ

Ci qui sage.

He, fil de Dieu, que penses tu ?		
Comment as souffert que venu		
Sont ces escoufles jusqu'a toi ?		Soient 𝔓, ces] tes *G*
Patience tres grant y voi		
Pour toi, pour ta mere et Joseph	4605	
Et pour ton Bethleem avec.		ton β π 𝔓 *a*] tout Θ*HC²*
Bethleem est Sainte Eglyse,		
Maison de *pais* où en guise		paix π*GaHC²*] pain βΘ𝔓
De pain *em*mailloté te gis,		enmaillote *C²* en maillole *H*, tu g. Θ
Où ausi com en (un) bers t'a mis	4610	Aussi tous en vn *a*, Ou c. en vn b. si t. m. 𝔓, Quainsi comme en biers t. *C²*, a. quen un b. Θ*H*
Ton Joseph et te met souvent,		
C'est le prestre qui proprement		
Touz les jours te lieve et couche		
Et, quant il veut, a toi touche,		—4614 (line blank) *H*, Dignes est que a t. t. (atouche *C²*) *PC²*, v.] lui plaist 𝔓*P¹*, touce Θ
Et a toi servir apresté	4615	De t. s. est a. *C²*, te s. 𝔓
Est touz tempz, yver et esté.		En tout *C²*, tout *Ga*

Or voiz qu'à terre geté t'ont
Ces escoufles, qui or s'en vont,
Que ton sanc souvent espandu
Ont, quant devoit estre bëu, 4620
Pour le calice tost avoir.
Et sces et as vëu de voir
Que calices et vestemens,
Saintuaires, aournemens
Et quanque Joseph te gardoit 4625
Pour toi servir com afferoit,
Ont tout emporté et pillié,
Et ton Joseph ont mehaingnié,
Et ont encor Bethleem ars
En mainz lieus et en maintes pars ; 4630
Si qu'en gast et dispersion
Ausi gent de religion
Sont mis, com sont prestres et clers
Et les autres d'estas divers.
Et taire ne me doi mie 4635
Que n'ait ta mere Marie
Offendue granment esté
Quant a vëu que toi geté
On a à terre tres vilment
Et ton sanc deshonnestement. 4640
Quar comment qu'en l'eglyse bas
Corporelment el ne soit pas,
Si est elle tous jours où es
En cuer ou te garde de près.
De quoi, se tu te taiz touz tempz, 4645
Tu seras plus que patiens.
Mez nennil, quar prejudice
Trop seroit a ta justice.
Maintenant voiz que plumes d'or
Il font à euz d'autrui tresor, 4650

voy *G*, voy ie a te. 𝔓
ores *G*] tost α tout *H* la *C²*
Qui α*H*
Ou *G*, b.] veu π*G*α*C²*
c.] galice *C²* calixce Θ
Et tu as v. tout d. v. α*HC²*
galices *C²* calixs Θ
Sainctures *G*, S. (Saintures *C²*) et ournem. α*HC²*
c.] quant α

Et o. t. J. m. α*HC²*, m.] fort naure 𝔓
—ont Θ, enc. ont α, E. o. B. tout a. *C²*
Et π, maint lieu α*HC²*
quest g. *C²*
gens 𝔓*H*
Le font et des p. *C²*, comme s. prestre 𝔓
a. estas α*HC²*
t. ie ne d. *G* tant que t. n. d. *C²*
me.] memoire *HC²* nourrice 𝔓
grandem Θ
Q. elle a v. quon ta g. 𝔓
Ont a te. tr. villement 𝔓α, On a te. π, aterre tr. *C²*, A te. tres vilainem. 𝔓

combien q. *GC²*, que l. 𝔓 quen eg. *C²*
C-relement ne s. 𝔓, elle Θπ*G*] il a, —el *C²*
Se *G*, est t. j. elle π
ou] et 𝔓
—te π, tout π*GC²*
passiens *C²*
q. trop p. 𝔓
Ser. a ta digne j. 𝔓, Ser. tr. α*HC²*
quemplumes *C²*
Il sont trestous d. *C²*, a] pour 𝔓, dautre *H*

Le Pelerinage Jhesucrist.

Mesmement de cil qui est tien		cil] ce ΘℬaHC²
Et où nul autre n'avoit rien.		
Et avec font leur nis d'argent		f.] sont G, marcs G
De l'avoir à la povre gent.		
Et croi que quant voler voudront	4655	c. que que q. Θ, cr. q. q. il voleront aHC²
Haut vers le ciel, il ne pourront.		V. haut l. ℬ
Leur plume(s) d'or qui est pesant		plume πGaHC², dor pesera tant a
Leur pesera et nuira tant		Et p. a
Que en abisme descendront		Quen ab. tous d. ℬ
Dont jamaiz ne se leveront,	4660	
Quar en rien il n'ont desservi		en] de a, Q. mie ne tont d. H
Que jamaiz soies leur ami ;		j.] de rien aHC², soient G
Mesmement quar il n'ont fait rien		quant aH, —il H
Pour ta mere et toi, com sai bien,		sces GaH
Ainz quant on a merci prié	4665	Mais ℬ
U non de vous, tout refusé		v.] toy C²
Ont, disanz par heresie		Contredisans C², d-nt Θ
Que tu Dex n'estoies mie		dieu ne soyes HC², Q. point de dieu il nestoit m. ℬ
Et que Dex dormoit ou songoit		—Dex π, Ou q. do. ou il s. ℬ Point nest de dieu disoient il GaHC²
Ou ailleurs occupé estoit,	4670	Et se il lest (est aHC²) si se dort il GaHC²
En toi deshonnestant ainsi		te ℬ, deshonnestement a, aussy G, De toy ilz disoient a. C²
Et autrement que pas ne di.		Et encor pis que je nen dy C², p.] ie aH
Les sains ausi, tu le sces bien,		
A euz tenus ne sont de rien.		de] en πℬGH
Leur reliques de leur chasses	4675	Les aC², de] et Θ
Ont geté par mi les places.		
Tex escoufles baillier faudra		Telles π
A Sathan qui les plumera		ploum. H
Et rost en fera en enfer		
Pour son grant maistre Lucifer.	4680	A aC²
A leur noses onques veus		Aux n. de telz o. v. ℬ, noeches Θ nopces GC²
N'à leur festes, Jhesu, ne fus,		fe. ne fus ihesus aC²
Et ausi onques appelé		
Ou semons tu n'i as esté.		Ne ℬ, Tu ni fus ne ni as e. aHC²

Or lairai de ceci ester 4685
　Pour a mon propos retourner.
Apres lons voiages et grans
Jhesus quant ot ·xxix· ans
Touz acomplis temporelment,
Il vout que manifestement 4690
Fust plus connëu qu[ë] esté
Onques n'avoit u tempz passé,
Mesmement puis qu'aus noces fu
Des quelles, quant il fu scëu
Qu'avoit fait, tantost se parti 4695
En menant sa mere avec li.
Et n'est nul qui en verité
Ait escrit ou acertainné
Où d'ileuc il s'en alerent
Et où puis il sejournerent 4700
Par ·xvii· ans acomplis.
Et pense selonc mon avis
Que pour le miracle du vin,
Pour le quel honnourer enclin
Estoit chascun, s'en vout aler 4705
Et de leur iex soi absenter.
Le tempz venu mie n'estoit,
Si com a sa mere disoit,
Quë honneurs recevoir dëust
Ou quë honneur faite li fust. 4710
La gloire du monde haoit
Et en rien il ne la queroit.

Or di que, quant furent passés
　Cez ·xvii· ans et alés

l.] pluseurs 𝔅
vint et ·ix· α dix neuf C^2, Jesucrist q. ot vint et neuf a. 𝔅
t.] corporelment πG, Ac. il eut par entier 𝔅
vault Θ (Pic.), Il se v. plus m-fester 𝔅
que ΘπG quonques αHC^2, Que iusques lors nauoit e. 𝔅
N. este u t. p. H En tout le t. auant p. 𝔅 N. en tout le t. p. αC^2
M. quant as noeches f. Θ, Mesmes apres q. 𝔅, nopces GC^2
Nuauoit (Quauoit H) f. et quil (qui C^2) fu (fust H) s. αHC^2, D. q. apres que f. 𝔅
Ce qu. f. tost s. p. 𝔅 T. dilleques s. p. αHC^2, t. s. departy G

nul q.] mie H, —qui C^2
En H, ou] ne 𝔅, Qui ait veu ne adcertene C^2
Soit ou d. s. C^2, s. dal. Θ
Et la ou il s. HC^2, Semblablement quel vie menerent 𝔅, pais G
Lespace de xvii ans 𝔅
Cest assauoir depuis ·xii· ans 𝔅
= 4704 𝔅
Estoient tous et larchitriclin 𝔅
Et par ainsi s. 𝔅

Car son t. 𝔅, m. v. αH
Ainsi qua s. 𝔅, c. li sauuerre d. H, —a C^2
Q. li honnourer on d. αHC^2, h-r Θ
Ou louenge fa. 𝔅
haioyt G heoit H
Et de son pouoir la fuyoit 𝔅

After 4702 eight lines interpolated in 𝔅 (fol. 172d), see Appendix.

Le Pelerinage Jhesucrist.

	Et qu'en l'an trentiesmë entroit,	4715
	Conté l'ääge qu'il avoit,	
	Moustrer apertement se vout	
	Pour acomplir et faire tout	
	Ce quë à quoi estoit venu	
	Que vouloit bien que fust scëu.	4720
	[De] sus une riviere vit	
	Qui fleue de Jourdain est dit	
	Son messagier qui y puisoit	
	De l'eaue au pot quë il portoit,	
	Dont il avoit acoustumé	4725
	Que par li fussent ceuz lavé	
	Qui vouloient estre purgiés	
	Et netoiés de leur pechiés.	
Jhesus a S. Jehan.	A li vint et parla Jhesus:	
	"Pas ne vueil que domine plus	4730
	La viez loy; fai la moi venir!	
	Une nouvelle à mon plaisir	
	Vueil quë ait la segnourie."	
	Adonc ne demoura mie	
	Quë une damoiselle vi	4735
	Qui la endroit l'avoit süi;	
	Et bien croi que li avoit dit,	
	Mez pas ne sai où il la prist.	
	Et pas apres ne demoura	
	Que S. Jëhan li amena	4740
	La vielle que dit li avoit,	
	Qui si forment malade estoit	
	Quë à potences ell' y vint,	
	Et longuement pas ne se tint	
	Quë à terre ne s'assëist,	4745
	Et sembloit que point ne vëist.	

Que (Et que *H*) l. .xxix. ent. *aH*, que en *G*, que lannee 𝔓, trentisme Θ dix neuf *C²*
Toute π, lage Θ, Qui parfaite nage lors estoit Ψ
M. se v. ap. *aHC²*, ap. le vault Θ
tant *aHC²*
Ce a q. il e. v. *aHC²*, a] pour 𝔓
Et v. *aHC²*, Ce q. v. b. estre sc. 𝔓
Dessus 𝔓 *C²* Desseure *aH*, sur *G*
Que *a*, fleuues Θ fleuue π𝔓*GaH*, —de *aH*, Q. le fleuue J. estoit d. *C²*
l. ou vaissel qui p. 𝔓, ou p. quil p. *H*
estoit *C²*

v.] desiroient 𝔓
Il y *G*
dure pl. *H*
vielz *G* vieille π(𝔓a)*H*, —la *a*, —moi 𝔓*C²*
U. autre tout a *aHC²*
qui 𝔓 laquelle *H*, la] ma *C²*

Q. iusques la lau. suiui *aHC²*, sieuy Θ suiuy *GaH*
quil l. *aHC²*
le Θ
Gaires ap. 𝔓, Et ap. p. Θ*aHC²*
sains J-ns Θ

Qua des p. 𝔓
Et p. l. n. *aHC²*, longhem. Θ
Q. sur l. t. ne sassist 𝔓, saseist Θ
pas *GH*, q. goute n. vist 𝔓

Vieille loy est destituee par iesuscrist et la nouuelle instituee. 𝔓 (T.)

<small>Ihesus a la ielle loy.</small> "Vielle, dist Jhesus, longuement   dit 𝔓, longhem. Θ
    As ëu segnourissement
De par mon pere et de par moi,
Mez chose neccessaire voi   4750
Que plus segnourie n'aies,   pl.] desormais 𝔓
Ains du tout (du tout) subjecte soies   —du tout Θπα &c., Mais αHC²
A ceste damoiselle ci,
Qui nommee sera ausi   n.] appelle 𝔓, ainsi Θ𝔓C²
Com tu, mez de nouvelleté   4755   Que toy 𝔓
Son non par tout sera paré.
Si te di que de ton viez droit   Or 𝔓, vielz G vieil αH
Je te depose ci endroit,   despoille 𝔓 despose G̟C²
Et vueil que touz brisiés et rous   v. estre desrompuz tous 𝔓, roux αHC²
                                                     rons Θ roups G rompus π
Soient tes coutiaus et caillous   4760   Des cousteaux ainsi tes ca. 𝔓, caillons Θ
Sanz faire circuncision,
Et que tu faces cession
Du tout en la main ceste ci.
Et a toi, Nouvelle Loy, di
Que tu li ostes son mantel   4765
Et li abates son revel,   Et que li ab. s. vel 𝔓
Et a toi soient a gloser   t.] moy αC²
Touz ses escris et exposer   Escriptures et e. 𝔓, s.] les π, expos. π
                                                    oppos. H
Es lieuz où il apartendra
Et exposition faudra.   4770
Et pas ne vueil que celee
Soies ou emmantelee,   ou] ne 𝔓
Mez que surcainte par dessus   sourch. π fort sainte HC²
Soies, et le chief aies nus."   Tu soys et quayes le ch. n. 𝔓, cief Θ

Lors la damoiselle se mist   4775   la dame ycelle si m. H
    En tel estat com li fu dit,   con Θ, dist G
Et ala tost desmanteler
La vielle, et ses tables oster.

Le Pelerinage Jhesucrist. 157

	Et en ·ii. pieces li brisa	—ii· *G*, les b. Θ
	Son coutel et loing le geta, 4780	coustel *GaH*, le] ly *GH*
	Et ainsi elle s'en parti	A. la vielle s. p. 𝔓
	Si tost com peut en un abri.	con *C²* que Θ𝔓, peult *G* peust π pot *H*
	Puis appela Jëhan Jhesus :	Apres app. 𝔓
Jhesus a S. Jehan.	"Atendre, dist, je ne vueil plus	dit 𝔓, je] il 𝔓*GaHC²*
	Que ne soit la damoiselle, 4785	
	Autrement la Loy Nouvelle,	la] en la 𝔓 dicte *H*
	Aprise comment commencier	
	Elle devra à ce premier.	cest π
	Et te dirai que tu feras :	—te *G*, q.] comment Θ
	Ja a baptisier apris as, 4790	Ja ap. a b. as *a* Ja apres me b-tiseras *H* Ja apres quant b-tiseras *C²*
	En faisant un alterement	Et feras nouuellement *C²*
	Et un grant ensaisinement	Ung tres g. *C²*
	De circuncision oster.	Pour *aHC²*
	Si vueil que pour li demoustrer	Je *GH*
	Comment apres devra faire, 4795	deuera Θ
	Tu li bailles exemplaire	bailleras Θ
	En moi en ce fleue lavant	fleuue Θπ𝔓*GaH*, leuant Θ
	Et sanz delai moi baptisant."	me 𝔓

Sainct ichan baptiste a grant scrupule et cueur tremblant baptiza nostre seigneur. 𝔓 (T.)

S. Jehan : Jhesum.	"Ha, dist Jëhan, douz createur,	He dit *a*; di. sainct J. 𝔓, do.] mon *aHC²*
	Mon chier maistre, mon bon segneur,	M. bon m. et m. ch. s. 𝔓, M. douz m., m. douz s. *aHC²*
	Comment ceci ouseroie, [4800	c. faire os. 𝔓*HC²*
	Et comment ousé seroie	Ne pour quoy tant mauanceroye *H* Cecy oultrageux seroie *C²*
	Quë a toi je atouchasse,	Quainsi a *H*, Q. a mon segneur iat. 𝔓
	Que, si com dis, te lavasse	Et s. *C²*, leuasse *C²*
	Qui en toi n'as a laver rien 4805	Que (Quar *HC²*) en t. na *HC²*
	Ne a purgier, si com sai bien.	p. ce scay ie b. 𝔓, sceis π
	Tu es la lumiere luisant,	
	Tous tes angres enluminant;	tes] les *G*, angelz *G* anges *C²*
	Dont prent toute creature,	Donnant a t. 𝔓 Dy. d. a t. *C²*, p.] a π*GaH*
	Quant tu veuz, lumiere pure. 4810	Q. il te plaist l. 𝔓 Que v. que la l. *C²*

De toi je doi estre lavé
Et par toi seul mondefié.
Que diroient tes archangres,
Tes menistres et tes angres
Qui toi touchier n'ouseroient,   4815
S'a toi touchier me vëoient.
De toi touchier onques digne
Ne fu nul fors la benigne
Et douce dame, ta mere,
A cui nul ne se compere.   4820

Et une chose encor te di :
  Une foiz a Joseph oui
Dire que tu fus circu*n*cis,
Pour la quel chose mo*n*t surpris
Sui de grant esbahissement   4825
Quant avec ce baptisement
Veuz avoir, qui une chose
Senefient, com suppose,
Contre l'originel pechié."

Jhesus a Jehan.

"Jëhan, dist il, par tel marchié   4830
  J'ai fait oster a la Viez Loy
Les tables qu'avoit avec soi,
Que la Nouvelle les ait si
Quë un mirouour soit a li
Où, quant bien se regardera,   4835
Sa face dedens li verra,
Et s'i mirra plus volentiers
Toutes foiz qu'en sera mestiers.
Et ausi com damoiselle
Mirouour où se voit belle   4840

Je doi de t. πℬ, t. doy e. baptisie *H* t. si soit par moy l. *C²*
p.] de Θ, Et purgie et m. α*HC²*
Et quen d. *C²*, d. ia t. Θ
T. sains m. *C²*

Q. a toy ℬα*HC³*
Se toi Θ*GC²*, tou. ainsi m. *C²*, Se touch. il my v. α*H*
De tatouch. onc assez d. ℬ
nuls Θ] onques *H*, f.] si non *C²*, fu la doulce tant b. ℬ
Ma α, la do. *C²*, Et tant debonnaire t. m. ℬ
qui πℬ*G*α*HC²*, nulle ℬ, ne sac. *HC²*

Et encores bien ie te d. α, Et derrechief enc. *H*, te] ie ℬ, E. encor Jhesus tant t. d. *C²*

P. quelle ch. ℬ, ch. esbahis *H*, sourpris *G* souspris πℬ souspris Θ, Ne scay pourquoy tu le souffris *C²*
Qui α, Cest moult g. *C²*

a. ceste c. *C²*, que α*H*, q. mesme ch. ℬ
s-fie ℬα*HC²*, c.] quon α*H* comment π comme on *C²*

d.] respond ℬ, meschie *HC²*

ost. la vieille loy α*H*, vielz *G*πℬ

Q. la loy n. les ait ℬ, les] le Θ, si] cy α, n. loy a. cy *C²*
Et q. un miroir a elle s. ℬ, Et q. un miroir *H* Et com miroer α, mirour π mireoir Θ miruer *G*, Q. le mirouer si soit en li *C²*
Et q. b. (—b. *C²*) le r. α*HC²* Ou quel q. se r. ℬ
li] y ℬ
morra *G* myrera π(ℬα*H*), Et mirera p. *H*, si mirera v. ℬα si muera v. *C²*
Toute f. Θ
ainsi ℬ*HC²*
Mireour Θ Mireoir *H* Mirouer πℬ*G*α*C²*, v.] trouue ℬ

Le Pelerinage Jhesucrist.

Garde volentiers avec soi,
Ausi ceste Nouvelle Loy
Les vielles tables gardera
Et souvent dedens se mirra.
Et comment quë en verité   4845
Il [y] ait desparelleté
Entre mirouour et celui
Qui se regarde dedens li,
Toutevoies rien a dire
De la face qui se mire   4850
N'a à la miree face,
Ainz est une com la trace
D'un sëel et l'impression,
Dont une la formation
Est, tant traciee com tracant   4855

Et emprainte com empraignant.
Pour quoi di qu'ainsi mainte foiz
Ont aucuns signes les ·ii· loys
Qui ne s'entreresemblent pas,
Et senefient aucun pas   4860
Qui est un, com baptisement
Et circuncisionnement
Une mesme chose dient
Par acort et senefient;
C'est remede medicinel   4865
Contre pechié originel
Qui en divers tempz est donné,
Si com devant en as parlé.
Et sai bien que tu en parlas
Pour ce que [ne] t'acordes pas   4870
Que je doie estre baptisié,
Qui onques n'o en moi pechié,
Et qui circuncis fu devant

celle G

so. elle se (si $\mathfrak{P}$) myrera $\pi\mathfrak{P}$, se verra aH, mirera C^2
Et ia soit ce quen v. $\mathfrak{P}$
y ΘH, Il est d. a, Grande y a. disparilite $\mathfrak{P}$
E. le miroir $\mathfrak{P}$, miroir H mireoir Θ mirouer πGaC^2, c.] cesti aHC^2

Toutes voies a, Toutes fois r. ny a d. $\mathfrak{P}$
Entre l. $\mathfrak{P}$
Ny a C^2, Et entre celle m. f. $\mathfrak{P}$
A. e. tout vng c. $\mathfrak{P}$, trache Θ

Tout u. est la f. $\mathfrak{P}$
De la tr. et du trass. $\mathfrak{P}$, E. ta. ie comme tr. a, E. ta. traictie contraictant H, trachie c. trach. Θ
Et de lempr. et empr. $\mathfrak{P}$
quaussy $GaHC^2$, m-tes $\pi\mathfrak{P}GH$
a-un signe aHC^2 a-uns si-e G
Lesquelz ne sentresembl. p. $\mathfrak{P}$, sentresem. blent Θa sentresemble πHC^2
s-fie $\mathfrak{P}$, a-ns π, p.] cas aHC^2
vng combapt. $\mathfrak{P}$, —un C^2

m-nal $G\mathfrak{P}$
o-nal $G\mathfrak{P}$

Comme d. $\mathfrak{P}$

ne $\Theta\pi a$ &c., t-das a
doy π
Q. (Car H) o. (o. voir C^2) en m. neust (not HC^2) p. aHC^2, nos G neu π neuz $\mathfrak{P}$
que aC^2, fui ΘaH sui GC^2

En griément mon sanc espandant,
Qui me dëust bien soufire, 4875
Si com voi que tu veuz dire.

Griefuem. m. 𝔓, griefm. Θπ*GaHC²*
Que ce m. *H*, deuroit 𝔓, d. ce b. *C²*
Ainsi que voy 𝔓

O r te dirai comment en va :
La vielle loy, qui fu piec'a
En posté, j'ai approuvee,
A fin que soupeconnee 4880
Ne soit en rien de ce qu'a fait,
Et que vilenie n'en ait.
Et ausi com commencement
Ot par moi, ausi finement
En ma circuncision ait, 4885
Et son pouoir li soit retrait.
Et pour ce n'est il mie droiz
Que je, qui establis les loys,
Doie soufrir que la vertu
Qui en circu*n*cision fu 4890
Ailleurs transportee et mise
Par moi ne soit et assise ;
C'est en baptesme où nul grief n'est
Et qui touz jourz est a to*u*s prest,
Au quel me faut par mon baingnier 4895
La vertu de l'autre baillier
Et plus encor, quar il ara
Vertu, dont le ciel ouverra
Ce que ta baptisation
Ne ausi circu*n*cision 4900
N'ont pas ëu, et apa*r*tient
Que de moi, du quel tout bien vient,
Ait ce baing ceste dignité
Quant ens lavé arai esté.
Si que vieng près, et fai qu'ai dit 4905
Sanz opposer nul contredit ! "

pooste *G* puissance 𝔓, Et pour ce lay (lay ie *H*) ap. a*HC²*
suspitionnee 𝔓
Nen a, qui f. *H* quest f. *C²*
ny a. *HC²*
ainsi que com. 𝔓, com] qua *H*
Eut π𝔓 Et *GaH*

mon p. y s. *C²*
Et neantmoins nest ce m. 𝔓, —il *GHC²*

tr-te Θ, et] ne a
et] ne a, s. ia rassise *HC²*, rassise 𝔓
en] vn *G*
que t. j. est (il e: *C²*) tout p. *HC²*, as tous p. Θ
moy b. *C²*

encore car a. *H*
ourera π𝔓*H* ouurera *GC²*
Et q. a*H*, —ta *G*, Si ques la *C²*
Naussi la c. 𝔓 Et ta (la *C²*) c. a*HC²*
et] car il 𝔓, A moy bien il a *C²*
Et *C²*, m. de quoy tous biens v. Θ
Au b. *H*, cest b. Θ, Vueil commencier la d. *C²*
Q. l. gy a. e. 𝔓, ens ar. l. e. Θ
—4905 *G*, V. donques p. f. ce q. d. 𝔓, f. ce q. *AP¹*, Si q. bien p. est fait q. d. *P*
—4906 *G*, S. y faire n. c. 𝔓, Et s. *C²*

Le Pelerinage Jhesucrist.

   Adonc Jëhan tout en tremblant
    S'en aprocha ainsi disant :
S. Jehan " Paoureusement a toi vien(g),   vien $\pi \mathfrak{P} GaH$
a Jhesum. Quar, si com ai dit, je sai bien   4910 —si $\mathfrak{P}$, iay d. aC^2
   Que de ce digne pas ne sui ;   —Que Θ, ce p. d. πG
   Mez puis que veuz que soit ainsi,   p. q. tu le veulx a. aHC^2, v. quil s. $\mathfrak{P}$
   Et que je n'ouse refuser,   Si a, nose $\pi \mathfrak{P} GaH$
   Entrë où tu voudras entrer,   E. donc ou v. $\mathfrak{P}$
   Et je te baptiserai la ! "   4915
   Lors u fleue Jourdain entra,   fleue $\Theta \pi \mathfrak{P} GaH$
   Et la le baptesme recut   —la H, rechupt Θ
   Par Jëhan, si com il li plut.   P. saint J. $a \mathfrak{P}$, ieh. ainsi que l. $\mathfrak{P}$, comme li
                           p. Θa, —il πC^2
Cil qui Ha, Jëhan, enfourmé je sui   Ha a saint J. e. s. a, Ha sainct J. $\mathfrak{P}$, —je HC^2
songe. Maintenant de ce qu'ai oui   4920
   Par maintes foiz de toi dire
   Que Jh*esus*, le sus dit sire,   subdit s. Θ dessus d. s. $\pi \mathfrak{P}$ bel douz s. aHC^2
   Disoit qu'entre les hommes nés
   De fames et d'euz engendrés   femme $\mathfrak{P}aH$, de eulx a do*n*s Θ dhommes $\mathfrak{P}$
   Onques ne fu de toi plus grant ;   4925 O. de t. ne f. HC^2
   Notablement m'est apparant,   Notoirement $\mathfrak{P}$
   Quar ne te puet plus ho*n*nourer,   pl. grant doulceur $\mathfrak{P}$
   Ce semble, ne magnefier,   Se G, Impartir ne plus grant honneur $\mathfrak{P}$,
                           magnifester C^2
   Quant à present, qu'à toi laissier   Que te permectre et te l. $\mathfrak{P}$, qu'a] quant Θ
                           que aH
   A li de tes mainz atouchier,   4930 tes] ses a
   Du quel tout seul atouchement,
   Së avant saintefiement   Se par av. $\mathfrak{P}$
   Ou puis lavement n'avoies,   l. auoient π, le l. C^2
   Digne et grant assez seroies.   D-es et grans G Grant et d. aHC^2
   N'est nul entre les hommes nés   4935
   Qui plus grant doie estre pensés.   e. clames H
   A toi prendre garde doivent   gardent π
   Ceuz qui ce segneur recoivent,   segeur π
   Qui a li souvent atouchent   =4940 (Qui le l. et (qui πG) l. c. $\pi \mathfrak{P} GaHC^2$
   Et le lievent et le couchent ;   4940 =4939 (Q. indignement ne la touch. H)
          Y $\pi \mathfrak{P} GaH$ Et a li de leurs mains at-ent C^2

Les quiex ne di pas grans com toi,
Se mont saintefiés en soi
Ne sont, et s'en paeur tres grant

Et en euz mont humiliant
N'i atouchent ; et meschans di   4945
Par le contraire touz ceuz qui
Y atouchent sanz grant paeur,
Sanz reverence, *sanz* honneur,
Qui ne se sont mondefïé
A leur pouoir et bien purgié.   4950
Divers effès l'atouchement
De li a, quar qui dignement
Y touche, il en devient melleur ;
Et qui y touche sanz cremeur,
En pechié, sanz amendement,   4955
De mal chiet en empirement.
Et pour ce que digne y touchas
Et reverence li portas,
Es plus a loer que devant
Et plus te doit on dire grant.   4960

Or di, quant Jhesus baptisiés
  Fu, ie fleue fu si purgiés
Quë il sembloit que tout luisist
Et que du fons clarté issist ;
Et fu le ciel amont ouvert,   4965
Si que sus li tout en apert
Le S. Esprit comme coulon
Descendi, et lors oui on
La voix Dieu le pere disant :
"C'est mon chier fil tres bien plaisant." 4970
Virge Marie, aproche avant,
Se tu n'i es ja par devant !

Ne mieulx sa. *H*, soi] toy 𝔓 foy *GH*, Sa. ne sont e. soi *C*²
s'en] en Θ𝔓*H* sans *Ga*, p.] creinte 𝔓, s. en son pouoir t. *H*, Et nont le sien pouoir t. g. *C*²
Se *C*², m.] tres fort 𝔓
a. m. les d. *C*²
co. com ce. q. *C*²
paour *GH* cremeur 𝔓
sans Θπ*GaHC*²] sant β, r. et s. a*C*², r. et grant h. 𝔓
ne soit (soient *HC*²) m. a*HC*²
l.] son a
effectz *GC*²
car indignem. a
—en a
y] la *H*

fleuue Θπ𝔓*GaH*
Quil resembl. 𝔓, luisoit *H*
q. cl. du f. i. (yssoit *H*) a*HC*²
damont a*HC*²

esperit 𝔓*GaH*, com vn c. a
ouyt *G* oyt *C*²

f. a moy pl. 𝔓
ap. toi *C*²
tu nes icy p. a*H*, nes ja sans delay *C*²

Que te semble de celle voiz
Qu'as oui, et se la connois ?
Grant joie à ton cuer doiz avoir   4975
Que toute gent pueent savoir
De ton fil que certainement
Fil est de Dieu, et vraiement
Qu'a li et a toi est commun,
Et a vous deuz seulement un.   4980
Melleur tesmoing n'en pues avoir.
Et ce tesmoingne ausi de voir
Le S. Esprit qui son mesne a
Et son ni dedens toi piec'a,
Qui en toi par us son vol prent   4985
Et vole et ravole souvent,
Pour ce quë es son coulombier
Et son repaire qu'a tres chier.
Voiz le la où il est venu
Pour tesmoingnier et descendu   4990
Quanquë a dit Dieu le pere
De celui de qui es mere,
Et qui a privilegïe
Le baptesme où il a esté
Pour *tous* ceuz laver et purgier   4995
Qui enz se feront baptisier,
Qui de son *nom* seront nommés
Et pour ce crestiens clamés.
Et à ceuz a le ciel ouvert
Le S. Esprit tout en apert   5000
Qui ne l'estoit mie devant,
Ainsi le baptesme approuvant
Qu'autre foiz visité avoit
Des ce que par dessus voloit,
Et que venoit et aloit sus   5005
Tout visitant sanz voler jus.

ouye 𝔓
a] en HC^2
t-es gens a𝔓, poent Θ peulent 𝔓 doiuent aC^2

F. d. D. est que (qui HC^2) v. aHC^2, F. dieu est infalliblem. 𝔓
A t. et a li est c. aHC^2

M-rs t-gs H, ne p. $GaHC^2$, puis Θ
ainsi G
quen soi meime a q. som mesme G q. s. maine π q. sa (—sa 𝔓) maison H𝔓
En toi et (est a) s. ni (nic a) de p. $GaHC^2$
us] os G
volle et rauolle G
ques le sien c. 𝔓
repere car t. H r. le tr. C^2
Voy 𝔓 Ve π
et] est GC^2
Tout cela qua d. 𝔓
de] a a, e. la m̃. C^2
Par C^2, a] est C^2

P. tousiours l. G
Lesquelz se 𝔓, enz] eulx π
Q. n-es ser. de son nom 𝔓
P. ce christians les nomme on 𝔓, clamer G
A tous ceux 𝔓, Et pour ce a aHC^2, ce. cy l. G
esperit 𝔓 GaH
ne sest. Θ, m. par auant 𝔓
Aussi G

De Θ, voll. G
voloit et H
voller G aler π𝔓a

Apres avint une chose,
La quelle se bien dire ose,
Chascun mervelleus en sera
Et grant horreur au cuer ara.　　　　5010
Dieu le pere qui dit avoit,
N'avoit pas mont, quë il amoit
Et mont li plaisoit son chier filz
Au S. Esprit a mon avis
Qui sus li aloit voletant,　　　　　5015
Si comme dit est par devant,
En la fourme qui s'ensuit dist :

"Entent a moi tu, S. Esprit !
Le tempz tantost aprochera,
Et dedenz ·iii· ans il sera,　　　　5020
Si com sces bien, que bataillier
Contre la mort et guerroier
Faut mon fil et contre Sathan
Qui regnera jusqu'a cel an.
Si est tempz que doie aprendre　　　5025
A assallir et defendre
Soi, et quë ait premierement
Touz les tours d'escremissement.
Si te dirai que tu feras :
Au parfont desert le merras　　　　5030
Où la endroit ferai venir
Sathan contre li escremir.
Ce sont les escoles où est
Volentiers de bataillier prest.
Mon fil point il ne connoistra　　　5035
A plain, pour ce que vëu l'a
En Jourdain estre baptisié,
Et pensera que, se pechié
N'ëust et pur homme ne fust,

Dieu le pere au S. Esprit.

De la q. se d. lose 𝔓, se ie d. lose *a*, lose *HC²*
Tout ch. m-lle s. 𝔓, m-llex Θ m-lliez, π𝔓G*a HC²*
honneur *HC²*

p. gaires quil a. 𝔓

esperit 𝔓G*aHC²*
vollet. *G*

Ainsi que d. 𝔓
Parla en la f. q. s. *a*, sensieut Θ, —dist (*a*)*H*
dit π𝔓, Dieu parla ainsi quil sensuit *C²*

Entens *C²*, toy 𝔓, esperit 𝔓G*aHC²*
En brief le t. ap. *H*, tan.] si *C²*

Comme b. sc. q. 𝔓 Si comme sc. q. *a*, scay *H*

f. encontre s. *aHC²*

jusques c. *a*, c.] tel *H*
e. bien t. quil d. 𝔓, t.] drois *aHC²*; q. li doye *a. C²*
et soy (se 𝔓) d. *H*𝔓, a d. *C²*
Et q. il a. p. *H* Et quil saiche p. 𝔓
discr. 𝔓 destr. π

Ou *a*, profond 𝔓, menras *H*
Et *aH*
S. et a li e. *aHC²*
Se 𝔓

p.] pour ce *a*, congnistra Θ

Au *a*

—5039 *H*, N. fait et 𝔓; Ou volente dhomme neust *P* N. depuis ce que il fust ne *C²*

Le Pelerinage Jhesucrist.

Ja baptisier fait ne se fust,	5040	—5040 HC^2P
Et ausi apres qu'il fu né		Et ap. a. q. fust ne a Neust ia baptisie neust este H Neust depuis ce (—ce P) que il fust ne C^2P
Ja circuncis n'ëust esté,		Ne c. quant il fu ne H, il n. C^2
Et encor mainz y pensera		Encore m. il le saura (sera C^2) HC^2, m. il saura a
Quant fain avoir il le sara.		il (—il a) lui verra HaC^2, s.] verra $\mathfrak{P}$
Ce sera quant ara jeuné	5045	jeusne G
Ou desert où l'aras mené.		où] et aH
Va et l'i mainne sanz delai		et] si aHC^2
Et grant piece jeuner le fai,		Et par longtemps j. $\mathfrak{P}$
Si que fain ait, et plus legier		Et q. faim $\mathfrak{P}$, ligier G
Soit pour aprendre à batailllier,	5050	p.] a a
Ja ventre plain bien n'aprendra		
Ne sa lecon ne retendra."		

Jesus alant ou desert pour estre tempte de lennemy fut meu dy aler par le s. esperit. $\mathfrak{P}$ (T)

Lors le S. Esprit le mena		esperit $\mathfrak{P}GaHC^2$, L. l. m. le S. C^2
U dit desert où jëuna		Au a, En ce des. $\mathfrak{P}C^2$, de. par deuant dit C^2, où il j. $\Theta\mathfrak{P}GH$
Quarante jours et autant nuis,	5055	et tant de n. H
Si que grant fain il ot de puis.		il ot p. a il y ot p. H, Il y jeuna si ot fain p. C^2
Dieu se monstra par jëuner		D. il s. $\mathfrak{P}$
Quant [tant] il le peut endurer,		tant $\pi\mathfrak{P}G$, Comment il aHC^2, pot πGHC^2 peust a
Et homme la fain le monstra		h. estre f. $\mathfrak{P}$, le f. Θ
Qui tost est vain, se mengié n'a ;	5060	tout G, —vain G, sa (qua C^2) mengier na $\pi\mathfrak{P}GaHC^2$
Si que, quant ainsi fu afflit		afflict G
De fain, et que Sathan le vit		
Qui prest fu la, et quë il crut		pres aC^2, il] tost $\mathfrak{P}$
Par celle fain que pur hom fust		Pour HC^2, cel (celle C^2) f. q. p. homme f. ΘC^2, qui G, fa. p. homme $\mathfrak{P}$, pour homme a
Et ausi par ce qui est dit,	5065	A. p. ce que ia e. d. $\mathfrak{P}$, ainsi aH
A escremir tantost se prist		
Par temptations contre li		t-ion GaH
A savoir s'il estoit ainsi ;		
Quar comment qu'ainsi le crëust,		Ou C^2, que ai. le crut G, Q. combien quassez sen doubtast $\mathfrak{P}$
Si n'en estoit il pas sëur	5070	Toutesfois seur nen est. p. $\mathfrak{P}$, il mie asseurt C^2

Pour signes contraires qu'avoit	Par C^2
Vëus, ou doutance prenoit.	Perceuz ou ℬ, Veu dont d. faisoit aHC^2, ou] en Θ
Si en vout savoir tout le voir,	voult πGaH, Sav. en volut le vray lors ℬ
Et fair'en du tout son pouoir	faire d. a, fairent d. t. se pooir Θ, Et en faire tous ses effors ℬ
Tant com avantage en avoit 5075	
Et en ses escoles estoit.	
La avoit pierres grant foison	a gr. C^2
Et devant li et environ	D. li et a lenv. ℬ
Des quelles il dist a Jhesu :	

Sathan est venu tenter iesuscrist ou desert. ℬ (T.)

athanas Jhesum.

"Se fil Dieu es, par ta vertu 5080	es] est G
Fai ces pierres devenir pain,	
Quar je sai bien quë as grant fain.	quas moult g. ℬ
Si t'en säouleras, se veus,	sa. bien se v. ℬ, se tu v. ΘaC^2
Et ne seras plus famelleus."	pas f. Θ
Adonc Jhesus se deffendi 5085	
Et contre li fort escremi :	luy se deffendy H

iesus spont.

"De pain seulement pas ne vit	D. p. dist s. ne v. ℬ
Homme, si com il est escrit,	Lhomme ℬ
Mez de toutes les paroles	des bonnes et sainctes p. ℬ
Que Dieu dit en ses escoles. 5090	dist Θ] a dit ℬ
Ne doit nul si grant fain avoir	
Com de Dieu faire le vouloir,	
Que d'ouir ses commandemens	=5094 G, Ne a Et H, De oyr s. saincts c. ℬ, Et tenir s. C^2
Et du faire estre diligens."	Et de les f. di. aHC^2 Et les garder diligemment ℬ Sans de ce estre negligens G
Au quel mot si confus se vit 5095	Duquel aHC^2
Sathan que com mu rien ne dist.	S. comme mut r. ℬ, q. mus r. a, mur H —mu C^2
Mez d'autre maniere escremir	
Vout contre li, dont esbahir	
Se doivent touz, quar le troussa	doit chascun q. ℬ, toursa Θ
Et sus le pignon le porta 5100	

5087-8.—Deut. viii., 3: non in solo pane viuat homo, sed in omni verbo quod egreditur de ore domini.

Le Pelerinage Jhesucrist.

Du temple, et ensuiant li dist
Que jus a terre se mëist,
Allegant que, se Dieu estoit,
En rien blecier ne se pourroit ;
Quar de ce le garderoient 5105
Bien ses angres, se vouloient.
Mez Jhesus se targa si bien
Que ce coup ne li meffist rien.
"Ton Dieu, dist il, pour ton tenter
Tu n'as pouoir de surmonter." 5110

Lors Sathan, quant vit qu'ot fallu
Et que ·ii· foiz estoit vaincu,
Un coup encor a li geta ;
Quar d'où estoit le transporta
Sus une montaingne tres haut 5115
Où ausi com d'un eschafaut
Les biens du monde li moustra,

Sathanas a Jhesum. Disant : "Quanque voiz ca et la,
Je sui tout prest de toi donner,
Se proté me veuz aourer." 5120

Cil qui songe. O larron Sathan, qu'as pensé ?
Tu ne sces a cui as parlé.
N'est ce pas celui qui te fist
Dont toute bonté naist et ist,
A cui les biens du monde sont 5125
Et par qui possessans les ont ?
Et *que* li donras, ce as dit,
Dont ciel et terre ont grant despit,
Et encor en condicion
Quë en ville dejection 5130

ensieuant Θ ensuiuant πGa ensement H hardiement 𝔓, et ainsi l. C²
Q. de hault a t. il saillist 𝔓
A-guant G En monstrant aHC²
pouoit 𝔓
len H
S. a. ainsi que voulroient 𝔓, angelz G, silz v. HC²
targea 𝔓 garda aHC²
m. de r. 𝔓
—Ton HC² Mon a, ton] toy Ga, Escript dit est ne tempteras 𝔓
Nas p. d. moy s. C², na π, Ton dieu aincois lhonoreras 𝔓, sourm. Θ

quot] que ou π queut 𝔓, faillu π𝔓Ga failly H
f. il ot v. aC² f. il le vainqui H
caup Θ, encore lui g. H
dont est. ΘπGaH, Q. dilec il le t. 𝔓

—Ou aH, A. comme d. C², eschaufault G escharfault 𝔓 eschaffault C²

tous Θ, P. ies. de tout te d. 𝔓
Sagenoulx m. 𝔓, p.] pour ce ΘG ycy aHC²
A G, L. S. q. en p. (empense HC²) aHC²
Pas 𝔓, c.] qui π𝔓GaHC²
tout C²
n.] vient aHC²
Par qui aHC², c.] qui π𝔓G, l.] tous 𝔓
Et q. possesseurs a, P. q. les possesseurs 𝔓 HC²
que Θ𝔓aC²] qui βπGH, do. as tu d. 𝔓
Toutes choses cest g. H Dont certes jen ay g. C²
Et promectz par c. 𝔓
vile π𝔓GaHC², subiection aC²

5128 a, b.—Tu luy donras mais dy quas tu
Onc de toy plus poure ne fu 𝔓 (175 a).

Se mete pour toi aourer,		Il sencline p. tadorer 𝔓, mectre a, adour. πGa
Devant qui devroies trembler,		
Qui des angres est aouré		Car d. anges C^2, angelz G, adore π𝔓Ga
Et touz tempz servi et loé.		toutemps G
Quë as tu dit, Sathan larron,	5135	Quas tu dy S. faulx l. 𝔓, dit tu π
Et qu'as tu fait, quant mission		Quas tu f. q. immiss 𝔓, f. quel m. H f. que m. C^2
De tes pates as fait sus li ?		pas C^2, sor C^2
Tourne pignoles et t'en fui,		T-nes G, pinguales a, p-le (tarriere 𝔓) et si t. f. Θ𝔓
Avant que ses angres venus		anges GC^2
Soient, des quiex, së es tenus,	5140	se tu es 𝔓a
En enfer te trebucheront		
Et doubler tes tourmens feront.		doubles aC^2, f.] ser. a
Se soi tempter il t'a laissié,		De πG, toy C^2, A toy se te. sest l. 𝔓, ta] a a sa C^2
Et homme pur tu l'as cuidié		Par quoy p. h. l. c. 𝔓
Aucune foiz, tu verras tost	5145	A-nes 𝔓C^2
A quoi le connoistras tel ost		ly G, q. on le c-tra tost aHC^2
Que Dieu maugré tien le diras,		toy 𝔓, ly G
Et tost la place vuideras.		Ou π𝔓GaHC^2, le Θ
"Va t'en, Sathanas, dist Jhesus.		
Ci ne vueil que demeures plus.	5150	q. ne d. π, demoures G
Jamaiz la mort ne douterai		
Puis qu'a escremir apris ai,		quapris a e. ay aHC^2, iay 𝔓
Et bien en pourrai aprendre		b.] autres 𝔓, p. prendre π, je b. y. p a. C^2
Ci apres et y entendre.		ap. se y vueil ent. HC^2, y] a eulx 𝔓
Mez pour chose que j'aie esté	5155	
A tes escoles et mené,		m.] tempte H
Point aourer je ne t'en doi		adorer π𝔓Ga, te d. aHC^2
Ne en rien servir, mez tu moi."		Nen riens te s. 𝔓
Adonc tantost se departi		
Le Sathanas et s'en füi,	5160	Ly H, fouy 𝔓
Et les angres sanz targement		angelz G anges C^2, tardem. Θ
Vindrent a li et prestement,		et] tres 𝔓, presentement a

Jesus a Sathanas.

After 5148 ten lines interpolated in 𝔓 (f. 175 a), see Appendix.

Le Pelerinage Jhesucrist.

Et se prirent a li servir,		prindrent π𝔓GaHC², le π𝔓
Mervellans comment son plaisir		M-llant Θ, comme πG
Avoit esté dë otroier	5165	Lors av. e. doct. 𝔓
A Sathanas d'a li touchier.		De S. a luy t. αH, de li ΘGC²

Jhesus aus angres. "Rien, dist il, ne vous mervelliés !   —5167 P¹HC²(P), Bien G
Sathan est des mauvaiz li chiefz   —5168 P¹HC²(P), de Θ, chies α
Le quel, se par touchier vaincu   —5169 P¹HC²(P), Desquelz α
Ne m'a, si com aves vëu,   5170   —5170 P¹HC²(P), ainsi que lav. v. 𝔓
Et que sa force ja bien sai,   —5171 P¹HC²(P)
En rien douter je ne devrai   —5172 P¹HC²(P), do. ne le de. α
Les mauvaiz qui ses membres sont   —5173 P¹HC²(P), ses] les Θ
Quant ci apres les mains metront   —5174 P¹HC²(P)
A moi pour ma vie sevrer   5175   —5175 P¹HC²(P), p. me de v. s. 𝔓
Hors du cors et a mort livrer."   —5176 P¹HC²(P), Et moccire et 𝔓

Or est m'entente de dire		est il (—il C²) bien temps de d. HC²
Puis ci avant et escrire		Dores en auant 𝔓, P. (—P. C²) ycy apres et desc. αHC²
Mainz faiz et mainz dis qu'en chemin		f. m. d. que en ch. H, —et C², et m. que ch. α
Fist puis et dist ce pelerin,	5180	P. f. 𝔓, dit α
Des plus notables mesmement		De G
Selonc que pourrai plus briément.		Le pl. que p. briefuem. 𝔓

            Vocation des apostres apres les trois premiers. 𝔓 (T.)

Math. iv. Apres quë Andrieu fu venus
A li et Pierre et Philippus,   pierres Θ
Jëhan et Jaque y fist venir   5185   jaques H, jacques il f. 𝔓
Et tout laissier et li süir.   le suiuir 𝔓, suiuir H sieuir Θ seruir GC²
Ausi com l'äymant atrait   Ainsi GH, Ainsi comme lhaiment 𝔓 A. que l. Θ
Fer et a li venir le fait,
Ausi ceuz quë il appeloit   Tout ainsi c. quil ap. 𝔓
A li tantost venir faisoit.   5190

    Lines 5167-5270 omitted in *P* between fol. 40 and 41. There seems to be wanting a double leaf after fol. 40 and 42, a similar gap occurring between fol. 42 and 43, see note at line 5489.

Jesus commence a sappuyer de son bourdon en vsant de sa puissance et faisant miracles. 𝔓 (T.)

Et quant il fu acompaignié,
Par Galilee tout a pié
Se prist a aler, hors mou*n*strant
Son bourdon et li fort tenant   et] en aHC^2, li] si ΘG le 𝔓
En curant diverses langueurs,   5195   En garissant toutes l. 𝔓
En deables qui ha*b*itateurs   Et 𝔓 Des a, De (En C^2) d. q. habiteurs HC^2
Estoient d'ommes boutant hors,   b-ns $GaHC^2$, h.] fors Θ dehors 𝔓
En resuscitant pluseurs mors,   Et π𝔓G
En meseleries ostant   Et π𝔓, mez garissant 𝔓
Et avugles enluminant.   5200   En aHC^2
Et avint qu'en ·i· samedi   —qu' Θ, que vn s. a, sabmedy G
En Nazareth où fu nourri
uc. iv. Dedens la synagogue entra,   le C^2, s-goge Θ
Et la en apert commenca
U livre Ysaie lire   5205   Dedens le liv. 𝔓, dysaye HC^2, a lire C^2
Et un mot qui la est dire :   Vne sentence dilec d. 𝔓, est la πG, estoit C^2
Le S. Esp[e]rit qui m'a oint   esperit ΘGaH, esprit lequel m. 𝔓, qua moy est joint C^2
M'a envoié, dit et enjoint
Que par tout die verité,   t. ianunce v. 𝔓
Et par moi soient ceuz sané   5210   sauue $\Theta\pi$𝔓$GaHC^2$
Qui sont contrit et repentant,
Et qu'aus chetis voise preschant   chestis G chetifs HC^2
. De leurs pechies remission
S'il en font emendation.   fait C^2, amend. Θ

Et apres quë il ot ce dit,   5215   Ap. quant il H, quil eust ce dist a quil eut cela d. 𝔓
Le livre rendi et s'assist   sassit πGa
uc. iv. En arguant si les Jüis   si fort l. 𝔓
Que touz estoient esbahis,
Et que touz il se leverent   Si H, tout Θ
Et hors la ville menerent   5220   Ho. (Et h. C^2) de la v. le m. HC^2, h. v. le m. G, v. le chasserent 𝔓
Et d'un haut tertre trebuchier   —tertre Θ tretre π

5205.—Ys. lxi. 1-3.

Math. vii.	Le voudrent jus pour mehaingnier. Mez par mi euz outre passa Si qu'a li lors nul ne toucha.	jus] tous aH, p. le tuer ℬ p. le m. C^2 que a lui nulz nato. aHC^2, nul nato. πℬ
Math. iv.	En Capharnau*m* ala puis 5225 Où les dëables es cors mis Des hommes grans cris getoient, Et hors maugré euz issoient Ausi tost com leur commandoit Ou que par devant euz passoit. 5230	Carphan. ΘH Caph-on C^2 La ou ℬ, diabes π Les h. a com] que ℬ quon C^2 Et C^2, Et q. p. a Et p. H
Luc. v.	Et avint que peschier ala Pierre en la mer qui estoit la, Et entra avec li Jhesus A fin que poissons prëist plus. Et si fist il, quar tant en prist 5235 Que ·ii· nes emplir il en fist, Disant a Pierre qu'il seroit En un temps qui apres venroit Pescheur des hommes; si fu il, En puis getant mainz de peril, 5240 De mort et de dampnation Par bonne predication Qui l'amecon est des prescheurs Miex acrochant que des pescheurs, Mesmement se ceuz bien aidier 5245 S'en scevent qui en vont peschier, En metant y amorsiaus bons,	Et av. li ent. Jh. a q. des po. prist ℬ, poisson $GaHC^2$, preissent a nefs $GaHC^2$, —il aHC^2 —En aH, Que u. t. a. v. C^2 si] se G Et ΘGaH, maint aH, m. g. π, En plusieurs g. du p. ℬ, m.] hors C^2 temptacion C^2 —5243 $P^1H(P)C^2a$, Q. la maison e. A —5244 $P^1H(P)C^2aG$, acroissans A, M. crochant q. cil d. p. ℬ, peecheurs Θ —5245 $P^1H(P)C^2$ —5246 $P^1H(P)C^2$, En G, Ne sc. que il v. p. a Se sc. q. y v. preesch. A —5247 $P^1H(P)C^2$, M.-ns dedens amorsaulx b. ℬ En m-ns ens a mo. b. π, m. eux en mo. b. G m. eux aux mo. a m. aux hains mo. b. A
	Afferans aus condicions De ceuz et celles qui peschiés Y doivent estre et acrochiés. 5250	—5248 $P^1H(P)C^2$, A-nt πGA —5249 $P^1H(P)C^2$ —5250 $P^1H(P)C^2$, —Y A
	Apres pluseurs garissemens Quë il fist a diverses gens,	—5251 C^2, =5252 P^1H, Pour p. a =5251 H (Et de maulx grans gar.), Par ses tresbons enseignemens P^1, Lesquelz f. ℬ

Math. ix.	Aucuns de paralisie, Aucuns d'autre maladie Il vit et appela Mahieu 5255 Qui se sëoit a un tonlieu, Et ala mengier avec li Dont pluseurs furent esbahi Murmurans que pas ne devoit Mengier avec ceuz que savoit 5260 Estre gens negociateurs Et qui sont publiques pecheurs. Et pas ne doit estr' en oubli	p-sies H p-siens C^2 A autres d. $\mathfrak{P}$, Et d-res griefues m-dies H Et dau-s auc-s m-ies C^2 Sy H, vint $\pi\mathfrak{P}H$, Mathieu C^2 Q. seoit en un tonnelieu H Q. s-t tout seul en vn lieu C^2, a] en $G\mathfrak{P}aH$, se. en thelonieu $\mathfrak{P}$ pluseur Θ ceuz] gens HC^2, quil s. $\Theta\mathfrak{P}C^2$ gent C^2 p-que Θ
La re- sponce de Jhesus.	La parole que respondi : "Mestier de mire ceuz pas n'ont 5265 Qui sainz sont, mez qui ne le sont. Les bons ne vieng pas appeler, Mez les pecheurs pour amender. Touz appelés les justes sont, Dë estre appelés mestier n'ont. 5270 Seulz en ont les pecheurs mestier Pour euz au chemin adrecier."	quil r. $\mathfrak{P}a$ De medecim p. mest. n. $\mathfrak{P}$ sain H, Q. so. sains $\mathfrak{P}$ vien G viens aH vueil C^2 Ja ap-z $\mathfrak{P}$ Destre $\pi\mathfrak{P}GaH$, m. plus n. $\mathfrak{P}$ Si a, Les s. p. en o. m. $\mathfrak{P}$ P. au ch. les ad. $\mathfrak{P}$, au] a Θ
Lacteur. Math. x.	Apres ses deciples eslut Et ·xii· en prist tex com li plut, Et leur donna auctorite 5275 Que donnassent a ceuz sante Que langoureus trouveroient, Et ceuz qui es cors aroient Les anemis delivrassent Et touz hors les enchacassent. 5280 Puis en un champ il s'arresta Pour ce que pluseurs furent la	Les a, com] que $\mathfrak{P}$ quil H, plait π Quilz HC^2, De donner a tous c. s. $\mathfrak{P}$ Quilz H Que on π Qui C^2, long. G languer Θ malades $\mathfrak{P}$ cucachaissent Θ ch.] lieu H cop C^2
Math. iv.	Qui atouchier le vouloient Pour la cause que vëoient Grant vertu qui de li issoit 5285	Lesquelz $\mathfrak{P}$ Et ce p. c. quilz v. $\mathfrak{P}$, quilz v. aH

Dont les languoureus garissoit.   —5286 𝔓, langeurs Θ
Mez cest issement de vertu   cel i. Θ tel i. 𝔓
Mie ne doit estre entendu   Ne d. m. e. e. π, Si ne d. pas e. e. 𝔓aHC²,
    Estre ne d. pas ent. G
Qu'en tel maniere hors alast   celle C², h.] sen π𝔓GaHC²
Qu'en li *tous* jours ne demourast. 5290
En tel guise ist la lumiere   g.] maniere aHC²
Du soulel quë ens entiere   s. et que ent. H, —ens C², qui πa quant G,
    qui en luy ent. 𝔓
Demeure toute sanz partir,   —partir H
Touz jourz preste d'ainsi issir.   Toute pr. de en is. a Et toute pr. de ys. H
    Toute p. de ys. C²
Si que chascun avoir en puet 5295
Së arrester a li se veut,   Se presenter 𝔓
Et que de la lumiere di,
De sa chaleur il est ausi.   De la ch. e. tout a. 𝔓, caleur Θ, ainsi C²

  Huyt bentitudes enseigne nostre seigneur Jesus en leuangile. 𝔓 (T.)

Tantost avint quë il se mist   Apres av. HC²
 En un plus haut lieu et se prist 5300
A preschier, en metant avant   en] et Θ

Math. v. ·viii· benëurtés et contant.   boineuretes Θ beneuretez π𝔓GaHC²
C'estoit : en povres de leur gré,
En gent de debonnaireté,   gens 𝔓a
En gens plourans pour leur vice, 5305 Aussi en g. 𝔓, gent πaH, pl-nt a
En gent desirrant justice,   gens d-ans Θ𝔓G, d-ans π
En piteus et misericors,   et] en ΘHC²
En gent de pensé non pas ors,   gens 𝔓GaH, pensee 𝔓a, g. desperance n. p.
    hors HC²
En gent qui quierent par tout paiz   gens 𝔓GaH, qui par t. q. p. aHC²
Et en ceuz c'on het pour bien faiz. 5310 En c. quon h. p. leurs b-s f. 𝔓, En gent que
    on h. par (pour C²) b. f. aC² Et en
    gent qui ont pardons f. H, ce. qui
    hault p. G, biens ΘG
A ceuz ci louier prametoit   A telz gens l. 𝔓, louer a loyer GC²
Grant es ciex u tempz qui venroit.   G. ou ciel ou t. quil v. 𝔓, chieuls Θ, que G
Et apres quë il ot ce dit,   quil eut tout ce d. 𝔓
Deuz manieres de gens maudist :   maudit 𝔓aC²
Luc. vi. Gent qui trop se säouloient, 5315 Gens πGH, De g. a, Ce sont ceux q. 𝔓
Disant qu'encor fain aroient ;   D. quen la fin f. 𝔓, auoient a

|Math. vii.| Et gent ris et soulas querans,
Disant que pleurs aroient grans.
Et avec ce il ensegnoit
Comment chascun faire devoit :   5320
Quë on amast ses anemis,
Et a ceuz dont estre haïs
On se savoit, bien on fëist,
Et maudisons on benëist.
Et qui en la goe ferus   5325
Seroit, de l'autre nul refus
Ne fëist, mez tost la baillast.
Et a cui robë on ostast,
La cote ausi laissast aler.
Et ja ne refusast donner   5330
Quelque chose c'on requerust
Sanz repeter quë osté fust ;
Et que chascun a touz fëist
Ce qu'estre fait a li vousist.

gens $\mathfrak{P} G$ jeux aHC^2
D-ns aH, Pl. aur. et gemissemens $\mathfrak{P}$

cascuns Θ, deuroit G
Cest quon am. $\mathfrak{P}$ Q. len am. G

on leur fist $\mathfrak{P}$
Et ses maudisseurs on b. $\mathfrak{P}$, mauldisans GH mesdisans aC^2
Et cil q. $\mathfrak{P}$, en ioe f. a, ioye f. G joe f. C^2

fist m. du cueur la b. $\mathfrak{P}$, m. lautre b. aHC^2, le Θ
Et qui a πG, Et qui (E. se C^2) aucun r. aHC^2 Et cil a qui r. $\mathfrak{P}$
Sa aH, Mantel au. souffrist oster $\mathfrak{P}$
ja] point $\mathfrak{P}$
c'on] que a
repentir aC^2, qui C^2, q. donney f. $\mathfrak{P}$
Et ch. autant f. aH, a trestous fist $\mathfrak{P}$ au tel fist C^2
Que est. a

Conseilz euangeliques sont traictez. $\mathfrak{P}$ (T.)

|Ihesus.|
|Luc. vii.| Je vueil ausi, apres disoit,   5335
    Que chascun misericors soit
Com moi, et jugier ne vueilliés,
Se ne voules estre jugiés !
Touz meffaiz vueilliés pardonner,
Et nul ne vueilliés condampner !   5340
Donnés, et on vous redonra
Autant com vostre don vaudra.
Point ne vous monstrés courouciés !
Injure nulle ne faciés,

C o mme m. j. ne vueillez $\mathfrak{P}$, m.] lui C^2
veulx G
vuilles G, P-nnez de cueur t. m. $\mathfrak{P}$
Et ne vueilles nullui da. aHC^2, nen v. Θ, vuilles G, Sans c. dautruy les faiz $\mathfrak{P}$
v. donra G v. donnera $\mathfrak{P}$
A. que v-s dons Θ, Pardonnez on vous par-donra $\mathfrak{P}$
P. durement ne v. coursez $\mathfrak{P}$, courochies Θ
nul π, Et inj. a nul ne facez $\mathfrak{P}$

5342 a, b.—Voire et a icelle mesure
    Quaurez pardonne vostre iniure. $\mathfrak{P}$ (176 a).
5344 a, b.—Et siniure faicte vous est
    De la pardonner soiez prest. $\mathfrak{P}$ (176 a).

Le Pelerinage Jhesucrist.

Math. v.	Et n'aiés indignation ! 5345	—5345 C^2, = 5346 (Et quant ferez obl.) $\mathfrak{P}$, n. le ind. π n. iuridicion H
	Et se faites oblation,	—5346 C^2, Se vous auez suspition $\mathfrak{P}$, si a, si faite Θ, Si f. obligacion H
	Si le faites que, se sentés	= 5348 (Quaucun soit contre v. i.) $\mathfrak{P}$, les Θ, Et si f. aHC^2, se saues a
	Aucun encontre vous irés,	Aucuns C^2, Deuers celui v. en i. $\mathfrak{P}$
	Humiliés vouz tout avant	Reconcilier humblement $\mathfrak{P}$
	A li, et en li apaisant ! 5350	en] a π, li] vous a, De vostre pouoir lap. $\mathfrak{P}$ En lui doulcement ap. C^2
	Nul, pour avoir couvoitise	Ne couuoite ne soir ne main $\mathfrak{P}$
	De fame, jamaiz hors n'isse,	Fille ou femme de ton prouchain $\mathfrak{P}$, j. ne sauise C^3
	Quar en ce faisant pecheroit	pecheroies $\mathfrak{P}$
	Selonc le vueil quë en aroit.	S. la volente quauroies $\mathfrak{P}$, en] on C^2
	S'aucun de vouz a euil ou main 5355	Se tes piedz tes mains ou tes yeulx $\mathfrak{P}$, oeil G
	Qui vostre euvre face brehaing,	Qu Θ Que a, Q. en v. H, Te sont nuysans et scandaleux $\mathfrak{P}$
	Pour quoi doiés estre blasmé,	Par q. tu d. $\mathfrak{P}$
	Soit tantost le menbre geté	
	Hors dont tel blasme puet venir	
	Et diffame tel ensüir ! 5360	En d. pour e. HC^2, t.] pour aHC^2, ensuiuir $\mathfrak{P} GaH$ ensieuir Θ
	Simple soit vostre parlement	Humble C^2
	Sanz acoustumer serement !	a-me s. a, S. y adiouxter iurement $\mathfrak{P}$
	Dire : ainsi est, ou il n'est pas	Sire C^2
	Soufise, se n'i est grant cas.	Soufise H] Soufist $\beta\Theta\mathfrak{P}\pi G$ Il souffist C^2, se il ny a g. c. aHC^2 si non que fust g c. $\mathfrak{P}$
Math. vi.	Vos aumosnes et oroisons 5365	A. o. bien faiz $\mathfrak{P}$
	Et vos biens soient si repons	Que ferez so. clos et secrez $\mathfrak{P}$
	Que n'en sachent les hommes rien,	Q. personne nen sache r. $\mathfrak{P}$
	Mez Dieu tout seul dont vient tout bien ;	d. t. v. b. H, v. le b. C^2
	Quar il le retribuera,	Qui bien (—bien aHC^2) le vous r. $\mathfrak{P} aHC^2$
	Se louier n'en aves pris ja 5370	loyer GC^2
	De ceuz devant qui fait l'aves.	dev. dont soit laues aHC^2, que ΘG
	Toutevoies pas n'entendés	Touteffois aH, p. ne tendez π
	Que ne vueille que *vous* luisiés,	Et q. telement vo. luisez $\mathfrak{P}$

5350 a, b.—Puis ferez vostre oblation
En creinte et en deuotion. $\mathfrak{P}$ (176 a).
For 5371-2 ten other lines in $\mathfrak{P}$ (f. 176 b), see Appendix.

Et vos euvres luisans facies		l-nt π, facez 𝔅 faisiez H monstrez C²
Devant la gent pour euz moustrer	5375	—la a, D. le peuple et simple g. 𝔅
Et pour euz exemple donner		En leur bon ex. donnant 𝔅
D'onneste conversation		
Sanz fainte simulation,		Sanz πGa &c.] Sainte βΘ, faire a, f. ou si. 𝔅
Mesmement v*ou*s quë appelés		M. q. v. a. Θ M. quant (com C²) v. a. HC² M. com a. a M. v. quay a. 𝔅
Ai avec moi com miex amés ;	5380	Av. m. comme m. auiez 𝔅, c. bien C²
Quar un sel de sapience		Q. le sel de vraye sa. 𝔅, Comme semeur de sa. H, sel] seul aC²
Estes, pour estre semence		Si est p. a, Cest p. semer bonne s. H, la. s. C²
En terre pour hastivement		hastieuem. Θ
Donner a touz ensegnement.		
Et si estes la lumiere,	5385	Vous est. aussi la l. 𝔅, A tous autres soies lu. H, pour estre C²
De qui n'est pas la maniere		En q. a, En ouurant en telle m. H, Dont la clarte est entiere C²
Qu'en rien elle soit celee		=5388 (Qui a. et est enluminee) C², Que nulle r. 𝔅, elle ne s. H
Quant art et est alumee,		=5387 (Ne doit pas estre c.) C², Qui aHC²
Mez soit haut sus le chandelier		
En apert pour miex esclarier.	5390	p. eulz e. C², esclair. π𝔅G

Oraison doit estre briefue ainsi que lenseigne iesuscrit en leuangille et quil appert par la briefue oraison dominicale. 𝔅 (T)

Math. vi.

Une autre chose ausi v*ou*s di :		—ausi G, Aus. quant aurez la choison 𝔅
Quant a Dieu feres vostre pri,		fere Θ faictes a, De faire a D. v. oroison 𝔅
De paroles n'aiés pas mont,		Ne luy recitez point grant plait 𝔅
Quar tex choses trop pou y font ;		Q. ce long parler rien ny fait 𝔅
Et scet Dex quanque mestier a	5395	D. sc. bien de quoy m. a 𝔅
Celui qui de cuer prier va.		du c. π, Cil q. de c. p. le va 𝔅
Et pour ce vueil quë aprenés		ce ie v. 𝔅, v. ie quap. H, quap. C²
De moi, comment Dieu prierés.		Com. de cuer D. p. aH, comme G

Pater noster tout en francois. 𝔅 (T.)

Nostre pere, nostre segneur,		segeur π
Nostre roy, nostre createur	5400	r.] dieu aHC²
Qui as es ciex dominion,		chiex Θ
Math. vi. Saintefié soit ton saint no*n* !		S-fies so. le tien n. a

Le Pelerinage Jhesucrist. 177

  Ton royaume manifesté
  Nouz soit où *soies* hounouré !
  Ausi com ton vouloir est fait   5405
  U ciel, ausi en terre soit !
  Donne nouz du pain a mengier
  Qui touz les jourz n*ous* a mestier !
  Nos meffaiz nouz pardonne touz
  Si com faisons ceuz faiz a nous !   5410
  Et ne sueffre pas que soion
  Embatus en temptation,
  Mez nouz vueilles touz delivrer
  De mal si com pues et garder !

Quant leur ot dit ceste oroison   5415
  Où est toute perfection
  De bonnes requestes mise
  Completement et comprise,
  Il se reprist a sermonner :

Jhesus.
Math. vi.   Quant voudrés, dist il, jëuner,   5420
  Gardés, ne le faciés mie
  En moustrant ypocrisie
  Com ceuz qui pour la gent le font
  Dont de leur louier paié sont !
  Et vos tresors ne faciés pas   5425
  En terre ne u monde bas,
  Mez faites les u ciel lassus
  Où point emblés ne corrumpus
  Ne peuent estre ne seront.

  La ont leur cuers qui les y ont.   5430

Math. vi.   A deuz segneurs ne puet servir
   Quique soit sanz euz messervir.

T. sainct reaulme m. $\mathfrak{P}$, magn. G
soies $\pi\mathfrak{P}aGHC^2$] soit $\beta\Theta$
Ainsi $\pi\mathfrak{P}GC^2$, c.] que $\mathfrak{P}$
ainsi C^2, ci. en t. ainsi (aussi le $\mathfrak{P}$) s. $\pi G\mathfrak{P}$

Q. chascun jour $\mathfrak{P}$

p-nes πG
Comme f. $\mathfrak{P}$, C. f. ce. q*u*on fait a n. H, fais auons a
su. q. nous so. $\mathfrak{P}$
Liures en (a H) t. aH Livres en grief t. C^2 Vaincuz en noz t-ns $\mathfrak{P}$
vuille πGHC^2
Et de m. defendre et g. $\mathfrak{P}$, sil vous plait e. C^2, Amen G

dicte C^2, celle or. Θ
tout a
b-ne r-te aHC^2, De ce q*u*on doit querre et prier $\mathfrak{P}$
Parfaictement et par entier $\mathfrak{P}$, Parfaictement e. C^2
A s. il se r. $\mathfrak{P}$
Q. j. vous v. il d. $\mathfrak{P}$, juner Θ
faictes C^2
Que soit par yp. aHC^2 Par faintise nyp. $\mathfrak{P}$
C. sont q. par a, les gens $\mathfrak{P}$, p. loue*n*ges f. H
Et de leurs loiers p. s. aHC^2, loyez G
faches π faictes HC^2
Ca aual ou (en ce HC^2) m. b. aHC^2, nen ce m. $\mathfrak{P}$, m. en b. G

E. ne p. ne ne s. $\mathfrak{P}$, p. e. qui les y ont a p. e. qui la sont H, N. seront a ceulx qui les ont C^2
leurs $\pi\mathfrak{P}$, cueur G, Ne point embles il ne seront aH Et a tousiours les trouueront C^2
peulz G pouez H peuent a poez C^2
Nul qui so. $\mathfrak{P}$, Quil que so. s. m. π Q. soyes sa. m. G Quelx quilz (que H) soient sa. m. aHC^2

2 A

A Dieu servir bien ne poués
Së aus avoirs mundains servés.
Si vouz di, onques ne soiés   5435
Soingneus que mengier vous doiés,
Et ne vous chaut comment vestus
Soiés, mez que ne soiés nus !
Les oisiaus du ciel regardés
Qui ne sement orges ne bles,   5440
Et Dex, vostre pere, les paist
Et faute avoir point ne leur laist.

Et ausi di des vestemens :

Considerés les fleurs des champz
Comment croissent sanz labourer,   5445
Com grant biauté ont sanz filer
Qui est tele que Salomon
Onques ne vesti ne autre hom
Vestemens qui si biaus fussent
Ou couleurs teles ëussent.   5450
Si ne deves mie penser
Que Dex ne vueille ausi curer
De vouz com fait d'un pou de fain
Qui hui est vert et sec demain.
Si que de tex choses soingneus   5455
Point ne soiés ne angoisseus !
Bien scet vostre pere du ciel
Que de tout ce aves mestier,
Et de tout ce vous pourverra,
Se mis chascun s'ententë a   5460
A querre le royaume Dieu
Et sa justice avant tout gieu.
Et encore je vous di plus
Que de l'endemain ne doit nus

Saux av. m. vous s. $\mathfrak{P}$, m. pensez aHC^2
Et v. di (d. conques C^2) que point n. $\mathfrak{P}C^2$
Songeus π, —vous G
Ne v. chaille $\mathfrak{P}$, cault Θ

orge aH norge C^2

nostre l. pa. H, peres Θ
Ne $\mathfrak{P}$, Et souffrecte (souffrete C^2 souffret H) a. ne les (leur HC^2) la. aHC^2, leur] les Θ
ainsi dit G, di (—di H) des fleurs des champs aHC^2
C-dere Θ, Comment croissent sans vestemens aHC^2
= 5446 HC^2P (C. g. b. o. s. parer P)
= 5445 HC^2P (Et si cr. s. l. C^2), Et b. g. o. $\mathfrak{P}$, Et o. leurs robes s. f. P^1
Et aH, q.] com G, Et sont telles q. C^2
Semblable $\mathfrak{P}$, v. nautre h. $\mathfrak{P}aH$
Si odorans ne si bons f. $\mathfrak{P}$, bel Θ bons π
Ne qui c. si belles e. $\mathfrak{P}$, Ne qui telle c-r e. aHC^3, euiss. Θ
Par quoy ne $\mathfrak{P}$
D. ne v. a. bien c. $\mathfrak{P}$
c.] quil G, c. il fait du fain π c. il cure du fein $\mathfrak{P}$
Que Θ, Q. est h. v. H Q. h. v. est $\mathfrak{P}$
Par quoy $\mathfrak{P}$, songeux π

angouess. G

peres Θ

de ce t. $\mathfrak{P}$, De t. ce q. a. H
de ce t. $\mathfrak{P}$, de] que H
Se bien ch. $\mathfrak{P}$, —mis a, sent. y a aHC^2, sentence π entente G
Acquerre H, r. de D. $\mathfrak{P}$
g.] lieu aHC^2

du l. $\mathfrak{P}$, nuls GC^2

	Penser, et au jour bien soufist	5465
	Tel malice com en li gist.	

et a li (aler *H*) b. s. *aH*, P. mais. attendre se doit *C²P*
Tele m. quen l. 𝔅; en] a *aH*, A dieu qui ses (ces *P*) amis pouruoit *C²P*

Jugier autruy nous defend nostre seigneur, 𝔅 (T.)

Math. vii.
Ne vueilliés point jugier autrui,
   Si ne le seres de nullui,
Et ausi com vous jugeres
Ainsi apres jugiés seres,   5470
Et tel mesure on vous rendra
Com de vouz mesuré sera.
Qui est cil qui le festu voit
En l'ueil son frere, et pas ne voit
Dedens le sien un chevron grant,   5475
Et puis apres li va disant:
Laisse, frere, je t'osterai
Le festu quë en ton euil voi;
Tel ypocrite avant dëust
Oster son chevron, puis ëust   5480
Miex cause du festu oster
D'autrui euil et li arguer.

pas *aC²*
Et iugez ne s. aussi 𝔅, seras.*C²*
Car ainsi *C²*, Ainsi comme 𝔅, ainsi *a*, ainsi que v. Θ
Aussi *G*, Ap. certes. j. 𝔅, Tout ainsi j. vous s. *aHC²*
Telle m. 𝔅, En *HG*, En t. m. on v. vendra *G* Et de t. m. on v. tenra *a*, tendra *C²*
Que de v. m-ee s. 𝔅
c.] oeil *H* oyl *C²*, celui q. f. v. π𝔅
p.] point *HC²*
D. son oeil u. *H*, —un *C²*

L. faire π𝔅, —t *C²*
Le vestu Θ, ouiel π
Cest *C²*, av.] premier 𝔅
s.] le *aC²*; O. sa grant poultre apres e. 𝔅
feu o. *a*
De loeil d. et larg. 𝔅; ouiel π oeil *GC²*

Chose qui bonn' est trouvee
   Point ne doit estre donnee
Par vous a cil qui ne vaut rien,   5485
Math. vii. Quar ainsi seroit foulé bien
Com marguerites foulees
Des pourciaus a euz donnees.
Math. vii. Es neccessites quë ares
Dex vouz donra, se requeres.   5490
Qui bien querra il trouvera,

q. est b. t. π𝔅*aHC²*
Pas *aHC²* Jamais 𝔅

aussi f. (souillie *HC²*) s. b. *GaHC²*, foulee 𝔅
Comme seroient par les f. 𝔅

En vos n. quauez 𝔅; q. aies π
V. do. dieu que r. 𝔅
il] bien *a*

Lines 5489-5602 omitted in *P*, between fol. 42 and 43; see above, note at line 5167.

Par hurter on li ouverra.
Et ne cuide nul qui requiert
Que, se pain ou poisson il quiert,
Que de pierre ou d'escorpion   5495
On li face present ou don ;
Quar bon pere onques ne donne
A ses filz forz chose bonne.
Ce qu'estre fait a vouz voules
Aus autres faire vouz penes.   5500
Tous les prophetes et la loy
Ceci veulent en bonne foy.

Deuz portes sont dont est l'une
   Estroite, et l'autre commune.
Par l'estroite deves passer   5505
Së a vie voules aler.
Par la large communement
S'en vont mainz a leur dampnement.
Sagement garde vous prenes
De ceuz que vous venir verres   5510
Com traîtres en vestemens

De brebis, et sont leus dedens.
A leur euvres les connoistres,
Ausi com connoistre poues
Que d'espines et de chardons   5515
Ne queut raisins ou figues honz ;
Quar tout bon arbre fait bon fruit
Et au mauvaiz le mauvaiz duit,
Et celui mis u feu sera
Qui bon fruit porter ne voudra.   5520
Et sachiez que mainz (qui) m'appelent
Segneur, et en rien ne vueulent
Le gre de mon pere faire,

Et sil (quil a qui HC^2) hurte on $GaHC^2$, ouurera GC^2

il requiert a

perre Θ, ou esc. G
Qui G, ou] et C^2
o.] iamais $\mathfrak{P}$
fiex Θ enfans $\mathfrak{P}H$, fi. fors filz ch. π
Et $\mathfrak{P}$, Ce est. f. a, Ce que est. a v. (v. fait C^2) v. HC^2
poues Ga deuez $\mathfrak{P}$
Vous a

Deulx π, s.] y a $\mathfrak{P}$
et a l. $\mathfrak{P}$

Sen vi. C^2

V. presque tous a d. $\mathfrak{P}$, v. pluseurs a d. H

q. y ven. a, q. ven. vous ver. GH q. ven. y ver. C^2
Couuers ilz sont de v. C^2, Comme traist. $\mathfrak{P}$, Comme ceux qui ont v. H, trahistres G, en leurs v. a
leups πH loups GaC^2
oeuure vous c. G, le c. π
Ainsi a, Ainsi que con. $\Theta\mathfrak{P}$, pourres aHC^2
et] ou C^2
Rois. ne queult ne f. h. $\mathfrak{P}$, queust a, rois. H, ou] ne πGHC^2
bons a-res a, abre π
aus a, le m.] m. (mesmes HC^2) fruit $GaHC^2$
cestui aHC^2
Lequel b. f. p-tey naura $\mathfrak{P}$, ne pourra aHC^2
—qui $GaHC^2$, saches $\pi\mathfrak{P}GaH$
S. et toutesfois ne veul. $\mathfrak{P}$, veul. C^2

Le Pelerinage Jhesucrist.

Ja n'aront u ciel repaire ;	Ilz π Point 𝔓, Qui point nont ou c. G*a*H, c. a pere *H*, Ne humblement vers li traire C²
Mez qui mez paroles retient 5525	p. craint *a*HC²
Et qui a desobëir crient,	a me d. 𝔓, Et a d. se (si *H*) craint *a*H, Et en obeissance maint C²
A celui il est comparé	est il 𝔓
Qui a maison edefié	
Sus pierre fort, si que le vent	
Ne autre chose empeschement 5530	empeech. Θ
N'i puet faire, mez fort se tient	Fa. ny p. m. se t. fort 𝔓, m. si fo. α
Contre tout encombrier qui vient.	C. vent pluie et autre effort 𝔓

Math. viii.   Quant adonc ot Jhesus preschié   Q. donques eut 𝔓, ot adonc GH, Q. Jh. ot
     Et chascun s'en fu mervellié,   ainsi p. *a*C²
De la montaigne descendi   5535
Et mont de pueple le süi.   du π, suiuy G sieui ΘH
Et a un mesel garison   A u. C²
Donna, par tel condicion
Quë a son prestre se monstrast   sen p. Θ
Et s'offrende pas n'oubliast.   5540
Et puis le fil centurion
Il gari en Capharnau*m*.   Carphan. Θ Carphanaon HC²

Marc. v.   Et apres entrë autres mainz
Math. ix. Une fame, qui a ses mains
Prist l'ourle de son vestement,   5545
Recut tantost garissement   Par quoy r. g. *a*HC²
De son sanc qui couru avoit
Par ·xii· ans, si comme disoit.   si comment on d. π ainsi quon d. 𝔓

Luc. vii. En Nayn ausi, la cite,   naym Θ
Fu un mort par li suscité,   5550
Et mainz de puis diversement
Guaris, où estoient present   Gairis en C²

Luc. vii. 18. Deuz des deciples S. Jëhan   Des ·ii· dec. Θ, disc. de s. J. 𝔓
Math. xi. Qui pris et lië fu cel an   cest an *a*C²
Marc. vi. Pour ce que verite disoit   5555

A Herode et que l'arguoit
En li ses folies monstrant
Et en charite reprenant ;
Dont ausi pluseurs cure n'ont,
Pour quoi touz jours avugles sont.   5560
Ja ne saront la verite
Dë euz ne de leur demené,

Quar nul dire ne l'ouseroit
Së ocis estre ne vouloit.
Et il n'est maiz nul S. Jehan.   5565
Occis pour ce fu en cel an.

Et maiz n'est nul si com semble

Qui tel soit et li resemble.
Verite nul n'ouse dire
En royaume n'en empire.   5570
Tous sont comme rosiaus ploians
Et faveurs mondainnes querans,
La quelle chose pas n'estoit
S. Jëhan, com Jhesus disoit.
N'est pas Jëhan rosel trouvé,   5575
Du vent a touz léz demené,
Et n'est pas vestu molement
Ne de precieus vestement
Com ceuz qui es cours des roys sont
Qui en tout molement s'i ont.   5580

Plus que prophete Jëhan est,
D'aler devant moi tous jours prest.
Et certainnement je vous di
Que de fame gregneur de li
Engendré d'omme ne fu né.   5585
Et toutevoies n'est trouvé

et l. 𝔓, qui l. *G*, et quil (qui *C*²) cognoist a*C*²
  et le reprenoit *H*
En s. f. luy demonst. 𝔓
—en a
au.] aucuns *C*²
q. tenus a. *C*², auugle Θ aueuglez 𝔓
seroit le demene *H*, le v. Θ le demene *AGaP*¹
Ne deulx ne 𝔓, Deulx (Eulx *H*) mesmes
  selon verite *AGaP*¹*H* Et son bien du
  tout aueugle *C*²
Mais nu. *C*², loseroient Θ
oc.] destruit 𝔓, voloient Θ

nul mais π, Et nul ne le veult m. S. J. 𝔓
Car il fu oc. en a, O. fu en ycelluy an *H* Car
  occis il fu en cest a. *C*²
Et plus n. n. comme il me s. 𝔓 Et nest m.
  nul (—nul *H*) si a*HC*², —c. se. *H*c.
  s.] conuenable *C*² c. me s. *G*
t. fait nul ne r. *H*, et] ne a, li] le Θ, Que t.
  fait ne l. soit doubtable *C*²
Ne en r. 𝔓, ne en emp. *C*² ne emp. *G*
com r. playans *G*
Les 𝔓
quel Θ*G*
comme 𝔓 si com a
Si n. 𝔓, iohan π, p. ros. Jeh. t. Θ, —pas *C*²
v. ca et la de. 𝔓, tout le de. a*HC*²
noblement *C*²

de *C*²
Plus que tous m. a*H*, Q. cueur et vestement
  mol o. 𝔓 Qui comme folz plaisir y
  ont *C*²
Cestuy ieh. pl. q. pr. e. 𝔓, p-tes Θ, ioh. π
tout pur p. *H*
En cas mesmement j. *H* Encor de rechief
  j. *C*²
gregeur π, f. plus grant que l. 𝔓

toutesv. a, toutesfois il n. 𝔓

Le Pelerinage Jhesucrist.

U royaume Dieu si petit	Dieu] du ciel 𝔓
Qui de li gregneur ne soit dit.	Que a*H*, g. de li Θπ𝔓a*HC*²

 Et apres mainz ensegnemens   Ap. pluseurs ens. 𝔓
  Et signes et garissemens   5590
Qu'a diverses gens il faisoit,   Quas d. Θ
Si com bien faire le pouoit,   Comme b. 𝔓
Sa mere et aucuns ses parens
Vindrent où ses ensegnemens   Faisoit a s. e. a*HC*²
Faisoit, mez ens pas n'entrerent,   5595   Venir m. p. e. n. a*HC*², F. toutesfois p. 𝔓,
                ens] eulz π
Ainz dehors le demanderent,   Mais deh. (par deh. *H*) a*H*
Au quel, quant fu dit, respondi :   Au quel quel q. Θ

   Mere et freres de iesuscrist sont qui gardent les commandemens de dieu. 𝔓 (T.)

Jhesus respont. "Ma mere et mez parens voi ci,   vecy π veez cy 𝔓 vous dy a
Ne sai qui ma mere appelés   scoy *G*, que a*H*, scay qua m. m. voulez *C*²
Ne qui mez parens vous nommés.   5600   Et que a*HC*², no.] clames *GaHC*²
Math. xii. Ma mere et mez parens ceuz sont
Qui le vouloir mon pere font."

Cil qui songe. O Jhesu, or ne me puis plus   —O *G*, Ha (Haa *HC*²) Jh. a*HC*² Jhesus *C*²
Taire de ce que es si crus   q. tu es π, q. tant es c. 𝔓
De faire a ta mere semblant   5605
Qui voiz et sces que t'aimme tant   Ne congnoistre qui 𝔓, Q. bien sc. quelle t.
                t. a*HC*²
Que touz jourz vĕoir te voudroit   Qui Θ, voir a, ve. cl te 𝔓
Et ja säoule n'en seroit.   Ne *HC*², saoulee Θ*G*
Pour savoir de toi, venue   t. est v. 𝔓*H*
Est, et t'atent en la rue,   5610   Et t. dehors en 𝔓, Elle t. a*HC*²
Et que la est t'a fait savoir   est tattent au soir *H*, La e. et si atent le soir *C*²
Pour toi, où est son cuer, vĕoir.   t. et ou e. ton (son *H*) c. voir a*H*
Mez Jhesu, que respondu as ?
Il semble que tu n'aies pas
De li connoissance aucunne,   5615   Delle c. π𝔓, a.] nesune 𝔓
Ou que li portes rancunne

Qui par tout honnourer la dois
Si com escrit est en tes loys.
Qui est, as tu dit, ma mere ?
O parole tres amere 5620
A li, së on li raportoit
Et s'elle ne te connoissoit.
Mez tu sces que te connoist bien,
Et tu la connois si qu'en rien
De ce que dis offendue 5625
Estre ne puet ne mëue.
En son cuer es et habites
Et la mainz et t'i delites.
Ell'est u tien, c'est son manoir,
Onques n'en ist, n'est rien plus voir ; 5630
Si que, se semblant tu ne faiz
De li u point que tiens tes plaiz
Commis pour le salut humain,
N'en a certes mie desdaing,
Mez li est chose tres plaisant 5635
Et n'est rien que desirre tant.
Et a ce tu entendoies
Quant ce qu'est dit respondoies
Si com apres s'ensuit tantost,
En disant le glorieus mot : 5640
Ceuz me sont parens et mere
Qui font le vouloir mon pere.
De quoi tu ne forclos mie
Ta douce mere et amie ;
Le vouloir ton pere et le tien 5645
Fait touz jourz sanz trespasser rien,
Si que, Jhesu, bien sui content
De ce qu'apercoif clerement

Que aC^2 Car H
Ainsi quescr. $\mathfrak{P}$, est esc. aC^2, tel l. G
Et tu a. d. a ta me. C^2, —est a] es G, as respondu ma m. $\mathfrak{P}$, ma] a ta HC^2
Vne p. aHC^2, t.] dure et $\mathfrak{P}$
—5621 C^2, A elle s. $\pi\mathfrak{P}$, on le tapp. aH
—5622 C^2, Ou GaH
q. la (les HC^2) cognois b. aHC^2
Tu la c. si que en r. aHC^2, que r. $\pi\mathfrak{P}$
quas (que as HC^2) dit o. aHC^2
Elle (—Elle C^2) ne doit estre ne m. aHC^2, pourroit ne esm. $\mathfrak{P}$
es] mains aHC^2, herites C^2
maint a remains $\mathfrak{P}$
Elle ou t. GC^2, s.] ton π
Jamais nen part $\mathfrak{P}$
se] nul $\mathfrak{P}$ —se π, nen f. a
po.] temps H, tes] les π, Delle durant q. ti. les pl. $\mathfrak{P}$
De li p. aH Delle p. C^2
as G, m. c. πGa, a m. en toy d. HC^2, Dont el na m. aucun d. $\mathfrak{P}$
Ains aHC^2
desire $GaHC^2$
A ce doulx ihesu ent. $\mathfrak{P}$, ce que t. HC^2
Si comme apres tu r. aHC^2, qui est $\pi\mathfrak{P}$
Ainsi comme s. H, Ainsi quapr. parut t. $\mathfrak{P}$, sensieut $\Theta\pi$ ensuit G, Et si dessoubz ens. t. C^2
s. et pere et m. aC^2
v. de m. $\pi\mathfrak{P}GH$
Du quel C^2, forlignes H forligne C^2
Ta bonne m. et doulce a. $\mathfrak{P}$
vouloit son gre e. C^2

Jhesus C^2, Par quoy iesu $\mathfrak{P}$
quappercoy GC^2

5618.—Exod. xx. 12 and Math. xv. 4.

Le Pelerinage Jhesucrist.

Quë onques ta mere n'offens
Pour quelque[s] dis ou parlemens. 5650

Q. iamais t. m. noffenses 𝔓, offens *G* noffeis *H*, tu ne fis offens *C*²
quelques π*Ga* &c., P. q-que chose dies ou penses 𝔓, Par q. p. ou dis *H*, ou] ne α

Luc. vii.
Math. ix.

Apres en la maison ala
D'un phariseen où menga,
La ou vint la Magdalene
De pechiés et vices plainne,
Qui par tres grant repentance 5655
De lermes tel habundance
Ploura a ses piés que lavés
En furent, et si arrousés
Qu'elle les terst a ses cheveus.
Pour l'abundance des quiex pleurs 5660
De touz ses pechiéz il l'assoust
Et a plain li pardonna tout,
Si com est s'acoustumance
A ceuz qui font penitance.

ph-sijen et m. Θ*H*
ou] et *H*, la] Marie 𝔓, magdelaine Θ
Des Θ, e. de v. *C*²
grande 𝔓
larm. Θ, t.] si grant 𝔓 quelle *C*²

f. si et a. α, —si *C*²
Elle l. teurt α, Que l. torcha de s. 𝔓 Et essuioit (essuez *C*²) de s. *HC*², tuerst *G*
t. ces p. il absoult α, lassoult π*GH* labsoult *C*² la soust Θ

Ainsi quil a dac. 𝔓, son ac. *C*²
A tous c. q. f. repentance 𝔓

Or fu quant de pluseurs cités 5665
Entour li furent assemblés
Pluseurs gens, maintes paroles
Vout dire par paraboles.
A fin que les retenissent
Miex touz ceuz qui les ouissent. 5670

Bien grans peuples m. 𝔓

Vont π

Ceux et celles q. 𝔓

Jhesus.
Math. xiii.

"Souvent, dist, aus champs va geter

Un semeur son grain et semer,

Mez se sus le chemin geté
En a point, tantost defoulé

Il est, ou des oisiaus mengié. 5675
Celui ausi est tost sechié

—5671 *H* (line in blank), Vng iour d. 𝔓, Il d. s. deuez aler *P*¹ d. il va aux (—aux *C*²*P*) ch. semer *AC*²*P*, d. il a. ch. seme *Ga*
—5672 (*Ha* line in blank) *GaAC*²*P*, sem.] homme 𝔓, Aux champs pour vostre ble semer *P*¹
Ce qua sur 𝔓, Semence m. se s. le ch. getter *A*, getter *C*²*P*
Des gens tost a este foule 𝔓, Vais (Va *C*²) ton grain t. d. *C*²*P*
Et d. ois. du ciel rauy 𝔓, Il sera et dois. gaste *C*²*P*, de ois. Θ
—5676 *C*²*P*, Cestui α*P*¹*H*, Cecy a. et tout s. *G*, C. e. t. s. a. 𝔓

2 B

Et de l'umeur, quë a, privé

Qui entre pierres est semé.
Et s'aucun chiet en espines
La tost se muert sanz racines ; 5680

Mez cil fait fruit tant seulement
Qui en bonne terre se prent."
Semeur le bon prescheur il dit
Qui pour faire porter bon fruit
A la gent va sus euz semer 5685
La parole Dieu et geter ;
Mez en cuers qui touz mundains sont
Et en ses richeces les ont
Ne laisse Sathan demourer
Celle semence n'arrester. 5690
En cuers ausi qui sont pervers,
Espineus, durs, perreus, divers
La semence y est perdue
Et a nul fruit recëue ;
Mez touz jourz fait fruit a plenté 5695
En gent de bonne volente.

Comparaison du royaulme des cieulx a pluseurs choses bien longuement. $\mathfrak{P}$ (T.)

Autres paraboles puis dist
A quoi le regne des ciex fist
Assimilé, que les docteurs
Ont exposé en certains lieus, 5700
Pour quoi pou m'i sui arresté
Et m'en sui plus briément passe.

—5677 (*H* line in blank) C^2P, De l. quil a au pie *A*, lym. qui a pr. *G*, qui a, Et dhum. de terre pr. $\mathfrak{P}$, de humeurs trestout pr. P^1
—5678 C^2P, ent.] sur les $\mathfrak{P}$, ent. deux p. P^1
se auc. *GaH*, sauc. est chut sur esp. $\mathfrak{P}$, en] es *GaH*
Ja se m. t. sa. r. π T. se m. sa. prenre r. $\mathfrak{P}$
Il (Le grain C^2) meurt tantost sa. r. *GaHC²*
c.] il *Ga*, fr. habondamment C^3
Q. sur b. t. sespand $\mathfrak{P}$
Le s. b. p. est d. $\mathfrak{P}$, il] est $\pi\mathfrak{P}GH$
Que a
Au peuple va sur luy se. $\mathfrak{P}$, se.] getter *GaHC²*
g.] semer *GaHC²*
en] es $\Theta\mathfrak{P}$
s.] leurs $\mathfrak{P}GaHC^2$

Ceste s. ne entrer $\mathfrak{P}$, s.] richesse *GaHC²*
p.] diuers *H* pardeuers C^2
E. pierreux et di. $\mathfrak{P}$, p.] crueulx *Ga* paruers C^2, du. et tous peruers *H*
Toute s. $\mathfrak{P}$
A n. bien ne f. nest r. $\mathfrak{P}$, a nesun f. nest r. *GH*, E. de fr. nya venue C^2
—a π
gens $\mathfrak{P}$

A. pa. apres eut $\mathfrak{P}$, pu.] il *aH* —puis GC^2 qui HC^2, fut $\mathfrak{P}$
Exemple C^2, Aux humbles qui *G*, qui *GH*, dotteurs C^2
O. repose *GaC²*
—pou *aC²*
s. briefuem. pa. $\mathfrak{P}$, E. pl. br. men s. p. C^2

5680 a, b.—Des espines est conculque
Aval remis et suffoque $\mathfrak{P}$ (177 d).

Le Pelerinage Jhesucrist.

Math. xiii. Premierement le compara
A homme qui bon ble sema
En son champ, et où l'anemi   5705
Mauvaise semence par mi
Sema quant dormoient les gens
Et fu tout laissié jusqu'a tempz
Quë ensemble mëure fu.

Et fu le grain mauvaiz quellu   5710
Premier pour estre u feu gete,
Puis le bon pour estre garde.

Cil qui songe. Souvent quant on parle d'autrui,
Et bonne parole de li
On veut geter com semence,   5715
Tost vient qui en son absence
Se haste dë avec meller
Mauvaise semence et geter
En faisant grant depression
Et grant rabat de son bon non.   5720
Et de tel mauvaiz detracteur
Et anemi puet tel erreur
Naistre que, së on le crëoit,
L'autre semence pou vaudroit,
Mesmement quar nul sarclement   5725
N'en est fait ne ellisement
Jusques au tempz qu'a l'engrangier
Le bon grain est mis en guernier,
Et le mauvaiz est separe
Et u feu pour ardoir gete.   5730
Detracteur et sa semence
Doit avoit feu par sentence,
Et qui bien dit, en paradis
Doit estre mis avec ses dis.

Premier l. *G* Tout premier l. *a*, Premier le regne c. *H* Pr-s le bon ble c. *C²*
A lhomme 𝔓, q. tel le s. *C²*

q.] lors que 𝔓
Que f. l. to. j. au te. 𝔓, l. to. π𝔓, l.] seme *a*, au te. *G*𝔓, j-es atempz *C²*
Ens. tout m. si (—si *a*) fu *Ga* Quens. (Que e. *C²*) tout m. fu πH*C²* Quens. trestout fu menry 𝔓

le m. g. cueilli 𝔓, cueillu *GaHC²*
u] au π*GH*
Et *GaHC²*

on] oy *aH* oyt *C²*
Les b-es p-es *C²*
En v. g. comme de s. *a* En voult c. de s. *H*, c. de s. *C²*
en] a *G*
h. densemble m. 𝔓 h. dauecques merler θ h. dauec (dauecques *HC²*) m. *aHC²* h. densemble m. 𝔓

oppression *C²*

detraict. *H* detraicteurs *C²*

puent e. *C²*

po *G*, vouldroit *C²*

quant *H*, satellement *a*
eslisem. π*H* eslissem. *Ga* desliem. 𝔓 espurgement *C²*
Jusquau t. θ J. atant q. (quen *C²*) *aHC²*, langraingnier *a* langrangier *C²*
Est m. le b. ble en gren. *a*, en g.] ou gren. π𝔓*GHC²*

et] est *a*

Marc. iv.	Ce regne ausi fu compare	5735	Le ϴ
	Par li a cil qui seme ble		cel ϴ
	Le quel, quant dort, fructefiant		doit a droit *H* va C^2
	Va de miex en miex et croissant,		et] eu *GaH*, m. amendant C^2
	Si que, quant ne s'en prent garde,		Telement quil ne se p. 𝔓, qua. il se p. a*HC*^{2}
	Ja grant herbe le regarde,	5740	Quen grande h. ia le r. 𝔓, h. ne l. a*HC*^{2}
	Puis voit l'espi et puis le ble		Ains v. C^2
	Pour estre queulli apreste.		cueilly *GC*^{2}
Cil qui songe.	Comment quë auz folz soit avis		a f. ϴ
	Que faire bien en cest päis		Q. b. f. en cestuy p. 𝔓, ce p. *GHC*^{2}
	Soit perdu, si com visiter	5745	Est p. comme v. 𝔓
	Les malades et conforter,		
	Et com misericordement		Si c. *Ga*, m-dielment *H*
	Faire bien a la povre gent,		
	Si en est il comme du ble		commeut *Ga*
	En terre couvert et seme ;	5750	c.] enfouy π𝔓*G* fouy a*HC*^{2}
	Quar en dormant il croist a ceuz		Et en donnant il croit a c. *a*
	Qui en ont este les faiseurs.		
	Herbe leur rent en cest päis,		ce p. 𝔓*a*
	Quar n'en seront ja plus petis		ne s. *a*
	Bienz temporex, ainz en croistront,	5755	Leurs b. t. a. cr. 𝔓, croissent *a*
	Et u ciel amont en raront		u] au *H*, aront C^2
	A cent doubles l'espi tout plain		C. d. et l. 𝔓
	De bon fruit et glorieus grain.		Le b. π, A cent doubles et *a*, gr.] pain *G*
Math. xiii.	Item a grain de sanevé		seneue 𝔓*GaH* senneue C^2
	Dit que ce regne est comparé ;	5760	Dist ϴ𝔓*a*
	Quar, comment que soit petit grain,		
	Il gete de li si grant raim		rain a*HC*^{2}
	Que les oisiaus souz habiter		s.] ens *a* —souz *HC*^{2}
	Pueent bien et euz abrier.		Y. p. b. et e. brier *H* Y peuent et e. abrier C^2 P. tresbien pour eux habrier 𝔓, et] pour π𝔓
Cil qui songe.	Puis quë unz honz a bien se prent	5765	Depuis q. u. homme a bi se en pr. 𝔓, q. a b. u. h. s. *G*
	Et volentiers il y entent,		

    Ja ne puet estre si petit
    Quë apres n'en isse grant fruit.
    Petit et petit va croissant
    Et en branches soi dilatant   5770
    Tant que, quant est bien p*ar*crëu
    Ce bien en homme et p*er*cëu,
    Les autres bons plus volentiers
    S'i assemblent quant est mestiers,
    Et souz son umbre et son consel   5775
    Habiter souvent lour est bel.

Math. xiii.   Item au levain comparé
    Est ce regne, par quoi levé
    Est de farine tost un tas
    Comment que grant il ne soit pas.   5780
Cil qui songe.   Grant mestier ont genz p*ar*eceus
    Dë avoir bons excitateurs,
    Quar t*ou*s jours alis seroient
    Se bon levain il n'avoient ;
    Et à petit levain souvent   5785
    Se sont levé maint negligent.
    À petit levain se haste
    Lever toute bonne paste.

Math. xiii.   Item il dit que comparé
    Est a tresor qui est bouté   5790
    En terre, dont tel joïe a
    Cil qui le treuve, que tost va
    Vendre quanqu'a pour aquerre
    Par achat ce champ et terre.
Cil qui songe   U monde n'a temporel bien   5795
    Tant soit grant sanz excepter rien
    Que du tout vendre et exposer

---

et] a π𝔅*HC*²
delitant *a* delictant *HC*²
T. quapres que b. e. p. 𝔅, T. que grant et b. *HC*², qua. il e. b. p. *a*, b. e. π𝔅*G*
lhomme et aperc. 𝔅, Est et ce bien apperceu *C*²
l.. bonnes gens p. π𝔅*GaH*, En homme est et delegier *C*²
m-er *C*²
Et s. s. bon enhortement 𝔅, et cons. *G*
Habitent voluntairement 𝔅 *H*. aux autres e. b. *C*²

cest π
ferine *C*², tost] tout 𝔅*a*
Combien q. 𝔅*C*²
o. les g. pecheurs 𝔅, gent Θ, perecheus π
Dauoir de b. 𝔅, existateurs *G*
a lis *a* aux lis *G*] defaillans 𝔅, serroient Θ
du b. *C*²
leue s. Θ

t.] chasune 𝔅

dist Θ
a] au π𝔅

Cellui *C*²
quanques a Θ, quanque pourra acq. *HC*²
Pour achater ce *HC*², a. le ch. et la t. *G*, et] de Θ ou *C*²
Au m. *GH*

de t. *GaH*

|Math. xiii.|

    Ne dëust honz tant soit aver
    Pour avoir du ciel le tresor
    Qui miex vaut quë argent et or,   5800
    Et que trouver legierement
    Puet chascun qui bien y entent.

Item ce regne compara
    A negociateur qui va
    Bonnes marguerites querant   5805
    Le quel, quant une de pris grant
    A trouvé, vent quanquë il a
    Et par achat fait quë il l'a.
    Vertus j'entent marguerites
    Precieuses et ellites,   5810
    Des quelles qui une trouver
    Puet et avoir pour son user,
    Rien [n'est] que vendre ne dëust
    Pour retenir la, se pëust,
    Mesmement celle qui est plus   5815
    Precieuse qu'autres vertus :
    C'est charite qui en soi a
    Toutes vertus pour cil qui l'a.

Item ce regne comparer
    Vout a *saïne* qui en mer   5820
    Est mise pour peschier poissons
    De diverses condicions,
    Les quiex quant ens sont arrestes,
    Des pescheurs sont si separes
    Que les bons retiennent pour euz   5825
    Getant hors ceuz qui ne sont preuz.
    Et disoit quë ainsi seront
    Touz les bons et mauvaiz, qui sont
    Dessevrés au lit de la mort,

Qui est le rivage et le port 5830
De vie humainne qui est mer
Où nul ne se puet si garder
Quë il ne soit pris en la fin
Ou par *saïne* ou autre engin,
De quoi la mort a grant plente 5835
Et a ëu du tempz passe,
Mez au port seront touz sauves
Qui bons sont, et mauvaiz dampnes.

Math. xx. Item il le vout comparer
  A un homme qui gouverner 5840
Scet sa gent, qui a un matin
Se leva pour metre a chemin
A aler en sa vigne ouvriers,
Et fu fait a euz tex marchiés

Que de jour un denier aroit 5845
Chascun, et ainsi soufiroit.
Autres y envoia ausi :
Unz a tierce et unz a midi,
Unz a nonnë, autres plus tart
Que chascun tenoit a fetart 5850
Pour ce que plus tost n'estoient
Venus, et musé avoient.
Et touz ceuz ci fist il paier
Egaument a chascun denier
Selonc le fuer des premerains, 5855
Si quë autant ot li derrains
Com le premier, non contraitant

Qu'il en sourdist murmure grant ;
A quoi le paieur respondoit
Que du sien faire li *loisoit* 5860
Son vueil, et puis que les premiers

= 5834 Θ (Ou p. s. ou par a. e.), Qui *H*, en]
a α
= 5833 Θ, saine Θ*C*² sayne 𝔓 sai*n*ne *H* senne
α] saime β*G* sayme π

En α*HC*², —a π
t.] ceulz π𝔓
et] les 𝔓

S. ses gens et a 𝔓 S. saigement et un (et a u.
*C*²) *HC*², q.] et α𝔓
l. qui mist a 𝔓, a] au Θ
Pour Θ𝔓 —A *GaH*, ouuries *GaC*² ouurer *H*
—a euz *G*, fais a li t. α, fu daccort pour
agreer *H*
de] le Θ dun 𝔓
aussi *C*²

Lun (Ung *C*²) a t. lautre a m. *HC*², et u.]
autre 𝔓α, miedi Θ
lautre *G* et autres π𝔓*HC*²
t. affetart π t. a musart 𝔓 t. assez tart *C*²

Trestous c. Θ
Eg. a ch. un d. π*G* Eg. ch. un d. 𝔓α*HC*²
feur *C*², le marche d. premiers 𝔓, premiers α
Et a. ot li derreniers α Si quaut. eurent les
derriers 𝔓, ques Θπ*GH*, ont π, daerr. Θ
les premiers n. marchandans 𝔓, li pr-rs *C*²,
contreit. Θ contrest. *GaHC*²
Dont s-dirent m-res grans 𝔓, sourdi α
Aux quelx *H*
loisoit Θ𝔓*HC*²] laisoit β*G* lissoit α
—que *G*

        Avoient deniers singuliers,
        Plus ne devoient demander,
        Et [auz] autres pouoit donner
        Autel fuer, quar c'estoit du sien   5865
        Où autres ne perdoient rien.
  qui   Desesperance nul ne doit
  ge.
        Avoir, se retardé se voit
        De merci querre estre venu,
        Ou se longuement attendu   5870
        A de penitance faire
        Et d'amender son afaire ;
        Quar si grant est la grace Dieu
        Qu'en ciel et en terre n'a lieu
        Où par tout elle n'abonde,   5875
        Et en chascun ne redonde
        Qui la requiert devotement
        A son besoing et humblement.
        Et n'i puet nul venir si tart
        Qu'aucu*n*ne [foiz] n'en ait tel part 5880
        Com pluseurs qui avant vienent
        Së en bon propos se tiennent.

ath. xxii. Item comparé il le dist
           A un roy qui a son fil fist
        Noces où avoit assez mes,   5885
        Si que, quant le mengier fu pres,
        Ceuz qui semons y estoient
        De venir y refusoient,
        (Et) comment que semons bien souvent
        Fussent par sergans, nullement   5890
        N'i vindrent, mez occirent ceuz
        Qui estoient alé querre euz,
        Dont le roy couroucie fu si

D. auroient eu s. $\mathfrak{P}$ A. s-lers den. Θ

aus $\Theta\pi GaC^2$ &c., pour d. H

Tele part q. $\mathfrak{P}$, fueur G feur C^2, —du a
Puis que il (quilz C^2) ny p. aHC^2
Desper. a, Desper. donc nu. $\mathfrak{P}$ Desplaisance
  nu. H
retarder a recorder HC^2
m. quant estes v. H m. pour auoir falu C^2
longhem. Θ
Il a C^2
demander $\Theta\mathfrak{P}a$ de amende π, s.] le sien C^2

et] ne $\pi\mathfrak{P}GaHC^2$

le Θ
Et a s. b. h. aC^2

foiz $\pi\mathfrak{P}GaHC^2$, Qu'a-nes f. $\mathfrak{P}$ Ou autres f. a,
  Quauc. n. a. telle p. Θ

Et Θ Qui a, Au moins sen b. $\mathfrak{P}$, ilz se C^2

c-rer H, c-rer il le fist aC^2
Au r. q. a s. f. dist Θ
Noeches Θ nopces GC^2, metz $\mathfrak{P}$
Toutesuoies que tous furent prestz $\mathfrak{P}$, qua. f.
  tout prest π, prest πa p.] faiz C^2
s.] inuitez $\mathfrak{P}$, y] illec C^2
Dy v. tout plat r. $\mathfrak{P}$, v. ilz sexcusoient H
—Et $\pi\mathfrak{P}aHC^2$, Combien que C^2, —bien G

m firent morir $\mathfrak{P}$, occisoient C^2 occidrent G
Q. les est. a. querir $\mathfrak{P}$
r. fu c. si HC^2 r. se courroussa si a r. tant fu
  irrite $\mathfrak{P}$

Le Pelerinage Jhesucrist. 193

	Quë euz et leur cite perdi,	Ceulx C^2, Quil les p. et l. c. 𝔓, p.] ardy Ga HC^2
	Et fist la venir autre gent, 5895	f. v. l. C^2
	Bons et mauvaiz communement	
	Si grant plente que tout plain fu.	
	Et la vint unz ho*n*z mal vestu	
	Qui, pour quoi la ainsi entré	Et qui p. q. a. la e. G
	Estoit, du roy fu argué, 5900	Si est. d. r. a. H E. f. d. r. a. aC^2
	Et fu de son commandement	
	Lië piés et mains prestement	Lies Θ
	Et mis en tenebres et pleur ;	pleurs 𝔓GaH, en pleurs C^2
	Quar comment [qu'] appelé pluseur	c. quapp. ΘGaH combien quap. 𝔓, Car de faire bien fu recreus C^2
	Soient, noient mainz ellëus 5905	—5905 C^2, neantmoins 𝔓Ga, S. mie des esl. H
	Ne sont que pou et recëus.	—5906 C^2, Ny s. 𝔓, po G
Cil qui songe.	Ceste chose Jhesus disoit	ch. a li d. aC^2
	Pour soi qui pelerin estoit,	s.] li a luy 𝔓, que Θ, P. ce que p. GH
	Quar quant le roy Dieu, son pere	
	En terre li donna mere, 5910	sa m. C^2
	Et noces et mariage	noeches Θ nopces GC^2
	De li et humain lignage	et de lhum. l. 𝔓
	Fist, il y fist ceuz appeler	Et commanda c. a. 𝔓, F. il a lui c. a. H, —y G, F. pour c. C^2
	Qui plus le devoient amer :	Lesquelz p. le doiuent a. 𝔓, doiuent π𝔓
	Ce furent Jüis qui tenus 5915	f. les j. 𝔓, que C^2
	De venir y estoient plus	Dy v. 𝔓
	Et qui les noces approuver	noeches Θ nopces GC^2
	Devoient sus touz et loer ;	tout et aler a
	Et ce sont ceuz qui refusé	
	Li ont et s'en sont escusé. 5920	se so. 𝔓aC^2
	Et qui pis est, occis il ont	que Θa, il] ly GaH, E. q. prins et o. C^2
	Ceuz qui ales querre les sont,	ale Θ, aler querir 𝔓, l. ont a
	Dont Jhe*sus* leur disoit tex dis :	li aC^2
Math. xxiii. Luc. xiii.	Jherusalem, tu as ocis	
	Mes prophetes et messagiers 5925	m-giez H
	Quë a toi avoie envoies	Qua toy seul iav. 𝔓
	Pour *vous* avec moi assembler,	Et p. av. aHC^2

2 C

Ausi com fait poucins couver
La geline souz soi, que vous

Du tout aves refusé touz.   5930
Or avint il apres grant tempz
Que semondre vout autres gens
Li roys, quant ot vengance pris
Par Vespasien des Jüis :
Ce sont ceuz qui maintenant sont,   5935
Ont este et encor seront
Math. xxii. Touz bons et mauvaiz crestiens
Luc. xiv.
Apoc. xix.   Dont les pluseurs sont des paiens.
Aus noces et mengier son filz
Sont touz, quant il veulent, assis ;   5940
Mez se gart chascun endroit soi
Quë aucun n'i voie le roy
Qui n'ait honneste vestement
Et n'ait ëu son lavement
Par la lavandiere preste   5945
Laver touz qui vont a feste
Qui Penitance nommee
Piec'a fu et appelee ;
Autrement en enfer getes
Seroit par piés et mains liés,   5950
A fin que de soi relever
Ne doie nul tempz esperer
En pleurs et en lermes tous jours
Sanz jamaiz attendre secours.

Ainsi Θ, Ainsi que f. 𝔓, A. c. geline c. αHC²
Fait dessoubz soy q. (mais q. α) v. Aα Fait dessoubz soy (elle C²) ses pouchines (poucins HC²) P¹HC² Fait dessoubz ces petis possins P
Et mauez r. trestouz P¹HC²P
il] que C²
s.] ce monde G, v.] fist C²

vapas. Θ vaspaz. GH

Et ceuls q. Θ
enc.] apres 𝔓
christians 𝔓
Dons π, payans 𝔓
A noeches Θ, nopces GC², m.] souper 𝔓
quanquilz v. H, t. de quelque estat a. C²
Bien s. αHC²
Q. a-ns ny voyent G, Quauc. ny soit veu par l. r. 𝔓

eu s.] en soy αC²
Ou (En HC²) sa lav. αHC²
veult a venez H, que bien affette C

Fu p. αC², Par cy deuant et a. 𝔓
Autrefois α
Seront *made into* Seroit β Seront α, et] par H, et par costez C²
Dont ne fault auoir esperance 𝔓
Dy trouuer iamais relachance 𝔓
Ains en pl. et l. 𝔓

5929 a-c.—Tant quilz (que P) vinent (vienent P deviennent H) tresbeaux (beaulx H) et nez (vis
   Mais aussi nas tu mie fait   HC² fins P)
   Car les miens as occis de fait P¹ (436 b) H (481 b) C² P (45 c).
5930 a.—Dont vous deues (bien deurez C²) auoir courroux P¹HC²P.

Le Pelerinage Jhesucrist.

Parabolle des vierges saiges et folles. 𝔅 (T.)

Math. xxv.
Item a ·x· virges le fist   5955   I. et de dix v. f. 𝔅, a] aux *GaHC²*, —·x· *G*, le] il *C²*
Semblabe, des quelles il dist   Sanlable Θ Semblable π𝔅*GaH* Comparaison *C²*, —il *C²*
Que ·v· sages lampes prirent   prinstrent *HC²*
Et dedens de l'uile mirent,   Et de l. ded. y m. 𝔅, ded. duile m. *a*, loille Θ, de leluile (luille *C²*) mistrent *GC²*
Et les autres ·v· negligens   l. ·v· aut. n. *aHC²*
Furent si, que, quant fu dedens   5960   si quant furent (fu *H*) d. *aH*
Sa chambre l'esposué entré,
A elles hors fu l'uis fermé ;   A eux (ceux 𝔅*HC²*) dehors π*G*𝔅*HC²*, l. (luy 𝔅) fu f. π𝔅, freme Θ
Mez avec li entrerent ens
Les ·v· qui furent diligens.

Escoles deux y a en lhomme dont lune des maistresses est sensualite, laultre raison. 𝔅 (T.)

Cil qui songe.
En homme ·ii· escoles sont   5965   lhomme 𝔅
Ou ·v· escoliers souvent vont
Qui ·v· sens d'omme sont nommes
Anciennement et clames,   Entierement et cl. (reclames *H*) *aH* Entierement par droit c. *C²*
Mez divers est l'ensegnement
Que la endroit on leur aprent.   5970
Sensualite, maistresse   S-tes maisteresse Θ, Sensualitie *C²*
De l'une escole, ne cesse   esc. et n. *H*, qui ne c. *C²*
De folie leur aprendre   D. grans f-es a ceux ap. 𝔅, l.] a eux π*GaHC²*
Quant il y veulent entendre.   Qui a elle v. 𝔅, —y π
Mez raison, (qui) de l'autre escole 5975   —de *a*, que *C²*
Maistresse, (est) touz les escole   Est m. *HC²*, l. siens exhorte 𝔅
A sapience retenir
Et selonc li euz maintenir ;   li] elle 𝔅
Si que, selonc que ces ·v· sens   sel. iceulx ·v· s. 𝔅 sel. les ·v· s. *aC²*
Des deuz prennent ensegnemens,   5980   Desquelles pr. *C²*, prenans 𝔅
Folz ou sages appelés sont
Et des escoles le non ont.   leur n. 𝔅
Cinc folz sont par la premiere,   Et ·v· f. par *a* Se c. f. *C²*, foulz *G*
Cinc sages par la der(re)niere.   derniere 𝔅*H* duerrainniere Θ

Par la premiere negligens,	5985	n.] diligens *a*
Par la seconde diligens		d.] negligens *a*
De Dieu servir et honnourer		
Et ce, com doit, li aprester.		Est ce com li d. ap. *a*C^2, com] con π que on GH
Par la premiere aront l'uis clos		ar.] a tous *a*C^2
Du ciel et se trouveront hors	5990	
Du tout, mez dedens enterront		
Par l'autre et avec Dieu seront.		s.] yront GH

A ces ·xi· paraboles
    Compara en ses escoles
Jh*es*us le royaume des ciex,   5995
A fin quë on retenist miex
La fourme de soi maintenir
Pour la en la fin parvenir.

ceste douze p. 𝔓, 'xii' p., π	
en] a G	
Jesuchrist 𝔓, deceulx C^2	
P. illec en f. p. 𝔓 P. en la f. a li venir *a*HC^2	

Or dirai de ses autres dis
    Et faiz selonc qu'en ai avis.   6000
A touz ses deciples posté
Il donna et auctorite
D'anemis lors des cors geter
Et de maladies curer.
Et [quë] en nulle region   6005
N'alassent fors a la maison
Dë Israel principaument,
Et la endroit premierement
Dëissent quë aprochié est
Le regne du ciel et est prest.   6010
Et dist que rien ne portassent
Par les lieus où il alassent,
Escherpe, pain ne couroie,
Argent ne or ne mo*n*noie
Ne ·ii· cotes et nus soulers,   6015
Quar chascun ouvrier est assez

Si *a*	
que ai HC^2, av.] apris 𝔓	
A s. d. poeste HC^2, poeste *a*H pooste G puissance 𝔓	
de c. π	
des $GaHC^2$ toutes 𝔓	
que πGa &c., n. autre r. 𝔓	
a] en GHC^2, le ϴ	
Disr. ϴ*aH*𝔓, Disr. tout p. 𝔓, p-palement G	
Ilz preschassent q. 𝔓	
du c.] de dieu *a*, et tout p. C^2	
li.] places 𝔓	
Nesch. ne p. 𝔓, conroye C^2	
Or et a. *a*, Narg. 𝔓, Or ne a. ou m. C^2	
N. deux robes naucuns s. 𝔓, et] ne G, s-liers G𝔓 sourliers H solliers C^2	
Q. a. e. ch. ouuriers HC^2, —est *a*	

Le Pelerinage Jhesucrist.

<small>Jhesus.
Math. x.</small>

    Soufisant d'avoir a mengier
    Et de quanque li est mestier.
    Et dist : " Quant es lieus enterrés,
    Salut dites et pais portés !   6020
    Et la où on vouz recevra,
    Mengiez que devant mis sera,
    Et escoués la poudre hors
    De vos piés, quant vo*us* istres hors !
    Je vo*us* envoie en lieuz pluseurs   6025
    Commë ouailles entre leus.
    Comme serpens prudence aiés
    Et com coulons simples soiés !
    Et je vous doing avisement
    Qu'a mainte painne et maint tourment 6030
    Devant princes et devant roys
    Seres livres par maintes fois.
    Et devant euz vo*us* respondres
    Sanz ce que ja a ce pensés,
    Quar dedens vo*us* le S. Esprit   6035
    Metra tout ce qui sera dit.

<small>Math. x.</small>   Et en ce tempz il avendra
    Que frere frere tuera,
    Et pere fil metra a mort,
    Et les enfans sanz nul deport   6040
    Peres et meres tueront,
    Et haïneus touz vous aront ;
    Mez qui forment perseverra
    Jusqu'en la fin, sauvé sera.

<small>Math. x.</small>   Et quant p*a*rsüi vous seres,   6045
    En autre lieu vouz en fuiés.

Variants (right column):

S-ans Θ Souffisaument *a*
—de *G*
—dist *aC²*, entreres π𝔓*GaH*
Salus Θπ𝔓, d. apres partez *H* d. apres alez *C²*, po.] queres *a*
on] len *C²*, retenra *a*
ce que *C²*, mis] vous *aHC²* vous mis π*G*, M. quappose vous s. 𝔓
Monstrez excussans sans de vos pies 𝔓, pourdre π, h.] lors *H*
La poulre q. dehors ist. 𝔓
en p. l. 𝔓
Comment π, Ainsi quoailles 𝔓, C. brebis e. les l. π Com o. e. les loups *GHC²*
Comment s. p. ares π, p. aurez 𝔓, prudens soies *a*, serpent *C²*
Comme coul. *a*
donne 𝔓*aHC²*
Que m. *aHC²*, grief p. et t. *C²*

l.] menez *H*, Aurez et p. *C²*

que 𝔓

f. son f. 𝔓

Leurs p. 𝔓
Et en hayne t. 𝔓
q. bien p-verera (p-varara *H* perseverra *C²*) 𝔓*HC²*, p-verera *Ga*(𝔓*H*)
Jusques en *a*
Et lors que poursuiz 𝔓, p*a*rsieui Θ poursuis *aC²*
aucun l. *aHC²*, a-es lieus v. en fuires Θ, fuyrez 𝔓*H* fuirez *C²*

    6022 a, b.—Et se nauez reception
        Signe de malediction 𝔓 (179 c).

Math x.	Il n'est deciple ne sergant
	Qui son segneur voist maistroiant.
	Soufire li doit, së ausi
	Ou autel il a comme li. 6050
	N'est rien si celé ne couvert
	Qui moustré ne soit en apert.
Math. x.	Quanque vous di apertement
	Dites le manifestement,
	Et tout le consel quë orres 6055
	Sus les maisons dire l'ales.
	Point ne doutés ceuz qui mal font
	Au cors, sus l'ame pouoir n'ont ;
	Celui sanz plus deves douter
	Qui cors et ame puet dampner. 6060
	Se ·ii. moingnaus pour ·i· denier
	On a, et Dex les a si chier
	Que nul n'en veut estre peri,
	Pas ne deves estr'en souci,
	Qui miex de mainz moingnaus vales, 6065
	Que de li ne soiés gardés.
	De vos cheveus scet il tres bien
	Le nombre, et së en perdés rien.
Math. x.	Qui devant les hommes honneur
	Me fera com a droit segneur 6070
	Devant mon pere l'onnourrai,
	Et qui moi renoier verrai
	De li n'arai connoissance,
	En moi n'ait ja esperance.
Math. x.	Ne pensés mie que venu 6075
	En terre soie et descendu
	Pour metre pais, mez pour sevrer
	Le fil du pere et separer,
	Et la fille de la mere,

seruant C^2
Q. de so. maistre soit plus grant $GaHC^2$, voit π, se. soit maistriant $\mathfrak{P}$
ainsi GH
Ou il a aut. c. G, Ou tel i. C^2
se ce. π, ne] et Θ
Que H
Q-ques Θ, dy secretement $\mathfrak{P}$

Et ce quen c. vous o. $\mathfrak{P}$

Ne d. p. (pas C^2) c. aC^2, que Θ
pouair π

p. sauuer aHC^2
moiniaus Θ monniaus, π moisniaux aH moyneaux C^2 passes $\mathfrak{P}$
—si G
v.] puet aH, ne v.] ne peut C^2
nen d. aHC^2
Que πGaH, Car mi. que ma. passes v. $\mathfrak{P}$, ma.] mes HC^2, moiniaus Θ
Et d. aH
trop Θ
—et G, et sans perdre r. H, sen C^2

f. fera que adr. Θ, segeur π
D. moy lonnoureray $\pi\mathfrak{P}$, lonneurai Θ lonnoureray GaH lenuoieray b lonnoreray C^2
—moi b me $\mathfrak{P}$, renier H regnier C^2

ja n. esp. $\mathfrak{P}$ naît goute desp. C^2
Et ne p. pas q. $\mathfrak{P}$, pense a
S. en t. ne d. a, S. en t. C^2

Le Pelerinage Jhesucrist.

Michee vii.	A fin quë a touz apere 6080	
	Quë aus hommes sont anemis	Quaux h. s^t ceulx a. $\mathfrak{P}$
	Ceuz qui leur sont privés amis.	Q. l. s. plus prochains a. $\mathfrak{P}$
	Qui plus de moi aimme pere,	pl.] mieulx GH, de] que $\mathfrak{P}$
	Fil ou fille, parent, mere	p. m.] suer ou frere $agHC^2$
Math. x.	Et croiz ne prent et suit mes pas, 6085	Sa c. $\mathfrak{P}$, pr. suiant m. $\pi\mathfrak{P}GaH$, sieut Θ, Et qui ne va suiant m. C^2
	De moi avoir digne n'est pas.	D. mauoir cil d. $\mathfrak{P}$, d-es Θ
	Qui vous recoit il me recoit,	Q. me r. il vous r. a
	Et en ce recëu se voit :	ce auoir r. $\mathfrak{P}$
	Mon pere, et tel louier ara	et bon loyer C^2
	Chascun quel hoste il recevra. 6090	qui h. r. aHC^2
Math. xi.	Des ce que Jëhan vint avant,	—6091 a, —6091 to 6118 P^1, ce] lors $\mathfrak{P}$, vin Θ
	Le regne des ciex force grant	—6092 a, reaulme d. $\mathfrak{P}$
	Sueffrë, et mainz l'envaïssent	—6093 a, Seuffrent et maint πA, S. les violens le rauiss. $\mathfrak{P}$
	Et violenment ravissent."	—6094 a, Qui la leur nature enuahiss. $\mathfrak{P}$, violentem. $\Theta\pi$ violamment G, v. le r. c
Cil qui songe.	Qu'est ce, Jhesu, que tu nous dis ? 6095	n.] me a
	Bien sai que point n'est ouvert l'uis	q. n. p. o. d, —ouvert A
	De ton regne et ja ne sera,	Ouuert ne j. A, et] ne dA, reaulme $\mathfrak{P}$, royaume ne ne s. a
	Et entré n'i est n'enterra	Et qui entre nest n. c, est ne ia n. G, nentrera $\pi\mathfrak{P}GdAac$ nentenra Θ
	Aucun, avant que deffermé	deffreme Θ
	L'aras et seras ens rentré. 6100	et y s. entre $\mathfrak{P}$, entre $\mathfrak{P}da$
	Et tu dis qu'a force on le prent	que f. Θ
	Et ravist on violenment.	violentem. $\pi\mathfrak{P}$ violamment G
	Qui fait ce, et qui est si fort	—fait Θ] est a
	Et qui t'en face si grant tort ?	q. or ten fait s. a
	Pas ceci ne puis entendre 6105	
	Se ne le me veuz aprendre.	v.] fais Aa

Lines 6091-6174 omitted in $z p b g C^2 \chi P$, 6093-6174 omitted in H.
Lines 6091-6118, 6123-6166, 6170-74 omitted in P^1.
Lines 6095-6230 occur in a (fol. 258 b-259 c) in the following order: Line 6090 (f. 258 b), 6213-6230 (f. 258 b-c), 6197-6212 (f. 258 c), 6095-6196 (f. 258 c-259 b), 6231 et seqq. (f. 259 c).

Jhesu, pour ce quë as parlé
  De Jëhan qui a excité
Mainte gent a penitance,
Venu m'est a remenbrance   6110
Que penitance est instrument
Et engin, par quoi prestement
On puet geter jusques a l'uis
Du royaume de paradis.
Et comment que rien meffaire   6115
Pour geter, hurter ou traire
On n'i puist, toutevoies fort
Et grant si puet estre l'effort
Que ton pere et ceuz d'avec li
À excités s'en tienent si   6120
Que, quant tempz sera, enterront
Ens ceuz qui bien hurté aront
Par oroisons, par prieres
Et biensfaiz d'autres manieres.
Et pour ce qu'aucuns a faire   6125
Penitance, et euz retraire
De mal, se sont mis puis le tempz
Que Jëhan les ensegnemens
En fist, dis, quë est envaïs
Le ciel pour estre a force pris.   6130
Et ceste force bien tu veuz,
Si com le mousterras a ceuz
Aus quiex le dit ciel ouverras
Que fort hurter vëu aras.

Ce ci puet on bien percevoir   6135
  Par ce qu'après dist et vëoir :
" Venes a moi qui labourés

g.] personne $\mathfrak{P}$

a] en dAa, ram. $\Theta\pi\mathfrak{P}a$

pour q. $GdAa$, proprement Aa

g.] ruer $\mathfrak{P}$

combien q. $\pi\mathfrak{P}$

De g. Aa, P. y ruer h. $\mathfrak{P}$
puisse $\mathfrak{P}$, peust toutes foys a, toutesfoyes A
    touteffoies G toutez uoies d
Et si g. $\mathfrak{P}$, si] y dA se Θ

—A a, Fort ex. sen trouuent si $\mathfrak{P}$, exciter s.
    trouuent sy (cy P^1) AP^1, si] cy daP^1
Et a, interront GP^1 entreront $\pi\mathfrak{P}dAa$

—6123 to 6166 P^1

biens fais $\Theta\mathfrak{P}GdAa$ bien f. π

que pluseurs $\mathfrak{P}$

et] a GdA

Q. saint J. $a\mathfrak{P}$
d. tu quest env. (anemis dac) $\pi\mathfrak{P}Gdac$ et
    disoit quest aduenus A
Le temps po. e. le ciel a f. 'euz A
te v. Θ

Comme l. $\mathfrak{P}$, la m. d

Auquel A, ouureras $\pi\mathfrak{P}GdA$

Et cy (sy G) pu. aG
dit dAa

6131 a, b.—Aussi pour grant violence faire
    A nature de mal retraire. $\mathfrak{P}$ (180 a).

Le Pelerinage Jhesucrist.

Touz et qui les grans faiz portés	—les *G*
En labeurs de penitance !	On dur l. ℘, En grans fais d. p. *dAa*
Venes a moi, quar plaisance 6140	V. auant q. *a*
De donner a mengier vous ai,	
Et prenes sus *vous* le faiz que ai !"	P. s. v. le f. q. iay ℘

Jou et charge de Jesuscrist ne sont a charge aux hommes de bonne volente ne que les esles aux oyseaulx. ℘ (T.)

Cil qui songe.

Ton faiz, Jhesu, que nous dis tu ?	qui n. as appelles *A*
Pour ce que tu nous as vëu	—6144 *A*
Porter faiz, nous as appelés 6145	—6145 *A*
Et a ton mengier invités.	

Dieu veult que nous achetons le manger quil nous donne. ℘ (T.)

Ton mengier veuz quë achaton	vois π, —sus *A*, sur nous p. *GdAa*
Quant veuz que faiz sus faiz porton.	
L'asnë abat le cressommel,	Lasme π Leaue *A*, L. ab. le trop grant fardel ℘, tresso*m*mel a tresso*n*nel *c* cresso*n*nel *A* sourso*m*mel Θ
Et ne nous seroit mie bel 6150	Par quoy ne ℘, seront *a*
Së ainsi nous agraventer	Et Θ, Se telement ag. ℘, acrav. Θ*Ga*
Du tout voloies et tuer.	
Ha Jh*e*su, pas ceci ne veuz.	A Θ Mais *GdAa*
Ton faiz qu'entens n'est pas greveuz	f. que dis n. *GdAa*, gregne*u*rs Θ
Aus porteurs de penitance, 6155	A ceux qui portent pe. ℘, de la p. Θ
Mez leur est a alegance ;	Ains ℘, a] grant *a* —*a A*
Quar leur labeur et leur painne	Quant *Aa*
Ne seroit que chose vainne	
Se les commandemens qu'as faiz,	
Que ci tu appeles ton fais, 6160	Q. icy ℘
Ne portoient ; et cressommel	Ilz ne p. qui dur fardel ℘, tresso*m*mel *dac* cresso*n*nel *A* sourso*m*mel Θ
N'est pas, mez co*m* eles d'oisel	comme π℘*Ga*, aile *A* belle *a* elles π esles ℘*G*
Qui le portent et raportent	
Que sa pesanteur deportent.	—6164 *B*⁵, Et π*GdAa* Et qui ℘
Si les porte, qu'en est portés 6165	—6165 *c*, Cil l. ℘, portes q. Θ, portes quen es p. *G*, quant est p. *dA*
Et allegiés, non pas grevés.	—6166 *c*

2 D

Et tex tes commandemens so*n*t
A ceuz qui penitance font,
Et c'est ce quë apres dëis :
"Soiés, dëis tu, touz apris 6170

Que sui humble, debonnaire
Dont repos poues touz traire
A vos ames, et faiz chargier
Ne vueil forz souef et legier."

A pres ce oui dire puis 6175
Que S. Jëhan estoit ocis,
Dont plus ne vout la demourer,
Mez tost par une nef passer
Se fist, et en un mont ala
Et Dieu le pere la pria, 6180
Mez pour qui, n'est mie scëu

Se pour Jëhan occis ne fu.

Et vindrent Pharisëens puis
A li et maistres des Jüis
Arguans que, quant mengoient 6185
Ses deciples, mal faisoient
Quant il ne lavoient leur mains.
Aus quiex il respondi que vains
Et ypocrites estoient,
Et que ce quë il mengoient 6190
Et qui par leur bouches entroit
Nullement ne les honnissoit ;
Mez par ce sont honnis les gens
De ce qui ist et vient dë ens :
Menteries sont et mesdis, 6195
Fauz tesmoingnages et despis.

tes] telz *d* ces Θ ses P^1 les *G*

—6170 to 6174 P^1, dis tu to. (trestous ℬ tout *G*) πℬ*G*, dist il to. (com *A*) bien ap. *dA* dist il duis et ap. a h. et d. ΘℬG*dA*a

Et a, D. a vous ames p. tr. ℬ, tout Θ*A*
Grant repos et mon f. ch. ℬ
Qui s. est et tres l. ℬ

ce] te *A*, o. iesucristz ℬ
Q. ieh. baptiste est. ℬ, est] fu C^2
ne la v. d. ℬ
par] en *A*a*HC*^{2}

Ou D. son doulx pe. pr. ℬ, Et illec D. (—Dieu ab*HC*^{2}) le pe. pr. *AabHC*^{3} n. escript ne sc. ℬ, p. ce quil n. m. (pas *A*) sc. *GA* p. ce que n. pas sc. a, M. il n. pas de tout (tous *HC*^{2}) sc. b*HC*^{2}
Et Θ, Si non que p. saint J. ce fu ℬ, Se (Ce *A*) p. saint J. ce ne fu πG*A*a Se p. saint J. loroison fu b*HC*^{2}
pharisien(s) Θπℬ*GaH*
—et (erasure) Θℬ

A-nt *A* Ly a-nt *H*, La-ns que lors que m. ℬ
Les *A*
Car Θ, Par ce que ne ℬ

y-te Θ
—Et Θ
que ℬ*A*, leurs. *GC*^{2}, bouche Θ*AaH*
homnissoit C^2

que i. (quist ℬ) et v. de dedens *A*ℬ qui v. et i. dedens n*H*, de dens C^2
Ce s. mensonges et ℬ

Math. xv.
 Puis une fame vint a li
  Qui de Chanaan se parti
Pour sa fille possessee
De Sathan et tourmenteé,   6200
La quelle tantost delivra
Pour la foy quë en li trouva.
Quar, quant il li dist que donner
N'estoit pas n'a abandonner
Le pain, qui est fait pour les filz,   6205
A chiens et gent d'autri päis,
Elle dist que si estoit bien,
Et que, sanz soi meffaire rien,
Les chiens des mies mengoient
Qui de la table, où estoient   6210
Les grans segneurs, chaoient jus,
Et n'en avoient nul refus.

Ch.] tharian *H* Decharian *C²*
possedee 𝔓
Estoit de S. t. *AH*, et continentee Θ

quen elle t. 𝔓
Que q. il d. *H*, qua do. 𝔓
Nafferoit p. *A*, Nesperoit p. nab. *abHC²*, ne hab. Θ𝔓
le filz *H*
Aux 𝔓*AaH*, ch. cest a gens 𝔓, gens 𝔓*GaHC²*, dautre Θ*GAH* dautrui *C²*
si] ce *aH*, q. cestoit b. *AC²*
soi] se 𝔓, m. de r. *G*
myetes 𝔓

De leurs s. si tumboient j. 𝔓, segeurs π
ne a. Θ, nul] aucun 𝔓

Math. xv
 Apres auctorite donna
  A S. Pierre quë il trouva
Fermement en la foy fondé.   6215
Jhesus a pierre.
Math. xvi.
"Tu es, dist il, benëuré
Quant të a mon perë apris
Que vraiement je sui son filz,
Et pour ce sus toi vueil funder
Mon eglyse et edifier,   6220
Si que, së enfer y hurtoit,
Point abatre ne la pourroit.
Et avec ce les clefz aras
Dont fermer et ouvrir pourras
Mon royaume de paradis.   6225
Et encor un don de haut pris

A P. lequel il t. 𝔓

Auquel d. tu es bien eure 𝔓, boineure Θ bien eure 𝔓*A*
De tant que (com *a*) ta m. *GAa* De ce ta m. *HC²*, te] a toy 𝔓, peres Θ
Quar *A* Qui *H*, —son *H*
v. sur t. fonder *C²*
et led. 𝔓
Telement que lenf. 𝔓, —se Θ*A*, portoit *C²*
le Θ*AaC²*
clerfs Θ
fremer Θ*H*
Le reaume du ciel p. 𝔓

 Lines 6197-6212 after 6230, and 6213-6230 followed by 6197-6212 before 6095 in *a* (see above, note at line 6095).

Aras, quar ceuz u ciel lïés
Seront qu'en terre aras lïés,
Et ceuz deslïé y seront —y *G*
Qui par toi aval le seront."   6230 t. deuale s. *H*, feront π

Math. xix.   Puis le vint un maistre tempter :   lui v. *aH*, m.] autre Θ, t.] compter *eab*
Luc. x.   Et quë il feroit demander   t.] arguer *C²*
                                                   Q. il lui faudroit d. *a*, qui f. d. *A* quil f. luy
             Pour pardurable vie avoir,   d. $\mathfrak{P}$
             A cui il respondi de voir :   Au quel il $\mathfrak{P}$, Et il lui (len *HC²*) r. *aHC²*,
                                                   il en r. *A*, de] le π$\mathfrak{P}$*GAaHC²*
Jhesus au   "Se de tout ton cuer veuz amer 6235
hariseen.   De toute ta force et penser   De ta f. et tout ton (et de ton *AaHC²*) p.
                                                   GAaHC²
             Ton dieu et ton prochain ausi,   D. et t. p. comme toy $\mathfrak{P}$
             Sauvé seras, je le te di."   S. s. en bonne foy $\mathfrak{P}$
             Et pour ce que pas n'entendoit   —ce *a*
             Qu'estoit prochain, si com disoit, 6240 Qui est. *A*, Quest. son pr. c. d. $\mathfrak{P}$
             Jhesus par l'exemple que mist,   pour ex. *aH*, pour ex. lui m. *A*, q. p. e. m. *C²*
             S'a li ne tint, savoir li fist ;   Salme tant sav. *A*
             Quar cil qui le navré aida
             Et de ses plaies plus cura   s. grans pla. le c. $\mathfrak{P}$
             Li dut miex estre dit prochain 6245   Il d. m. e. plus p. Θ, dubt *G* doit *a* deust *A*,
                                                   L. dist m. e. son p. $\mathfrak{P}$
             Que ceuz qui n'i mirent la main.   misdrent *G* midrent *A* mistr. *HC²*

Jesus annunce a ses apostres son alee en ierusalem pour illec souffrir mort. $\mathfrak{P}$ (T.)

             Autre foiz Jhesus avisa   A-res *A*
                 Ses deciples et dit leur a :
Jhesus aus   "En Jherusalem jë irai   je] men π$\mathfrak{P}$*AaHC²*
deciples.   Et la a soufrir mont arai   6250   moult π$\mathfrak{P}$*GAaH*
Math. xx.   Et la me couvendra mourir   Car $\mathfrak{P}$*C²*, la] se *C²*
             Et puis a vie revenir."   p.] apres $\mathfrak{P}$

Jesus disant a sainct pierre va derriere moy sathanas proprement ne parloit a sainct pierre mais a sathanas. $\mathfrak{P}$ (T.)

Math. xvi.   De quoi, quant Pierre le blasma,
             Tantost li dist : " Arriere va !
             Tu es Sathanas tenebreus   6255

Qui escandaliser me veus."
O Jhesu, comment parles tu
A cil qu'as pris et ellëu
Porter les clefz de paradis,
Et li as ton pouoir commis ? 6260
Quant a ce, n'a mie granment
En li honnourant telement
Que ne sai nul qui si grant ait ;
Et maintenant sanz nul meffait
Forz sanz plus quë il t'a repris, 6265
Par grant amour a mon avis,
De ce que parler të oioit
De ta mort qui grief li estoit,
Tu li faiz si grant deshonneur
Par dit que n'est nulle gregneur. 6270

"Va, dis, arriere Sathanas !"
Jhesu, quant de ta mort parlas,
Sathanas de pres t'escoutoit ;
Et pour ce qu'il doute et doutoit
Quë a damage ne li tourt 6275
Com cil qui scet assez de hourt,
A ton deciple dire fist
La parole, si com la dist
En amour et dilection,
Et non pas a l'entention 6280
Sathan, a cui il ne chaloit
De ta mort, forz tant que doutoit
Que prejudice n'en ëust
Et damagable ne li fust.
Et ceci savoies tu bien, 6285
Siques a ton deciple rien
N'en demandes, mez seulement
A celui qui l'enhortement

Quant tu sc-lizer ℬ, esc-sier *GaH* sc-sier *A*
—O *GA*, p-le tu *A*
Cil que tu as p. ℬ, que as p. *GAaC²*, esleu *GAaHC²*
Porteur *A*

grandem. ℬ
Et en lhonorer ℬ, h-orer ℬ*GA*
que θ

F. q. s. p. il ℬ, F. pour ce quil (que *H*) ta r. *aHC²*, qui t. *A*

p. (p-le`a) il toyoyt (te oy. *A* te ooit *C²*) *GAaHC²*
que θ dont *AaHC²*
feis *AC²* fis *a*, —si *C²*
Quil nen est aucune g. ℬ P. ce (—ce *A*) dist q. ne. nul g. *GA*, d. nulle nen e. g. *C²*, q. nulle nest grign. θ q. il n. nul. g. *aH*, greigeur π
dist *Aa*

Q. ta mort dom. luy face ℬ, li court *aC²*
sces *H*, sc. prou de fallace ℬ

Ta p. *a*, dit π, la] de *C²*
et] de *a*

De S. a qui n. ch. ℬ
f. q. tant d. *aHC²*, quil d. ℬ
Q. grant p. ℬ, p. ne li feust *aH*, Qua p. ne li fust *C²*
Ou aucun domaige il y eust *a* Et (grant *C²*) dommage ny receust *HC²*

Par quoya
d-das *a*, m.] fors *C²*

	A fait ; et a cil parles tu :	As f. π, f. a cellui p. aH
	Va t'en Sathanas ! mal venu 6290	
	Soies qui ma mort empeschier	empeech. Θ
	Veuz quë aras a encombrier.	qui πGa, V. dont tu ar. enc. $\mathfrak{P}$, q. aies enc. H q. en aies e. C^2, —a $\pi\mathfrak{P}aH$
	Et qu'a Sathan aies ce dit,	que a C^2, que S. aye $\mathfrak{P}$, ai.] apres G
	Bien apert par ce qui s'ensuit,	B. semble p. G B. le semble a aHC^2, ap. que c. q. sensieut Θ, quil s. $\mathfrak{P}$
	Aus deciples ainsi parlant : 6295	
Math. xvi. Jhesus aus deciples.	"S'aucun de vo*us* a desir grant	
	De venir apres moi, prengne	p.] si viengne C^2
	Sa crois et point ne se faingne !"	p.] riens aH, Et de moy ensuir ne f. C^2

Transfiguration de iesuscrist et ce quelle signifioit et comment elle fut comme degre aux apostres pour croire la transubstantiation du sacrement de laultier et que transfiguration est plus que figuration, mais transsubstanciation est plus que transfiguration. $\mathfrak{P}$ (T.)

	Apres .vi. jours S. Pierre prist	
	Et Jaques et Jëhan, que fist 6300	J. et ich. lesquelz il (ieh. et les HC^2) f. $\mathfrak{P}HC^2$, q. f.] aussi a
	Avec li en ·i· mont monter	En vng m. av. li m-r $\mathfrak{P}$, en ·i·] ou G
	La où se vout transfigurer.	
	Et a euz se moustra luisant	A ceux GC^2
	Com le soulel, et fu tout blanc	Comme s. aH
	Comme noif quanqu'avoit vestu. 6305	nef G
	Et la endroit Moyses fu	la] illec $\mathfrak{P}$
	Et Helye qui parloient	—6307 A, Auecques H. $\mathfrak{P}$, q. bien p. C^2
	A li et secré disoient.	—6308 A, Et la endroit sentredis.aP^1HC^2P, et] de $\mathfrak{P}$
	Et a S. Pierre lors sembla	—6309 HP
	Que bon il faisoit estre la, 6310	il] y G, —il a, Q. b. f. demourer la P^1HC^2P
	Et que bon fust que fussent faiz	Dist b. seroit q. fuss. $\mathfrak{P}$, b. f. q. fissent la HP b. feust q. feussent la C^2
	En ce lieu tabernacles troiz	Et en G, En ce l. tabernacules HC^2P, —troiz C^2
	Si que Jhesus un en ëust	Desquelz J. lung diceux eust $\mathfrak{P}$, lun aHC^2
	Et pour Moysen l'autre fust	Et l. p. m. f. $\mathfrak{P}aHC^2$
	Et le tiers fust pour Helye. 6315	troisiesme p. $\mathfrak{P}$
	Mez ainsi fait ne fu mie,	fust π, fu il m. Θ, ce ne f. m. C^2

6308 a, b.—Paroles de tresgrant mistere
Dont pour briefte je me vuil taire P^1HC^2P.
6312 a.—Auoit troys ny eust autres nulles P (in HC^2 blank line).

Le Pelerinage Jhesucrist.

	Quar une nue tantost vint		
	Qui sus euz touz luisant se tint,		tout ΘGaH tres 𝔓
	Et du ciel illeuc descendi		
	Une voiz qui disoit ainsi :	6320	
Dieu pere.	" C'est mon fil où ma plaisance est.		le π, D. loyr que chascun soit p. 𝔓, tout ΘGaH
	De li ouir soiés tuit prest ! "		
	Au quel mot ne se peurent plus		—mot G, ne porent se pl. Θ, porent C²
	Tenir, mez tost chäirent jus,		tous 𝔓, cheir. π𝔓GaC²
	Quar mont furent espouentes ;	6325	moult 𝔓GaH, espoent. Θ espoant. G desconfortes aC²
	Mez de Jhesu reconfortes		
	Furent qui tost lever les fist,		
	Et n'i ot nul qui puis vëist		ot] eust a, que Θ, p.] plus H depuis 𝔓
	La que Jhesum tant seulement,		Illec q. Jh. s. 𝔓
	Du quel eurent commandement	6330	orent HC²
	Que ce tenissent en secré		ce] se Ga, cecy t. s. 𝔓 ce ilz t. cele H, Quilz se t. en une cite C²
	Jusque seroit ressuscité.		J-quil s. c, J. r. s. 𝔓
Cil qui songe.	Mont m'est a ammiration		Moult 𝔓GaH, M. est HC², a] en 𝔓
	Ceste transfiguration.		
	En mainz lieuz Jhesus figuré	6335	m-t lieu aHC²
	Est es escris du tempz passé,		Est et (—et a) escrit ou t. p. aH, —es Θa, Estoit escr. ou t. C²
	Mez se transfiguration		se] ce G sa AP¹aHC²P
	Dit plus que figuration,		Dist Θ Dy πG
	Jhesus est outre figuré		Jh. si e. P¹, o.] aultre 𝔓
	Quë il ne fu u tempz passé.	6340	—6340 AaP¹HC²P, il] point 𝔓
	Et li mesme fait figure		—6341 AaP¹HC²P
	De soi, où couvient que pure		comment a comment HC²
	Verite soit supposee		
	Ja aussi com declaree.		Ainsi comme iay d. 𝔓, declamee declaire C²
III. Reg. xix.	Se le pain qu' a son chief trouva	6345	que s. C²
	Helye et qu'apres il menga		Ja H. et le m. aHC², et apres Θ
	Li fist pour bien aler confort		Il f. πG, p. al. b. c. a, b.] loing 𝔓
	Et quë assez en fu plus fort,		a.] beaucoup 𝔓, fust a
	Et së ausi le pain qui fu		Et ce a. le corps q. (que aC²) f. aHC²
Exod. xvi.	Com manne u desert espandu	6350	mansne H

Le cors Jhesu figurerent
Et com umbre s'en moustrerent,
Nulle rien outre ne firent
Et adjoustement n'i mirent
Par quoi leur figuration   6355
Ëust gregneur demonstraison,
La quel chose bien afferant
Ëust este et bien sëant
A fin que du cors figuré
La foy endoctrinee este   6360
Ëust plus au commencement.
Quar il n'est nul entendement
Qui n'en soit en chaitivaison
Quant il en veut avoir raison.
Or est pour ceste cause ci   6365
Com Jhesus qui en un jeudi
Assez prochain ait ordené
Son cors, si com est figuré,
A touz ses deciples donner
Et de li faire leur souper,   6370
A fin quë y puist miex la foy
Avenir sanz esbahir soi ;
Et que ses deciples sus dis
Qui tel mengier n'ont pas apris
A ce croire soient levé,   6375
Au figurement un degre
A fait de transfigurement
Que plus que figuré j'entent ;
Quar ausi com translatee
Chose est en la figuree,   6380
Si que quant le pain muera
En son cors et convertira
Au dit jeudi, plus tost croiront
Ses deciples qui ce ja ont

c.] ainsi que 𝔓, s.] si *H* se *G* le a*C*²
N. autre r. 𝔓, r. autre ny f. a*HC*²
Ne nul a. 𝔓, adiousterent et y m. a a. y misdrent (mistr. *H*) *GH*

Feust *H*, greigeur π grign. Θ, d-stration Θπ𝔓a*H* d-stracion *GC*²
Ce que toutesfois af. 𝔓

au] a son 𝔓

ne s. Θ*GaHC*², chet. π𝔓a*H* chet-oison *GC*²
Car *Ga*

celle Θ

A ses pr-ns *G*, Pour ceste cause a. o. a*HC*²
comme *C*²

leur f. *C*²
y] il 𝔓*GaH*, q. m. il peust l. 𝔓, q. puissent *C*²

t.] cel *G*, m. nauoient ap. 𝔓
cr.] faire a*HC*²
Ou *C*²

ainsi 𝔓, c.] que Θ

Par ainsi qua. 𝔓

t.] fort π𝔓 —tost a*H*

En transfigurement vëu,	6385
Mesmement quar de blanc vestu	
Le pourront vëoir comme nous	
Qui tel le vëon tous les jours.	
Et est voir que ce sacrement	
De li tel enluminement	6390
De foy fait que, s'ainsi n'estoit,	
En li creance nul n'aroit.	
Et Moyses et Helye	
Crëus n'en seroient mie	
Pour *rien* que dit en ait este	6395
Par euz piec'a et figuré.	
En secré en parlent et bas	
Si que chascun ne l'entent pas.	
A Jhesu parlent seulement	
Qui leur figures seul entent.	6400
Toutevoies bon y feroit	
Touz jourz demourer qui pourroit.	
Bon est tous jours le parlement	
Du viel et nouvel testament :	
De souvent Moysen vëoir	6405
Qui pour la loy y est de voir,	
Des prophetes estudier	
Que Helye senefier	
Est a ce parlement venu,	
Des paroles ausi Jhesu	6410
Par qui ce viel testament prent	
Avec li transfigurement,	
Et en est fait acort nouvel	
Où demourer fait bon et bel.	

t. ia v. *H*
M. quant *HC*²
c.] ainsi que 𝔅

Ce Θ, vray 𝔅, ce] se α
li fait t. α, lui fait enlu. *C*²
foy] soy 𝔅, De foy q. se α. *C*²
De α*HC*²
Et a M. naussi H. 𝔅
ne s. Θ, Foy adiouxtee n. seroit m. 𝔅
rien 𝔅*G*α*P*¹*HC*²*P*] chose βΘπ
Pi. par e. et f. 𝔅, P. ceulx *G*
En p-lant en s. et b. 𝔅, p-lant π, s. et p-lant en b. Θ*HC*² s. et en p-lant b. α, p-lant en b. *G*
p-lant *P*¹ plaist *HC*² plait *P*
f. y sauroit α f. entendroit *P*¹*HC*²*P*
Et toutesfois b. il ser. 𝔅, f.] seroit π𝔅, T. b. il f demourer *A* T. (Toutesuoies *C*²) il ser. b. *P*¹*HC*²*P*
D. t. j. q. α, T. j. q. p. et ester *A* Dy penser en toute saison *P*¹*HC*²*P*
pensement *P*¹*HC*²*P*

M-ses α*H*
P. la l. q. y 𝔅
Les p. 𝔅, e-dijer Θ
s-fijer Θ

cel Θ, vieux *H*

recort α
Au demoure Θ

6398 a.—Mais ceux dancien testament *P*¹*HC*²*P*.
6399 a.—Car ceux figurent bien adroit *P*¹*HC*²*P*.

Mez avis m'est qu'a ce propos 6415
S. Pierre ne pensoit pas lors
Quant des tabernacles parloit
Et que bon estre la faisoit.
N'a pas mont qu'avoit dit Jh*esus*
Que pres le tempz estoit venus 6420
Quë a soufrir assez aroit
En la bataille où il mourroit ;
Dont, pour ce que Pierre blasmé
L'avoit devant en charité
Et que pour ce avoit oui 6425
Blasme retournant devers li,
La chose plus emprainte avoit
En son cuer et plus y pensoit.
Si que, quant il le vit monté
Sus ce mont et transfiguré, 6430
Et nouvel habit pris avoit
Qui mont a mervellier faisoit,
Et vit Helye et Moyses
Des quiex il savoit bien les faiz
Avoir este de prouece, 6435
De vigueur et hardiece,
—Quar Moyses avoit occis
Og et Sëon et a mort mis,
Et Helye pour leur gran[t] mal
Tués les prophetes Bäal—, 6440
Pensa que la fussent venus
Et mandé les ëust Jh*esus*
A fin qu'avec li guerroier
Il alassent et bataillier,
Et que pour ce leur grant secré 6445
Et consel fust si bien celé.
Et avec ce il regarda,
Que celle haut montaigne la

—qu' θ
pe.] parloit *aHC²*
=6418 (Q. b. est. la il f.) *C²*
=6417 *C²*
Nav. p. moult que d. J. *H*, moult ℞*GaH*
Qui pour l. *a*, Le t. est peu sen fault v. ℞ p.] puis *C²*

ilz π
Donc *H*, —que *a*

lauoit *aHC²*
B-mer *GaHC²*, retorquant ℞

—et π

Sur π℞*aH* Car *G*

merueilles ℞*GaHC²*

b.] tous *G*

et [de] h. θ*C²*

grant θπ*Ga* &c., lor θ
Tua *G*℞, Tu es le p-te B. *aC²*

que lui g. *H* quali g. *C²*

ce feust bien cele ℞, segre *H*
Leur secret et non reuele ℞, fu *GH*, f. tres-bien *C²*

En ce c. m. l. *H*, en celle m. *C²*, haulte *a*

Pour soi garder bon lieu estoit	bien l. *a*
Se l'ost des anemis venoit, 6450	
Mez que pavellons y ëust	pauill. π𝔅*Ga* paueillons *C²*
Où esconser bien se pëust	Ou b. esc. *aHC²*, Ou se contregarder s. p. 𝔅, estoucier *G*, —bien π
Chascun d'euz ; et pour ce disoit	
Que bon estre la il faisoit,	Q. tres b. e. la f. 𝔅, est. (ester *a*) illec f. *HaC²*, —il π] y *G*
Et que prest estoit dë aidier 6455	q. tout p. (tous pres *H*) de a *aHC²*
Et de matiere pourchacier	materre *C²*
A fin que, selonc s'entente,	sentence *GaH*
Chascun d'euz ëust sa tente :	eust sentente *HC²*
Math. xvii. Faisons ·iii· tabernacles ci,	
A toi, Helye et Moysi ! 6460	t. M. et Hely *H*

E t pour ce que pas il n'estoit   —il *GaHC²*
  Selonc que Pierre le pensoit,

Ainz fu pour ce qui est ja dit,	que ia est (ay *H*) d. 𝔅*aH* qua je ay d. *C²*
La chose ainsi pas ne se fist ;	ch. p. si ne a, n. li souffist *C²*
Ainz vint une nue luisant 6465	Aincois 𝔅
Sus euz, et une voiz disant :	Et u. v. a eux d. *aHC²*
"C'est mon fil où est mon plaisir	f. qui e. *C²*
Dont les dis deves acomplir."	dittz *G*
Et en ce grant confermement	
Est du dit transfigurement, 6470	Et *G*
Pour ce que le pere tesmoing	
En fait, qui onques n'en est loing,	En soit *C²*, que o. nest l. π
Comment que souz la nue soit	
Où chascun pas ne l'apercoit,	Et ch-ns *H*, ne saperchoit θ
Se n'est a la voiz seulement 6475	Si 𝔅, a] pour *a*
Pour la quelle generaument	
Se doivent toute gent proter	toutes gens π𝔅*aHC²*, gens θ, prostrer 𝔅 porter π*GaHC²*
Et en terre jus aourer.	En t. j. et (—et *G*) a. *aHGC²*

A pres que Jhesus descendu
  Fu du mont et au bas venu,   6480   au] ou *a*

Math. xvii. Un demoniaque guari
Qui puis amené fu a li,
Pour qui demande li firent
Ses deciples qui ce virent
Pour quoi ne l'avoient pëu   6485
Garir par devant ne scëu.
Jhesus. "Certes, dist il, ce a este
Math. xvii. Par defaut de credulite,
Quar, se foy ëussiez autant
Com grain de saneve est grant,   6490
Une montaingne ferïes
Remouvoir si com voudrïes,
Et a vouz impossible rien
Ne seroit, ne fëissiez bien.
Toutevoies tant je *vous* di   6495
Que le dëable, qu'en celui
Estoit qu'ai maintenant curé,
Tel est quë estre hors geté
Ne puet forz en affliction
De jëunë et d'oroison."   6500

Par Capharnaum quant passoit
Une foiz la où en paioit
Travers, pas ne vout estre exent,
Quë en rien ne fussent la gent
Jhesus a Escandalisiés ; et hucha   6505
Pierre. S. Pierre, disant : "Entent ca !
Math. xvii. Pren un amechon, et peschier
Va en la mer, et le premier
Poisson que prendre tu pourras
Dedens sa gueule trouveras   6510
Un tel besant qui assez vaut
Ce que paier au travers faut.
Pour moi et toi le paieras,

demoniacle *aHC²*, gairy *C²*
f. am. *aHC²*
q.] lequel 𝔓, quoy d-der *aHC²*
vinrent Θ
q. il n. *a*
Le g. p. av. 𝔓
C. leur d. 𝔓, d. Jhesus ca (sa *a*) e. Ha*C²*
P. faute de *aHC²*
eusses *a*
sen. Θ𝔓G*aHC²*
m. vous f. 𝔓
Bien mouuoir se vous voulies *aHC²* R. c. vous v. 𝔓

s. que ne f. (fiss. 𝔓) G*aHC²*𝔓
Et toutesfois t. 𝔓, ta.] bien *a*
d.] sathanas 𝔓, qui en c. *a*

Voir *a*, q. h. est. g. 𝔓
p. sans a. *C²*
et] ou *HC²* et aussi 𝔓, de or. G dorison *C²*

P. my C. *aHC²* Carphan. Θ*a* Caphaon *HC²*
en] on Θ len π𝔓G*aHC²*
Trehu *GH* Treu *C²*, Treu nen v. p. est. ex. *a*, nen π, p. ex. nen v. est. 𝔓
Car il nen voulut les gens estre 𝔓, Ne q. en riens f. *C²*, nen π𝔓G*aH*
Point scand-ses 𝔓 Esc-ses π Scandelisiez *C²*
S. P. en d. 𝔓, entens *HC²*
—6507 *a*

tu] y *HC²*
sa] la *GH*
Statere dargent que a. 𝔓, que π𝔓, a.] moult *HC²*
Pour p. ce quau t. 𝔓, Plus q. p. au treu ne f. *a* Car cy le treu p. nous f. *H* Que pour ce treu paier nous f. *C²*

Le Pelerinage Jhesucrist.

Et ainsi nous aquiteras.
Pas n'apartient a pelerin   6515
De rien acroire en son chemin."   acroirre G

Paraboles diuerses et sainctes doctrines. $\mathfrak{P}$ (T.)
Humble comme enfant sera le plus hault en paradis. $\mathfrak{P}$ (T.)

Math.xviii.   Adonc a li s'assemblerent   Donc HC^2, pres de li C^2
Sa gent, et li demanderent   Ses disciple et $\mathfrak{P}$
Qui u ciel le gregneur seroit.   —le C^2, grigeur Θ
Et dist : qui s'umelieroit   6520   Il d. H, Et il d. $\mathfrak{P}$, dit a
Com un enfant que venir fist   Comme C^2, qui πGH
Et entr'euz u milieu le mist,   Et ou mil. deulx il (—il a) le m. HaC^2
Celui u ciel gregneur seroit.   Cestui GaH, greigeur π
Et quicunque tel recevroit   quiconques C^2
U non de li, à recëu   6525   En son n. comme li r. $\mathfrak{P}$, de moy qui mont creu H, a] qua GaC^2
S'i tendroit et à bien vëu.   Se t. Θ, Il le t. $\mathfrak{P}$, t. ou (on C^2) qua b. venu $GaHC^2$
Et s'aucun escandalisoit   Aussi s. scand. $\mathfrak{P}$, s.] sa nul π se on GC^2
Aucun de ceuz qui en li croit,   Quelque poure quen li creoit $\mathfrak{P}$, quen li creoit $a\mathfrak{P}$, li] moy H, creoit GC^2
Miex vaudroit quë on li pendist   M. luy v. $\mathfrak{P}H$, le aH se C^2, pendeist G
Une pierre au col et mëist,   6530   p.] grant mole $\mathfrak{P}$
Et quë ainsi il fust plungié   quauec elle f. $\mathfrak{P}$, fut GaH
Dedens la mer et la noié.   Ou (Au G) fons de la m. et n. (naye $\mathfrak{P}$) $\mathfrak{P}GaHC^2$, moije Θ

Apres ensuiant il leur dist :   Puis d. le monde pour scandales $\mathfrak{P}$, Et ap. ens. l. GaC^2 Ap. en ens. l. H, ensieuant Θ
Jhesus.   " Pour ses maus le monde est maudit,   Est maud. et p. euures males $\mathfrak{P}$, ses] ces HC^2, —est a
Et si est bien expedient   6535   —6535 G
Qu'escandres y soient souvent,   Quesclandres HP Que esclandres C^2 Que escandes G, Que scandales viengnent souv. $\mathfrak{P}$ Que scandalizie il soit souv. A
Mez a droit la maudicon ont   —la aGH, d. maudicion o. GH, dr. maudis en s. C^2, le Θ, les m-issons $\mathfrak{P}$
Par qui les escandres y sont.   Ceux p. q. l. scandales s. $\mathfrak{P}$, Pour G, Pour quoy Ha, —les a, escandles Θ esclandres H escandes G

6520-23 added by the scribe on the margin G (195a).

	Miex vaudroit au regne hautain	reaulme h. ℬ
	A tout un pié ou euil ou main 6540	p. vng oeil ℬ
	Aler qu'en enfer tenebreus	
	Aler a tout de chascun d'euz.	Entrer ℬ A leur π
	Gardés que n'aiés en despit	
	Aucun, combien que soit petit ;	quil s. Θ
	Quar leur angres, où que soient, 6545	les a. α, angelz G anges HC², quil s. Θ
	La face mon pere voient.	
c. xv. th. xviii.	Et sachiés que venu je sui	saches G
	Sauver ce qui estoit peri.	que α
th. xviii.	N'est mie celui bon bergier	cestui αC², breg. Θ
	Qui de ·c. brebis qu'il a chier 6550	Que ℬα
	Ne va querir l'esgaree	querre GαHC³
	U desert et demouree,	Qui est u des. (Q. u des. est H) dem. αHC², et] la ou est ℬ
	Et ne la va tost raporter	—ne α
	Aus autres, se la puet trouver.	sil l. G, le Θ
	Plus esjouir ausi s'en doit 6555	ainsi G
	Que des autres, que point n'avoit	q.] quant Θ
	Perdues ; et voir si fait il,	v.] bon H vrayement ℬ
	Quar joie est apres le peril."	
c. xv.	Un tel exemple ausi il met	Vne ex. π Vng autre ex. ℬ, il] en αC², a. y sert H
	De celle qui sa dra[g]me pert. 6560	dragme ΘπℬGαH, sa grue pait C²
	"Quant l'a, disoit il, trouvee,	Et q. elle leut retrouv. ℬ Q. elle la voit tr. C²
	Des voisines assemblee	De ses v. ℬ, Fait d. v. (voisins α) α. HαC²
	Fait, disant : esjouissiés vous	En d. αC² Et d. H, esj-sses πℬGαH esioyssier C²
	Ausi com moi toutes et touz !	Ainsi G, Auecques m. ℬ
	Quar ma dragme j'ai trouvee 6565	Q. jay magrue tr. C²
	Qu'avant avoie adiree."	Quauoye perdue et ad. ℬ, estoit C², adire π

Maniere de corriger son prochain. ℬ (T.)

th. xviii.	Se ton frere tu voiz pechier,	—tu α
	Entre toi et li corriger	
	Le doiz, et se soi amender	Li C², se point lamend. ℬ

Le Pelerinage Jhesucrist. 215

Ne veut, un secont appeler 6570	
Doiz pour avoir tesmoingnage ;	
Et se de rien n'en est sage,	se] ce *a*
A l'eglise dire le dois ;	
Et se de rien n'en est plus cois,	il nen est quois *C²*, —plus *aH*, quoys Θ
Sa compaingnie doiz fuir 6575	
Et li du tout en tout guerpir.	Et du t. en t. le g. 𝔅

Math. xviii. **O**u .ii. ou ·iii· assemblés sont   La ou grans a-blees s. *a*, a-ble π𝔅G ensamble Θ
      La sui, së en mon non le font.   sui et se Θ, nom y sont *a*

Math. xviii. Lors une demande li fist
21, 22. Pierre, dont douceur issir fist, 6580
   Ce fu : s'aucun li meffaisoit,   se auc. m. *G*
   A savoir se li pardonroit   Sav. se il l. p. (p-donrrait *C²*) *aHC²*, p-donnoit *G*
Jhesus a   Jusqu'a .vii. foiz ; a cui Jhesus   a qui 𝔅*a* auquel *GH*
Pierre.
   Dist : " Je ne te di pas sanz plus   dis *GH*
   Que li pardonnes par ·vii· foiz, 6585
   Mez .vii. foiz ·lxx· foiz."   lxx] soixante dix 𝔅 par ·lxx· *H*

Math. xix. **A**pres ce Jordanem passa   A. fleuue iourdain p. 𝔅, iourdane p. *a* iourdan en p. *G* iour dillec p. *H* iour Jhesus. *C²*
1-9.
   Jhesus et en Judee ala,   Et en J. sen a. *C²*
   Et une demande firent   La u. *C²*
   Phariséens qui li dirent : 6590   Les ph. *C²* Ph-sien(s) Θπ𝔅*GaH*, q.] et 𝔅*aC²*, disrent *C²*
Les phari- Së honz sa fame laissier doit   homme sa f. laisseroit 𝔅
seens a
Jhesum.
   Pour quelque cause qu'il y voit,   que il v. *a*
   Auz quiex Jhesus respondu a
Jhesus Ce qui en fu escrit piec'a :   Et que *G*, que esc. en f. p. *a*
respont.
   " Ne doit pas homme dessevrer 6595   d. nul h. separer 𝔅
   Ce qu'a voulu Dex assembler,
   Et que laissier ne la doit on   Si *G*, le d. *aC²*
   Se n'est pour fornication."   Ce 𝔅, par Θπ*GaH*, for-cion *C²*

uc. xviii.
5, 16, and
Math. xix.
13, 14.

Enfans ausi on li offri
  Pour estre benëis de li   6600
Des quiex, quant faisoient refus
Les deciples, leur dist Jhesus :

Jhesus aus
deciples.

"Laissiez a moi venir yceuz,
Le regne du ciel est pour euz."

Math. xix.
16-21 and
Luc. xviii.
18-22.

Un autre vint pour demander   6605
Qu'il feroit pour u ciel entrer,
Au quel il dist qu'il fust fervens
De garder les commandemens :

Lors vn e-nt on aHC^2
Afin dest. $\mathfrak{P}$, beney H benoist a
Du quel aHC^2, De quoy qua. en f. $\mathfrak{P}$
Ses $\mathfrak{P}$
Laisses $\pi\mathfrak{P}GH$
royaulme $\mathfrak{P}$, des cielx a des cieulx C^2
a. lui v. d. a, a. y v. HC^2
u] au a en G, e.] monter H
quel dit Θ, ferv.] diligens C^2

Commandemens de la loy. $\mathfrak{P}$ (T.)

"Homicide pas ne feras,
Luxurieus pas ne seras,   6610
De larrecin te garderas,
Fauz tesmoing point ne porteras,
Pere et mere tu hounourras,
Bien d'autrui avoir ne voudras,

Deut. v.

Dieu ameras et douteras   6615
Et a li seul tu serviras,
Ton prochain com toi ameras,
En vain le non Dieu ne prendras !
Et se tu veuz perfection
Avoir, va et vendition   6620
Fai de ce qu'as, et le donne
Aus povres et abandonne,
Et me suif et apres moi vieng,
Et u ciel le trouveras bien.

Homme ne femme nocciras $\mathfrak{P}$
= 6611 (Destre larron te g.) $\mathfrak{P}$, point $a\mathfrak{P}$
= 6610 (Lux. point ne s.) $\mathfrak{P}$, l. tu t. G
F. tesmoingnage ne diras $\mathfrak{P}$, point] tu G
Ton p. et m. honoreras $\mathfrak{P}$, tu (—tu a)
   hounoureras GaH honnoreras C^2
Biens $\pi\mathfrak{P}G$ Riens aHC^2, d. ne couuoiteras $\mathfrak{P}$

nom de D. G

ven-cion G
De f. π
A mes p. $\mathfrak{P}$
Et ap. moy me s. et v. a, men s. $\mathfrak{P}$, sieuch Θ
   suy aC^2 suis $\mathfrak{P}GH$

Math. xix.
23, 24, and
Luc. xviii.
24, 25.

Et est verite et certain   6625
Quë homme de richeces plain
Fort est qu'il puist u ciel entrer,
Et plus legierement passer
Chamel d'aguille le pertruis
Puet quë un riche en paradis."   6630

Il est v. et tout c. $\mathfrak{P}$
Q. lho. $\mathfrak{P}$, riceches Θ richesce a chichete H
qui p. π que p. G q. puisse $\mathfrak{P}a$, que puisse
   ou c. monter H
Car pl. $\mathfrak{P}$
pertuis $\mathfrak{P}GaH$ partuis C^2
un] le $\pi\mathfrak{P}GaHC^2$, r. homme eu p. Θ

Le Pelerinage Jhesucrist.

Sainct pierre interrogue nostre seigneur de la remuneration de luy et aultres. ℬ(T.)

S. Pierre a Jhesum. Math. xix. 27.
Lors dist S. Pierre : " tout avons
Laissié pour toi, et te suions,
Si nous di, que ce nouz vaudra ? "

Jhesus respont.
Lors dist : " quicunques ainsi a
Fait, il en ara grant louier   6635
Et siege en ara pour jugier
Israel en tempz ordené
A cent doubles guerredonné."

tous π
P. toy lesse ℬ, toi et pour tes homs C^2, sieuons Θ suiuons ℬGaH
Or n. C^2, Di n. q. cecy n. v. ℬ, —ce H
q-que a. aura ℬ, quiconque C^2
—en a, loijer ΘG

en] ou ℬaC^2, ordonne C^2
Et a c. d. guerd. ℬ

Math. xx.
Lors les enfans Zebedee
    Par leur mere, qui privee   6640
Fu de Jhesu, petition
Firent sanz grant discretion
Que l'un se sëist a destre
De li, et l'autre a senestre
Quant en son royaume seroit ;   6645
Auz quiex il dist que pas n'estoit
A donner tex sieges a li,
Mez tant seulement a ceuz qui
Le pere apparellies les a
Quant le tempz et saison sera.   6650

Jhesus auz filz Zebedee.
" Mez soiez, dist il, aprestes
D'avoir les sieges quë ares
Par soufrir painnes avec moi,
Point ne vous fas dë autre otroi.
Et sachiez, quicunque gregneur 6655
Voudra estrë, il iert meneur.
Non estre servi, mez servir
Je sui venu par mon plaisir,
L'ame de moi ausi donner

q. pasmee a q. paramee H pamee C^2
peticion G
Furent sur g. aH Faitte soubz g. C^2
Q. ly vns seist a sa d. H
Et li autres (au-re C^2) a (a sa H) s. aHC^2
Lors q. en s. r. seroient ℬ
p. ne doit HC^2 p. nestoient ℬ
—a aHC^2

Son p. ap. l. auoit ℬ
seroit ℬ
S. d. il appareilliez HC^2
q. querez ℬ q. gagniez C^2
A s. aHC^2
fais (fay H) dautrui o. aH
sachent C^2
Vouldroit G, il i.] il sera πℬ sera GaHC^2, min. πℬ

pour ΘHC^2

Et a. mon ame do. ℬ, ainsi a

6650 a, b.—Ce que comme homme a luy n'estoit
Comme dieu tout quanque vouloit. ℬ (182 d).

2 F

ath. xx.	Pour mains rachater et sauver. 6660
	Et de pou de chose croistre
	Voules et de grant descroistre.
uc. xiv.	Quant aucun appelé t'ara
	A unes noces, pas ne va
	Toi assëoir u lieu premier, 6665
	Mez te va metre u derrenier,
	Quar së du haut on te faisoit
	Descendre, grant honte seroit ;
	Mez se monter es fait de bas,
	Grant los et honneur en aras ; 6670
	Quar qui s'umilie, essaucié
	Est, et qui monte, est mis a pié."
uc. x.	Une autre foiz ala Jhesus
	En un chastel où recëus
	Fu de Marthe qui li servi 6675
	En soi plaingnant de sa suer qui
	A ses piés sëant l'escoutoit
	Et a servir point ne l'aidoit ;
	De quoi Jhesus bien l'escusa
	Et plus que l'autre la loa. 6680
	Appelee estoit Marie
	Qui prist la mellleur partie.
	Une foiz quant il ot mis hors
	Un mauvais esperit d'un cors,
	Aucuns disoient des Jüis 6685
	Qu'en la vertu l'avoit hors mis
	Du dëable qui est nomme
	Bëelzebub et appele.
Luc. xi. 17	Mez apres ce tost respondi :
	"Tout royaume est tantost peri, 6690
	Confus, desolé et gasté,

6660 · P. les pouures pecheurs s. 𝔓
p.] petit a, petite ch. 𝔓

tappele πH
noeches Θ nopces G, une nopces C²
6665 Tass. ou l. qui est p. 𝔓, u] au Ga, l.] bout G
Aincois te va m. au derrier 𝔓, u] au ΘG, derrainnier Θ
du] de GaHC²
D. h. g. te s. 𝔓
M. montes es fais d. b. Θ
6670 en] tu a y C² en y H
Qui sum. est ess. a, qui humilie C²
—Est a, et] mais 𝔓, —est GH, a] au C²

Quant HC²
chatel H
6675 le s. ΘGaH
se pl. 𝔓, de] a C²
seoir la (—-la a le C²) veoit HaC²
a li (—li H) ne li aid. aHC²
l'aut.] Marthe 𝔓
6680 est.] fu Ga si fu H fust C²
pr.] eslut H, m.] tresbonne 𝔓

U. autre f. q. ot HC², ot] et Θ
malin e. 𝔓, du c. 𝔓GaHC²
6685

Au d. a, d.] sathanas 𝔓
Belz. et de tous clame 𝔓, Belzebuth G
Bulzebus aH
ap. t. leur r. H, —ce C²
6690 Ton C², Chascun r. 𝔓 Quun r. H, —tantost a
de foulea, Comme feux destoille et g. H, Com
fus destolle et g. C²

Le Pelerinage Jhesucrist.

Së en soi il est devisé.
Et point ester ne se pourroit
Le regne au deable, s'il estoit.
Devisé, (au)si com maison chiet   6695
Tost sus l'autre, se bien *ne* siet.
Si sachiez quë en la vertu
Je ne fas rien de Beelzebub,
Mez en la vertu et pouoir
Du S. Esprit, qui est dit doit   6700
Pour ce que monstre le chemin
Du ciel a tout bon pelerin.

_{Luc. xi. 21, 22.} Quant un qui est armé et fort.
Garde c'on ne li face tort,
En pais demeure ce qu'il a ;   6705
Mez se plus fort contre li va
Et il le vaint, tout li oste
Et departist et emporte.
_{Luc. xi. 23.} Qui avec moi ne repaire,
Je le tieng à mon contraire ;   6710
Et qui avec moi rien ne queut,
Quanqu'il a à gast estre seut."

_{Luc. xi. 27.} Quant tex choses il ensegnoit
Et maintes autres et disoit,
Une fame qui estoit la   6715
A li haut sa voiz adreca :
_{La fame qui estoit en la tourbe.} "Qui te porta, qui t'alaicta,
Ventre saint et mammelles a ;
Bien est celle digne sainte
Qui de toi se vit encainte.   6720
Mont est digne quant l'alaictas
Et ses mammelles tu succas."
_{Cil qui songe.} He, fame estrange, qui es tu ?
Comment et a quoi connois tu

Quant il est en s. div. ℙ Et en s. il fust d. α, est] fust C²
estre GH, pouoit HC²
se il C²
ainsi C², com] que Θ se H, a. c.] com a. π comme ℙα
ne πGα &c.] se βΘ
—Si αHC², saches πℙGαH, s. bien quen ℙ
fais GC² sai Θ, b-buz ℙ belzebuth G belzebu α bulzebut H
esperit saches de voir G, esper. cest mon deuoir α esper. aussi com doy H, q. a sauoir C²
quil ℙ, monstrer Θ

Que αH, a.] ferme C²
c.] quon πℙH quen G que α

f.] tost HC²
trestout C²
Et le depart et tout emp. ℙ Et si le depart et lemp. α

J. ne l. G, t.] repute ℙ
auecques m. ne H, m. ne requeult ℙ, r. cueult G, cueult C²
Trestout disperge ce quil eut ℙ

tel G
Et bonnes doctrines donnoit ℙ, et] leur HC²

H. a li s. ℙ
p.] ploura G, p. et tailaita C²

Moult e. c. tres d. et s. HC², dite s. Θ digne et s. ℙGαH
d. ton sire vint e. α d. ton saint corps fu e. HC², v.] trouua ℙ
Et que ses m. su. GαHC², suchas C²
—qui Θ

La mere de ce pelerin ? 6725
De bonne heure t'es au matin
Hui levee, quant la connois le ΘaC²
Au parlement et a la voiz le Θ
De li, ausi com au bon fruit De son filz ainsi quau b. f. 𝔓
On connoist l'arbre dont il ist. 6730 On sent de quel arb. est produit *H* Congnois
 lar. com tu las dit *C²*
Toutevoies avec je croi Toutesfois (Touteuoye *H* Toutesuoies *C²*)
 a. ce j. 𝔓*HC²*, auecques *G*
Que le S. Esprit est a toi —le *H*, esperit π𝔓*Ga H*, a] en 𝔓*GaHC²*
Venu, et t'a en bouche mis et en ta b. 𝔓a*HC²*
Les dignes paroles qu'en dis ; d.] sainctes 𝔓 doulces a*HC²*, que dis *H*
Et se plus tu en savoies, 6735 Et croy que (—que *C²*) se p. en sav. *HC²*
Taire pas ne les devroies. P. t. a*C²*, le d. π𝔓*Ga*
Nul assez dignement loer
Ne la puet ne magnefier. ia] te Θ le a, manif. a

L ors Jhesus quant le los oui les los *GH*
    De sa mere, a la gent ainsi 6740 m. respond a. 𝔓
Dist que [tous] ceuz benëurés tous *HC²*, Vray dis et aussi bien eurez 𝔓,
 boineures Θ
Sont qui [bien] sont endoctrinés bien *HC²*, s. en end. Θ, S. ceulx q. s. e. 𝔓
De Dieu, et qui sont bien fervens A *HC²*, —et a, s. diligens *C²*
De garder ses ensengnemens. e.] commandemens *GaHC²*
Et puis autres paroles dist : 6745 Despuis a. a
Jhesus. " La lumiere de ton euil ist
Luc. xi.
Math. xvii. Dont ton cors est enluminé,
Quar së il est simple trouvé se doulx et si. et t. 𝔓
Tout le cors en sera luisant ; le] ton 𝔓
Et se tenebreus tant ne quant 6750 tenebres *GaH*
Se moustre, le cors tenebreus Est m. 𝔓
En sera et soupeconneus. Et de peche so. 𝔓, —et *C²*
Maudis estes pharisëens M-dit Θπ𝔓*G*, ph-siens π𝔓*GaH*
Qui voules devant toutes gens
Estre haut les premiers assis 6755 hauls Θ𝔓, l.] et 𝔓a
Et que salus vouz soient dis. saluemens 𝔓

Le Pelerinage Jhesucrist.

	Maudis ausi dire *vous* doi	
	Entre vouz maistres de la loy	
	Qui aus autres grans faiz bailliés	g.] gens ΘHC², faix 𝔅 loix H les C²
	Et du doi touchier n'i daingniés. 6760	Du do. t. ne les voulez 𝔅, doit Θπ𝔅 tout α, ne G(𝔅)
	Maudis ausi vouz doi dire	ainsi H, Mais a. je v. C²
	Vouz qui d'ensegnier et lire	d.] dendoctriner 𝔅, V. tous q. C²
	Portés la clef et de grant sens,	les clefz de tres g. 𝔅, —et π
Luc. xi.	Et onques *vous* n'entrés dedens ;	o.] iamais 𝔅
	Et ceuz qui y veulent entrer 6765	ent.] aler HC²
	Faites arriere retourner	
	En tenant t*ous* jourz l'entree	
	Pour vouz et chascun fermee."	fremee H, Et par vous est refusee C²
	Des quiex paroles mont dolens	doulans H
	Estoient les Jüis presens, 6770	j. illec p. 𝔅, pr.] puans C²
	Et en agait se metoient	aguet GC²
	Comment nuire li pourroient.	
Jhesus.	Puis a ses deciples disoit :	
	" Soiés pres chascun a son droit !	prestz G
	Quar point l'eure vouz ne saves 6775	p. ne l. π
Luc. xii.	Quant le juge venir verres.	Que C²
	Et estroitement soiéz cains	ceinctz 𝔅
	Tenans lumieres en vos mains	Tenant Θ, liures α
	En vellant touz jourz et gardant	vaill. π veill. C², gaitant π𝔅GαH
	Com cil qui ne scet l'eure, quant 6780	l. ne qua. GH
	Approchier doie le larron	A. se d. 𝔅
	Pour rober de nuit sa maison.	sa] la G
	Cil qui sera ainsi trouvé	aussi G
	Du segneur, iert benëuré	i.] y ert GH ert α et C² sera 𝔅, est boin eure Θ
	Et qui la volente scet bien 6785	quant α que C²
	De son segneur et n'en fait rien,	
	Puni devra estre et batu.	
	Et qui mont ara recëu,	Q. moult de dieu a. r. 𝔅
	Plus li devra on demander	

Et de plus ara a conter. 6790
S'avec ton adversaire vas
Au segneur et prince quë as,
Fai tant que delivre de li
Soies, se pues, et departi."

Auec aHC^2 Se av. G
A pr. et s. q. G

Parabole du figuier infructueux et ilec bonne doctrine ℙ (T·)

Luc. xiii.
Jhesus.

Puis une parabole dist : 6795
 "Uns honz un figuier, qui proufit
De fruit porter ne li faisoit,
En son gardin planté avoit,
Et quant ne li vit rien porter
Par ·iii· ans, li faire couper 6800
Vout, mez son vigneron li dist
Qu' encor un an il la soufrist
Et que tout entour il fourroit

parolle Ga
fighier Θ

iard. porte lauoit aH
En q. ℙ, lui voult r. H
le ℙ
—li H
le ΘGaC^2 se H
Et t. autour il fouiroit ℙ, tant e. il fouroit Θ,
  ent. ly (—ly H le a) fouyroit GHa, t. en
  tout f. C^2

Et que du fiens il y metroit,
Et selonc que se porteroit 6805
Gardee ou coupee seroit."

—il ΘGH, f. y netteroit Θ
Et q. s. q. lors fera ℙ
Reserue ou coupe ℙ$GaHC^2$, sera ℙ

Cil qui
songe.

En ceste parabole gist
Ensegnement de grant proufit :
Quant en pechié est longuement
Un homme sanz amendement, 6810
Et lonc tempz nul fruit ne porte
Pour avis c'on li enhorte,
Dex une grant grace li fait
Quant entour li fouir bien laist
Quë ou li dit apertement 6815
Et ramentoit devant la gent
Sez mauvaiz faiz, laiz et honteuz
En li nommant et ceuz et ceuz.
Quar quant ainsi est deschauciés
Et entour le pié bien serchiés, 6820

parole C^2
Entendement GH, de] et ΘπℙGH
empeschie C^2, longhem. Θ

l.] nul aHC^2
a.] bon consel ℙ, com π quon ℙaHC^2 que G
D. li f. u. moult gr. grace ℙ
b. fo. π, li boin f. fait Θ, e. de li fo. face ℙ,
  lait C^2
Quant aHC^2, Et quon ℙ, dist Θ

S. pechez et meffaiz h. ℙ
lui C^2, no. c. π, no. telz telz et telz ℙ, et telx
  et teulx (ceulx H) aH
Que q. a. e. deshauc. (deshaut. C^2) HC^2,
  descauchies Θ
b. chaussies a deschauciez HC^2, cherche ℙ

	Et fiens ausi geté et mis	Et que du f. g. α f. assez C^2
	Est assez en ce fouëis	Et a. π, Et a. a este fouis H Et a. este surfouis C^2 Cest assauoir a. ouys $\mathfrak{P}$
	De honte et de vilenie,	h-tes $\mathfrak{P}$
	Bien puis amender sa vie	peut $\mathfrak{P}aHC^2$
	Doit, et soi mont esvertuer 6825	Et (Dont HC^2) se doit moult esv. $\mathfrak{P}HC^2$ Et puis moult s. esv. α
	Pour reverdir et fruit porter,	De r. π$\mathfrak{P}$, rauerd. ΘHC^2
	Ou autrement on le devroit	
	Comme tout sec couper par droit.	
Luc. xviii.	Apres a la fame santé	Et ap. α
	Donna qui en enfermeté 6830	—en π
	Ans ·xviii· este avoit	Dixhuit ans e. av. $\mathfrak{P}$, xviii ans πGaH
	De quoi, quant vit que murmuroit	
	Un des grans maistres des Jüis	Lun d. plus g. $\mathfrak{P}$, m. aus J. α
	Pour ce qu'il estoit samedis	sabm. G
	Et qu'es autres ·vi· jours avoit 6835	que aut. G
	Bien tempz de faire que vouloit,	T. de (pour α) f. ce q. v. HaC^2
Luc. xiii.	A li et a touz respondi :	
Jhesus.	"Hypocrites, au samedi	sabmedy G
	Vos asnes abevrer ales	abuurer $GaHC^2$
	Et vos vaches se vous voules ; 6840	dabr. $\mathfrak{P}Ga$ de abr. π dabrere H
	Et ceste fillë Abrahé	liee α, Q. par grant e. $\mathfrak{P}$
	Qu' avoit l̈ıe enfermete	Liee sathan ne $\mathfrak{P}$, sabm. ne pourra G
	Au samedi ne pourrai pas	D. nost. C^2, des l. Θ$\mathfrak{P}GaHC^2$
	Deslier et oster de las ?"	
	Dont touz esbahis estoient 6845	De quoy t. H, tout e-hi Θ, esmerueillez est. $\mathfrak{P}$
	Et que dire ne savoient.	
Luc. xiv.	D'un ydropique fu ausi	fu] dy α dit HC^2, ainsi $\mathfrak{P}H$
	Quë il cura en samedi,	Lequel garit au s. $\mathfrak{P}$, en] au $\mathfrak{P}GaH$, sa*m*bm. G
	Disant que faire le pouoit	
	Ausi com l'un d'euz horz trahoit 6850	Ainsi comme l. d. tiroit $\mathfrak{P}$, deuls traihoit (trayoit H) ΘH, trahioit G traioit α(H) trairoit C^2
	Son buef d'un puis au samedi	sabm. G
	Chëu ens, ainz qu'il fust peri.	—ens G] dedens $\mathfrak{P}$, —il C^2, que f. G

Une foiz il estoit alé
A un disner où appele
L'avoit unz ho*n*z a cui il dist   6855
Un ensegnement qui s'ensuit :
"Quant tu feras un grant mengier,
N'i fai appeler ne huchier
Amis ne riches ne parens,
Mez fai y venir povres gens   6860
Qui n'ont de quoi retribuer,
Mez Dex le puet guerredonner.
Et te di que jadis avint
Unz grans ho*n*z un grant mengier tint
Où pluseurs riches appela   6865
Dont nul n'i vint, mez s'escusa
Chascun que venir n'i pouoit :
Li uns, quë achaté avoit
Une ville et que visiter
Tantost li convenoit aler.   6870
L'un dist qu'avoit buez achatés,
Et l'autre qu' estoit mariés.
Pour quoi celui qui les avoit
Semons et qui les attendoit
Par son sergant fist appeler   6875
Touz les povres que peut trouver,
Et furent quis par les voies,
Par places, rues et haies
Pour touz a ce mengier venir
Et toute la maison emplir."   6880
Par les presidens et curés
Des eglises sont appelés
A la table de Dieu venir
Riches et povres sanz fallir,
Mez a venir y refusent   6885
Mainz riches et s'en escusent

Estoit u. HC^2, qui C^2, a qui il dit G, dit π
GH
que $\mathfrak{P}$, sensieut Θ

Ne G, fais a

y f. $\mathfrak{P}aC^2$

les H, reguerd. $\mathfrak{P}$
te] ce G si a se C^2
Que vn homme vn bien g-t m. t. $\mathfrak{P}$, t.] fist Θ

Mais nu. ni v. ains s. aHC^2
Que ch. v. aC^2, qui G
Lun dist quach. il av. $\mathfrak{P}$, achetee HG achet-
te C^2
qui C^2

Lautre dit (—dit a) qu. a C^2, Lautre d. iay b.
$\mathfrak{P}$ achette C^2 achetes G
Laut. quil est. aHC^2
cestui aC^2
Cem. G

quil pot t. ΘC^2, pot aH poult G
q.] cherches $\mathfrak{P}$, parmy C^2
les pl. C^2
t.] ceulx G
tout le m. Θ, remplir $\mathfrak{P}$

= 6884 $GaHC^2$ (R. et p. s. mentir aHC^2)
= 6883 $GaHC^2$
M. pluseurs v. $\mathfrak{P}$, a] y G
M-t r-e H, R. puissans et $\mathfrak{P}$

Le Pelerinage Jhesucrist.

Disant que ont mont d'essoingnes
Pour terriennes besoignes
Où damage grant aroient,
Së a faire les laissoient ; 6890
La quel chose pour un disner
Ne dëussent pas refuser,
Se du roy qui donne a mengier
La compaignie ëussent chier.
Mez nennil, les povres y vont 6895
Selonc que le mandement ont.
Jamaiz ne refuseroient
N'escusance n'en feroient,
Plus que les autres doutent Dieu
Avec ceuz qui tiennent son lieu. 6900

Autre foiz au pueple parloit
Et tex paroles leur disoit :

Jhesus, Luc. xiv. " Quicunque veut edefier
Doit avant les couz regarder
Combien li faudra despendre, 6905
Quar savoir doit et entendre,
Se ne parfait que commencié
Ara, il en sera moquié.
Ausi ·i· roy qui à faire
A contre son adversaire 6910
Doit regarder que ·x· mille
Sont trop pou contre ·xx· mille,
Et miex vaudroit paiz pourchacier
Que fole guerre commencier.
Et dist quë u ciel a joie 6915
Quant pecheur se met a voie
Et retour de penitance
Par contrite repentance.

D-ns a𝔓, densso. Θ denso. *HC*² dexoines 𝔓
A traitier de leur b. a*H* A traictier et de besongnes *C*²
Et a*HC*², gr. domm. 𝔓*G*

P. lesquelles vn tel d. 𝔓
p.] mie 𝔓
du] vn a, r. et de sa mesgnie 𝔓
Eus. chere la c. 𝔓

q. commandem. 𝔓 q. le command. π, m. en o. *HC*²
ny *H*, Car point ne le r. 𝔓
Les humbles nexcuse en prenroient 𝔓, ne f. *C*²
do.] creignent 𝔓, —Dieu *H*
c.] eulx a, Et c. lesquelz t. 𝔓, A. li sen vont en s. *C*²

Qu-ques *C*² Quicunque *G*
Av. l. despens r. 𝔓, —couz *H* couls Θ coustz *G* cielx a cieulx *C*²
Qu*a*nbien Θ, Comment il conuendra d. a *C*. il lui (—lui *C*²) conuendra d. *HC*², Il doibt c. f. d. 𝔓, li] il *G*
Sil 𝔓
mochiet Θ
a affaire 𝔓*G*a*HC*²
Encontre s. (un s. *C*²) *G*a*HC*², Guerre c. 𝔓
r.] bien r. *C*² considerer 𝔓, xx mil *H*, mil a*H*
Ne s. assez c. 𝔓, t. encontre ·x· mil *H*, encontre *C*²
pourcachier Θ

a] en *C*²
au r. *C*²
Contrition et r. 𝔓

2 G

Parabole du filz prodigue et consequemment plusieurs faiz, dictz et miracles. 𝔓 (T.)

Dont avint quë unz ho*n*z jadis
Fu en terre qui ot ·ii· filz 6920
Dont le plus jeune se parti
Et prist sa partie avec li
De quanque duire li pouoit
Et que son pere li gardoit.
Cil en loingtain päis ala 6925
Et tout quanqu'il avoit gasta
Vivant luxurieusement
Avec fames et ordement.
Et apres quant ot tout gasté
Et du tout se vit affamé, 6930
Il se mist a pourciaus garder;
Et ne li vouloit nul donner
De leur remanans que mengiés
Ëust, s'il ousast, volentiers.
Et quant vit ce, mont regreta 6935
Son pere que com fol laissa.
"Ha, dist il, com je sui meschant!
En la maison mon pere tant
A ouvriers qui ont assez pain,
Et ci endroit je muir de fain. 6940
De ci je me departirai
Et a mon pere tost irai,
Disant: pere, jë ai pechié
Devant Dieu, et t'ai courouciè,
Et en rien je ne sui digne 6945
Que point me soies benigne,
Que me doies fil appeller
Jamaiz en nul tempz ne clamer.
Grant courtoisie me feras
Se com ·i· de tes sergans m'as." 6950

homme 𝔓
Estoit lequel auoit ii f. 𝔓, enterre *Ga*, eust *a* jouene Θ
pa.] marie π substance 𝔓
Tout que competer l. p. 𝔓, d.] donner *a*, le π

Auecques f. o. *a* A. paillardes o. 𝔓
q. eust g. *a*
de t. *H* moult fort 𝔓

Et nul ne li v. d. 𝔓
L. r-nant q. mange eust 𝔓, remen. q. m-gier *GaH*
De grant couraige sil en eust 𝔓, sil en eust C^2, v-tier *GaH*
q. ce v. 𝔓, regarda C^2

Haa *G*, Ha ha d. il c. s. m. *a*, il moult s. ie m. 𝔓 il tant s. m. HC^2
p. a t. *H*
—A *H*, A douv. π𝔓
meurs 𝔓
Dicy j. 𝔓
A m. p. retourneray 𝔓, t.] men *a*
D. mon p. jay p. 𝔓*aHC²*, p. jay p. *G*
D. toy *GaHC²*, et toy c. π
Et desormais n. s. pas d. 𝔓, en nulle r. ne C^2
Q. par parole ne par signe 𝔓
Me doiues ton f. a. 𝔓
Ne ton enfant me reclamer 𝔓, en] a C^2

t. serfz tu m. 𝔓

En celle maniere le fist,   telle aHC^2
Et vint a son pere et li dist
En la fourme qu'est dit devant.   quai di. aH
Et li douz pere bon semblant   Et son b. p. d. s. H
Li fist et contre li ala   6955   c.] deuers $\mathfrak{P}$
Et l'acola et le baisa,
Et le fist vestir et chaucier   li f. et cauchier Θ, chausser G
Tout de nuef et apparellier,   neuf C^2
Et un bon vëel fist tuer   v.] gras veau $\mathfrak{P}$
Et apparellier grant disner.   6960   Et preparer vn g. d. $\mathfrak{P}$
Et disoit le bon pere ainsi :
"Faison feste ! quar se peri   ce C^2
Estoit mon fil, je l'ai trouve
Ausi com de mort suscite."   Ainsi que d. $\mathfrak{P}$, Et c. d. m. ressusc. aHC^2,
    c.] que Θ
Et comment que troublé en fust   6965   combien $\mathfrak{P}$, tourble Θ, —en G
Son frere, quant dehors le scut,   S. autre f. q. l. sc. H, f. ainsne q. hors l. sc. $\mathfrak{P}$,
    d.] dedens GaC^2, seut Θ seeust C^2
Le douz pere l'en apaisa   Le bon p. si lap. (p. le rap. H) aHC^2
Par les raisons que li moustra.   quil l. HC^2

<small>Cil qui songe.</small> Mont est pere debonnaire   e. piteux et d. $\mathfrak{P}$
Dex à fil qui à li traire   6970   f.] cil HC^2 celui $\mathfrak{P}$, qua lui retr. $\mathfrak{P}$
Se veut, apres que l'a laissié   voult $\mathfrak{P}$
Et de li parti par pechie.   departi C^2
Quar quant a li veut retourner   q. y est v. C^2
Et pour sa faute humilier,
Sanz delai tout li pardonne   6975   trestout C^2
Et ses biens li habandonne
Autant ou plus com par devant,   c.] que $\Theta\mathfrak{P}G$, p. auant $\mathfrak{P}$
En grant joie de li faisant   Et $a\mathfrak{P}$
Pour ce qu'ausi com suscite   quainsi $\mathfrak{P}aHC^2$, com] que $\Theta\mathfrak{P}$, subsiste C^2
L'a de mort, et perdu trouvé.   6980

<small>Luc. xvi.</small> Un autre contë ausi dist   aut. narration d. $\mathfrak{P}$
    D'un riche, qui son sergant mist   r.] homme a, que $\mathfrak{P}GH$, seruant $\mathfrak{P}$
A question, pour ce qu'avoit

Oui que ses biens dissipoit.		degastoit *H* desiroit *C*²
Le quel sergant, qui se douta,	6985	seruant 𝔓
Cauteleusement en ouvra		
A fin que, se hors mis estoit,		Il e. apres d. 𝔓
Assez ëust de quoi vivroit ;		r.] pas *H*
Quar rien ne savoit labourer		
Et pas ne vouloit mendier.	6990	p.] riens *H*, Et honte auoit de m. 𝔓
A un qui cent baris devoit		barris Θ*H* barrilz *Gα* bairs *C*²
D'uille a son maistre et y estoit		—y *H*
Obligié, rabati moitié		O. et r. Θ, rabat la m. 𝔓, r. la m. π*GαHC*²
A fin que d'autant obligié		q. aut. α*HC*² q. de tant Θπ
Fust a li, quant besoing seroit	6995	
Ou demander il le voudroit.		d. les lui v. 𝔓
Et tout ausi d'un autre fist		Et d. au t. a. f. *G*, ainsi 𝔓*H*
A cui cent muis de fourment mist		cui] qui 𝔓*GαH*, muist π, fromm. *G*
A ·iiii.ˣˣ et ravala		quatre vings (vins *C*²) Θ*C*²
Et sa caution li mua.	7000	caussion *H* caucion *C*² quitance 𝔓
Et en fu loé ce sergant,		Et de son seigneur ce seruant 𝔓, ce] le α
Pour ce que le sens ont plus grant		Fut loe car s. 𝔓, ot π*GαHC*²
La gent qui de cest siecle sont		—7003 *C*², Les filz q. 𝔓, ce s. Θ𝔓*Gα*
Que les filz de lumiere n'ont.		—7004 *C*², fiex Θ
Et ausi *vous* di que faciés:	7005	ainsi 𝔓*H*
Bienz mondains pas tant ne prisies		prisses π
Que *vous* n'en faciés des amis		ne f. *GαHC*²
Que trouveres en paradis;		
Et di que service faire		Mais je d. *C*²
Ne puet nul a ·ii· et plaire.	7010	p. on a .ii. seigneurs pl. 𝔓, et] ne *GH*, nulz et adieu pl. *C*²
Encor a tant pas ne se tint,		rie il Θ
Mez dist que d'un riche il avint		Qui *GαH*
Que vestu noblement estoit		
Et grant table touz jourz tenoit,		
Et se vint un povre gesir	7015	V. u. p. ladre g. 𝔓
A sa porte qui grant desir		p.] table *HC*²

Avoit et grant neccessite
D'estre rempli et säoulé
Des mietes qui chaoient
De sa table et perissoient,   7020
Mez n'estoit nul qui l'en donnast
Ou qui en rien de li pensast
Fors les chiens qui li lechoient
Son mal et l'assouagoient.
Or mourut le povre, et porté   7025
Fu tost u sain dë Abrahé.
Et le riche mourut ausi
Et en enfer fu fait son ni
Du quel Abraham de loing vit
Et le povre ausi et li dist: 7030

Le riche a Abraham.
"Pere Abraham, aies merci
De moi qui tourmenté sui ci,
Et fai par le povre aporter
Sus son petit doit pour temprer
Ma lengue de l'eaue un petit,   7035
Ou autrement mort sui, ce cuit."
Au quel Abraham respondi:

Abraham au riche.
"Des biens as este tout empli
En terre, et rien n'en a ëu
Le povre a moi ici venu.   7040
Or a soulas et tu tourment,
De raison est tel changement,
Et est entre nous et vouz mis
Si grant deffense et barrëis
Qu'a vous nouz ne pouons aler   7045
Ne vous a nouz onques passer.
Tenes vous la et nous de ca,
Prengne chascun quë ellut a!"

Le riche.
Lors dist le riche : "je te pri,
A fin que ne descendent ci   7050

230 *Le Pelerinage Jhesucrist.*

Mez freres, que faces aler
Le povre a euz, euz aviser."
Abraham dist : " Moysen ont
Et les prophetes qui bien font
A ouir, et se n'en font rien,   7055
Pour les mors ne feront ja bien."

Luc. xviii.
Autre foiz de ·ii· hommes dist
Que chascun son oroison fist
Des quiex l'un se justefioit
Et que la semainne jeunoit   7060
Deuz foiz, et faisoit mont de bienz
Et contre Dieu ne faisoit rienz ;
Et l' autre pecheur se disoit,
Et batant sa coupe prioit
Dieu que de li ëust merci,   7065
Et seul fu essaucié cetui.

Luc. xix.
En Jherico Jhesus aloit
Et unz honz vëoir le vouloit
Qui Zachëus avoit a non,
Mez n'en avoit nul abandon   7070
Pour le pueple qui le suioit
Et pour ce que petit estoit.
Mez il se fist un eschafaut
D'un arbre sichamor en haut,
Sus le quel quant Jhesus le vit,   7075
Il li dist quë il descendist,
Et quë en sa maison aler
Il vouloit pour ens habiter ;
Le quel de grant vouloir le fist,
Et quant enz fu, Zachëus dist :   7080
Zachee.   " Je doing la moitie de mez biens
Aus povres sanz retenir riens,

facies *G*
Ce *H*, Le ladre a e. les adv. 𝔓, A e. l. p. *C*²
D. Ab. *H*, A. respond M. ilz o. 𝔓, m-sem α m-se *G*π𝔓 m-ses *C*²
si Θα silz 𝔓, ne f. α
nen *GHC*²

Laut. *H*
Dont *H*
As q. Θ
Que en la s. Θ, quen *GH*, —la α
fas. π, bien Θ
fas. π, rien Θ
Mais 𝔓
En Θ, En b. (embat. *H*) sa c. et p. *GH* B. s. coulpe pr. *C*²
Et exaulc. fust s. (ex. s. fu α*HC*²) cest. *G*α*HC*², cesty *C*²

homme 𝔓
Que α, —a *G*
Mez Θπα &c.] Men β, M. il nen av. le band. 𝔓
sieuoit Θ suiuoit 𝔓*GaH*
Po. ce aussi q. 𝔓

En vn a. sicom. h. 𝔓, si chamor *G*, siquam. α, a. si que veoir h. *HC*²
Jhes. quant Θ, Peust et q. J. si l. v. *C*²
Tantost li d. quil de. *HC*², qui se d. 𝔓, —il α
Pour ce quen s. 𝔓
e.] leans 𝔓 eulx *HC*²

Q. il y fu 𝔓, Q. fu dedens Z. α, Q. dedans fu a ceulx (et a eulx *C*²) d. *HC*²
La m. donne de 𝔓, doin *G* dons α

Le Pelerinage Jhesucrist.

	Et së aucun defraudé ai,	
	A quatre doubles li rendrai."	
Jhesus.	Lors dist Jhesus : " A ta maison	7085
	Est au jour d'ui salvation.	
	Ce qui estoit peri, sauver	
	Je sui venu et restaurer."	
Jo ii.	Ainsi com la pasque aprocha	
	Des Juis, u temple monta	7090
	Qui en Jherusalem estoit	
	U quel le marchié on tenoit	
	De buefz, de coulons, de brebis	
	C'on vendoit la selonc le pris ;	
	La quel chose quant Jhesus vit,	7095
	Un flàel de cordéles fist	
	Dont abati et chaca hors	
	Tout quanque li desplaisoit lors,	
	Disant quë estoit sa maison	
	Sanz plus faite pour oroison.	7100
	Et quant signe on li demandoit	
	Pour quelle cause ainsi faisoit,	
	Il dist qu'en ·iii· jourz referoit	
	Le temple, s'abatu estoit.	
	Et ce disoit il de son cors	7105
	Apres ·iii· jours que seroit mors,	
	La quel chose n'entendoient	
	En rien, mez en murmuroient.	
	Et a li vint en une nuit	
	Nichodemus et a li dist :	7110
Nichode-mus a Jhesum. Joh. iii. i.	" Ce que faiz, faire ne pourroit	
	Nul, se Dieu avec li n'estoit ;	
	Si croi quë es venu de li."	

Aussi sauc. d. iay 𝔓, se a a. C², d.] offendu aHC²
A ·x· d. HC², lui renderay H, le r. 𝔓aC²
tu as m. C²
Et C², j. dieu s. Θ

Je le s. v. recouurer a, restor. H

c.] que Θ, comme p. 𝔓, pasce π
J. il ou t. 𝔓

Au q. H, on] len G
colombs 𝔓
selon πHC²
Laquelle πG, —chose π
flagel 𝔓 flayel H flaier a, cordelles Θ𝔓GaH
cacha Θ sacha π rua 𝔓
Lont q. H
q. cestoit 𝔓aC², sa] la 𝔓
F. s. pl. p. o. GaHC², Son pere pour faire o. 𝔓
Et ainsi quon l. 𝔓, —signe aHC²
Quel signe par cecy f. 𝔓, quel Θ, P. quoy a. il le f. aHC²
t. quant destruit seroit (q. deffais est. H) 𝔓H

quil s. GaHC²

Les sotz iuifs me. 𝔓, Les juifs mais mu. H, —en a(H)

—en a
N-deme lequel l. 𝔓, a] si aHC²
Se fes (Telz fais H) porter seul (—seul .H) ne p. aH Q. fais porter il ne p. C²
N. sauecques l. D. nest. 𝔓, Se a. luy (—luy a) li D. nest. HaC²
Par ce cr. 𝔓

Lors dist Jhesus : " Et je te di
Quë a nul n'est le ciel donné, 7115
Se secondement n'est rené;
Et haut u ciel ne monte nus
Forz je qui en descendi jus;
Et com Moyses le serpent
U desert leva hautement, 7120
Ausi me faut il haut lever
Pour vie de salut donner
A touz ceuz qui croiront en moi
Et y aront bien ferme foy,
Quar mon pere pas envoié 7125
Ne m'a, a fin que soit jugie
Le monde par moi, mez sauvé.
Et pour ce m'a à li donné."

Par Samarie ausi passa
 La où la fontainne trova 7130
Jacob, où se vout reposer
Travellié de peleriner;
Et quant une fame vint la,
De l'eaue boire demanda
Disant, se bien le connoissoit, 7135
Eaue vive li requerroit,
C'est(e) eaue de quoi qui bevra,
Jamaiz de boire soif n'ara.
Et pluseurs autres choses dist
Dont celle fame esbahir fist. 7140
Et quant ses deciples ausi
Vindrent, il furent esbahi
De ce que parlement tenoit
A fame qui tout seul' estoit.

Qua nully n'e. $\mathfrak{P}$
ne est né H, reney $\mathfrak{P}$ renue a, penne C^2

F. moy q. en suis d—duz $\mathfrak{P}$, jus] nus a nuds C^2
Si a, comme $\mathfrak{P}$
Au $\mathfrak{P}$ En a
Ainsi $\mathfrak{P} GH$
P. la v. $\mathfrak{P}$
—touz Θ, croirront $\pi \mathfrak{P} G$
b.] tres $\mathfrak{P}$

ma ycy q. H
Le m. mais p. moi s. aHC^2, mez] et Θ
P. ce ma il a $\mathfrak{P}$

sa-rite H sa merite C^2, ainsi G

Tout tr. C^2
vit H
leau b. luy dem. $\mathfrak{P}$, l. a b. GHC^2
Luy de. se me co-ssoies $\mathfrak{P}$
Eau viue me demanderoies $\mathfrak{P}$
Cest Θ, De laquelle qui en beuuera $\mathfrak{P}$, Et qui de ceste e. buura HC^2 buura GH
de b.] a nul jour HC^2
p.] maintes HC^2, dit πGH
c.] la HC^2, fa. sesbahist $\mathfrak{P}$

Y v. f. e. HC^2

q.] et C^2

Puis celle fame s'en ala	7145
A la ville, et a touz nonca	
Quë un homme el avoit trouve	
Qui li avoit dit et conte	
Quanqu' avoit fait en sa vie	
Dont mont estoit esbahie.	7150
Et le vindrent pluseurs vëoir,	
Et bien connurent que de voir	
Du monde sauveur il estoit,	
Et pour ce moustrer se venoit.	

En *H*, a t.] le *C*²
Comment u. h. a. t. 𝔓, un prophete a.t. *HC*²

m.] tresfort 𝔓, D. elle est. moult (—moult *C*²) e. *HC*²
Si *HC*², Et lors l. 𝔓, pluseur Θ

se] la 𝔓

Joh. v.

En Jherusalem piscine	7155
Une fu, qui fu si digne	
Que, quant un angre la venoit,	
Et l'eaue de dedens mouvoit,	
D'enfermeté estoit guari	
Et sante y prenoit celui	7160
Qui premier entrer y pouoit.	
Mez un povre homme la avoit	
Qui ·xxxviii· ans attendu	
Avoit, et n'i avoit pëu	
Entrer pour la presse trop grant	7165
De ceuz qui entroient devant.	
Cil trouva en passant Jhesus,	
Et languir ne le laissa plus,	
Mez guari, et en fist aler	
Et d'ileuc son lit hors porter	7170
Dont li Jüis furent marri,	
Quar jour estoit de samedi,	
Pour quoi leur tint ·i· parlement	
Qui fu de haut ensegnement.	

Dedens 𝔓, pechine *C*²
Auoit q. estoit moult d. a*HC*²
Et q. un ange *C*²
l'eau 𝔓, —de Θπ*C*² (a*H*), remouuoit 𝔓a*HC*²
De maladie est. 𝔓
De a, s. p. icel. 𝔓
Et illec u. p. h. estoit 𝔓
trente huit 𝔓 ·xxxvii· *HC*², ans] jours *G*

Po. la pr. qui estoit t. g. *G*

En p. le t. J. 𝔓
languer *H*, le] li *GHC*²
Le g. et len f. 𝔓, M. le g. et f. *H*, et len f. Θa, et en] si len *C*²
Et s. l. dil. emport. a*HC*²
De quoy 𝔓, les 𝔓*GaHC*²
sabm. *G*
q. il l. t. p. 𝔓

Apres la grant refection,   7175

Fist de ·ii· poissons et ·v· pains   ·v·] deux *G*
A ·v^m· hommes, dont remains   mille *G* mil *a*
Fu si grant, quant säouz furent   gr. que q. Θ, saoul *H* saoulle *Ga* saturez 𝔓
Que touz plains en requellurent   7180   recuillirent *G*
Ses deciples ·xii· cophins   coffins *GC*²
A son commandement enclins.
Et pour ceste mervelle grant   miracle si g. *H*
Le vout le pueple honnourer tant   Lui vouloit le p. honneur t. *H*
Quë il le voudrent faire roy,   7185   Q. le voulr. le f. r. 𝔓, Quil le vouldroient *a*, vouloient *G*
Mez li qui tel honneur a soi   M. il q. telle (celle *HC*²) h. *aHC*²
Lors ne vouloit pas accepter,   Ne v. p. l. a. *aHC*²
Quant s'en percut, sanz arrester   Incontinent s. a. 𝔓, Q. sapparcut *a* Q. ce appercut *H* Q. saparcait *C*²
S'en füi faire priere   f. (fouy *H*) sans fa. *aHC*²
En une montaigne arriere.   7190   Dessus 𝔓

Un autre jour Jhesus passa
   Outre la mer, et sermonna   la] vne 𝔓
A ceuz d'entour soi et leur dist :   s.] ly *GaHC*²
"Viande qui point ne perist,   Biande *G*
Mez qui demeure en sauvement,   7195   en] et *a*
Ouvrer deves sanz estre lent ;
C'est celle que je vous donrai,   c. la q. 𝔓, donre *GH* donne 𝔓*a*
Quar mon pere l'a ordené.   la vous ordonne 𝔓
Se Moyses pain vous donna,   M. bon p. *a*
Mon pere melleur vous donrra,   7200   v.] leur *Ga*
C'est cil qui du ciel descendi,   Le pain q. 𝔓
Qui pour le monde a vie en li.   m. vien a li *aHC*²
Je mesme sui ycelui pain,   Moy m. 𝔓, meisme (m-es *C*²) s. cel. p. *aHC*²
A cui qui vient n'a point de fain,   c.] qui *G*, A qui quil (quen *C*²) veult n. *aC*² A qui que viens n. *H*, A qui cil q. v. na plus f. 𝔓
Et qui y vient il m'est donne   7205   De q. *C*², y] il *G*
Du pere, et n'est pas refuse

     7197 *a*.—Et que vous appareillerai Θ (44 d)
     7198 *a*.—Si en ferai sa volente Θ (44 d)

Le Pelerinage Jhesucrist.

De moi; quar du ciel descendu
Je ne sui mie ne venu
Pour du tout mon vouloir faire,
Mez selonc que je sai plaire   7210
A celui qui m'a envoié;
C'est que ce, quë il m'a baillie,
Je ne laisse mie perir,
Mez de mort a vie venir."

Des Jüis donc murmure fu   7215
De ce que dist que descendu
Estoit du ciel et estoit pain;
Auz quiex il dist : " Il est certain,
Qui croit en moi, il a vie,
Quar je sui le pain de vie.   7220
De manne u desert vescurent

Vos peres, mez touz moururent;
Mez de ce pain qui mengera,
C'est de moi, jamaiz ne mourra.
Ce pain pour certain ma char est,   7225
Pour la vie du monde prest.
Et se ceste char ne mengiés
Et de mon sanc vous ne facies
Vostre bevrage, vous mourres
Et point de vie en vous n'ares.   7230
Ma char estre viande di
Et bevrage mon sanc ausi,
Et qui me mengut et me boit,
Que je sui en li savoir doit
Et dedens moi il est ausi."   7235

Adonc furent tuit esbahi
Disans : "ci a dur parlement,

Jhesus. Joh. vi.

Joh. vi.

de-di *a*
Suy et n. s. m. v. C^2 Ne je n. s. m. v. (v. cy *a*) *Ha*
P. la myenne voulente f. $\mathfrak{P}$
scoy *G*
cil q. my a C^2
Cest ce (cil *H*) q. il a*H*, C. q. tout ce quil m. $\mathfrak{P}$, Mais il nia le pouoir b. C^2
nen l. m. rien p. $\mathfrak{P}$, laisseray C^2
de la m. $\mathfrak{P}$

Les *H*, Daucuns j. grant m. $\mathfrak{P}$
quil dist $\mathfrak{P}HC^2$

De mesmes voz peres v. C^2, De la m. $\mathfrak{P}$, m. vos peres v. (vesquirent *a*) *Ha*, vesquirent *Ga*C^2
Ou desert C^2, En (Ou *H*) desert mais *aH*, tout Θ, mourirent *G*
M. q. de ce p. m. *a*
Ce est moy *H*, C. mon corps j. $\mathfrak{P}$, Cest moy j. il ne morra C^2

ne] vous *a*
—vous Θ
buur. *G*C^2

estoit *a*
buur. *G*] viande *a*
maniue $\mathfrak{P}$ mengue *a*

Lors f. aucuns e. $\mathfrak{P}$, tout π tous *G*
Disant ΘH, D. v..ez cy d. p. $\mathfrak{P}$ D-nt que (—q. C^2) son d. p. *HC²*

236 *Le Pelerinage Jhesucrist.*

N'est pas a ouir bonnement."   Qui n. a o. b. 𝔓
Et Jhesus dist : "quanque j'ai dit
Est droite vie et esperit,   7240   Cest d. *a* Si est d. 𝔓
Mez aucunz ne le croient pas."
Et ce disoit il pour Judas,   p.] de *a*
La volente du quel savoit
Et que trahir il le devoit,   d.] voulloit $GaHC^2$
Et pour aucunz autres ausi   7245
Qui se retrairont loing de li ;   retrairent π*a* retraistrent H retrahirent G retraient C^2, Q. pour ce partirent de l. 𝔓
Pour quoi il prist a demander
Ses deciples, s'ausi aler   A ses d. se al. H Aux apostres s. a. 𝔓, d. se il (ilz C^c) al. *aC²*
S'en vouloient, mez Pierre dist   m.] a qui 𝔓
Qui advocat pour touz se fist :   7250   p.] de *aHC²*
Pierre a Jhesum.   " A cui, chier segneur, irïons ?   Auec C^2, cui] qui 𝔓*GaC²*, tres (—tres C^2) chier s. yrcns 𝔓C^2
Nouz sommes certains et voions   Nom*m*es c. C^2, veons HC^2 sauons *a*
Que de vie sont touz tes dis   v. tout s. tes d. Θ
Et que de Dieu tu es vrai filz."   vrais HC^2
Jhesus aus deciples.   Et dist Jhesus : "Touz je v*ous* ai   7255   Lors 𝔓
Ellëus, mez je voi et sai   Esl. π𝔓G Esleues *aH*, v. bien C^2
Que l'un de v*ous* dëables est   de] dentre 𝔓
Et de moi trahir est tout prest."   Qui de me tr. 𝔓, tous Θ

Apres pluseurs ensegnemens
Et pluseurs autres parlemens   7260
U mont dë Olivet ala   m. doliuet il (sen G) a. 𝔓*aHC²G*
Joh. viii.   Et puis au temple retourna,   au] ou HC^2
Où quant le pueple venir vit,   Et *aHC²*
Pour euz ensegnier il s'assist   —euz *a*
Où les Jüis li menerent   7265   Et la l. J. li am. 𝔓, La C^2, adm-ent C^2
Une fame qu'accuserent   quilz C^2
Estre prise en avoutire,   E. trouuee en adultere 𝔓, auourtire Θ aduoultire G aduoulerie C^2
Pour savoir qu'en voudroit dire ;   quil en C^2, d.] faire 𝔓
A la quelle accusation
N'avoit pas inclination   7270

Jhesus, mez en terre escrisoit		escripsoit GHC^2 escripuoit $\mathfrak{P}a$
Et ausi com semblant mo*n*stroit		Ainsi comme $\mathfrak{P}H$, s-bloit a
Que point ouir ne les vousist		le aHC^2
Ou qu'a euz rien il n'entendist;		que de riens y (ny HC^2) ent. aHC^2
La quel chose apparut assez,	7275	Laquelle Ga, apperceut GH appert a
Quar a euz ainsi obstines		aussi G
Et demourans en leur propos		de-res a de-rant C^2
Il se dreca com juge lors,		Il demoura c. aHC^2
Disant que pour li lapider		li] la $\mathfrak{P}$
Et pour li de pierres tuer	7280	la $\mathfrak{P}$, des p. gecter (getter C^2) aHC^2
Celui le premier y getast		C. p. le lapidast a Le p. la lapidast HC^2
La premiere pierre et ruast		Et premier des pierres (la pierre H) gectast (getast C^2) aHC^2
Qui sanz pechié se sentiroit		se trouueroit H
Et innocent se trouveroit.		se] le Θ
Et quant ot ce dit, s'enclina	7285	d. sabaissa aHC^2
Et escrire recommenca,		escripre C^2 rescrire Θ
Quë il feroient attendant		Ce que voulroient faire at. $\mathfrak{P}$
Et leur pensees regardant.		r.] considerant $\mathfrak{P}$
Mez de conscience mëus		de ce c. Θ de leurs c-ces $\mathfrak{P}$
La il ne demourerent plus,	7290	Illec $\mathfrak{P}$, demouroient C^2
Et l'un apres l'autre touz hors		tout ΘC^2
Issirent, et ne remainst lors		ny HC^2, remaint GC^2
Que Jhesus singulierement		= 7294 (Quec. f. seulement) aHC^2, s-lerem. Θ
Et celle fame en jugement,		= 7293 (Et Jh. s.) aHC^2
A cui dist quant il se dreca :	7295	q. se leua aHC^2, se] ce G
" Puis que nul condempné ne t'a,		nulz dampnee aHC^2
Pas [je] ne te condempnerai.		je $\mathfrak{P}aHC^2$
Va, et de pechier garde toi ! "		pechiet Θ, tey $\mathfrak{P}$
Puis recommenca a dire :		Apres $\mathfrak{P}$, P. commenca Jhesus a d. G
"Je sui lumiere pour luire	7300	
Et pour le monde enluminer.		
Qui me suit ne puet mal aler,		sieut Θ
Et se tesmoing je sui de moi		je ne s. a

Jhesus.
Joh. viii.

Tout est mon tesmoingnage vrai,   vroy *G*
Quar bien sai où voiz et dont vieng, 7305   scoy *G*, dou vi. 𝔅
Mez vo*us*, Jüis, n'en saves rien.
Vouz estes de cest monde jus,   ce m. π𝔅*GaHC*²
Et je sui du päis la sus.   p. de la s. 𝔅
Je sui de tout commencement,   tous *a*
Et parle de l'ensegnement 7310
Du pere qui m'a envoié
Et qui point seul ne m'a laissié,   seur Θ
Mez touz jourz avec moi il est
Et to*us* tempz fas ce que li plaist.   tout *G*, fai Θ sans *H*, E en t. t. quant il l. p. *C*²

oh. viii.   Qui de vouz me puet arguer 7315
oh. viii.   Dë aucun pechié et causer ?   De quelque p. 𝔅, Dauc. p. et accuser *AaP*¹*HC*²*P*
Pour verite que vous die
Nul n'en amende sa vie.   N. en riens nam. s. v. *P*¹, ne am. *H* na a. *Aa* na a-dee *C*²*P*
Qui de Dieu est, il ot ses dis,   Q. e. de D. il *GaHC*², oyt *G*
Mez de ce vo*us* estes remis, 7320
Quar vo*us* n'estes mie de li."
Lors furent il tout achienni,   tous 𝔅*GaHC*², t. a chemin *G* t. esbahy 𝔅
Disans qu'en li le deable avoit   D-nt Θπ𝔅*GH*, que le d. a. *aHC*², d. estoit *G*
Qui en tel guise a euz parloit.
Mez il dist : "je ne l'ai mie, 7325   Ains (M. *H*) d. il je *aH*, Il respondy *C*²
Mez ho*n*neur et segnourie   Ains 𝔅*GHC*²
Je porte a mon pere qu'ai chier,   A m. p. que ie ay ch. *H*
Et point ma gloire je ne quier.   g. n. requier *C*²
Et di que qui bien gardera   —que Θ
Ma parole, point ne mourra." 7330   po.] pas *H*
Et quant d'Abraham parlerent
Et prophetes qui garderent   des p. *C*²
La loy Dieu et estoient mors
Et que plus grant pas n'estoit lors,   q. grans pl. nestoient l. *a*, —pas Θ
Il dist : " Abraham qu'aves dit 7335   dit dabrah. *a C*²
Ot grant joie quant il me vit,   Il eust (ot *C*²) g. j. q. me v. *aC*²

Le Pelerinage Jhesucrist.

Et avant quë il fust, je sui."	quil feust ie fui *G* q. iamais f. suis 𝔓
Pour le quel mot plus achienni	Et lors furent pl. a. *AaHC*² Lors fustrent ilz tous a. *P*, akienni Θ enuahiz 𝔓
Tantost l'ëussent lapidé	Promptement 𝔓
Së il ne se fust absente. 7340	Si non que c f. absconse 𝔓

Aueugle du ventre sa mere est enlumine par nostre seigneur. 𝔓 (T.)

[Joh. ix.	Et ne doit pas estre oublié	o.] cele *C*²
	Unz honz qui avugle fu né	homme quav. α
	Dont auz deciples de Jhesu	Vint *C*², a.] les α
	Demandans pour quoi ainsi fu	D-derent α
	Né, il respondi que c'estoit 7345	Ilz re-dirent *C*², Il r. q. il est. α R. q. il y est. *H*, r-doit 𝔓*G*
	Pour ce que Dieu en li vouloit	
	Ses ouvrages magnefier	S. euures m. *H*
	Et sa puissance demoustrer,	se α
	Et rien ne tenoit au pere	r.nestoit par (pour α) le (son 𝔓) p. π𝔓*GaHC*²
	Ne au pechié de la mere. 7350	Ne par le p. de m. π𝔓*Ga* Ne par p. de la m. *H*, Ne par le p. *C*²
	Et dist que tempz d'ouvrer estoit	
	L'euvre que son pere vouloit.	
	Et lors dessus terre cracha	dessur *G*
	Et ce avec terre mella	Et av. ce t. α*HC*², t. il m. 𝔓, mesla *GaH*
	Et en fist boë et la mist 7355	et] puis 𝔓
	Sus les iex de l'avugle, et dist	
	Qu'en Syloe s'alast laver.	silloe α] celle yaue *H* celle eaue *C*²
	Et cil y ala sanz tarder	Lequel y 𝔓
	Et fist ainsi com li fu dit,	aussi *G*, c.] que 𝔓
	Et apres ce tantost il vit ; 7360	
	Dont les Jüis mont mervelliés	mo.] furent 𝔓
	Se moustrerent et couroucies,	Et sen m. fort courciez 𝔓, Et tourmentes e. *C*², et tourmentez *H*
	Et en firent grant enqueste	En furent et f. e. *C*²
	Diversement et moleste.	e. par m. *C*²

Diference du bon pasteur et du mercenaire. 𝔓 (T.)

Joh. x.	Apres ce dist il aus Jüis : 7365	=7366 (Q-ques nentre p. l.) *G*, il d. *AaP*¹*HC*²*P*
Jhesus.	"Quicunque në entre par l'uis	=7365 (Sy a dit Jhesus a. J.) *G*, Tou chascun qui nent. 𝔓, Q.nenterra p. *AaP*¹*H*, Q. monstera (monterra *C*²) sans l. *PC*²

Où ont leur habitation   Ou font l. 𝔓
Les ouailles, il est larron ;   ouilles *a*
Mez qui par l'uis y va adroit,   va tout droit *aHC*²
Celui pasteur estre dit doit.   7370
Les brebis le connoissent bien,   br. cognoissoient b. *a*
Mez l'autre ne connoissent rien. Laut. n. c. en r. *C*²
Je sui l'uis par où doit passer
Aus ouailles et enz entrer   ouilles *a*, enz] eulx *H*, et visiter *C*³
Bon pasteur ; qui y passera,   7375 y entrera *aHC*²
Pastis de vie trouvera.   Pascis π
Je sui bon pasteur qui donne
Mon ame et qui l'abandonne   —l' *C*²
Pour mes ouailles et brebis.   ouilles *a*
Mez tost fuit et les laisse cis 7380 cils Θ *C*² cilz *G*
Qui y vient com mercennaire   v.] fuit *a C*² sert *H*
Et n'a talent de bien faire.   Qui t. na. *C*², na volente dy b. 𝔓
Celles qui sont moies connoiz   myennes 𝔓
Et elles connoissent ma voiz.   celles Θ *C*²
De metre m'ame j'ai posté   7385 m'ame] ma voix *G*, —j. *C*², poeste *aHC*²
                                      puissance 𝔓
Et de reprendre auctorite.   de prendre *aC*², Et a. la r. 𝔓
Se ne vueil, nul n'i a pouoir.   Que v. *G*, nul na p. *H* nul autre p. *C*²
Et mon pere est de ce vouloir,   Se m. *G*
Quar n'est quë un et jë et li,   un de moy et l. 𝔓, je] moy π𝔓*GaHC*²
En moi il est, et en li sui." 7390 et ie en li *a* ie suis en lui *HC*²

Resuscitation du ladre et conspiration de Cayphe et autres iuifz en la mort de iesuscrist. 𝔓 (T.)

De tex paroles estoient   Par ces *C*²
   Plus engrès que ne souloient   e.] aigres *H* animez 𝔓 aueugles *C*², quil *aH*
Les Jüis, mez apres avint   Aux j. ap. av. *H*, —Les *C*³
Qu'encor plus grant duel leur survint. dueul *G*, l. avint *aHC*²
La Magdalene un frere avoit   7395
Qui Ladre par non dit estoit,
Qui malade fu mis au lit
Qui en mourut ; dont Jhesus dist   Et π𝔓*GaHC*², dit *a*

Le Pelerinage Jhesucrist.

	Que dormoit, et vouloit aler	Quil $\mathfrak{P}aHC^2$
	Où estoit pour li susciter. 7400	Deuers luy p. le s. $\mathfrak{P}$
	Mez ses deciples disoient :	li dis-t C^2
Les deci- ples a Jhesum.	"N'a pas mont que te queroient	moult GC^2
	Les Jüis pour toi lapider,	te l. $\mathfrak{P}$
	Et de rechief veuz la aler."	
	Toutevoies tout autrement 7405	Et toutesfois t. $\mathfrak{P}$ Toutesuoies C^2
Thomas aus autres deciples.	Dist S. Thomas : "puis qu' a talent	quas t. ΘaH
	De la aler, si y alons	
	Et avec li touz y mourons !"	auecques l. t. m. $\mathfrak{P}$, li] toy aH, tout Θ
	Lors s'en ala il la endroit.	il orendr. Θ
	Et ja 'iiii' jours il avoit 7410	il] y $\mathfrak{P}H$
	Que mort estoit en terre mis,	M. este et en t. m. aHC^2
	Et trouva ausi des Jüis	d.] les Θ
	Qui confortoient ses sereurs	Q. confort donnoient a ses seurs $\mathfrak{P}$, ses] les aH, ser.] seurs $G\pi\mathfrak{P}C^2$
	Faisans pour leur frere grans pleurs.	
	Jhesus mesmes en lermoia 7415	
	Et de grant pitie en ploura,	Q. et s. seurs $\mathfrak{P}$, —ses Θ, ser.] seurs $\pi\mathfrak{P}GC^2$, Q. s. (les H) ser. il (fort il H) a. aH
	Quar ses sereurs et li amoit.	
	Toutevoies quant venu droit	Et toutesfois q. $\mathfrak{P}$ Toutesuoies C^2
	Il fu au lieu où estoit mis	
	Le dit mort et ensevelis, 7420	Celui m. $\mathfrak{P}$
	La pierre dessus oster fist,	de dessus π de sur G
	Et les iex au ciel levés dist :	les] ses $\mathfrak{P}$
	" Mon pere, graces je te rent,	grace $\Theta\mathfrak{P}$
	Quar tu m'as oui en present,	
	Et je le savoie tres bien 7425	Et cela s. ie t. $\mathfrak{P}$
	Et ne m'escondiroies rien."	Que $a\mathfrak{P}C^2$, de r. C^2
	Puis au mort hautement dist lors :	au ladre aultem. H, P. h. au m. d. G, d. h. l. C^2
Jhesus au Ladre mort.	" Ladre, du sepucrë is hors !"	Lazare $\mathfrak{P}$, du] de ton $GaHC^2$
	Et ainsi tout enseveli	aussi C^2, ensepveli G
	Piés et mains liees issi, 7430	Les p. $\mathfrak{P}$, lies Ga, lies hors i. C^2
	Et dist Jhesus c'on le laissast	—dist Θ
	Aler et c'on le delliast.	desl. $GaHC^2$

Et de ce furent esbahis
Et courouciés mo*n*t les Jüis.

    Et esmeuz et coursez l. $\mathfrak{P}$, moult GC^2, les] li π

xi. Pour quoi assemblee firent   7435
    Et murmurans ainsi dirent:
juis
pirans. "Nulle chose no*us* ne faison,
Quar mont de choses fait cis hom.
Se le laisson aler ainsi
Toute la gent croira en li   7440
Et les Rommains a no*us* venront
Et nostre päis nouz toudront."
Lors Cayphas, l'esvesque dist :
phas. "Expedient est et proufit
Que pour touz un perde vie   7445
Et touz ne la perdent mie."
Et ceci pas de li ne dist,
Mez par cil qui en li le mist.

P. lequel fait a. f. $\mathfrak{P}$
m-rant GH en m-rant C^2
N-es ch-es a, ne proffitons $\mathfrak{P}$
Et moult C^2, moult G, cils ΘC^2 cil G cest $\mathfrak{P}$

croirront GaH, g. querront lui C^2

p. et gent t. $\mathfrak{P}$

Ex. chose est a
la v. C^2
perdons a perdrons C^2
c. de ly p. ne GH

Conspiracion de Cayphe et des iuifz en la mort de iesuscrist. $\mathfrak{P}$ (T.)

Et des lors prirent a penser
Les Jüis, sa mort procurer.   7450
Et Jh*es*us en Effrem ala
Et vout un pou demourer la.

prinrent G pristrent H prinstrent C^2
j. de sa $\mathfrak{P}$, m. et p. a
en effect a. aHC^2
d. u. p. l. C^2

qui
e. Par ceste conspiration
    Me souvint d'une vision
Que je vi u tempz qui passa :   7455
Un aigle voloit ca et la
Par desers et par montaingnes
Et par terres bien loingtaingnes,
Par valees, par boscages,
Hantant souvent les rivages   7460
Des eaues (et) sa proie querant
Et souvent au ni repairant

souuient $\pi\mathfrak{P}Ga$
—je Θ
volant Θa

b. estranges C^2
et p. b. C^2
Frequentant s. $\mathfrak{P}$
—et aHC^2, —sa Θ] la H
retournant $\pi\mathfrak{P}GaHC^2$

Le Pelerinage Jhesucrist.

Où ses aigletiaus estoient   aigleciaulx *G* aigleceaux *C*² aigleaux *P*
Qui de voler fain avoient,   f.] desir 𝔓
Au quel tempz une chose avint :   7465   Ou q. *HC*² Et ou q. *a*
Ostoirs et faucons plus de vint   Ostours *G* Auctours 𝔓
Avec un gerfaut, assemblés   A. eulx u. *C*²
Pres moi où estoie boutes,   P. de m. π*GaC*²
En un buisson parler oui,
Et parloit le gerfaut ainsi :   7470   griffault *a*
Le gerfaut. " Ma noblece to*us* v*ous* saves
Et mon pouoir vëu aves,
Et savez bien que m'ap*ar*tient
Ce ni où va souvent et vient
Cel aigle la qui usurpé   7475   Celle *H*, u-pee *Ha*
La, et sanz mon vueil occupé.   o-pee *Ha*, E. s. m. v. l. o. *C*²
S'i voudroie bien [que] consel   que π*Ga* &c.
M'en donnissies selonc mon vueil,
Et desservir le voudroie   Car asseruir 𝔓
Tout selonc que je pourroie."   7480   T. autant comme j. p. 𝔓, s. ce q. j. vouldroie *a*, selonc ce q. *C*²
Lors un des grans ostoirs parla :   lun 𝔓, oistours *aH* auctours 𝔓
L'ostoiour. " Ensemble parlé avons ja   ja] la *G*
To*us* quanque n*ous* sommes ici,   i.] cy *Ga*
Et pour to*us* je respont et di   t.] ce *aHC*²
Quë il faut que l'aigle pris soit,   7485   laige *G*
Et ses aigletiaus de leur toit   aigleciaulx *G* aiglesseaux *C*² aigleaux *AP*
Soient hors mis et hors getés.   S. dehors m. et regectez 𝔓, S. m. h. *C*²
Et a toi, gerfaut, soit donnes   griffault *Aa* griffon *P*¹, soient 𝔓
Le ni, si que sanz nul rapel
L'aient apres ti gerfaudel.   7490   ti] cy π sy *P* cil 𝔓*A*, griffaud. *Aa*
Bien nous en guerredonneras   B. le n. g. *aHC*², guerd. Θ reguerd 𝔓
U tempz avenir quant voudras."

A̲pres ce finé parlement   A. f. ce p. *AaC*²
  Quë oui paoureusement,   Q. ie oy p. *aHC*², o. iauoie p. 𝔓
Doutant que ne me vëissent   7495   Tresfort d. 𝔓, Doubtance *a*

Et que mal ne me fëissent,
En divers lieus les vi voler
Et euz souvent ratropeler
Par ·iii·, par ·vi·, par disainnes,
Par divers jours, par semainnes   7500
L'aigle toutes pars agaitans
Et de loing touz jourz li suians,
Quar aprochier ne l'ousoient
Pensans que, se veus estoient
De li, d'euz si se vengeroit   7505
Que meschant chascun s'en verroit.
Et ce firent il par lonc tempz
Jusqu'a tant quë apensemens
Leur vint de fors tentes faire
Où saroient son repaire,   7510
Ou quë il fust si enlaciés
Que li vausist unz giéz es piés.
Ainsi en la fin le firent :
Entre hayes les las mirent
Où il fu pris et arreste   7515
Et si com vouloient lïé.
Comment que ne soit mie droit
Que mis en giéz li aigles soit,
Mez y doivent estre ceuz mis,
Par qui il est lïé et pris,   7520
Et a haute perche jouchiés
Selonc leur droit et atachies.

A insi il fu fait de Jhesu,
Quar par le parlement qui fu
De Cayphas et des Jüis   7525
Il fu apres lïé et pris ;
Mez pluseurs choses avant fist,
Et mainz bons ensengnemens dist.

En dix li. HC^2, le vi Θ, voy 𝔓 vi je C^2

ratroup. α racrop. 𝔓

= 7500 (P. d. j. et s.) G, vi] v H, et p. d. C^2, douzaines 𝔓α

= 7499 (P. ·iiii· p. ·vi· p. diz.) G, et p. s. C^2

lo.] jours G, Et t. j. de lo. lui s. αHC^2, lo. li t. j. s. π, le s. 𝔓, sieuans Θ suiuans 𝔅G

P-nt ΘG Doubtans 𝔓, —que GaC^2

li que deuz se v. α, —si GHC^2 si] il Θ𝔅

Et 𝔓C^2, se v. α

Et si f. C^2

Jusques a t. quap. 𝔓

Si l. v. de t. fa. α, fortes 𝔓] faire H, d. en un lieu retraire C^2

saur. estre son r. 𝔓, Ou il auroient (auoient HC^2) leur r. αHC^2

Esquelles f. 𝔓 Ou quel en fu α

Con li mosist u. Θ Q. sil eustu. C^2, vng gectz 𝔓

le] la Θ

Et ent. (Ent. C^2) les h. le m. αC^2, E. les h. G, —las H

Et comme voulrent l. 𝔓

Combien q. 𝔓

en] es Θα, li] vng 𝔓

deuoient α, y deuoit e. seulz m. H

h-tes forches iuchiez 𝔓, ionch. Θπ iuchier H iouchier G

l.] son H, atachier GH

A. fu il f. Θ𝔓$GaHC^2$

—par G

Par Cahiph. et par les J. 𝔓

Quil H

ch. f. av. 𝔓, deuant C^2

Et d. m-t bon e-nt 𝔓

Le Pelerinage Jhesucrist.

	Il ala en Bethanie	
	La où de Marthe et Marie	7530
	Et du Ladre ressuscité	
	Fu receü et appele.	
	Et avec euz son souper fist,	
Joh. xii.	Et adonc une livre prist	
	Marie de bon oingnement	7535
	Et les piés Jhesu humblement	
	Enoinst et terst de ses cheveus	
	Dont Judas fu mont envieus,	
	Quar ·iii·ᶜ deniers valoit bien	
	Dont vit que ne recevroit rien	7540
	Dolent qu'il ne les emboursoit	
	Et devers li ne les avoit,	
	Quar boursier l'avoit fait Jhesus	
	Non pas pour ce quë en li plus	
	Se fiast, quar larron estoit	7545
	Et (de) ce que donner il devoit	
	Aus povres, tournoit devers li,	
	Pour quoi vouloit avoir ceuz ci.	
	Et toutevoies li fu dit	
	De Jhesu quë il se soufrist,	7550
	Quar povres bien recouverroit,	
	Mez li recouvrer ne pourroit.	
	Et avint que s'assemblerent	
	Pluseurs Jüis et alerent	
Joh. xii.	La endroit où estoit Jhesus,	7555
	Et ne fu pas pour li sanz plus,	
	Mez pour le Ladre suscité	
	Que de vëoir entalenté	
	Estoient, et par grant desir	
	Le vouloient faire mourir	7560
	Pour ce qu'en Jhesu crëoient	
	Pluseurs et plus le suioient.	

7530 —de C^2
7534 auecques G
—7534 H, l.] boeste P boitte C^2
7535 onguem. Θ
h.] doulcement $\mathfrak{P}$
Enoint et tuert G, Oint et torche $\mathfrak{P}$, tert a C^2
moult GC^2
trois cens $\Theta\mathfrak{P}$
7540 nen a, q. il nen aroit r. C^2, nen auoit r. H
Dolans fu n. C^2, qui ne Θ que ne GuH, que les ne π

—pas Θ, N. pas quen li se fiast pl. $\pi\mathfrak{P}GaHC^2$
Ques (Quaus a Que aux H) aultres q. $\pi\mathfrak{P}GaHC^2$
—de $\Theta\pi Ga$ &c.
t.] prenoit $\mathfrak{P}$
Et nen donnoit riens a nullui C^2
toutesuoies C^2
q. cecy so. $\mathfrak{P}$, souffrit πGa souffist H

Or $\mathfrak{P}$, q. la sembl. H

Que $\mathfrak{P}$
M. du L. resusc. aHC^2
v. grande volente $\mathfrak{P}$
Ilz auoient que p. $\mathfrak{P}$
Sestudioient f. $\mathfrak{P}$
plus cr. C^2
P. par luy et l. s. $\mathfrak{P}$, P. autres et l. s. a, plus] pluseurs H, sieuoient Θ suiuo. GC^2

Jhesus enuoya querir lasne et sur ce denote contemplation. 𝔅 (T.)

Apres en Olivet ala,
Dont ·ii· deciples envoia
Pour un asne li amener 7565
Sus le quel se vouloit monter
Pour aler en Jherusalem
La où il vouloit le boben
De son estre manifester,
Et de soi prest a touz monstrer 7570
Dë entrer en la bataille
Que hastivement sanz faille
Les Jüis li aprestoient

Où occire le vouloient.
He douz Jhesu, puez tu trouver 7575
Beste melleur pour toi porter ?
Je croi que ton cuer y mëis
Des ce que mengier le vëis
A la creche où enmailloté
Piec'a te coucha Povrete. 7580
Ci endroit povre boben voi
Et povre monteure de roy.
Nul qui te voie ne croira
Que victoire tu aies ja
En tel guerrë où trouveras 7585
Mainz adversaires et aras ;
Mesmement quar point ensellé
N'est ton asne ne tu arme,
Se de grant humilite n'est
Et patience qui te vest. 7590
Mez së armes soufisans sont,
Si ne les portent pas ou ont
Communement touz batailleurs
Ou champions ou guerroieurs.

Math. xxi.

Cil qui onge.

Puis au mont doliv. P¹
Ou a, Et son dis-le C²
La ou il v. sen aler H, Car il se v. deliurer C²P, q. m. il v. a, se] il 𝔅P¹
—7567 HC²P
—7568 HC²P, il] lors 𝔅, boban G boubam H
magnifier πGaP¹HC²P
De soy monstrer et appareiller C²
Pour ent. C²
Qui H, hastieuem. Θ
Des π, Si ap-stier (ap-ster H), Appareiller ilz ly faisoient C², le vouloient (faisoient H) aH
Occ. ou (et HC²) tuer le (—le H) v. aHC², oc.] mectre a mort 𝔅
D. Jh. ne p. H He Jh. ne p. 𝔅
te 𝔅
cr.] pense 𝔅
—ce Ga] lors 𝔅, li v. Θ la v. H
En la creiche 𝔅a, crache G, e-aillole H
b. p. π𝔅 pou de b. H, boban 𝔅Ga bouban H bebant Θ, pou bobain je v. C²
te] ce C², croirra GaH
Qui Θ
tele 𝔅] celle a
Mais Θ
qui a que C²
tu] toy 𝔅aHC²

se sarm. sufisantes so. 𝔅, se] ces G tes H, M. a. qui reluisans sont C²
Se Θ, ou] ne 𝔅, ont] vont a, Ne po. p. et ne les o. C²
telz b. HC²
Ne ch. ne g. 𝔅

Le Pelerinage Jhesucrist.

 Or di donc que Jhesus fu mis   7595   Or do. le doulx Jh. 𝔓
  Sus l'asne qu'ai dit et assis,
Et en Jherusalem entra ;
A l'encontre du quel ala   de qui ala 𝔓
Grant foison d'enfans et de gent   gens α
Pour ce qu'a euz nouvelement   7600
On avoit dit et raporté   Ont θ Ou G, —et α
Que le Ladre avoit suscité.   a.] estoit α
Et si grant honneur li firent   si tresgr. C²
Que leur robes estendirent   lors r. θ, r.] vestemens HC²
Par la voie où devoit passer,   7605   la ou il d. αHC²
Et par la prirent a geter   prisdrent G prinstrent C²
Herbes, feulles, rainz d'oliviers   H. fleurs et r. 𝔓, [et] r. θ
Et fleurs et branches de paumiers,   Palmes et br. dorangiers 𝔓 De plusieurs br. de pomiers α, palm. G pommiers H pommiers π C²
Et tuit li enfant et la gent   Les petis enfans H, tous les enfans π𝔓G,
Haut crioient communement :   7610   —tuit C²
"Fil de David, bien viegnes tu
Et nous sauve par ton plëu!"   S. n. sire par 𝔓, sauues αHC²

     Figuier sans fruict est de nostre seigneur mauldict. 𝔓 (T.)

 En Bethanie encore ala,
  Et ot grant fain, et la trouva   Ou C²
Un feullu et branchu figuier,   7615   fueilleu 𝔓, figier θ
Du quel quant il cuida mengier,
En li ne trouva point de fruit
Pour la quel cause le maudist,   maudit 𝔓 GαH
Et tout sec sanz delai devint,   t.] il αH
De quoi une mervelle vint   7620
Aus deciples quant pour un mot
Sec estoit devenu si tost.   d. e. C²
De ceste chose mont douter   maint d. H moult d. GC²
Se doivent mainz qui bien parler   maint GC² moult θ
Scevent, et ensegnier la gent   7625

Par sermonner et autrement.
Se ce que dient il ne font
Ou entente de faire n'ont,
Ce sont figuiers feullus sanz fruit
Que Dex seche quant les maudit. 7630
Et puet estre bien proprement
Nommé escommeniement,
Une malëicon de Dieu,
De quoi usent ceuz qui son lieu
Tiennent contre les obstinas 7635
Et qui bons figuiers ne sont pas
Par quoi touz ses il deviennent
S'à amendement ne viennent.

Aprez mainz autres diz et faiz,
Dont pour moi abregier me taiz,
Jhesus dist que venu estoit [7640
Le tempz qu'à clarte mis seroit.
Et se n'estoit mortefié
Le grain dedens terre seme,
Tout seul ainsi il demourroit, 7645
Mez mort grant fruit aporteroit.
Si dist : "s'aucun me veut servir,
Mete painne de moi süir,
Et où je sui et où je maing
Mon sergant sera pour certain, 7650
Et honneur mon pere fera
A cil qui bien me servira.
Mon cuer en grant desconfort est,
Le jugement du monde est prest,
Le prince en sera hors bouté 7655
Et quant je serai haut levé,
A moi je trairai tout en haut,
Et c'est comment mourir me faut.

De C^2, Mais de ce quil d. rien n. f. 𝔓, quil d. Θ a, ne] le G
Ne volente d. 𝔓, du f. H, Riens ne voulente nen C^2
Se a, figiers Θ

Ce 𝔓, b. e. C^2
Appelle 𝔓, excommuniem. 𝔓 G acoustumeem. HC^2
maledicon G maledisson 𝔓

Treuue H
figiers Θ
secs 𝔓 GaH sers C^2
Se a a. C^2

A. a. m. d. aHC^2
p. ab. ie me t. 𝔓

que cl. roys s. aC^2, cl. referoit H

aussi GC^2, demouroit a
mort] moult 𝔓aHC^2
Se a Et C^2
—7648 ͭ, Il me doit et meurs suiuir 𝔓, sieuir Θ
et je remain 𝔓
seruant 𝔓 serpent G
h. de m. p. ara aHC^2, f.] donra G
Cellui q. aC^2

Et (De C^2) m. retraire t. aHC^2

Mez bien sai, pas ne m'entendés		
Et lumiere petite aves.	7660	p. l. *a*, p-tes *π*
Toutevoies, tant com clarte		Toutesvoies *C²*
Aves, soiés tuit aprestė		tout Θ*a* tous ℘*G*
De cheminer et dë aler		
Que ne v*ous* prengne l'avesprer.		aduesprer *G*
Qui par nuit et tenebres va	7665	et] en Θ es *a*
Ne scet où est et où il va.		et] ne ℘*aH*
Filz de lumiere v*ous* seres,		—7667 *C²P*
Se moi lumiere v*ous* crëés.		—7668 *C²P* (blank line) *H*, Sen m. ℘
Qui en moi croit, en celui croit		
Qui m'a envoié, et le voit.	7670	
Qui mez paroles ne croira,		croirra *πGaH*
Tout prest est qui le jugera."		

En ce tempz s'en ala Judas   cel t. *H*
    Aus Jüis, qui oublié pas   Vers les j. q. nobl. p. ℘, o. not p. *a*, q. noublya p. *C²*

Math. xxvi.   Le pris de l'oingnement n'avoit,   7675   p. que lo. valoit *aHC²*, longuem. Θ
     Dolent quë ëu ne l'avoit.   Assez dol. ℘, D. fu que il n. *C²*

Judas aus Juis.   "Que me voules, dist il, donner?   v. vous di. *C²*
     Je sui prest de li v*ous* livrer."   le v. ℘*GaHC²* vous lui Θ

Les Juis a Judas.   Et il dirent ·xxx· deniers,   Respondirent trente de. ℘, disdrent *G* distr. *HC²*
     A quoi s'enclina volentiers   7680
     Pour ce que chascun valoit dis
     Qui montoient jusques au pris   aux *G*
     Des ·iii·ᶜ que perdus avoit   De trois cens ℘*aH*
     En l'oingnement qui tant valoit.   longuem. Θ

Cil qui songe.   Ha, faus Judas, qu'as tu pensé?   7685   Haa *G*, quas enpense (en p. *GaH* empense *C²*) Θ*GaHC²*
     As tu si a ton pié trouvé
     Ton maistre que demandé as   qui *H*
     Combien de li avoir pourras?
     Que m'en donrés v*ous*, as tu dit.   me. d. *C²*, —vous *G*
     Ha larron, traître maudit!   7690   Haa tr. l. m. *G* Ha faulx tr. l. m. ℘, Hee *C²*
     C'est de tout le monde le pris

250   *Le Pelerinage Jhesucrist.*

 Qui en valeur n'est point compris,   Q. en en v. Θ
 Et ce c'on t'en voudra donner   com π, te v. G*a*HC²
 Prendras pour li du tout livrer.   li] le 𝔓, li a mort liv. HC², liv.] louer α
 Pou le prises et as prisié   7695
 Qui le vens a si vil marchie.   Quant C², veuls a α

 Des lors quist oportunite   lop. 𝔓
  Judas, comment seroit livré
 Aus Jüis, mez Jhesus avant,
 Ceste vente dissimulant,   7700   verite C²
 Sez autres deciples et li   Des C²
 Appela et leur dist ainsi :
hesus aus " Vouz savez que la pasque vient
eciples.
 Et sai que mourir me convient,   scoy G
 Si qu'en la cite vouz ires   7705
 Tu Pierre et tu Jëhan nommés
 Pour nostre cene apparellier   c.] pasque HC²
 Et aprester nostre mengier."
Luc. xxii. " Où veuz, dirent il, quë allons,   disdrent G distrent C², v. respondirent
Pierre et   qualons 𝔓, alons πaHC² aillions G
Jehan a Et où ce mengier aprestons ?"   7710   ap-stions G
Jhesum. " Quant en la cite, dist, ires   dit π] vous G, c. entrerez HaC², Q. la c. d.
Jhesus   entrerez 𝔓
espont. Un porteur d'eaue trouveres ;   vous t. C²
 Ales apres li où ira   ap. ou il i. αHC²
 Et la ens on vous moustrera   Et illec il v. αHC²
 Un cenal qui est grant assez   7715   ceual π cenacle Θ𝔓 tenail H cenail C²,
                 quest g. 𝔓
 Où tout nostre apparel feres."   vostre ΘG
Cil qui Bien se doit de tel pelerin   doit chascun p. 𝔓C², de chascun p. αH
onge. Garder au soir et au matin   G.] Tous iours αH Tous dis C²
 Chascun qu'aucun mal ne face,   Garder que auc. αHC², Quauc. peche ne
                 pense ou f.. 𝔓
 Quar n'est maison, lieu ne place   7720   Q. l. nest m. ne p. π Q. ny a l. m. ne p. 𝔓
 Où par tout ne voie dedens   Que ne v. p. t. d. αHC²

7710 a, b.—Jhesus tantost leur respondy
   Et leur dist tout pour voir vous dy G (fol. 202 c) H (p. 505 a) C² (fol. 224 c).

THE LAST SUPPER OF OUR LORD.   Line 7,737, p. 251.

C², fol. 225.

Et où ne soit par tout presens.
Ci le puet on vëoir assez,
Sanz ce qu'en autres tempz passez
Ait este vëu autrement.   7725

—ou Θ] que *H* quil *C²*, pr-nt 𝔓
Sy *GaH*, veir Θ
Ja soit ce q. vn t. 𝔓, que en vn t. π que vng
t. *G* que commun t. *a* ques communs
t. *H* que com*m*e ou t. *C²*

Du barbier qui auoit emble la truye de son voisin. 𝔓 (T.)

Chiez un barbier couvertement
Vint pour faire oster ses cheveuz,
En la teste du quel ·ii· iex
Le barbier vit par derriere
Qui traire l'en *fist* arriere   7730
Par paour, a cui dist Jhesus :
" Garde, ne te meffaces plus,
Et rent la truie ton voisin
Que li emblas hier au matin !
De ces iex derriere le vi   7735
Dont toutes choses voi ausi."

Chieus π Chieulx *G*
Faignant f. 𝔓
du] ou *aH*
v.] perceut 𝔓
fist π*Ga* &c.] firent βΘ, Q. len firent tr. ar. Θ,
tr.] fouyr 𝔓
Pour *aC²* De grant 𝔓
G. que ne m. *aHC²*, m-ce 𝔓
r. lautrui a ton v. *aHC²*, ton] de ton 𝔓 de
son π
—au 𝔓

ainsi *H*

Cene de nostre seigneur. 𝔓 (T.)

Lors fu il fait si com est dit,
  Et à ce prest mengier s'assist
Où ses deciples appelés
Furent touz ·xii· et assembles,   7740
Jhesus aus Et dist : " J'ai ëu grant desir,
Avant que je doie soufrir,
deciples. De ceste pasque aveques vo*us*
Luc. xxii. Mengier tant com y estes touz."
Et quant ot le calice pris,   7745
v Il vout qu'entr'euz fust departis,
Disant que de vin ne bevroit
Devant qu'a son regne venroit.
Transub- Lors vi [je] les mervelles grans,
tanciation. A ce qu'avoit dit afferans :   7750
Que viande son cors estoit

fait c. il e. (fut 𝔓) d. Θ𝔓, c. il dist *aH*
p*r*esent *H*, a ceste cene s. 𝔓, il s. *C²*

Lors d. ihesus ia g. *H*, di. Jhesus j. g. d. *C²*
A. quil me faille s. 𝔓, je] mort *C³*
auec *G*

fu π

du Θ, buur. *GaH*
quen *aHC²*, seroit *C²*
vi je *HC²* je vy 𝔓

	Et son sanc boire, dont falloit	donc *G*
	User qui garder sa vie	g.] defendre 𝔓 pour g. *C*²
	Vouloit que ne fust perie.	Desiroit 𝔓
	Le pain qui sus la table estoit 7755	
	Dont chascun d'euz mengier devoit	
	Apres unes graces qu'il dist	vne g-ce 𝔓, qui d. Θ
	Entre sez mains leva et prist	
	Et le brisa et benëi,	la *a* —le *C*², Le br. et si le beny 𝔓
	Disant : "mon cors est ce pain ci. 7760	
	Pour vous est donné et baillié,	d. est π𝔓
	Et de moi estes ensegnié	
	Comment autre foiz vous feres	a-res fo. le fe. 𝔓
	Et memoire de moi ares."	
	Apres du calice ausi fist, 7765	ainsi 𝔓*aH*
	Et que touz en bëussent dist.	
	C'est mon sanc qui en vrai pardon	vroy *G*, q. est v. *C*²
	De pechiés et remission	Des 𝔓
	Pour pluseurs espandu sera,	
	Et par qui se commencera 7770	
	Grace de nouvel testament	
	Descouvrant tout figurement.	—tout *a*, ton f. Θ
	Lors Jëhan, qui se reclinoit	Et l. 𝔓, rencl. Θ*H*
	Sus le pis Jhesu et vëoit	
	Ces choses, un pou se parti 7775	Ses π, po *G*
	D'ileuc par le congié de li	
	Et Pierre et Jaques appela	P. et J. il ap. 𝔓, iaque π
	Et la à euz à part parla.	Et illec a e. parla 𝔓, E. l. e *G*, Et la appert (en appert *a*) a e. parla *H*α*C*²
Jehan a Pierre et Jaque.	" La deffense, dist, bien saves	difference *C*², b. di. *aH*
	Qu'avant que soit ressuscites 7780	Quant q. *aC*²
	Jhesus, parler nouz ne devon	
	De sa transfiguration	
	Qu'entre nous .iii. tant seulement	—tant *H*
	Vëismes manifestement ;	

Le Pelerinage Jhesucrist.

253

Mez bien est voir, ce me semble, 7785
Qu'en pouon parler ensemble
Sanz ce quë autre en sache rien.
Si vouz di quë avis m'est bien
Que, quant il se transfigura,
Un grant exemple nouz donna 7790
De croire ce que maintenant
A fait, en pain et vin muant
Du tout u cors et sanc de li,
Donnant pouoir de faire ausi
A nouz, qui est chose si grant 7795
Que n'est nulle qui le soit tant.
Et [est] ceste mutation
Plus que transfiguration,
Quar du tout en tout est mué
En li et transsubstancié 7800
[Et] pain et vin, si que plus n'est
[Ne] pain ne vin, mez son cors est."

Pierre a "Pou de chose, dist Pierre, fu
Jehan et De quanque figuré en fu
Jaque.   Pour faire tel chose croire 7805
Et c'on la tenist à voire,
Et envis ëusse pensé
Quë avec Jhesu assemblé
Helye et Moyses se fust,
Së autre cause n'i ëust. 7810
Et comment quë adjoustement
Y ait fait transfigurement
Et y ait fait pas pour monter
Et miex en tel foy soi fonder,
Si est la chose si tres haut 7815
Que tout entendement y faut,
Et parfaitement avenir
N'y puet nul selonc son desir.

M. il e. v. comme il me s. 𝔅
Que po. πG
—ce H, S. q. nul a. 𝔅, aultres en sachent G
Pour ce v. 𝔅

De ce q. cr. m. HC², croittre G
en] le 𝔅, et en v. C², m.] viuant G

ainsy 𝔅GH

Quil ne. GH

est πGa &c., muacion H admiracion C²

muee a
et] est πGaH, t-ciee aH transfiguree C²
Et G En aHC² Le 𝔅, et] en v. C²
Ne p. ne v. 𝔅GaHC²] P. et v. βΘπ
Pi. d. pou d. ch. f. 𝔅
en] et aC²
tele 𝔅 celle a
t.] reputast 𝔅
Et de longtemps neusse p. 𝔅
Quav. Jh. G Quauecques J. 𝔅
et] ne 𝔅
Se quelque a. raison n. 𝔅, ne y e. a
c.] ia soit ce 𝔅
Y ait] Fait G, a.] est aHC²
Vng degre po. miex y m. 𝔅, a.] ot H eust a,
  E. ne fu f. que p. m. C²
Pour m. en celle f. entrer (monter HC²)
aHC², se fond. 𝔅

d.] plaisir aHC²

254 *Le Pelerinage Jhesucrist.*

<table>
<tr><td></td><td>En chaitivaisons en sui tout,</td><td></td><td>chestiuoisons G ch-son ΘaHC², captiuite ien s. 𝔓</td></tr>
<tr><td></td><td>Et toutevoies point ne dout</td><td>7820</td><td>toutesuoies C²</td></tr>
<tr><td></td><td>Quë ainsi ne soit com dit a,</td><td></td><td>Q. ne s. aussi c. G</td></tr>
<tr><td></td><td>Et avisé nous en a ja</td><td></td><td>aduises vous en G, av. il n. en a (—ja) C²</td></tr>
<tr><td></td><td>Devant les Jüis qui troublés</td><td></td><td>tourbles Θ</td></tr>
<tr><td></td><td>En ont este com forsenes,</td><td></td><td>Et o. 𝔓</td></tr>
<tr><td></td><td>Disans que ce ne croiront ja."</td><td>7825</td><td>D-nt Θ</td></tr>
<tr><td></td><td>Adonc Jaques ainsi parla :</td><td></td><td></td></tr>
<tr><td>Jaques a Jehan et Pierre.</td><td>" Si tost n'ëusson pas crëu</td><td></td><td>ne eusson π neusson G𝔓 ne leussions aHC²</td></tr>
<tr><td></td><td>Ce, se ne l'ëusson vëu</td><td></td><td>Se nous (Sainsi H) ne aHC² Sapertement ne 𝔓, leussions GaH</td></tr>
<tr><td></td><td>Apertement transfiguré,</td><td></td><td>Deuant noz yeulx t. 𝔓</td></tr>
<tr><td></td><td>Quar un haut pas nous a este</td><td>7830</td><td>Vng h. degre n. 𝔓</td></tr>
<tr><td></td><td>Dë avenir plus prestement</td><td></td><td>Pour a. 𝔓 De venir HC²</td></tr>
<tr><td></td><td>A ce qui siet plus hautement.</td><td></td><td>que a, q. si s. π</td></tr>
<tr><td></td><td>Et grant courtoisie nouz fist</td><td></td><td></td></tr>
<tr><td></td><td>Quant devant nous semblance prist</td><td></td><td></td></tr>
<tr><td></td><td>Estrange, pour estrangement</td><td>7835</td><td></td></tr>
<tr><td></td><td>Connoistre le, quant autrement</td><td></td><td>Le c. q. 𝔓aC², —le Θ</td></tr>
<tr><td></td><td>Souz semblance de pain seroit</td><td></td><td></td></tr>
<tr><td></td><td>Si com nous vëons orendroit."</td><td></td><td>Ainsi que v. 𝔓, n.] le aHC²</td></tr>
<tr><td>Jehan a Pierre et Jaque</td><td>Lors dist Jëhan : "Ralons a li !</td><td></td><td>alons π retournons 𝔓</td></tr>
<tr><td></td><td>Bien scet quanquë avons dit ci,</td><td>7840</td><td>q-ques ΘGa, q-quauons d. ycy 𝔓H</td></tr>
<tr><td></td><td>Et son secré nous garderons</td><td></td><td>n.] lui H</td></tr>
<tr><td></td><td>Ainsi com faire le devons."</td><td></td><td>c.] que 𝔓</td></tr>
<tr><td></td><td>Lors en leur lieus se rassirent
Et si com devant se mirent,</td><td></td><td>—7843 AaP¹HC²P, =7844 (Et ainsi que d. se m.) 𝔓
—7844 AaP¹HC²P, =7843 (Et lors en l. l. se r.) 𝔓, misdrent G</td></tr>
<tr><td></td><td>Et a touz Jhesus dist ainsi :</td><td>7845</td><td>=7846 (A ma t. m. (mengue P¹C²P) c.) P¹HC²P Et lors a dit ih. a. a Jh. d. lung de vous auiour dui A</td></tr>
<tr><td>Jhesus aus deciples.</td><td>" A ma table mengut celui</td><td></td><td>maniue 𝔓A(P¹P) mengier G viengne a, Par lequel ie seray trahy P¹ Qui trahira le corps de my HC²P</td></tr>
<tr><td></td><td>Qui me doit baillier aus Jüis."</td><td></td><td>Et HC²P, b.] deliurer 𝔓</td></tr>
<tr><td></td><td>Dont les deciples esbahis</td><td></td><td>les] ses aHC²</td></tr>
<tr><td></td><td>Furent assez, en enquerant</td><td></td><td>a.] tresfort 𝔓 trestous C²</td></tr>
</table>

Le Pelerinage Jhesucrist.

Qui seroit ce trahitre grant.	7850	Lequel estoit ce traistre g. 𝔓
Et *Jhesus* dist que cil seroit		Jh. d. q. celui cestoit 𝔓, Et d. Jh. q. a, q. ce estoit *aH*, s.] estoit *G*𝔓*aH*
Qui mis en son platel avoit		Q. lors dedens s. plat av. 𝔓, mise *H*
La main ; quar plus privés se font		
Du segneur souvent ceuz qui sont		segeur π
Ses trahitres que loyal gent	7855	traitres q. l-alle g. 𝔓
Qui de meffaire n'ont talent.		d. mal faire n. *aC²*
Ce trahitre ci fu Judas [Joh. xiii.]		ce f. *C²*
U quel entra le Sathanas		
Quant ot a ce mengier este.		m.] souper 𝔓
Et en fu bien signe donné	7860	
De ce que tantost s'ensüi,		A ce *aHC²*, t. il s. 𝔓, sensieui Θ sensuiui *G*
Quar nulle foiz n'est l'anemi		
En lieu où ne vueille mouvoir		
Dissention à son pouoir.		
En celle compaignie estoit	7865	ceste 𝔓, co-gne α
Quant Judas dedens li l'avoit,		li] soy *GHC²*
Et ce fu cil qui les decut		Et en ce f. *G*, Et cest (fu *H*) cellui q. *aH* Ce fu cellui q. *C²*
Et à contention esmut		a] la *GH*, cont. les mut Θ, esmust *G*
A savoir le quel d'euz estoit		Et sauoit l. *H*, Pour s. *C²*, cestoit *aH*
Gregneur ou estre le sembloit.	7870	Gregeur π, ou] et *aH*, le] lui *H*, Et qui mieulx e. *C²*
Mez Jhesus pas ne leur laissa [Luc. xxii.]		leur] les Θ
Ce propos, mez tost leur mua		m.] ains 𝔓
Disant : "qui de *vous* est gregneur,		—7873 *C²P*, D-ns 𝔓*G*, gregeur π
Soit et se monstre le meneur,		—7874 *C²P*, min. 𝔓
Et qui au devant mis se voit,	7875	—7875 *C²P*, q. sur autre m. 𝔓
Ammenistreur des autres soit !		—7876 *C²P* (in *H* blank line), Admin. 𝔓*Ga*
Entre vous ministre je sui		min. 𝔓*Ga*
Et v*ous* estes mez amis qui		
Aves avec moi demouré		
Es lieus ou j'ai este tempte.	7880	Tandis com j. *aHC²*
Et mon royaume a ordener		Tout *C²*
Je v*ous* bail et a gouverner,		baille 𝔓*aH*
Si com mon pere le bailla		Comme m. 𝔓

A disposer a moi piec'a,
A fin que bevés et mengiés   7885   buues $GaHC^2$
Sus ma tablë et que soiés
Juges sëans en jugement
Pour jugier d'Israel la gent."
Ci apert il que l'anemi
De leur propos tost departi   7890
A l'avisement que leur fist
Jhesus, et que tost leur commist   tout l. a
Tel pouoir et auctorite
Que devant n'ëussent ouse
Demander, et li Sathanas   7895
Garde donné ne se fust pas   Donney g. $\mathfrak{P}$, fut H, sen fu C^2
D'euz avoir tempté a honneur   Les av. t-tez $\mathfrak{P}$
Qui si grant fust ou tel grandeur.   Que a, Q. fu de tres haulte g-ur C^2
Toutevoies a Pierre dist   Toutesvoies C^2
Que de Sathanas se prëist   7900   du C^2, sathan garde se p. $\mathfrak{P}$
Garde, quar avoit desirer   Car il av. le d. $\mathfrak{P}$, auoir a, d-rier H
De li comme fourment cribler   le $\mathfrak{P}$, l. moult C^2, fromment $\mathfrak{P}G$, tribler ΘaH
                                                  courroucier C^2
Et savoir, se rien a dire   sa·] espier $\mathfrak{P}$
Y verra ou a eslire ;   Il v. G, v.] pourra veoir $\mathfrak{P}$, Il en venroit en
                                                  lui ou e. C^2
Et pour li il avoit prié   7905   Mais que po. l. av. $\mathfrak{P}$,—il a, a. pitie
Que hors de foy ne fust trouvé ;
Au quel, quant Pierre dist ·i· mot   dit au fort H
Que pour li voudroit soufrir mort,   venroit G
Il li dist, avant qu'eust chanté (le coc)   —le coc $\Theta\pi a$ &c. ,—li Θ, d. quauant eust
                                                  (queust $\mathfrak{P}$) ch. $\Theta\pi G\mathfrak{P}$ d. que av. (que C^2)
                                                  ch. aHC^2
[Le coc], troiz foyz l'aroit nié.   7910   Le kok Θ, Tr. f. le coq. $\pi\mathfrak{P}GaH$, Eust tr. f.
                                                  le coq l. C^2, lairoyt G

Apres ce mengier se leva   A. m. si s. l. aHC^2
    Jhesus, et son mantel osta,
Et se cainst d'un linceul qu'il prist   caint $\pi\mathfrak{P}Ga$ saint H, licheul π, que pr. C^2

7909.—*Le coc* added y the scribe at the end of preceding line β (157 v).

	Et en un bacin eaue mist,		baston *G*, de leau m. 𝔅
	Et commenca les piés laver	7915	
	Des deciples et essuier.		Aus *aH*, eschuer Θ
Joh. xiii.	Et quant Pierre ne le vouloit		—le *C*²
	Souffrir, il dist que part n'aroit		Il luj d. q. ia (—ia *a C*²) p. n. *HaC*², il] luy 𝔅
	Ja en nul tempz aveques li,		en quelque t. auec li *GaHC*²
	Së il n'estoit lavé de li.	7920	—7920 π, Si non quil fust la. 𝔅
	Et dist Pierre : "non seulement		Lors 𝔅 Si *H*
	Soit fait de mez piés lavement,		
	Mez lavé tout et mains et chief."		
	Au quel respondi de rechief :		
Jhesus.	"Qui est lavé, il est tout net,	7925	
	Forz des piés laver mestier n'est ;		de p. *HC*² les p. 𝔅
	Et v*ous* nes estes, non pas touz,		est. netz *GaHC*²
	Un en est excepté de vouz."		
	C'estoit Judas dont il parloit		
	Qui de li trahir s'aprestoit.	7930	le 𝔅
	Quant ot ce dit, il se vesti		
	Et se rassist et dist ainsi :		rasist *H*
Jhesus.	"Saves que fait j[ë] ai a v*ous* (to*us*) ?		f. je ai a v. (—tous) Θπ*GaP*¹*HC*²*P*, S. bien q. iay f. a v. 𝔅
	Maistre et segneur m'appelés to*us*		t.] vous *HC*²
	Et v*ous* dites bien ; je le sui.	7935	Et b. d. car j. 𝔅, b.] voir *a*
	Se donc jë ai vos piés ainsi,		
	Qui sui maistre et segneur, lavé,		—et π
	Un exemple v*ous* ai donne		Vne π𝔅
	Qu'ainsi com j'ai fait vous facies		c.] que 𝔅*a*, j.] ai 𝔅*H*
	L'un a l'autre lavant les piés.	7940	laues *aHC*²
	Et di que n'est pas le sergant		Bien sauez p. n. le seruant 𝔅
	De son maistre et segneur plus grant."		Que 𝔅
Joh. xiii.	Apres ce Judas s'en ala		j. s'arresta *a* j. narresta *HC*²
	Et la compaignie laissa.		la] celle 𝔅
	Pas n'estoit digne d'arrester	7945	
	Avec euz ne de demourer.		Auecques e. ne dem. 𝔅*G*

Lors dist Jhesus : "Clarefié
Je sui et mis en grant clarte,
Et toutevoies longuement
Vouz ne m'ares mie present.   7950
Sanz moi trouver [vous] me querres
Et a moi venir ne pourres.
Nouvel je vous doing mandement
Quë, ausi com parfaitement
Vouz ai amé, vous entr'ames ;   7955
Mez deciples clamés seres
De tout le päis environ
S'ensemble aves dilection.
Je sui voie par où passer
Doit qui a droit veut cheminer.   7960
Je sui verite où souvent
Doivent regarder toute gent
En qui, qui bien se veut mirer,
Puet bien ses fautes regarder.
Je sui vie sanz qui languir   7965
Couvient toute gent et mourir.
A mon pere m'en vueil aler.
S'aucunne chose demander
Voules en mon non, fait sera.
Et si vous di, qui m'amera,   7970
Volentiers se devra pener
De mes commandemens garder,
Mon pere l'amera ausi
Et en li serons jë et li.
Et si vous di du S. Esprit,   7975
Qui conforteurs des cuers est dit,
Mon pere a vous l'envoiera
En mon non, et rien ne sera
Que ne vous die vraiement
Et dont ne doinst ensegnement.   7980

Et a
—et a, et bien magnifie C^2
toutesuoies C^2
Ne me pouez auoir p. 𝔓
vous πGa &c., S. me t. 𝔓
v. vous n. aC^2
N. v. donne m. 𝔓, doin G doins aH
Quainsi comme 𝔓, ainsi GC^2, c.] que ϴ

s. cl. GaHC^2
p. denv. H p. et env. 𝔓
Ensemble a Soustille C^2, auec G
s. la v. 𝔓

Aussi s. v. 𝔓

Et q. en moy s. C^2

t-s g-s 𝔓

Vous v. G, faicte H

Et s. vn et je (moi a) HC^2a, en tel venrons
    moy et l. 𝔓, et] en ϴ
esperit 𝔓GaH
Que H, de c. ϴC^2 du cuer H
Que m. 𝔓

Quil 𝔓C^2
Et quil nen donne e. 𝔓 Et ne vous donne e.
    aHC^2, doint G

OUR LORD TEACHING HIS DISCIPLES.

G, fol. 204.

Line 7947, p. 258.

Le Pelerinage Jhesucrist.

Et pour ce que me doi partir
De vouz et assez tost mourir,
Mon laiz fas et mon testament
Et a vouz touz je fas present
De ma pais de quoi don vous fas, 7985
La quelle ne vous donne pas
Comme le monde qui dons fait
A fin que guerredon en ait.

Joh. xv.
Soiés en moi et jë en vous !
  Et un avis je doing a touz 7990
Quë, ausi com ne fait nul fruit
Le courcon qui u sep ne gist,
Ausi nul fruit vouz ne feres
Se dedens moi vous ne manés.
Je sui vigne, vous les courcons. 7995
S'en moi manés, ne seront dons
Que demandés, tantost n'aiés.
Et se de moi estes taillies,
Sanz humeur tantost vous seres
Ses, pour u feu estre getes. 8000
Je vouz tendrai à mez amis,
Se vous faites selonc mez dis.
Pas ellëu vouz ne m'aves,
Mez je vous, si com vous saves.
Se le monde vous a en hé, 8005
Premier häy j'en ai este.
Le monde n'aimme que les siens
Et a en hé ceuz qui sont miens.
Quant le grant conforteur venra,
Le S. Esprit, qu'envoiera 8010
Mon pere a vouz venant de li,
Tesmoing sera de ce que di.
Or vous di qu'est expedient

d. departir *a*

Mes l. fais *C*², fays *G*
fai ϴ fais *GC*²

fais *C*²

Comment π, don *G*
guerdon ϴ recompense 𝔓

Voies *C*²
un] bon 𝔓, donne 𝔓*aH*
Quainsi comme 𝔓, a. quon *C*²
courson *HC*² sarment 𝔓, cep ϴπ𝔓*aHC*²
Ainsi *G*
d. vous v. ne maues *G*, m. ne demourez 𝔓, maues *GaH*
vo.] ou *HC*², le ϴ, coursons *aH* geytons 𝔓
S. vous maues *G*, maues a nauez *HC*² durez 𝔓
d-der *H*, d. que vous n. *a*
—Et *a*, Se de m. e. retaillez 𝔓
Demourrez sa. humidite 𝔓 ,—vous *HC*² v.] ses π secs *Ga*
Pres π*a* Prests *HC*² Prest *G*, Tous prestz p. e. ou f. g-e 𝔓, p. aus fenestres g *a* tiend. 𝔓

Eleu mie v. 𝔓
Ains moy v. comme v. sa. 𝔓, c. sav *a* c. bien sav. *G*
Par quoy se l. m. v. het 𝔓
H. p. ma chascun le scet 𝔓, ie ay *H*

Et het tousiours c. 𝔓, a eulx c. *G*
consolateur 𝔓
esperit 𝔓*GaH*
ven.] yssant 𝔓 venu *C*²

v. est il exp. 𝔓

oh. xvi.

    Que m'en voise sanz tardement,
    Quar autrement ne venroit pas   8015
    Le S. Esprit a vouz ci bas.
    Et granment pas ne demourra
    Que nul de vous ne me verra.
    Mez apres vous me reverres,
    Ne sera pas lonc tempz passes.   8020
    Et chascun d'entre vous plourra·
    Et le monde joie fera,
    Mez vostre pleur sera mué
    Apres en joie et confermé.
    Demandés ce que vous voules,   8025
    Et point a ce vouz ne faudres.
    De Dieu le pere sui issu
    Et par li u monde venu.
    Le monde laisse de rechief
    Et m'en voiz a mon pere chier.   8030
    Vez ci le tempz que me lairés
    Et dispers en mainz lieus seres,
    Mez si seul pas ne demourrai
    Que n'aie mon pere avec moi.
    Et escandalisiés seres,   8035
    Quar quant le pasteur est sevrés
    Des ouailles, disperses sont
    Tost, et en dispersion vont."

Math. xxvi.

    Puis en Gethsemani ala
    Et ses deciples y mena   8040
    Et leur dist qu'il se sëissent
    Et la oroisons fëissent.
    Et u mont d'Olivet se traist
    Qui du giét d'une pierrë est

---

s. cy attendant H
verroit Θ
esperit $\pi\mathfrak{P}GaH$, ci] ca aHC^2
Et p. gaire n. $\mathfrak{P}$, demoura Θ

M. derechef m. $\mathfrak{P}$, v.] ce aC^2, reueres π reuenrez H
pass.] apres $\mathfrak{P}$
Ch. d. v. plorera $\mathfrak{P}$, ch. de v. plourera aH, ch. deuant v. C^2
m. grant j. $\mathfrak{P}$
M. le pl. si s. m. a M. le plour (pleur C^2) apres yert m. HC^2
En j. leesce et sante H En grant j. et en grant sante C^2, et en sante a
voulrez $\mathfrak{P}aHC^2$

le] mon $\mathfrak{P}$, is.] venu aHC^2

Veez cy GH Vecy πa, laire Θ
dispars GHC^2, m-t lieu a, s.] yrez HC^2P
si] cy aHP, M. p. si. s. n. d-rroy $\mathfrak{P}$, p. seul P^1, demourai Θa
—8034 (blank line) H, Car (—Car C^2P) m. p. av. m. auray aP^1C^2 P av. may A
Scand-sez en moy s. $\mathfrak{P}$ Sc-sez vous s. C^2P, scand-ses tous s. πG
q. p. e. separes $\mathfrak{P}$
Les $\mathfrak{P}GP$, oilles d-rsees a, disparses GC^2
Et t. en $\mathfrak{P}$, —Tost Aa, Et en perdicion sen v. H, dispartion Θ disparcion G, sen vont C^2

En g-main (g-man H) p. a. $GaHC^2$, g-main π g-many $\mathfrak{P}$
—y $\mathfrak{P}C^2$, Et la s. d. m. aH
que illec ilz sassissent $\mathfrak{P}$, feissent C^2
Et or-n a dieu f. aHC^2, la deuote o. $\mathfrak{P}$, orison Θ
Sen ala ou m. dol. $\mathfrak{P}$, trait AP trest P^1H
Q. a vn iect de p. en est $\mathfrak{P}$, dun g. d. p. pres e. a, p. pres e. H p. e. pres P^1C^2 p. yst πG p. estoit P

	Et non mie plus loing de li,	8045
	Et la a genous fist son pri :	
Jhesus a Dieu le pere. Joh. xvii.	" Pere, le tempz aprochié est.	
	De moi clarefier soies prest	
	De clarté ausi soufisant	
	Comme j'avoie este devant	8050
	Que le monde eust este crëé	
	Et que pechié y eust este.	
	Aus hommes j'ai moustre ton non,	
	Pour euz fas supplication.	
	Plaise toi dë euz conserver	8055
	Tant com sont u monde et garder	
	Pour ceuz quë il ensegneront	
	Et qui par euz en moi croiront.	
	Je te pri que soient tout un	
	Et que pais aient en commun	8060
	En la maniere qu'es en moi	
	Et ausi com je sui en toi.	
	Et si te pri, tres chier pere,	
	Pour ma mort que voi amere	
	Et qui la doute, quar honz sui,	8065
	Que, se passer se puet ceci	
	Que passe ; non pas que le mien	
	Vouloir en soit fait, mez le tien !	
	Ausi des le commencement	
	T'en priai je quant mandement	8070
	Tu me fëis de ci venir,	
	De quoi je fis tout ton plaisir."	
	Ainsi fist il sa priere	
	Longuement en tel maniere,	
Luc. xxii.	Que de l'angoisse qu'il avoit	8075
	Pour la grief mort que redoutoit	
	De li com sueur issoient	

—8045 HC^2P, n.] nest AP^1, Et quant deulx fust tourne arriere ℘
—8046 HC^2P, A g. il f. sa priere ℘
—8047 HC^2P
—8048 HC^2P, me ℘ mon G

fai θ fais C^2

e.] les ℘a, confermer aH
c.] quilz
P. tous c. qui e. ℘
qui par moy en eulx cr. C^2, croirront Ga
prie ℘

En toute la forme quen m. ℘, que en $\pi GaHC^2$
Tu es et que j. $\pi℘GaHC^2$

—Et ℘, que je d. C^2, homme ℘
pas.] paier a, Q. se pu. pa. c. π
Se C^2, Q. il p. π, Quil se p. n. p. ℘
—fait G

Je t. p. q. ℘
de cecy v. π de cy bas v. ℘
tout] a G

Longhem. θ
langousse θ
quil r. θ℘H
ysoient H

Goutes de sanc et chaoient.
En si grant presse estoit son cuer
Et tel destrece de douleur 8080
Quë ausi com fust pressouré
En pressour à fort vis fermé;
Le sanc de son cors li sailloit
De toutes pars et degoutoit.
Onques ne fu douleur si grant 8085
Sanz celles qu'il ot ensuiant.
Des autres fu messagiere
Ceste, portant leur baniere.

Puis a ses deciples ala
Et dormans d'ennui les trouva. 8090

Thesus aus deciples. "Qu'est ce, dist il, vous vouz dormes,
Et par une heure ne poues
Vellier avec moi qui a mort
Doi estre livré sanz deport.
Esvellies vous et Dieu priés 8095
Quë en temptation n'entrés.
L'esperit de prametre prest,
Mez mont enferme la char est,
Mourir avec moi voulies,
N'a pas mont, si com disïes. 8100
Or y parra que vous feres;
Levés sus, trop dormi aves!"

Joh. xviii. Lors outre le ruissel passa
Qui de Cedron a non piec'a,
Et la se mist en ·i· gardin 8105
A celle cause et celle fin
Que tost pëust estre trouve,
Quar lieu estoit de li hante.

Cil qui songe. Souvent ce lieu il frequentoit,
Quar memoire souvent avoit 8110

cheo. *G*] sailloient *HC*²

En *GaH*, destroisse *G*

Quainsi comme f. 𝔓, p-ssure a p-ree *H*
pressoir a v. fors freme Θ, p-ssoir (p-ssouer *H*) de fo. 𝔓*H*, v.] huis *G* viz 𝔓, fremee *H*
c. degoutoit *aH*, Sa char le sang en degoutoit *C*²
Et de t. p. lui sailloit *aHC*²

Fors celle *C*², celle π*GaH*, ensieuant Θ ensuiuant *GC*²
f.] peines 𝔓
Fut c. 𝔓, la b. *aHC*²

do-nt *aH*

Q. ce se d. il v. d. 𝔓*C*², il v. d. *G*

Doye *G*, Tost l. seray s. d. 𝔓

Quen temptacion ne soiez *C*²
prom. π*GaHC*², prom. est pr. (tout pr. *C*²) π*aHC*², de tout bien faire est prest 𝔓
M. enf. m. l. *G*, M. la ch. m. enf. e. *aHC*²
m. vous v. 𝔓*C*²
Nagaires comme vous d. 𝔓 Na pas moult s. c. vous d. *C*²
parra *HC*² perra *G*, Or apparestra q. f. 𝔓
L. v. prou d. 𝔓

le] vn *aH*, r.] torrent 𝔓

Lequel *C*. *H*, Ceptron *C*²

ceste ca. 𝔓, et] a Θ

Pour ce quest. 𝔓, Q. le l. e. de (bien *H*) h. *aHC*²
Et s. ce l. f. 𝔓 Cellui (Ce lieu *H*) s. il f. *aHC*²

Le Pelerinage Jhesucrist. 263

 De la pomme qu'en son gardin   que ou iard. *aHC*², s.] vn π𝔓*G*
 Menga Adam u viez matin,   A. me. ou vieil m. 𝔓, ad. le mat. *H* ad. le
 Et que celle li convenoit   vieil mastin *G*, en un m. *C*²
 Restablir, ou quë il falloit   conuenroit a
 Que tout le monde perdu fust 8115   —8114 (blank line) *H*, R. autrement f. 𝔓, ou
 Et ja redemption n'ëust.   il faudroit *C*²
 Or est il que Judas savoit   Ou *H*
 Bien ce lieu et le frequentoit,   Ne *H*, ja] nulle 𝔓 que ja *C*²
 Et la amena les Jüis   il] vray *C*²
 Pour faire ce qu'avoit pramis,   8120   —le *G*
 En leur donnant signe certain   —la θ
 Que ne venissent pas en vain.   f.] tenir 𝔓, ce] se a, quil ot p. θ
Judas aus "Celui, dist il, que baiserai   l.] euls θ
Juis. Et a cui bon semblant ferai,   bas. π
Math. xxvi. C'est celui que bien vouz tendrés 8125   —8124 a, c.] qui 𝔓*GHC*², beau *C*²
 Et sagement *vous* enmerrés."   —bien a, Ce est c. q. v. t. (querez *C*²)
Cil qui Ci ap*er*cevoir bien puet on   Et que cautement v. menrez 𝔓, v. le menres
songe. Proprement la condicion   (menriez *C*²) *aHC*², enmerres θ*G*
 De pluseurs trahitres qui sont,   —bien *H*
 Quar a ceuz le bon semblant font 8130   p. faulx traistres 𝔓
 Que du tout veulent decevoir,   c. bel s. il f. *aHC*²
 Mesmement quant pour gre avoir   Lesquelx il v. *aHC*²
 Soit bien, soit mal, a touz leur dis   q.] car 𝔓
 S'acordent, qui a mon avis   b. ou m. *aHC*²
 N'est que de bouche atouchement 8135   S. selon m. a. *G* S. si com mest a. *aHC*²
 A autre bouche et baisement.   —8135 *C*²*P*, b. ou touchem. *A* b. et baise-
 S'aucunne chose contre droit   ment *H*, at-ans θ
 Mon segneur commandé avoit,   —8136 *C*²*P* (blank line) *H*, —A θ*Ga P*¹,
 Et que bien fust je disoie   ba-ns θ
 Et ainsi m'i acordoie,   8140   s.] maistre 𝔓
 Baisier seroit et atouche   qui *aH*, q. ce f. b. 𝔓, diroye *H*
 Transporté de bouche en bouche,   Et auec luy ie macc. 𝔓, ac-deroye *HC*²
 Par qui seroit cil decëu   Baisie s. et aroit (—aroit *HC*²) touche
 Qui tel baisier aroit ëu.   (touchie *HC*²) *P*¹*HC*², B. fer. π
                 —en b. *A* enbouchie *H* emboschie *P*
                 quoy *aH*, celuy 𝔓
                 a. receu 𝔓 a. veu *C*²

La cause, pour quoi vout Judas 8145
Signe baillier, je ne doi pas
Taire, se je la puis savoir.
A touz est semblabe de voir
Que trahison et larrecin
Onques n'est faite a celle fin 8150
Que de la gent soit vëue
Ou d'aucun apercëue.
En repostalles et de nuit
Tex trahitres et larrons tuit
Leur mauvaistiés veulent faire, 8155
Quar le jour leur est contraire.
Et pour ce est il que Judas
De jour a Jhesum n'ala pas,
Mez a tout lanternes de nuit,
Non pas quë y vëissent tuit, 8160
Mez pour li sanz plus adrecier
A cil quë il vouloit baillier,
Et que cil tantost on prëist
Que lors baisier on li vëist ;
Quar de nuit si bien connëu 8165
N'ëust este ne perçëu,
Se n'eussent ëu les Jüis
Aucun signe pour leur avis,
Mesmement quar il resembloit
A S. Jaque, qui dit estoit 8170
Le meneur, com dient les uns.
Mez ausi pourroient aucuns
Dire, que Judas leur bailla
Signe, pour ce quë il cuida
Que Jhesus un enchanteur fust, 8175
Et que sa figure pëust
Muer en autre quant vousist,
Ausi com autre foiz il fist

le p. ΘaC²
s-blable πℬuH

Jamais n. f. a ceste f. ℬ , fait G
Qui H, Q. daucune personne v. ℬ
Elle soit ne d. ℬ
Mais a cachetes et ℬ, r-raille G
T. faulx traistres ℬ, l-on cuit G
m-stes Θ m-ste aH
Q. la clarte leur ℬ
P. c. e. il q. le faulx j. ℬ
a Jh.] en iherusalem aHC²
M. auec l. ℬ
p. afin q. ℬ, quilz y C², y] ilz G le H, tous π
—li Θ
celuy ℬ
q. celui tost (tantost ℬC²) GaHℬC²
Lequel ℬ, li] le G

Neuist Θ, ne apperc. ℬ napperc. πGaH
Si non queuss. ℬ
p.] a HC², p. l.] a mon a, lor Θ
Mesmes pour ce quil r. ℬ, quant H
min. πℬG, les] li C²
ainsi π, p. dire auc. (les a. C³) ℬC²
Q. j. ainsi l. b. ℬ, Q. J. Jhesus l. C²
Jhesus p. aH, P. la cause q. C²

q.] par quoy ℬ

Ainsi C², Si comme aut. a

Le Pelerinage Jhesucrist.

Quant u mont se transfigura ; u] au 𝔓
Si que, së ausi ëust la   8180   Par quoy se il e. fait la 𝔓, ainsi *aHC²*
Fait, point ne l'eussent connëu,   P. ilz ne l. recogn. 𝔓, p. neust este c. *aHC²*
Et en sa vente decëu   Ainsi 𝔓, En s. v. eust este d. *C²*
Ëust este quant au livrer.   Et ne leust pas peu l. *C²*
Et pour ce vout signe donner,
Quar li qui bien le connoissoit   8185
Ausi connoistre leur feroit.   Ainsi c. l. faisoit 𝔓
Toutevoies pas bien ne voi   Toutesvoies *C²*, —bien *a*
Que ceste cause puist en soi   puisse 𝔓
Contenir pure verite,
Quar Judas en rien appellé   8190   p.] quant en *aH* nulle *C²*
Ne fu a la grant vision
De sa transfiguration,   sa] la *GH*
Et rien n'ent vit c'on puist savoir ;   nen π𝔓*GaHC²*, quon *aH* com π*GC²*, v. ne peut s. 𝔓
Et n'est pas semblabe de voir   Car 𝔓, point *HC²*, s-blable 𝔓*GaHC²*
Que ceuz qui y furent, [en] rien   8195   en Θ, c. la q. y f. r. 𝔓
L'en dëissent, pour ce que bien   Luy en diss. 𝔓, Ly d. *H* Le d. *C²* En d. *G*
Leur avoit deffendu Jhesus,
Si comme dit est par dessus.   Ainsi comme est dit cy de. 𝔓, c. il e. di. de. *H*, c. e. d. cy d. *C²*
Pour quoi la cause premiere   Et pour ce l. 𝔓
Croi porter plus grant lumiere,   8200   Semble 𝔓, C. mielx po. la baniere *H*, pl. p. baniere *C²*
A fin që apartenable   q. plus a. *C²*, apperceuable *GaH*
Y soit signe et convenable.   so. le si. c. *H*, —et *aC²*

Joh. xviii.   **Q**uant Jhesus l'assemblee vit,
     Avant ala contr'euz et dist :   al. vers eulx et dit 𝔓, Al. alencontre et leur d. *C²*
Jhesus aus   "Que voules vous et queres ci ?   8205   et] que *aHC²*
Juis.   Se Jhesum queres, je le sui."   iesus 𝔓*aH*
Et ce mot par ·ii· foiz leur dist,   ·iii· f. Θ
Mez a la premiere les fist
Aler arriere et trebuchier   tresb. *a*
De paour, et ne fu mestier   8210   De grant p. et nestoit m. 𝔓, fust π
De signe, a fin que connëu   Daucun s. 𝔓

<table>
<tr><td>Cil qui
songe.</td><td>Fust, quar de soi mesme le fu.
Redouté bien estre devra
Quant toute gent jugier venra,
Quant, qui jugié estre devoit,
Pour un mot tant douté estoit.</td><td>

8215</td><td>

t-es g-s 𝔓
Que *H*, *C*²
Par ϴ A 𝔓, m. redoubte e. α</td></tr>
<tr><td>Jhesus aus
Juis.</td><td>"Se donc, dist il, vo*us* me queres,
Mez deciples point n'arrestés!"
Adonc Judas s'en vint a li
Et de li baisier s'enhardi.
Ne sai comment l'ousa faire,
Et pas bien ne m'en puis taire.</td><td>

8220</td><td>dont *HC*², di. ihesus me q. α*HC*²

le 𝔓

Ne pas 𝔓</td></tr>
</table>

Comparaison du baiser de Judas a la faucille qui en accolant le ble elle le trenche et du cocu qui mengeue la verdiere apres quelle la nourry. 𝔓 (T.)

<table>
<tr><td>Cil qui
songe.</td><td>Douce Virge, que feroies,
Se ce baisier tu vëoies,
Que ce trahitre ainsi baisast
Ton fil, et touchier y ousast?
C'est ausi com acolement
De faucille qui asprement
Soie le ble a l'acoler
Pour li du tout jus aterrer.
Et tu Judas, comment ousé
De li aprochier as este?
Ne scez tu pas que il scet bien
Que n'en aproches pas pour bien,
Et que confondre te pourroit
Sanz delai tantost, se vouloit?
Et supposé que pour bien fust,
Pas en toi estre ne dëust
Hardement si outrecuidié
Que de tel, com es, fust baisie.
Son parel n'es a li de rien.
Reverence dëusses bien</td><td>

8225

8230

8235

8240</td><td>

Et q. ce traistre 𝔓, —ce *HC*², basast ϴ osast α*HC*²
Touch. ton f. et le baisast α*HC*², y] luy 𝔓
ainsi 𝔓

Sooie *G* Si see 𝔓

Et le fait a terre tumber 𝔓, —jus π
toy 𝔓
D. laproch. as tu e. 𝔓
quil congnoist b. 𝔓, —bien π
ne laproches ϴ, ap. pour nul b. *GaH*, Qua-prochie ne las pour nul bien *C*²
qui *HC*²
T. sa. d. sil v. α*HC*², sil v. ϴ𝔓α*H*

Si est. p. en t. ne d. 𝔓, deubt π

es] as π
P. a li tu n. de r. 𝔓
R. luy d. 𝔓</td></tr>
</table>

JUDAS BETRAYS HIS LORD.   Line 8,219, p. 266.

H, p. 512.

Le Pelerinage Jhesucrist.

A li porter qui ton segneur	Auoir p-te $\mathfrak{P}$, Li p. il est t. C^2, tout segeur π
Est, a cui faire doiz honneur.	F. li deusses grant h. C^2
Et toutevoies, fauz Judas, 8245	toutesfoys traistre j. $\mathfrak{P}$, toutesuoies C^2
Pour bien [tu] ne le baisas pas,	bi. tu ne $\mathfrak{P}aHC^2$
Ainz fu pour li livrer a mort,	li] le $\mathfrak{P}aHC^2$
Dont m'est avis quë as grant tort.	De quoy bien tu scez quas g. $\mathfrak{P}$
Il t'avoit fait son aumosnier,	
Maistre d'ostel et despensier, 8250	disp. πGa
Et tant en toi il se fioit	Et de ta. en t. se f. $\mathfrak{P}$, il] si π
Que nul conte n'en demandoit.	Q. c. ne ten d. $\mathfrak{P}$, ne command. G
En sa cene derrainnement	A C^2, son c. derrenierem (dernierem. H) aHC^2, chene daerrainem. Θ
Joh. xiii. Vëiz tu que benignement	Vis tu bien q. $\mathfrak{P}$, q.] com a
En s'escüele te laissa 8255	lescu. a sescueille C^2
Mengier, et apres te donna	
Une de ses soupes en vin;	
A quoi communement enclin	
Ne seroit nul a son prochain,	
S'a li avoit aucun desdaing. 8260	Sen li av. au. mehaing aHC^2
Et bien souvenir te dëust	
Comment doucement te recut	recheust Θ receust G
Au premier quant venis a li,	v.] tu vins $\mathfrak{P}$
Et comment de toi ot merci	eust a
En toi pardonnant tez meffaiz 8265	te p. $\mathfrak{P}$
Qui mont furent et grans et laiz,	Q. f. m. g. et moult l. $\mathfrak{P}$, moult C^2, f. vilains e l. aHC^2
Mesmement qu'avoies tué,	
Si com aucuns ont registre,	
Pour ta larrecin ton pere	ta] ten Θ ton $GaHC^2$
Et puis espousé ta mere. 8270	esp-ses H esp-sas aC^2 tu esp-sas $\mathfrak{P}$
Bien t'a fait et toi tout nourri,	Tant de biens ta f. et n. $\mathfrak{P}$, et] a H, et si ta n. C^2
Et tu t'es fait son anemi	
En ce resemblant au cucu,	ce] toy C^2, Entreressembl. au cocu (cucu H) aH, coqu $\mathfrak{P}$
Le quel quant en yver est nu	y.] mer G
Et mis est en grant povrete 8275	—est HC^2
Et la verdiere l'a trouve,	l'a] il a C^2

Elle l'eschaufe et le nourrist E. le resch. et n. 𝔓, E. sesch. *a*, leschausse *H*
Et de ce que puet le souvist ; quel p. lassouist 𝔓, le soumist π ly suffist
Mez quant renforcié il se voit (souffist *HC²*) *GaHC²*
Et que voler assez tost doit, 8280 refforcie *Ga*, r. elle le v. *a*, —il *H*, il le v. *C²*
A sa nourrice met le tort
Et la mengut et met a mort. le ϴ*C²*, mengue 𝔓*Ga C²*
De ton segneur as fait ainsi. segeur π
Grant chose fu quant le soufri. ch.] bonte 𝔓, —fu *GH*
Et certainement je sai bien 8285 scoy *G*
Que souffert ne l'ëust de rien, s. il ne leut pour r. 𝔓
Se pelerin n'ëust este. Se le p. *a*
Bien ont piec'a acoustumé Car b. o. a. *C²*
Pelerins quë on les baise, Les (Li *C²*) p. quon l. *aC²* P. souuent quon
Non obstant que pou leur plaise. 8290 l. 𝔓
 —8290 *a*, Ja soit ce q. bien peu 𝔓, lui pl. *H*

E̲n ce baisier que Judas fist
  A Jhesu, Jhesus tost li dist : A ih. doulcement li d. 𝔓
"Amis, a quoi es tu venu?
Pas je ne sui tant decëu Je n. s. p. si d. *aHC²* Saiches que t. ne s. d. 𝔓
De toi que je ne voie bien 8295 —je *G*, q. ne congnoisse b. 𝔓
Que, comment que faces maintieng Q. quelque tu f. 𝔓
D'estre amis, si ne l'es tu pas, D. ainsi ne *C²*, se ne ϴ
Se n'est pour le pris quë en as, Excepte po. 𝔓
Que miex de moi tu as amé, de] que 𝔓
De toi de nul pris reputé." 8300 Et de vil p. mas r. 𝔓, n.] vil 𝔓*GaHC²*, r.]
Apres ce les Jüis mirent recite *H*
Les mains a li et le prirent, misdr. *G* mistr. *HC²*·
Et lors Pierre sailli avant, A iesu les m. et. p. 𝔓, prisdr. *Ga* pristr. *HC²*
Et d'un glaive qu'avoit taillant
L'orelle d'un vallet coupa 8305 Loreil *G*, du v. *a*, varlet *C²*
Que Jhesus sanz delai sana, sanna *H*
Disant a Pierre que mëist quil m. *HC²* q. remist 𝔓

Le Pelerinage Jhesucrist. 269

<small>Jesus a Pierre. Math.xxvi.</small>

Son glaive en sauf et se soufrist.
"Pas ne vueil que m'enpesches, dist,
De faire ce que me commist   8310
Mon pere, et tost, se vouloie,
Douze legions aroie
D'angres qui me deffendroient
Et ceuz ci touz occirroient."
Puis ses paroles retourna   8315
Aus Jüis et ainsi dit a :
"Ausi com se malefaçon
Eüsse fait ou que larron
Fusse, contre moi touz issus
Estes maintenant et venus ;   8320
Et touz les jourz vëu m'aves
Dedens le temple, se voules,
Ou es lieus que je preschoie
Et de doctrine parloie."

<small>Math.xxvi.</small>

Lors des Jüis environné,   8325
A Anne et Cayphas mené
Fu, et tantost s'en füirent
Ses deciples qui ce virent.
Et Pierre qui süi l'avoit,
Quant oui dire qu'il estoit   8330
De la compaingnie Jhesu,
Par ·iii· foiz dist que rien connu
Ne l'avoit et le renia,
Et apres ce le coc chanta.

<small>Cil qui songe.</small>

He, Pierre, comment as tu non ?   8335
De pierre la condicion
N'as mie, se mont mole n'est.

en la gagne et sentist 𝔓
Me veulx tu empescher puis d. 𝔓, me reschapper d. C^2
De ce f *a*, mest c. 𝔓
Par m. p. t. 𝔓, et] car *H*, —tost C^2

Dangelz *G*

Et t. qui cy sont occ. 𝔓

recouura *a*

—8317 C^2P (blank line) *H*, Ainsi *G*𝔓, c.] que 𝔓
—8318 C^2P (blank line) *H*, ou] et AP^1, q.] feusse 𝔓
C. m. t. estes is. 𝔓 Vous estes c. m. i. C^2
Et pour mapprehender v. 𝔓 Et m. tous cy v. C^2

q.] ou ΘHC^2, preech. Θ
Ou doulcement vous enseignoye *H* E. vostre proffit monstroye C^2, doct.] la vie du ciel 𝔓

Tantost d. 𝔓, auironne *GaHC²*

Cayphe 𝔓*H*

Fu t. et tous s. f. *aHC²*

q.] quant 𝔓

sieui Θ suiuy *G*

Q. accuse fut q. 𝔓

—rien *GaHC²*] point 𝔓, congnu Θ cogneu π*H*

Hee *GH*

moult molle C^2

8308 a, b.—Que ceulx qui de glaiue ferront
Aussi de glaiue periront. 𝔓 (191 a).

270 *Le Pelerinage Jhesucrist.*

N'a pas mont quë estoies prest,
Com disoies, de li sūir
Et avec li aler mourir. 8340
Et maintenant encor depuis
Ce croire bien tu me fëis,
Quant l'orelle de ce sergant
Te vi couper si prestement.
Et maintenant devant to*us* dis 8345
Que de li tu na's nul avis,
Que ne sces qui est, li niant.

Et toutevoies par devant
Il avoit dit, et bien l'ouis :
"Qui ci aval en cest päis 8350
Devant la gent me niera,
Mon pere le reniera
Ausi u ciel"; si, que feras,
Ne sai, Pierre, ne que diras.
En peril es, se ne reprens 8355
En toi vigueur tant com as tempz.
Bien as trouve ce que te dist
Jhes*us*, que prest est l'esperit
De prametre et de soi vanter,
Mez la char de l'execute(u)r 8360
Est enferme et p*er*eceuse
Et doutant et paoureuse,
Et apresté est Sathanas
De geter abuissal u pas
Pour faire plus tost trebuchier 8365
Ceuz qui se veulent avancier.

Il na (Or na il C^2) p. m. q. pr. aHC^2, q. nest. G
Ainsi que di. le s. $\mathfrak{P}$, Tu estoies (Estoies et H) de aH, Estoies de moy bien seruir C^2, sieuir Θ
dauec aH, li] moy C^2, al.] prest de $\mathfrak{P}$
m.] toutesfoyes $\mathfrak{P}$, m. [et] enc. Θ
croirre G, b. cr. aH, croi ie b. que tu f. Θ, Ce b. a cr. m. f. C^2

li] moy C^2

Ne ne congnois aucunement $\mathfrak{P}$, Et a, quil est ΘGa qui il e. H, Et ne sces qui sui moy niant C^2
toutesuoies C^2
Tu auoies d. b. C^2
Que $\Theta\pi$, Q. cil que cy bas en $\mathfrak{P}$, ce p. $\mathfrak{P}GaC^2$
le peuple $\mathfrak{P}$, me] le aH, renira C^2
p. aussi l. $\mathfrak{P}$, l. me renierira C^2, regnyera G
Ou c. par quoy q. tu f. $\mathfrak{P}$ Si que ne scay q. tu f. C^2
P. ne aussi q. C^2, d.] feras H
si H, repens G
viguer Θ, v. quant il est te. $\mathfrak{P}$
ce] se a, dis C^2
pr.] bien prompt $\mathfrak{P}$, p. le saint esp. a, li espris Θ, Tes fais ne racordent pas aux dis C^2
Tout de p. et (a H) s. v. aH, —de $G(aH)$, Cest folie de soy v. C^2
lexecuter $\Theta\pi H$ &c. lexempter a
Et G, Et est enf. et paoureuse a, Enf. est $\mathfrak{P}$, preceuse Θ paresc. G
Trop formidable et $\mathfrak{P}$, paresceuse a
Et moult e. prest le S. $\mathfrak{P}$
De mectre offendicule ou p. $\mathfrak{P}$, ab-ssail $\Theta\pi H$ abuisat a
tresb. GaH

8341.—Sixteen lines left in blank between 8341 and 8342, but cancelled by the rubricator β (166 v).

Et bien avisé t'en avoit
Jhesus quant de li te disoit
Que prest estoit de toi tempter   toi] te 𝔓 ly G
Et ausi com fourment cribler.   8370   ainsi que f. 𝔓, c.] que Θ, fromment G,
                                              tribler HC²
Or es tempté et deceü   t.] trible H
Et du crible tout jus cheü.   trible aHC², j.] en bas 𝔓
Relieve toi quant tu pourras !
Pierre fait   Et certes, Pierre, de ce as   Et piere cert. Θ, Et voirement p. tu as 𝔓
son devoir.   Fait ton devoir bien prestement,   8375
Quar tantost com le chantement   t.] si tost 𝔓, c.] que Θ𝔓G
Du coc ouis, et recordas
Que t'avoit dit Jhesus, plouras,
Et en tres grant repentance
Alas faire penitance   8380
Si grant que tout te pardonna,   si] tant 𝔓
Et puis si te fortefia
Quë es fundemens de la foy,   Q. fu. es d. 𝔓, f-nt 𝔓GaHC², de] en H,
                                              —la Θ
Pierre plus fort il n'a de toi.   forte nest que t. 𝔓, ferme na GaC², ferme
                                              ne voy H

Adonc les Jüis tenoient   8385   Laignel iesus et l. 𝔓
   Jhesum, et fort l'accusoient
De ce que fil Dieu se faisoit,   Car il se disoit f. de D. 𝔓, Que il f. de D.
                                               soit (se f. aC²) HaC²
Et de ce que dit il avoit   Et quauoit dit en autre lieu 𝔓
Qu'en ·iii· jours pouoit redrecier   j. il redifiroit 𝔓
Le temple, s'en estoit mestier,   8390   t. quant destruit seroit 𝔓, s. auoit m. aHC²
En tesmoingnages faus querans   Et t-ge a, t-ge H, q-nt GaH
Et en faussement opposans   op-nt Ga composant HC²
Quë il esmouvoit le päis   Q. le peuple esmeu il auoit 𝔓, les p. H
Par mainz faiz, paroles et dis ;   m. p. f. et d. G, P. euures et ce que pres-
                                               choit 𝔓
Pour quoi l'esvesque tost li dist   8395   Lors leuesq. linterroga 𝔓
Que de ses dis li aprëist.   De s. disciples et de sa 𝔓, dis] faiz H
Et Jhesus dist qu'apertement   Doctrine qui benignement 𝔓

	Avoit donné ensegnement		=8397 (Luy respondit quap.) 𝔓
	Devant tous, et rien en secré		=8398 (A. fait son ens.) 𝔓, segre π
	Ensegnié n'avoit n'en celé,	8400	Non en secret noccultement 𝔓, ne c. G*a*HC².
	Et qu'il en demandast a ceuz		en] le H
Joh. xviii.	Qui avoient este oieurs.		oueurs π oreurs G oeurs Θ] escouteux 𝔓
	Lors un sergant qui estoit la		
	Une paumee li donna		U. grant iouee l. d. 𝔓
	En la goe, disant comment	8405	Et si luy demanda c. 𝔓
	Avoit ëu tel hardement		
	De parler a l'esvesque ainsi,		
	Au quel Jhesus tost respondi :		Lors le doulx aignel r. 𝔓, Jh. a cil qui le fery (added in red by the rubricator) G
Jhesus.	"S'ai maudit, tesmoing n'en as pas ;		mal dit 𝔓G*a*HC², Se iay m. d. t. en quiers 𝔓
	S'ai bien dit, a tort feru m'as."	8410	d. pour quoy me fiers 𝔓, f.] seruy G·H

Jesus ne tendit pas lautre ioue a celluy qui le frappe et pour quoy. 𝔓 (T.)

Cil qui songe.	Ci se pourroit aucun douter		
	Que ce qu'a voulu commander		ce] se 𝔓
	Jhesus ailleurs, rien fait n'en a.		
	"Quant aucun, dist, feru sera		aucuns Θ, dit 𝔓
	En la goe, l'autre tendre	8415	
	Doit pour l'autre bufe prendre."		
	Et maintenant point il ne tent		p. ne li t. aC², il natent Θ
	L'autre goe, mez cil reprent		g. ains celuy r. 𝔓
	Qui l'a feru. Solution		
	Y est bonne selonc raison :	8420	
	Ce qui est dit, commandement		quauoit dit 𝔓, dist Θ
	N'est mie, mez consellement.		
	Qui le veut faire, le face !		voulra 𝔓, si l. face C²
	Mez qui le fait, plus grant grace		
	Par devers Dieu il en aquiert.	8425	P. deuant Θ, dieu plus en (—en H) aq. aH, —en C²
	Celui ausi qui l'autre fiert,		Cestui aC², que Θ

8398 a, b.—Et ou temple la ou conuiennent
Les iuifz et iour et nuyt se tienent 𝔓 (191 c).

Le Pelerinage Jhesucrist.

Quant voit le feru retendre
L'autre goe pour attendre
Autre foiz estre referu,
De soi refrener esmëu . 8430
Doit estre, mont soi apaisant
Et sa faute reconnoissant.
Et tout ceci rien ne touche
A la dessus dite doute.
Jhesus est segneur de grace, 8435
Point ne faut qu'il en pourchace.
Et cil n'est point preordené
A salut ne predestine
Qui l'a feru, n'amendement
Aucun faire finablement, 8440
Et c'est pour quoi plus ne soffri
Jhesus estre feru de li.

Math. xxvi.
Or di que ceuz qui tenoient
 Jhesum, de li se moquoient,
Et la face li couvrirent 8445
Et mainz coupz sus li ferirent,
Disans qu'il prophetisast,
Marc. xiv.
Et qui avoit feru nommast.
Et avec ce, qui valoit pis,
Li crachoient en mi le vis 8450
Sanz reverence et sanz honneur
Qui estoit leur roy et segneur.
He apostres, où estes vous
Cil qui songe.
Qui pour li vouz disïes touz
Estre de mourir aprestés, 8455
Venez avant et vouz moustrés!
Souffrir ne dëussies mie

g. tout prest datt. ℙ
De cellui (lui HC^2) e. r. aHC^2
Bien de se r. ℙ, referir recreu H
Il d. e. en sap. ℙ, apens. a, soi moult a. C^e
fame r. H folie r. C^e
—tout a] si H se C^2, touque Θ
A celle deuant di. ℙ

pourcache Θ

Cil aussi n. ℙ, c.] si aHC^2, preordonne ℙa
s. clef n. H, ne] et Θ

pl.] pas ℙ

maint cop sur ΘaH, Et durement s. ℙ
D-nt Θa, Luy d-nt quil p. ℙ
lauoit ℙaH
—ce $G.H$, Et encore q. aC^2
par mi Θ

segeur π
Hee $GaHC^2$, O saincts ap-re ℙ, ap-re Θℙ
d. trestous ℙ
Et d. oli a. C^2

S. vous n. ΘGHC^2, Il semble que n. ℙ

After 8442 eight lines interpolated in ℙ (f. 191 d), see Appendix.

Le Pelerinage Jhesucrist.

Le grant grief et vilenie
Quë on fait a vostre segneur
Et qui encor sera gregneur,   8460
Se deffendre ne le venes.
Et vous di que tart y venres,
Se ne vous hastes grandement.
Terrë et mer et firmament
S'esbahissent des injures   8465
C'on li fait et des laidures,
Et volentiers l'en vengassent,
S'aprochier il en ousassent.
De leur createur ont courous
Et du tout s'attendent a vouz,   8470
Pensans que le revengerés
Selonc que pramis li aves.
He Jhesu, ne t'i attent pas !
De toi vengier le pouoir as
Quant tu en seras volentis.   8475
Tes apostres si esbahis
Sont que venir n'ouseroient
Et que faire ne saroient.
A guerroier pas apris n'ont
Et gent d'armes mie ne sont,   8480
Et si n'ont pas en oubli mis
De ce que Pierre reprëis
Pour ce quë, en toi deffendant
Coupa l'orelle d'un sergant,
Et së ausi il faisoient   8485
D'estre blasmés douteroient.

Souffrir le gri. $\mathfrak{P}$

Q. e-res $\mathfrak{P}$, quencore aC^2, — qui Θ

Je v. Θ, qua t. aC^2

m. f. GH, et le f. C^2

Si sesb. C^2

les ve. a le ve. H
Se ap. C^2, Sa pres ap. en os. $\mathfrak{P}$, sen os aHC^2

P-nt ΘH P-sent G
Ce q. C^2 Ainsi q. $\mathfrak{P}$, li] vous G —li C^2
Hee aHC^2 De G
te v. $\mathfrak{P}$

espaouris a espooris H, a, espouentis C^2

Aussi vengier ne te s. $\mathfrak{P}$ Et aidier ne te pourroient x
gens $\Theta\mathfrak{P} GaHC^2$, g. de guerre pas n. s. $\mathfrak{P}$
p. m. en oublis HC^2
Ce que a (De ce qua H) P. deffendis (deffdi C^2) aHC^2
A cause quen te d. $\mathfrak{P}$, —en π
du s. G
sainsi que luy il $\mathfrak{P}$, Et ainsi ilz le f. C^2
se doubtoient C^2

Jesus est liure a pylate. $\mathfrak{P}$ (T.)

Puis consel firent les Jüis
  Quë a mort, si com entrepris
L'avoient, il seroit livré.

f.] prinrent a
comme C^2
Laroient Θ

OUR LORD BEFORE PILATE. Line 8,487.

G, fol. 208.

THE REPENTANCE OF JUDAS.   Line 8,504, p. 275.

H, p. 516.

Le Pelerinage Jhesucrist.

	Devant Pilate l'ont mene	8490
	Qui juge estoit en cel païs	
	De par l'empereur establis.	
	Devant li il l'accuserent,	
	Et a haut cri proposerent	
	Que mourir il devoit par droit	8495
	Et que maufaiteur il estoit.	

l.] nont π
ce p. 𝔓GaHC²
Et p G

Pard. C², lencuser. a accus. G
—8494 (blank line) H, Et contre lui ilz pr. C²P, au h. A, —cri Θ, h-te voix p. 𝔓

Si a

Judas se pendit et fut creue et son ame par le fondement descendit en enfer. 𝔓 (T.)

Math. xxvii.
Et Judas qui en agait mis
Estoit, et escoutoit tex dis,
Et quë il avoit maufait vit,
En soi repentant tantost [prist]   8500
Les deniers qu'avoit reçëu
De son maistre qu'avoit vendu,
Et aus Jüis les rendi touz,

Judas aus Jüis.
Disant : "J'ai au cuer grant courouz
Et me repent quant trahi ai   8505
Mon maistre quë innocent sai."
Et ainsi de la se parti
Et un las fist où se pendi.
Et par mi creva en mourant
Et ses boiaus jus espandant.   8510
L'ame de li qui bas tendoit
Et en enfer son lieu avoit
Par le plus brief son chemin prist
Et par le bas voie se fist.
Par la bouche, de quoi avoit   8515
Baisé son maistre, ne pouoit
Issir, et torse se fust mont
Pour aler en son lieu *par*font.
Et toutevoies pardonné
Li ëust Jhesus, së alé   8520
Fust a li par contriction

ag.] esgart H
esc. toudis a H
quil av. meffait (mauf. H) bien v. aH, malfait π𝔓, mal fait vi Θ mal fait bien v. C²
prist πGa &c., se r. 𝔓, r. tost rendi Θ
L. trente d. q. eu 𝔓

Aux J. C², trestous C²

courroux G
repench (r-ns a) que t. Θa
qui C²
Et tantost dillec s. p. a Et il d. l. se departi HC², de la] iudas 𝔓
lach Θ, où] si aHC²

En enf. s. logis av. 𝔓

bas s. aC²
—8514 a, Son esperit que pas nyssist HC², p. en b. la v. 𝔓, f.] mist Θ

Baisiet Θ Baissie π

et se f. desuoyee (-mont) 𝔓, moult C²
Daler denfer a la valee 𝔓
Et nonobstant tout p. , t. il p. H, toutes voies C²
sil fust a. 𝔓
A li p. vraye c. 𝔓, c-tricion Θ

            Et requis li ëust pardon,
            Mez le dëable l'empescha
            Qui en enfer le trebucha.

            Lors aus Jüis Pilate dist   8525
              Et une demande leur fist :
Pilate aus "Pour quoi cest homme m'amenés ?
  Jüis.
 oh xviii. Bien sai que vostre loy aves.
            Selonc celle l'alés jugier,
            De li meller je ne me quier."   8530
es Jüis.   "Mort, dirent il, a desservi,
            Mez ne nous loist pas tuer li.
            Tu as temporel office,
            Tuer le doiz pour son vice."
            Adonc Pilate l'appela   8535
            Et li dist, selonc qu'il pensa,
            Que des Jüis il estoit roy.
            Et Jhesus dist: "ce dis de toi,
            Ou d'autre gent apris tu l'as."
Pilate a   Pilate dist: "Je ne sui pas   8540
hesum.
            Jüis, mez ta gent t'ont baillié
            A moi que tu soies jugie.
            Di moi, quel chose tu as fait
            A fin qu'autre tesmoing n'i ait!"
hesus.   Jhesus dist : "Mon regne n'est pas   8545
            De ce monde ci qui est bas,
            Quar s'il en fust, tost ëusse
            Par qui bien deffendu fusse."
ilate.   Pilate dist : "Dont es tu roy?"
            Jhesus dist : "Ce dis tu de toi.   8550
            A ce sui je venu et né
            Que je tesmoingne verite,

Lines 8544-8688 missing, fol. 208 being wanting *G* ; see note at l. 9003.

Le Pelerinage Jhesucrist.

Et qui de verite nez sont	Et ceux q. de v. s. ℬ, que de v. ne s. Θ
De ma voiz pas refus ne font."	—pas *A*, nen *a*, ne sont Θ
Pilate. Pilate dist : " Qu'est verite ? " 8555	
Moustrant que pas n'en estoit né,	
Quar plus il n'en vout escouter,	Quant ℬ, ne *AHC*², ne v. escoute Θ
Ainz ala aus Jüis parler	
Et leur dist que pas ne trouvoit	point ℬ
Cause pour quoi mourust par droit. 8560	par q. Θ, morist π, mourir deuroit ℬ
" Et bien sai que *vous* doi baillier	Bi. s. q. ie v. d. donner ℬ
A ceste pasque un prisonnier,	Chascune pa. ℬ
Le quel que respiter voules	Lequel eschapper π, vouldrez *aHC*², que desirez deffendre ℬ
De mort ; si que, se requerés	m. et se faites demande ℬ, se] si *C*²
Jhe*su*m, je le vouz baillerai 8565	De iesu le v. ℬ, J-us *C*²
Et vers vouz m'en aquiterai."	Et a vous *HC*²
Les Juis. " Non, dirent il, mez no*us* voulon	disent ℬ disrent *A* distrent *HC*²
Avoir Barrabam le larron,	b-bas ℬ
Et assez nouz l'avons plus chier	=8570 *AaHC*², Car *AaHC*², ass.] de trop ℬ
Non obstant quë il soit murtrier." 8570	=8569 (Car as. n. l. pl. ch.) *AaHC*², Ce n. o. quil s. ℬ
Celui Pilate leur bailla	
A leur vouloir et delivra.	
Mez pour ce quë il vëoit bien	quil congnoissoit b. ℬ
Que Jhe*sus* n'avoit meffait rien	meff. nav. ℬ*aH*
Et que par envie livré 8575	Lav. *Aa*
Li avoient et amene	P. l. J. sil peut ap. ℬ
Les Jüis, pour euz apaisier	li] pour *aHC*², Et en p. leur f. ℬ
Et li en pais faire laissier,	cruelem. ℬ
Batre le fist crueusement	
Devant euz et honteusement, 8580	Despouillie de son vestement *H* Et despouller son vestement *C*²
Et a ce le fist despoullier	Si que il (—il *A*) le f. d. *AaH*, E. quant il lot fait d. *C*²
Et a un pel nu atachier,	a] en *HC*², pillier *AC*², A vne colonne at. ℬ
Si que de toutes pars sainnoit	saign. *A* seign. *H*, Des batures le sang couloit *C*²
Pour les durs coupz c'on li donnoit	d. chaus con Θ, quon ℬ*AaHC*²
De escourgiées nouees, 8585	Desc. fort (bien *AaC*² tresbien *H*) n. π*Aa* *HC*² Descorgiez bien druement noez ℬ
De son sanc ensanglantees.	sa. tous e-tez ℬ, Et d. *C*²

Puis fist des espines couper
Des plus aspres que peut trouver
Et couronne faire l'en fist
Pour ce que devant contredit 8590
N'avoit mie que roy ne fust
Et quë alleurs regne n'ëust.
Et celle couronne poingnant
Sus son chief en li despisant
Par ses chevaliers fist metre, 8595
Et par maniere de septre
Un rosel fu mis en sa main,
Ausi com fust son regne vain.
Et devant on l'avoit vestu
D'un pourpre qui tout rouge fu, 8600
Non pas sanz plus de sa couleur,
Mez de la tainture et rougeur
Du sanc Jhesu tres precieus
Qui par sa face et par ses iex
Et tout entour jus descendoit 8605
De son chief qui navré estoit
De toutes pars parfundement
Des espines à grant tourment.
Ceuz ci n'avoit pas ostees
S. Jëhan ne extirpees 8610
De sa voie, trop tost mourut.
Jhesus ausi recorder dut
Le pechié Adam ci endroit
Pour le quel lors dit li avoit
Qu'en sa terre germeroient 8615
Espines et y croistroient.
Trouvees les a maintenant
Qui de ce le font souvenant
En excitant sa memoire
Tres griément dedens s'aumoire. 8620

Les pl. a. quon pot *aHC²*, a.] poignans 𝔓
C. f. luy en f. 𝔓, lui fist *A*
co-dist *H*
Pas il nav. q. 𝔓
Ne q. bien a. 𝔓

ch. de lui se moquant 𝔓, despris. *A*
s.] les *Aa*
p.] en *aHC²*
Une en f. m-e *C²*
Ainsi que f. 𝔓

De 𝔓, Dum p. q. tous rouges Θ, —tout *C²*
sa] la *aHC²*

De son sa. t. p. *AaHC²*
sa] la, ses] les *AaHC²*
Et Θ
prof. 𝔓

Ses espines cy p. o. 𝔓
Nauoit s. J. 𝔓, estrepees *aHC²* essertees *A*
tr.] car Θ
deust *Aa*
piche *A*, dad. *aH*
—lors *H*
geruirero. π germinero. 𝔓
Les esp. et c. *aH*, et croisteroient Θ

Et qui lui excitent laumoire 𝔓, —sa *A*
T. asprement de sa memoire 𝔓, griefm. Θ*aHC²*, sauuoire *A*

Et ausi com estoit dehors
   Rouge par tout, ausi son cors
Estoit tout rouge de son sanc
Des batëures de devant.
Aus Jüis dëust soufire   8625
Si grief et cruel martyre
En cil qui rien meffait n'avoit
Et mainz biensfaiz fait leur avoit.
Mez nennil, près l'aprochierent
Et en son vis li crachierent   8630
En grans goées li donnant
Et li sus sa teste ferant,
A fin que plus le grevassent
Les espines et blecassent,
Quar aus coupz plus parfondement   8635
Entroient à gregneur tourment.
Et avec ce le moquoient
Et agenouilliés disoient :
Dex gart le grant roy des Jüis !
Par euz est a grant honneur mis.   8640
Et vint Pilate soi moustrer
Dehors pour soi faire loer,
Ausi com se bien fait ëust
Et mont bien plaire leur dëust.
	ainsi $A\alpha$, Ainsi que le pourpre d. 𝔓
	R. estoit t. ainsi s. c. 𝔓 R. a. (ainsi α) p. t.
	  (my HC^2) le c. $A\alpha HC^2$
	
	De tout son corps fort degoutant 𝔓, batures
	  Θ, de] faictes C^2
	
	griefs α, crueus Θ
	
	—8628 A, Et tant de biens f. 𝔓, m-t bel fet
	  fait l. $P^1\alpha HC^2P$, biens fais Θπ
	sapproch. αHC^3
	en] sur A, enmy s. C^3, li] le C^2
	jouees C^2, do-ns 𝔓
	Et sur sa (la 𝔓) t. li (le 𝔓) f. αHC^2𝔓, sur
	  son douc cief f. Θ
	g.] blecassent H
	bless. 𝔓A blech. π] greuassent H
	Et C^2, au corps πHC^2, Q. de tant que prof. 𝔓
	Quentro. π, E. auoit plus grief t. 𝔓, g.] plus
	  grant αHC^2
	a. ce] ainsi ilz αHC^3
	—8638 A, agenoilliet Θ a genoullons HP
	D. te fault (sault C^2) le (—le αC^2) roy d. J
	  $A H \alpha C^2$
	est] es αH
	se m. 𝔓
	se f. 𝔓 f. soy π
	Ainsi A𝔓, —com Θ
	m.] que a moult C^2, Et grandement pl. 𝔓

Pilate aus Juis.

"Cest homme, dist, vous amainne 8645 Pour savoir se par la painne Quë a soufert vous soufira, Quar en li cause de mort n'a."	d. pylate v. AC^2 pour l. C^2 Quil a A, Qua souferte v. suff. 𝔓

Inuectiue de lacteur contre pylate. 𝔓 (T.)

Cil qui songe.

Ha mauvaiz juge desloyal ! Ausi n'as tu pas trouve mal 8650 En li pour quoi ainsi grever Le dëusses et tourmenter.	Haa HC^2 Tu le d. ne flageler 𝔓, et] ne C^2

Tu as pour li tes mainz lavé,
Et dit a touz et proteste   a t. d. ℌ
Que de li tu es innocent,   8655
De quoi tu mens mauvaisement,   mauv.] bien maisement Θ
Quar tu mesme juste le dis,   Et toi m. *A*, toy m-es *C*²
Et non obstant ce le punis ;   Et ce n. o. l. *AHC*², ce] tu πℌa
Et qui as office et posté,   Q. as o. et poeste a*HC*² Q. as comme tu
Si com dis, et auctorite   8660   dis puissance ℌ
                                        Et a. sans greuance ℌ
De li du tout en pais laissier   De le lai. en p. aler ℌ
Et les Jüis faire cessier.   l.] tous ces ℌ, cesser a*H*
Fui t'en sanz toi faire vëoir,   toi] plus *Aa HC*² te ℌ
Quar fauz juge tu es de voir.
Et toutevoies auz Jüis   8665 toutesuoies a*C*²
Ne soufist pas, ce m'est avis.   ce] se *A*
Ja ne leur soufira, se mort   sa m. Θ
Ne le voient de cruel mort.   v. a tresgrant tort *AaHC*², cruele πℌ
" Crucefie, crucefie,   C. le (loy *C*²) c. a*HC*² C. le dient c. ℌ
Dient, et li toil la vie ! "   8670 Et tantost li oste la v. ℌ, Ce d. *C*²

Ha crueuz Jüis, que pensés !   Haa *HC*², cruel *C*²
 Barrabam delivré aves   B-bas ℌ
Qui estoit murtrier et larron,   murtier π murdrier ℌ*A*
Et cetui qui est tres saint hom   sains Θ
Et innocent et vostre roy   8675 Tout i. ℌ
Et ordeneur de vostre loy
Tuer et occire voules.   O. et t. le v. *a*, o. le v. *AC*²
Et si tourmenté le vëés
Que rien n'a sus li qui sanglant   sur Θ, que ℌ*A*
Ne soit et en douleur tres grant.   8680
Pilate, pour vouz apaisier,
L'a fait ainsi aparellier.
Vous ausi vengance si grant
En aves pris en li batant,   prins *H*, le ℌ
En crachas et vilenies,   8685 trachas Θ crachans *A*

Le Pelerinage Jhesucrist.

Injures, buffoieries,	En i. C^2, bufferies π et bufferies $aHAC^2$ et buffeteries ℬ
Irrisions en dis, en faiz	Derrisions C^2, En irr. H, d. et f. A
Tres deshonnestes et tres laiz,	
Que bien soufire il vous dëust	Q. s. v. d. a, —il C^2
S'en vous quelque bonte ëust. 8690	q.] point de HC^2, b.] pitie y ℬ
Mez nennil, de chienz vales mainz,	Me. non que ch. ℬ, moins GℬaH
Du venin de häine plains.	De h. et de v. pl. H De v. et eaue (hayne C^2) pl. aC^2, h. tous pl. ℬ
"Loy, disoient il, nouz avons	Lors d. il n. (—nous HC^2) loy a. aHC^2
Selonc la quelle nous trouvons	
Que mourir doit, quar il se dit 8695	—il a, dist ΘπaH
Fil Dieu." Lors Pilate li dist :	F. de D. lo. p. d. ℬaHC^2, —li G
"Dont es tu et de quel päis ?"	et] nez aH ne C^2
Lors rien ne dist, mez les Jüis	L. ne d. r. aC^2, R. ne luy d. m. l. faulx j. ℬ
Dirent qu'en maint päis la gent	Disoient GH Distrent C^2, que de m. a, m.] pluseurs ℬ
Avoit par son ensengnement 8700	
Perverti que ne baillassent	Paruerti Θ Diuerty ℬ
A Cesar et ne paiassent	et] ne πaHC^2 tru ne ℬ
Treuage, et que pas ne seroit	Trehuage G Tuage π, Treuages et p. aH Pour quel chose p. ℬ, —et C^2
Amis Cesar, se le laissoit ;	sil le G, se] qui C^2
Et que par toute Judee 8705	
Commencant des Galilee	Commencement d. G
Il avoit este contraire	
A quanqu'il vouloient faire.	quanque v. a
Fauz Jüis, vous ne dites pas	
Comment jadis de tous mauz pas 8710	f. a voz vo-tez ℬ
En faisant vostre volente	
Il vous a mis hors et gete,	a degypte getez ℬ, m. et h. g. aHC^2

8712 a-d.—Fait passer par la rouge mer
       Pour vous de egipte getter
       Ou desert de fain vous gardant
       Et du pain du ciel saoulant G (f. 209 a).

These four lines might be genuine, as their form and contents agree well with the context, but the fact that they occur only in one MS. (G), and not in the other eleven ($\beta\Theta B^5\pi$ℬAaP^1HC^2P), which represent the different groups of the MSS., must leave some doubt about their genuineness, the more so as these lines may have easily been suggested to the scribe of G by lines 8905-10 (see below).

De la roche fait hors issir
Eaue vive tant et sallir
Que touz en fustes abevres, 8715
Sanz les autres biensfaiz assez
Qu'il vouz a fait sus toute[s] gens
Où voi qu'il a perdu son temps,
Quant a mort livrer le voules
Et dites que loy en aves, 8720
Dont vous mentés mauvaisement;
Quar li qui anciennement
Loy vous donna, vouz deffendi
Que juste et innocent peri
Ne fust par vostre occision 8725
Ou par aucunne lesion.
Innocent est Jhesus, (et) mentés
De tout mal que li opposés,
Si com maintenant du treü
Aves dit, à Cesar deü; 8730
Quar onques il ne l'empescha,
Ainz a vous tous il commanda
Que, quanque vous li deviës,
Paiement vous li fëissies.
Et certes se Pilate fust 8735
Bon juge, hardement n'ëust
Nul de vous de li accuser
Pour ce que, sanz examiner
Vouz et vos dis, ne se passast
Jamaiz, et pour s'onneur n'ousast. 8740
Bien saves a cui vouz parles,
Tant vous com li rien ne vales.

Quant Pilate ce entendi,
Et que le jugement de li
Au roy Herode apartenoit 8745

—la π, De dure pierre f. i. 𝔅, r. a f. i. aC²
v. et t. s. ΘaHC² v. pour vous et s. 𝔅
en] vous 𝔅, abuur. GaHC² enbeuures Θ
S. (Et sans H) l. a. biens as. aHC², l.] des
  𝔅, bien fais Θ
toutes ΘπGa &c., Qui v. a fais Θ
Or aHC², voit on bien q. H, Bien voit on
  qua p. 𝔅, qui a Θ
Qui a Car GH

do. et de. a
—Que G, et] ou a
occasion π𝔅C²
Ne 𝔅
Il e. in. et m. C², Jh.] il 𝔅
Du m. q. vous l. o. aC², appos. π impos. 𝔅
Ainsi que m. 𝔅, de t. Θ
qua c. est d. 𝔅
o. n. le prestha C², lempeecha Θ

Q. de q. a, Q. de tout ce que l. d. 𝔅
Vray p. v. l. en fiss. 𝔅, P. li en f. aH, —v. C²
se] ce 𝔅
hardiem. Θ] pas receu il 𝔅
v. tous a lacc. 𝔅, d. lacc. C²

et] ne a
—pour Θ, p. sauuer n. aH, sauoir C²
c.] qui GaH, s. deuant qui p. 𝔅
Ne li ne v. r. 𝔅 T. li c. v. r. G

ce] donc GH dont aC²

Le Pelerinage Jhesucrist.

Luc. xxiii.
Qui en Galilee regnoit,
Il li envoia pour jugier ;
La quel chose ot Herode chier
Pour ce que mont oui parler
Avoit de li, et desirer   8750
Avoit que signe notable
Li feïst ou mervellable.
Mez à tout ce que li enquist
Herodes et à quanque dist,
Comment que mont l'accusassent   8755
Les Jüis et diffamassent,
Jhesus rien ne li respondi
Dont il fu assez esbahi,
Et l'ot en vilté et despit
Et ceuz qui la estoient tuit.   8760
Et par irrision vestu
D'une robe qui blanche fu
A Pilate le renvoia,
Pour quoi un accort se causa
Entr'euz, qui devant anemis   8765
Estoient, et furent amis.

Cil qui songe.
Tost se sont mauvaiz alliés
En mauvaiz faiz et acordés.
Espine ne puet atouchier
A autre ne près aprochier   8770
Que tantost acort ne facent
Et forment ne s'entrelacent.

Puis Pilate qui fu assis
   En jugement dist aus Jnis :
"Vez ci quë Herode ne moi   8775
Ne trouvon cause en vostre roy,
Par quoi doie painne soufrir ;
Si m'en dites vostre plaisir ! "

Lequel 𝔅
Le l. 𝔅, Ycellui e. a
cho. H. ot aHC²
Car m. o. p-le auoit 𝔅, moult C²
De l. et veoir le desiroit 𝔅, desrainer C²
Et veoir quelque s. n. 𝔅, Et vouloit q. C², s-es n-es H
Que l. f. ou quelque miracle 𝔅, ou] et a, m-es H
Et tout q. li deist a, et] ne 𝔅, et q. lui d. HC² q-quil d. Θ
Combien q. 𝔅, lencus. G, moult C²

D. f. herodes es. aH D. f. grandement es. 𝔅 D. Herode fut e. C²
lont π
Par c. la q. y erent t. a, la q. (a)HC², q. y erent t. C²
derris. 𝔅a deris. HC²
blance Θ

et] qui lors 𝔅

Dune aut. 𝔅, —pres aH
Que incontinent a. 𝔅
fermement 𝔅

Pu. que P. C²
dit a
Veez G, Vecy aH, Vous voyez q. 𝔅 Vray est q. C²
Pour aH
D. en donc v. pl. 𝔅

Les Jüis.	"Roy, dirent, forz Cesar n'avon.		disdr. *G* distr. *HC*²
	Oste no*us* cetui! nous voulon	8780	Ostes *GC*², c. car v. a*HC*²
	Que tantost soit crucefié		
	Et que point n'en soit respité."		ne *C*², r-tie *GH*
Cil qui songe.	O mauvaiz juge, que feras?		—8783-8808 *P*¹*HC*ª*P* Or a
	Nulle cause trouvee n'as		t-ve *A*, t. tu n. 𝔓
	Pour quoi doie painne soufrir,	8785	q. ie d. 𝔓
	Tu ne m'en pues jamaiz mentir,		j.] de rien 𝔓
	Quar tesmoingnié publiquement		
	L'as maintenant devant la gent,		
	Et autre foiz tesmoignié l'as		a-es 𝔓, tesmoingie Θ
	Par devant, que oublié n'ai pas.	8790	P. auant 𝔓
	Si que, se faiz la volente		f.] saiz 𝔓
	Des Jüis qui ont conspiré		q. lont *A*
	Sa mort par envie sanz plus		
	Et nus tesmoingz n'as recĕus		nul tesmoing Θ*A*
	Qui rien tesmoingnent contre li	8795	tesmoingne Θ
	Fors seulement leur hautain cri,		
	Tu doiz savoir que diffamé		
	Devras estre de faussete,		Deueras *A*
	Et que jamaiz honneur n'aras		
	Et perdue toute ja l'as	8800	Et que desia p. (perdu *A*) l. a*A*
	Devant ceuz qui scevent comment		
	Tu li as fait avoir tourment.		av.] souffrir *A*a
	Si que chace hors ces Jüis		Par quoy ch. 𝔓, cache Θ
	Et plus n'entent rien a leur cris!		n-ns *A*
	Mez bien sai que rien n'en feras,	8805	ne f. Θ
	Ainz leur faveur avoir voudras		
	Que miex aimmes que justice		aime *A*
	Sanz avoir honte de vice.		Que *A*a

Lines 8783-8808, containing the remarks of the poet, are omitted in *P*¹*HC*ª*P*.

Le Pelerinage Jhesucrist.

Jesus est a mort condenne. 𝔓 (T.)

Adonc Jhesus fu adjugié		fu (fis *A*) Jh. *AP¹HC²*
Du mauvaiz juge sanz pitié	8810	
A crucefiement et mort,		
Non obstant que fust a grant tort ;		—grant *a*
Et li fu une croiz pesant,		
Ja aprestee par devant,		—Ja *G* La π
Bailliee a fin de la porter.	8815	Chargee a 𝔓, Et b. *C²*, —la *C²*
Et pour la chose plus haster		
Un homme qui par la passoit,		
Luc. xxiii. Qui Symon appellé estoit,		
Par contrainte avec li aler		constr. Θ
Firent les Jüis pour porter	8820	
D'une part la crois avec li,		par Θ
Quar il furent en grant souci		soulcy *G*
Que Jhesus, qui afflit estoit		Car Jh. *a*
Et qui si grant faiz seul portoit,		faix 𝔓, —seul *a*
Trop lentement avant n'alast	8825	av. al. 𝔓
Et qu'aucun ne les empeschast		que auc. ne lemp. *aC²*, Et cauc. ne l. empeech. Θ
De faire l'execution		A. f. 𝔓
Qu'avoient en entention ;		
Mesmement quar le suioient		quant *HC²*, le (la *a*) plouroient *GaHC²*, sieuoient Θ
Maintes gens qui le plouroient,	8830	Pluseurs g. 𝔓, la pl. Θ le (les *C²*) suiuoient *GaHC²*
Hommes et fames par pitie		
Qui le savoient mal jugié,		
Aus quiex se retourna ausi		q. dist et se r. *H*, r. et dist *aC²*
Et aus fames parla ainsi :		f. ai. p. *H*, f. lait semblant fist *C²*
Jhesus. " Filles, ne vueilliés pas plourer	8835	
Pour moi ne point moi regreter,		ne en (de 𝔓) rien r. (regarder *a* lamenter *H* dolouser *C²*) 𝔓 *Gc HC²*
Mez sus vous et sus vos enfans		
Plourés et faites douleurs grans ! "		
Ausi com dire leur vousist :		Ainsi que 𝔓*H*, c. sil (que se *H*) d. v. *aH* c. se d. v. *C²*
Je sui qui onques mal ne fist.	8840	s. cil q. *H*
En moi il n'a rien que plourer,		Par quoy en m. na q. p. 𝔓, na il *aHC²*

Mez vouz v*ous* deves regarder
Que pour vos pechiés voiz mourir
Et pour v*ous* jë ai a soufrir ;
Si apartient quë en plourés   8845
Et quë en pleurs vous v*ous* tenes,
Prians a mon pere merci
Et en grans lermes disans li :
" Douz Dex, pardonne n*ous* la mort
De ton fil qui pour nostre tort,   8850
Non pas pour le sien va mourir
Et en mourant tourment soufrir ! "

Joh. xix. Lors en Cauvaire fu mené
Qui estoit un lieu depute
Pour pendre et pour crucefier   8855
Larrons ou euz decapiter,
Et estoit un lieu bien hautain
Que d'entour on vëoit a plain.
La fist on Jhesus despoullier
Et li estendre, et essaier   8860
Comment en la croiz seroit mis
Et où on feroit les pertruiz,
La quel chose quant fu faite
Et la croiz assise droite
Fu, la endroit fu [haut] levé,   8865
Estendu et crucefie,
Si que n'ot nerf qui ne tendist
Ne vainne qui sanc ne rendist
En coulant par mains et par piés,
De chevilles de fer p*er*cies.   8870
Et en sa compaingnie mis
Furent deuz larrons par avis
A sa destre et sa senestre,
A fin c'on le cuidast estre

v. bien d. $\mathfrak{P}$, —vous C^2
voix m. G
Et que p. v. ay aHC^2
Et a, en] vous aHC^2
Et en larmes perseuerez $\mathfrak{P}$

en le. d. a luy $\mathfrak{P}$, disant Θa

D. t. doulx (chier HC^2) f. q. a grant tort aHC^2, par n. Θ

t.] paine C^2

Calv. C^2
un] le $\mathfrak{P}$, despicte a
—pour Θ
ou] et aH, euz] les $\mathfrak{P}$
b.] moult aC^2, h-taing H
Et de la on v. bien (de C^2) loing aHC^2
ihesum G
li] la G, Et lest. pour ess. $\mathfrak{P}$, lui descendre a, assaier Θ

on] en π len $G\mathfrak{P}$, Et on feroient l. p. a, pertuis $\pi\mathfrak{P}GaHC^2$
que ch. Θ quelle ch. $\pi\mathfrak{P}GaH$, qua.] en G
fut ass. $\mathfrak{P}$
end. en haut leue $AaHC^2$, —haut $\beta\Theta\pi G$,
  La dessus il fut esleue $\mathfrak{P}$

Si quil n. n. q. nestend. aH, nestendit C^2

c. des m. et des pi. $\mathfrak{P}$
Des H, D. quenilles Θ, chanelles a chenilles C^2
En s. c. furent m. $\mathfrak{P}$
D. l. p. leur faulx commis $\mathfrak{P}$
dextre G, et] a Θ
Et ce a f. $\mathfrak{P}$

THE CRUCIFIXION OF OUR LORD.　　　　　Line 8,865, p. 286.

G, fol. 210.

les Juifs a Ihesu

D'euz le larron plus principal	8875	De euls le la. pr. Θ, Le la. diceux (de ceux *aHC²*) pr. *GaHC²*
Et qui ëust fait plus de mal.		f. le pl. 𝔅*GC²*
Et pour plus honte faire li,		f. a luy 𝔅
Et ne fussent nulle gens qui		sceussent *C²*, nulles g. 𝔅, —nulle *a*, gens β𝔅*a*] gent Θπ*GH*
Ne scëussent qui il estoit		De quel gent et quel lieu e. *C²*
Et non et surnon qu'il avoit,	8880	Et le n. et s. quauoit 𝔅, sourn. Θ, s. il q. *aHC²*
Pilate sus la croiz escrist		escripst *G*
Et au plus haut qu'il peut l'assist		h. de la croix mist *aHC²*, qui p. lassit π, pot assist *G*
En 'iii' leugages soufisans		langues suff. *G*
Estre entendus de touz passans :		E. estendu a t. *G*, entendu *aH*, Que pouoient veoir les p. *C²*
"Vez ci Jhesus de Nazareth	8885	Veezcy *GC²* Vecy *aH*
Qui nommé roy des Jüis est,"		Quappelles r. *a*, Roy d. J, appelles est *HC²*
Ausi com dëist aus passans		Ainsi comme d. 𝔅*C²*, c.] que Θ, dejs π
Et a cel escrit regardans :		c.] tel 𝔅 cest *aHC²*, r-nt π
"Quique vous estes pelerins,		e.] soies *a*𝔅, Que qui fussent les p. *C²*
Hebrex ou gregois ou latins,	8890	Hebreus π Hebrieux *G*𝔅 Ebrieux *aH*, H. grecois *G*, griex *a* grieux *HC²*
Poués savoir et entendre		Vous p. *C²*
Qui est cil que vëés pendre,		Q. c. e. q. *H*, voyes *G*, qui cy v. *C²*
Cil qui est u milieu pendu,		De ces teux autres ou my lieu 𝔅, u] au *a*
Crucefié et estendu,		
Aus autres dire le pourres	8895	
En touz les lieus où vous ires."		Et en t. li. *a*
He douz Jhesu, que pensé as,		Hee *C²*, d. J. comment ton veage 𝔅
Comment le voyage feras		F. et ton pelerinage 𝔅
Que tu avoies entrepris ?		tu] pieca 𝔅, Et q. a. entreprins *C²*
Arresté es du tout et pris ;	8900	Du t. a. es et p. 𝔅, —et *a*
Mont t'ont les Jüis leve haut		les] ces faulx 𝔅, Moult t. *C²*
Pour ausi com en eschafaut		ainsi 𝔅, Tout a. (ainsi *C²*) que vn (com dun *HC²*) esch. *aHC²*
A touz à honte moustrer toi		monstre 𝔅*C²* monstrant *a* monstrent *H*
Que dëussent tenir à roy.		ilz d. *C²*, d. reputer leur r. 𝔅
Tu dë Egypte les getas	8905	Pieca degypte 𝔅
Et par la rouge mer passas,		
Et maintenant te font passer		

Joh. xix. (at line 8881)

Cil qui songe. (at line 8897)

Par ton sanc com par rouge mer.
Tu les repëus u desert
Par quarante ans tout en apert   8910
De manne descendant du ciel
Qui plus douz estoit que n'est miel,
Maintenant il t'abeverront
De fiel et ordure qu'il ont,
Les biens que leur as faiz muans   8915
A ton mal et convertissans.
C'est le louier que tu en as,
As ëu et encor aras
En toutes guises que pourront,
Quar volentiers honte te font.   8920
En un haut spectacle t'ont mis
Pour ce que de tout le païs
Vëu soies et regardé
Et ausi com au doit moustré.
Et ont en plain midi ce fait   8925
Avec l'escrit qui touz atrait
A toi de plus près regarder,
Et qui tu es considerer.

En ce point que cel escrit fist
   Pilate et sus la croiz le mist,   8930
Les ·iiii· chevaliers qu'avoit
Des quiex ses bourriaus il faisoit,
Quant eurent Jhesum haut pendu
Et jus refurent descendu,
Ses vestemens il partirent   8935
Et ·iiii· pars il en firent,
Si que sa part en ot chascun,
Et s'acorderent en commun
Que sa cote sanz cousture

Aussi l. nourris ou d. $\mathfrak{P}$, repus π

d-dent a

pl. est. doulce q. m. H, doulce est. q. m. $\mathfrak{P}$, est. com miel Θ, —n'est $GC^2(\Theta\mathfrak{P}H)$
tabeiuront π tabeureront $\mathfrak{P}$ tabeurorent a tabuureront HC^2 tabreueront G
Le Θ, De vinaigre et de f. q. o. $\mathfrak{P}$, quont C^2
q. fait l. as m. aHC^2, fait ΘGaH, m.] viuant $\mathfrak{P}$
En t. (tout H) m. aH, m. les c-nt $\mathfrak{P}$, Sont en m. et c. C^2

et que tu en ar. $\mathfrak{P}$

En h. esp-cle C^2
Afin q. de t. les p. $\mathfrak{P}$
S. v. aHC^2, Mieulx v. tu s. $\mathfrak{P}$
ninsi $\mathfrak{P}aHC^2$, au] du H, doi $GaHC^2$
pl. cecy f. G
A tout l. que a, t.] tant G, quilz tont C^2
De t. aH, A fin d. C^2

En la forme q. lescr. f. $\mathfrak{P}$, cel] cet a cest HC^2

bouriaus π, bourreulx f. G
Quauoient J. aHC^2, ih-s $\mathfrak{P}$
Et fur. abas d. $\mathfrak{P}$, j. il fur. d. aHC^2
Les v. iesu p. $\mathfrak{P}$, v. depart. GC^2 v. ilz depart. H
parties en f. H parties ilz sen f. $\mathfrak{P}$

Q. totte s. cout. A, sa robe quest s. c. $\mathfrak{P}$, cote] cotelle HC^2, coulture G

Le Pelerinage Jhesucrist.

Pas n'ëust partissëure, 8940

Mez que getee sort y fust
Et que l'un d'euz quatre l'ëust,
La quelle chose faite fu ;
Pourquoi, quant Jhesus se vit nu,
Bien vit qu'adonc ne pensa nus 8945
Comment jamaiz fust revestus,
Et qu'a certes le convenoit
Mourir en la crois où estoit.

Lors s'assemblerent les Jüis
Pour dire et pour faire despis 8950
A leur debonnaire segneur
Que vëoient en grant douleur:

Les Juis a Ihesum. Math. xxvii.

"Or parra, dirent, que feras.
Il te faudra venir plus bas,
Se veuz en ·iii· jours redrecier 8955
Le temple, s'il en est mestier.
Se fil de Dieu es vraiement,
Sauve toi et ci jus descent!
Se dë Israel tu es roy,
Descent, et nous croirons en toi. 8960
Se les autres tu as sauves
Et de maladies sanés,
Sauve toi, se tu as pouoir;
Mez tant soit pou n'en as de voir.
Dex de tous poins t'a oublie, 8965
Pour noient en li t'es fié."
En tel maniere redisoit
L'un des larrons qui la estoit:

Lun des larrons a Ihesum. Luc. xxiii.

"Se tu es Dieu et pouoir as,
Toi et nous sauver tu devras. 8970

2 P

Nauroit aucune (point de C^2) p. $\mathfrak{P}C^2$, ne e. partissure Θ ny eust p. G n. mipartisseure a, partiteure A
q. s. g. π, q. ieu de s. gecte f. $\mathfrak{P}$, gecte aA, q. dessus gette s. f. H, y] il AP^1C^2
lun seul d. $\mathfrak{P}$, d.] des $\pi\mathfrak{P}GAP^1aHC^2$
—8943 P^1HC^2P
—8944 P^1HC^2P, Pour quant J. GH, Et quant J. si se v. Aa
—8945 P^1HC^2P, V. b. que mais ne a, que iamais ne A, nen p. GH, nuls Θ
—8946 P^1HC^2P
—8947 P^1HC^2P, Et a ce. GaH, Et sans respit l. c. $\mathfrak{P}$
—8948 P^1HC^2P, en cr. ou il est. $\mathfrak{P}$

l. faulx J. $\mathfrak{P}$

Quilz v. $\mathfrak{P}H$, en] a $GAaH$ a si $\mathfrak{P}$, douleur $\mathfrak{P}Ga$
perra $\mathfrak{P}$, O. y perras q. tu f. C^2, distrent H
p.] en C^2

se il est m. Θ
Le f. G Se le f. $\mathfrak{P}$
et j. cy (si H) d. GaH et en bas d. $\mathfrak{P}$ e. j. te d. C^2
Et se disr. tu es le r. $\mathfrak{P}$, es le r. a, —tu C^2
D-ns Ga, Si d. n. HC^2, croirrons G

d. leurs m. $\mathfrak{P}$, m-die C^2, sannes a

pouuoir a
po G
Et p. n. $\mathfrak{P}$, neant $\mathfrak{P}G$, n. tes en li f. aHC^2
Et en t. m. dis. a, m. aussi dis. $\mathfrak{P}$
Vn H

Cil qui songe.

Moustre tantost s'il est ainsi
Et nous delivre touz de ci!"
He Jhesu, ne me puis taire,
Comme(nt) en ce fait debonnaire
As este et tres patient ! 8975
Se n'avoies autre tourment
Que ces dis tres envenimés,
Si es tu mont au cuer navres.
Ces paroles glaives te sont
Qui a douleur mourir te font. 8980
A euz en nulle rien ne tient
Que le bien qui par toi nous vient
Et que a faire as commencié
Ne soit du tout entrelaissie,
La quel chose tu feroies 8985
Se pour leur dis descendoies.
Mez ceci pas tu ne feras,
Ainz douz pellican nous seras
De ton saint sanc nous abevrant
Et de la mort ressuscitant 8990
Que bien desservie avïon
A toi faisans rebellion.
Et ce sai je, quar escusé
Les as touz et pour euz prié.

Jhesus.

"Dex, as tu dit, pardonne leur 8995
Ceste folie et ceste erreur !
Ne scevent que dient ou font,
En leur erreur avugle sont."

Or dirai de l'autre larron
Que redist a son compaignon 9000
En li blasmant et reprenant
De ce qu'avoit dit par devant :

tost *GaH*, t. dicy 𝔓
ihesus 𝔓a*H*
faut *G*

Q. de c. d. env, 𝔓a, t.] si *H* —t. *C*²
au] a π, t. assez n. *C*²
glaiue *H*

en] a Θ de a*HC*²
que 𝔓a, —nous a*H*, n.] leur *C*²
qua parfaire 𝔓
de tous points delaissie 𝔓, t. par toy laissie a*HC*²

Se de la croix tu desc, 𝔓, l. faulx dis d. *C*²
Pour leurs diz p. ne le f. 𝔓, c. mie n. *H*
A. p. (p-s *C*²) tu n. s. a*HC*²
—nous *C*², abuur. *HC*² —ab. π] restaurant 𝔓
deserui a*H*, d. nous a. 𝔓
En f-nt toi (t. f. *C*²) r. a*HC*², f-nt Θ
—je a*C*²

p-nnes a
cest er. 𝔓 celle er. *C*²
Pas ne s. 𝔓, scoiuent *G*, ou] ne que a*H*
err-s *C*², aueugles *GaHC*²

Quil 𝔓
le 𝔓

Le Pelerinage Jhesucrist.

[Les larron a l'autre. Luc. xxiii.] "En Dieu, dist il, doutance n'as
Qui a soufrir avec li as,
Et bien desservi nous avon 9005
Toutes le[s] painnes que soufron ;
Mez li nul mal n'a desservi."
Puis li dist : "Sire Dex merci,
Et quant en ton regne venras,
Oublier ne me vueilles pas !" 9010
Et Jhesus lors li respondi :
[Jhesus au larron.] "Bien m'en souvendra, et te di :
Hui avec moi en paradis
Aras lieu où tu seras mis."

[Cil qui songe.] Ci a une mervelle grant, 9015
De petit grain un fruit si grant,
C'est la parabole qu'avoit
Dit Jhesus, quant il sermonnoit
Du grain de sanevé crëu
Et en grant arbre devenu. 9020
Mont fu petite l'oroison
Que fist a Jhesu ce larron,
Ne fu que grain de sanevé
De quoi si grant fruit est leve
Que sanz delai en a aquis 9025
Le royaume de paradis.
Mont sont pecheurs malëureus
Quant ne connoissent leur erreurs,
Quant a Dieu merci ne prient
Et vers li ne s'umilient. 9030
N'est nulle petite oroison,
Së en foy et devotion
Est faite, que fruit ne porte

—9003-9150 G, De D. $\mathfrak{P}$, doubte n. H
Que a

les $\Theta\pi a$ &c.
li] il Θ, M. lui (il aH) na nul m. d. $\pi AaHC^2$
di. ie te prie m. $\mathfrak{P}$
Q. en t. r. tu v. Θ, Que q. aHC^2, verras a seras AH
—li A
Que m. a, souuienra $\mathfrak{P}$, et] ie aHC^2 ie le A
—moi Θ, pardis A
ou tu] et la aH et y C^2

C. bien la parole q. $\mathfrak{P}$, parole $\pi\mathfrak{P}$, quauant Aa quant HC^2
Dist Jh. en sermonnant $AaHC^2$
Dun g. $AaHC^2$, sen. ΘaH] moutarde tant $\mathfrak{P}$, cru Aa
Est vn (—vn Aa) g. HAa, —en C^2
Moult C^2
ce] le AHC^2
q. vng g. Aa, sen. ΘAaH

Qui πAHC^2
Le hault reaume $\mathfrak{P}$
Moult C^2, p-r Θ
Qui $AaHC^2$
Et qu. $\mathfrak{P}$, pries a
En v. a Et en v. $\mathfrak{P}$

Selle est faite en d. $\mathfrak{P}$, fay π
Que profitable fr. $\mathfrak{P}$, fa. et y. A

9003.—Leaf 211 is wanting in G, which contained the lost lines 9003-9150, and made of course with the lost leaf 208 (see above, note at l. 8544) a double leaf, viz. the second of the layer.

Si grant que jusqu'a la porte
De paradis se va moustrer 9035
Com soufisant dë enz entrer,
Supposé qu'en la maniere,
Le larron fist sa priere,
Faite soit, quar avant que pri
Il fëist et criast merci 9040
A Dieu, son meffait confessa
A son compaignon et moustra.
" La mort, dist il, bien desservi
Avons, au mainz pour moi le di."

Or est tempz que doie parler 9045
Des fames, qu'apres li plourer
J'ai dit devant, comment en fu.
Pour les paroles de Jhesu
Ne se peurent mie tenir
Aucunes dë ausi gemir 9050
Et de plourer comme devant
En lermes plus montepliant ;
Entre les quelles ·iii· furent
Qui jusqu'au lieu acoururent
Ou Jhesus fu en la crois mis. 9055
Marie y fu qui de son filz
Plus grant douleur au cuer avoit,
Sa suer ausi l'acompaingnoit
Qui Marie ausi avoit non
Avec celle de Magdalon. 9060
Et delés la crois se tenoit
La mere Jhesu où estoit
Jëhan venu nouvellement
Qui ausi estoit mont dolent.
Et ceste chose soufroient 9065
Les Jüis, quar il savoient

Joh. xix.

Comme *A*, s. dedens ent. 𝔓*a*
Toutesfois mais q. 𝔓, que la m. *a*
Que le la. 𝔓
S. f. qui av. 𝔓
Nul fist ne que priast m. 𝔓 F. il cria m. *A*, fist et que c. *H*, f. il crya dieu mercy *C*²
A D. et s. *A*, m.] peche 𝔓, Et tout s. *C*²

A nous a. m. pourquoy l. *C*²

q. ie d. 𝔓*A*
qui pres li pl. *A*
com. dev. π𝔓
la p-le *HC*²
porent *HC*² porrent Θ puent *a*, t.] contenir 𝔓
Les auc. 𝔓, ainsi *A* Aucunement *C*²
Et p. aussi c. d. *H*
En grans l. m. 𝔓, moultepl. *C*² multepl. Θ

Que *H*

—au cuer π(𝔓), Merueilleuse d. a. 𝔓

d.] aupres 𝔓

Jhesan *A*, J-ns v-us Θ, reuenu 𝔓
Q. e. a. m. Θ*AaHC*²
s.] permectoient 𝔓
j. pour ce que bien s. 𝔓

	Que, de plus près Jhesus verroit	Quant H
	Sa mere et celui qu'il amoit,	quamoit A
	Plus il aroit le cuer amer	Et pl. ar. AaHC²P, ar. il π
	Et le couvendroit doulouser. 9070	li α, Et plus luy faulroit d. ℬ
	La quel chose tost apparut,	Ce que tantost bien ap. ℬ
	Quar quant près il les apercut,	Et q. il α, —pres AH(α), q. apres l. ℬ, aperch. Θ
	De duel (il) ne peut onques nommer	—il ΘAaHC², De grant d. il ne p. no. ℬ
	Sa mere ne par non clamer.	ne] et ne H, cl.] nommer α
Jhesus a sa mere.	"Fame, dist il, Jëhan tu as 9075	
	Du quel ton fil pour moi feras.	q. f. p. m. tu fer. Θ, p. m. t. f. C²
	Fil n'as pas plus quant a present,	F. tu n. pl. ℬ, p. aultre pl. grant a pr. A, q.] grant α, pour le pr. C²
	Sevré m'en a mon grief tourment.	Separe men a m. t. ℬ, a a grant t. α, g.] grant AaHC²
	A toi, Jëhan, la baille ausi	t. ie la (le H) b. AaHC², le b. Θ
	Que te prengnes garde de li 9080	te] tu πAH bien ℬ
	Que tu la tiegnes à mere,	
	Et en li t'amour m'appere."	En elle ton am. map. ℬ, Et que en H, sappaire C²

Complaincte de lacteur des douleurs nostre dame. ℬ (T.)

Cil qui songe.	He douce Virge, que diras,	Hee C², vierge H
	Quel semblant maintenant feras ?	Ou q. A, s. et maintien f. α
	Assez de douleurs avoies 9085	A. grande doulour HC²
	Devant, quant tu le vëoies	Qu. dev. toy tu ℬ, que t. α
	En celle croiz ensanglanté,	ceste ℬ
	Nu, estendu et tourmenté.	Tout nu est. t. ℬ, t.] crauente Θ
	Maintenant quant tu as oui	
	Qu'a autre t'a donné qu'a li, 9090	
	Et qu'autre filz il t'a donné	=9092 A
	Que li, et est de toi sevré,	Et comment de toi est hors gette A, et de t. separe ℬ
	Je croi quë assez est gregneur	Est cr. q. dassez ℬ
	Que par devant ta grant douleur.	
	Mez ne sai pas se le connois, 9095	
	Se n'est seulement a sa voiz.	sa] la H
	De sanc par tout est si couvert	

Et de douleurs, quë en apert
Envis tu le connoistroies,
S'autre signe n'i vëoies.   9100
Virge, je croi que tu sces bien
Que quant on veut aucunne rien
Manifester apertement,
Maintes guises en sont souvent.
Se bas est, on la lieve haut ;   9105
Se close, desclorre la faut ;
Se couverte, on la descuevre ;
Se ploiée, avant tout' euvre
On l'estent et la desploie,

Et faut quë à ce on voie.   9110
Virge, celui qui est en croiz
De qui tu as oui la voiz
Les Jüis ont en haut levé
A fin qu'a touz soit demoustre ;
Despoullié l'ont et descouvert   9115
Et moustré nu tout en apert,
Desploié l'ont a l'estendart
Et tendu de chascune part,
Et ont ce fait en plain midi.
Et se connoissance de li   9120
N'as pas encore plainnement,
Moustré te sera autrement.
Le cuer de li est enfermé
Encor, mez s'estoit deffermé
L'uis, tantost tu le verroies   9125
Et a plain le connoistroies,
Quar il est autel com le tien,
Et tout est fait si com sai bien
De ton pur sanc sanz ce qu'autrui
Puist nulle part clamer en li ;   9130

de grans do. 𝔓, douleur ΘAaHC², q.] tout α
A grant peine le c. 𝔓, recongnistr. H
Se aultres s-es A, Se C²
Vierge αH
—Que Aa

En m-te g-e il en s-vient C²
basse 𝔓, leue A, li. en h. AaHC²
Se est (Sest HC²) cl. AHC², clos est d.
  le f. a, le Θ
Sest c. A, c. est on la (—la a) d. HaC², le Θ
Ses plaies a. AH, toute ΘπAaH tout 𝔓,
  œure Θ heure α
On le descent et le d. α On la destent et d.
  C² On descueure et les desloye H, et]
  ou π ou len 𝔓
Par ainsi f. il q. la v. 𝔓, ce quon v. H, veoie π
Vierge H
Du quel 𝔓 De quoy A
Que les j. a, lont A on π
que de t. a que tout H
Desploie AaHC², long C²

D. lo. en estandant a, a est. C²
Estendu d. a, t.] monstre AH
en pl.] endroit AaH, pl.] droit C²

N. e. assez pl. 𝔓

Encores m. se d. 𝔓 Oncques m. ne fut d. A
Ains ta. A, Luy estoit ta. le v. 𝔓

est tel comme 𝔓
f. comme scez b. 𝔓

Si attent un pou, les Jüis   Se vn bien p. tu a-ns l. J. 𝔓
T'en feront tost deffermer l'uis.
Percié le costé li sera,   le] son *H*, Le c. p. l. *C*²
Par quoi son cuer tost t'ap*ar*ra,   Pour *AHC*², c. tout app. *a*, taparra Θ apper-
     ra *AHC*²
Et saras bien que c'est ton filz,   9135   q.] se *C*³, fist *A*
Non obstant que soit enlaidis
Et pali et obnubilé   pally π, Empaliz *A*a Apalis *HC*², obumbre *C*²
Pour son sanc mis et hors gete.   Par *A*a*HC*², m. h. et g. π𝔓*C*²

  O r vouz di, quant recommandé
    Ot Jhesus à son bien amé   9140
Jëhan sa mere, com est dit,   c.] ainsi quil 𝔓
Ainsi com li fu dit, la prist   c.] que 𝔓
En sa garde soingneusement.   songeus. π
Et se voules savoir comment
La endroit son fil regretoit,   9145
Et de la grant douleur qu'avoit,
Comment faisoit ses complaintes   gra*n*s comp. *C*²
Et lamentations maintes,   de grans l. *C*²
Ci ensuiant je l'ai escrit   Car *HC*²
Non obstant qu'ailleurs l'aie dit :   9150   Comment que aill. *HC*², que laie d. Θ

Complaincte piteuse de la vierge Marie pour la mort et passion de son filz. 𝔓 (T.) *La lamentation Marie pour son fil.* β

"H e Dieu le pere, com crueuz   Hee *HC*²
   Tu te faiz a cui que tu veuz !   c.] qui *GA*a*H* ceux 𝔓, a quanque tu π
Ne sai cui tu esp*a*rgneras   c.] qui *GA*a
Quant ton fil a mort baillié as   Q. a m. t. f. liure as 𝔓
Qui onques vers toi ne mesprist   9155   mesfist *H*
Ne à autre fist mal ou dist.   Ne vers a. onques mesprist *H*, f. m.] mal f.
     π𝔓*G* ne f. a mesfist *A*, meffait ne *C*²

    Line 9150 refers to *Ame* 6353-6616. However, the text of *J.-Ch.* 9151-9398 differs in several passages from that of *Ame* 6353-6616, e.g. *J* 9159 (*Ame* 6361), *J* 9161 (*A* 6365), *J* 9163 (*A* 6365), *J* 9166 (*A* 6368), +*J* 9193-96, *J* 9245-46 (*A* 6443-44), *J* 9268 (*A* 6466), *J* 9273-74 (*A* 6471-76), —*A* 6477-92, *J* 9292 (*A* 6510), *J* 9302 (*A* 6520), *J* 9344 (*A* 6562), *J* 9381-84 (*A* 6599-6602), *J* 9393-97 (*A* 6611-15).

Quant le me baillas a vestir
Et de char humainne couvrir — chair $\mathfrak{P}$
Pour estrë homme, grant joie — h. tres gr. goie Θ
M'en vint au cuer, quar cuidoie 9160 — M. (Me aH) fist au AaH
Que touz [jourz] m'en soulassasse ; — t. j. $\pi\mathfrak{P}GAaH$ tousiours C^2] touz β toute Θ, m.] ny C^2 me ΘAaH, solaiss. Θ saoullasse G le laissasse A
Mez povre, dolente, lasse !
Tout ce m'est tourné a douleur, — —ce G, ma (mas A) tour. AaH
En lamentation et pleur. — A l. $GAaH$, —En C^2

He S. Esprit, haut conforteur 9165 — Hee S. (saint C^2) esperit $GAaHC^2$, h. c.] consolateur $\mathfrak{P}$
Des cuers dolens et conselleur, — De GaH
Qui de ta vertu m'obumbras — ma umbras Θ
A fin que ne m'esblouast pas — mesbleuist Θ mesbloist $\mathfrak{P}C^2$ mesblouist H moubliast Aa
Ou esbahisist la clarte — esbahist GaH, Ne offuscast la grant cl. $\mathfrak{P}$ En enuayssant la cl. A
Luisant de sa divinite 9170 — sa] la $\pi\mathfrak{P}GAaH$
Au tempz quë en moi descendi : — Ou Θ, A ce t. quen m. $\mathfrak{P}$
Que ne m'obumbres tu ausi — m-bras A, ainsi $\pi\mathfrak{P}H$
Maintenant, a fin que tapis
Me fust le grief de mon chier filz — gr. mal de m. filz $\mathfrak{P}$, mon] ton aH
Du quel, se de toi n'ai confort, 9175
Rien ne me viegne que la mort ?

He Gabriel, quant tu venis — —9177-9214 Θ, Hee $GaHC^2$
A moi et salut me dëis — et si me desis a et le s. me dis H, Et a m. le s. feis C^2
Et estre de grace plainne, — —Et Aa, Et que iestoie d. $\mathfrak{P}$, Que ie estoye g. H, Que iestoie de C^2
Pour quoi tel grace estre vainne 9180 — t. (tele A icelle HC^2) g. v. $aAHC^2$
En la fin estre ne dëis ? — ne me d. (dis $\mathfrak{P}$) $GA\mathfrak{P}$
Tu voiz bien et des lors vëis
Que, quant joie m'est tollue, — q. ma j. est C^2
Jus est ma grace espandue. — Ains e. G, Toute g. est ius esp. $\mathfrak{P}$, en est C^3

Lines 9177-9214 wanting in Θ, in the middle of fol. 56 d; these lines, therefore, must have been skipped by the scribe of Θ or its original.

Le Pelerinage Jhesucrist.

He Elyzabeth cousine, 9185
    Mont autrement s'atermine
Ce qu'en la montaingne dëis
Que lors il ne t'estoit avis.
Ma benëicon tournee
Est en lermes et muee, 9190
Et sui assez plus dolente
Que ne puet estre autre fame.
Plourer en doi, bien est raison ;
Trop tost lors jë en fis chancon,
Matin chantai avant heure, 9195
Maintenant au soir en pleure.

He fame qui te tenoies
    En la tourbe et haut disoies
Que mont benoit mon ventre estoit
Qui dedens soi porté avoit 9200
Le fil Dieu qui est ci pendu,
Que n'es tu ci, et où es tu ?
Si vëisses le doulereus
Ventre rempli de grans douleurs.

He Symeon, bien me dëis 9205
    Piec'a et rien n'i mespréis
Que le glaive dont est trenchié
Le cuer mon fil et trespercie
L'ame de moi tresperceroit
Et plaie mortel me feroit. 9210
Plaiée y sui et navree
Et a tel tourment livree
Que, qui la plaie bien verroit
Plus que martire me diroit.

Hee GHC^2
M.] Moult C^2 Bien tout $\mathfrak{P}$, se term. AHC^2
il] y A, —ne C^2

Car ma benisson est t. $\mathfrak{P}$
En pleurs et en l. m. $\mathfrak{P}$
Et a. p. ie s. d. $\mathfrak{P}$, d.] courcie C^2
Questre ne p. f. viuante $\mathfrak{P}$, Q. f. e. ne peut mie C^2
—en C^2, cest b. r. C^2
—lors HC^2
ch-ter π
Et m. au s. ie p. AaH, en] je C^2

Hee GaC^2, les f-s que tenoient C^2, q. tescrioies H q. iadis estoies $\mathfrak{P}$
Dedens l. $\mathfrak{P}$, t. h. disoient C^2
—mont $\pi a(\mathfrak{P}H)$, Q. bien benoist GA, Q. mon (le HC^2) v. b. est. $\mathfrak{P}HC^2$
s.] li a, p. lauoit P
q. cy est p. a
—cy C^2
visses le tres dol. $\mathfrak{P}$ v. les griefz pleurs A
Dit (Du A) v. plain de GA, V. plain de g. (tresgrans H) do. aH V. plain de soupirs et de pleurs C^2

Hee $GAaC^2$, H. femme et b. $\mathfrak{P}$
P. r. tu ne m. H, et de r. ne m. $\mathfrak{P}$, ni] ne $G(H\mathfrak{P})$

—et a

mortele $\mathfrak{P}$
P. ie s. et fort n. $\mathfrak{P}$ P. s. bien et n. H, y] en C^2

Et q. A, la] ma $\mathfrak{P}$, —bien $AaHC^2$
Martiree m. d. C^2

9200 a, b.—Et les mamelles que suca (succa C^2)
De sa bouche et alaicta P^1HC^2P.

2 Q

He Joachin, mon chier pere   9215
　Et sainte Anne, chiere mere,
Pour quoi m[ë] engendrastes vous
Pour parvenir a tel courous ?
David qui vostre pere fu
Herpoieur et conforteur fu   9220
De ceuz qui avoient courous ;
Si m'est avis assez que vous,
Qui successeurs vouz fëistes
De li, vers moi mespreïstes
Quant ne laissastes instrument   9225
Aucun pour mon confortement.
Confort n'ai nul ; se le saves,
Pour mon grant duel plourer deves.

He douz fil, a toi parler vueil, [9230
　Quar a toi seul doi avoir l'ueil.
Tu sces quë amiablement
Te nourri et tres doucement,
Et mes mammelles alaitas
Souvent gesant entre mes bras.
Or te sevre de moi la mort   9235
Et fait partir à tres grant tort.
Si ne doiz mie, fil, penser
Que je puisse ce endurer
Et que de duel ci ne muire
À douleur et à martire.   9240
Or te voi je la sus tout nu,
A honte mis et estendu,
Moustré a touz et descouvert,

Hee C^2, men Θ
Et A. ma tresch. m. 𝔓
Et p. q. meng. 𝔓
tels Θ telx π

Harpeur AaH Harpeour C^2, Herpeur et confortateur f. 𝔓.

s-eur ΘGa, s. de luy v. fist. 𝔓
A lencontre de moy mesprist. 𝔓, mespresistes Θ
laissasses π, i.] iustement 𝔓

si Θa, se le] comme 𝔓

Hee $GaHC^2$, douch Θ, p] plorer AH
t. seulement ay l. $GAaHC^2$

Tay n. 𝔓C^2

—9233 to 9727 Θ

gis. aH g-ns A gisans G
Et A, te s.] testiue a, s.] depart 𝔓, Or de m. te s. l. G

m.] pas mon 𝔓
Q. si grant dueil p. e. 𝔓, peusse C^2
Et de douleur cy ne (ne me C^2) m. HC^2, ci] ie π, du. a mort ne tire 𝔓
A tres grant d. (grief H) et m. (et a m. H) 𝔓H, A grant courroux et C^2
lassus pendu 𝔓
m.] nudz 𝔓
A t. m. 𝔓, et] a G

Lines 9233–9727 wanting in Θ through loss of three leaves between fol. 56 and 57, fol. 56 terminating with line 9232 and fol 57 beginning with line 9728.

Par tout defermé et ouvert,		
Si que le cuer de toi moustré	9245	Tant quest l. $\mathfrak{P}$, quest $\pi a H C^2$, t. est m. A
Est par ton defermé costé ;		P. louuerture du c. $\pi\mathfrak{P}GaHC^2$
Et t'est fait ceci en plain jour,		tel f. π cest f. (—fait H) aH sest f. C^2, t. c. f. A, en] a $\mathfrak{P}G$
Le pueple du païs entour ;		Du pu. AaH Tout le pu. $\mathfrak{P}$, Presens les gens de cy e. C^2
Et es mis entre les larrons		les] deux $\mathfrak{P}$
Ausi com fusses mauvaiz honz.	9250	Ainsi ($\mathfrak{P}$) GHC^2, A. que f. $\mathfrak{P}$
Et s'aucun est ci estrange		si auc. est si e. GH, ci] si C^2, s-ns sont si e-ges a s. estoit si e. $\mathfrak{P}$
Qui de toi n'ait connoissance,		naient a neust point $\mathfrak{P}$ Que de toi, ne face change C^2
Pilate a mis sus toi ton non		—toi G
A fin quë a confusion		qua grant c. $\mathfrak{P}$
Tu soies de touz connëu	9255	cognu G
Qui a ce faire sont venu.		
Et mez iex qui ceci voient,		
Comment tenir se pourroient		contenir $\mathfrak{P}$
Que ne monstrassent en plourant		Quilz C^2, demonstr. A
La douleur de mon cuer tres grant?	9260	
Se pere ëusses qui plourast		eussies G
Avec moi et te doulousast		te] sen HC^2, doulens. a
Pour ce qu'en toi partie ëust,		Par ce q. t. pitie il e. $\mathfrak{P}$, que en C^2
Mendre assez ma douleur en fust ;		Ma d. a. moindre f. A, —en aH
Mez pere en terre onques n'ëus.	9265	p. o. en t. neux C^2, t. nas pas eu $\mathfrak{P}$
A toi plourer n'est nul tenus		De C^2, Qui a te pl. soit tenu $\mathfrak{P}$
Tant com moi qui tout seul es mien		T. qua mo. a q. seule $\mathfrak{P}$, que a, mo. car t. s. est m. H, es] est AH
Si que nul autre n'i a rien.		Et en toy fors moy. nul na r. $\mathfrak{P}$
De mon sanc es entierement,		—es H
Si en est double mon tourment.	9270	
Fil, autrement s'il te plëust		Mon f. $\mathfrak{P}$
Et a ton vouloir venu fust,		
Homme rachaté autrement		Lhomme $\mathfrak{P}$
Ëusses sanz soufrir tourment.		so. tel t. $\mathfrak{P}$

After 9274 occur sixteen lines in $\mathfrak{P}$ (f. 195 d) corresponding to lines 6477-92 of *Ame* (see Appendix).

300 *Le Pelerinage Jhesucrist.*

<blockquote>

H e mort, com tu es amere   9275
   Hui au fil et a la mere !
Trop amere es quant ocis l'as,
Amere quant ocis ne m'as.
Aproche de moi et m'occi !
Delés li vueil mourir ici.   9280

H e-lune, estoiles, firmament,
   Comment vous tenes vous, comment
De vostre createur plourer
Que vëes ici tourmenter ?
Plourés fort, avec moi plourés   9285
Et dites par tout et criés :
Nostre createur est hui mort
Par grant desraison et grant tort.

H e haut soulel, il est midi.
   Se mon fil voiz nu, si me di   9290
Pour quoi est que si en apert
Nu le laisses et descouvert ?
Autant et plus tu es tenu
A li couvrir quant le voiz nu,
Com Sem à son pere Noé   9295
Fu quant l'apercut desnué,
Tost et sanz targier le couvri.
Se bon fil es, si fai ausi !
Retrai tez raiz, couvert sera,
Rien plus il ne te coustera.   9300

H e terre, comment soustiens tu
   Cel' aspre croiz ou est pendu
Celui qui te fist et crea
Et de verdures aourna ?

</blockquote>

Hee *GHC²*, c.] et que 𝔅
Ennuyt 𝔅
occi π
occi π

Auprès de li 𝔅

Hee *GH*

Q. voyez ainsi t. 𝔅 Q. vous v. cy (ycy *A*) t. *AaHC²*
f.] cy *aHC²* —fort *A*, P. a. m. tendrement 𝔅
t. en criant 𝔅, cr.] adez *C²*

A g. 𝔅, derrision et a g. t. *A*

Hee *GHC²*

est] et *G*, P. q. le laisses en ap. *AaHC²*, si] tant 𝔅
Tu l. l. a d. 𝔅 Les (Le *a*) laisse nu et d. *Aa* Tout ainsi nu et d. *HC²*
et] ou 𝔅*aH*
li] le π𝔅*AaH*
Comme S. s. 𝔅, Sem] sen *a* sera *A*
Qu. il lap. (apparu *A*) d. *AaHC²*, q. il lap. *G*
T. s. tarder le recouury 𝔅 T. sauanca et le c. *GAaHC²*
b.] son *a*, fais 𝔅, ainsi π𝔅*aC²*
raidz 𝔅, co.] plus hault *a*

Hee *GHC²*
Celle π𝔅*AaH*

v-re *AaH*, taourna π𝔅*GaH*

Le Pelerinage Jhesucrist. 301

Croule de duel et par mi fent	9305	dueul *GaA* dueil *HC²*, fens 𝔓*C²*
Et tout le sanc de li me rent		rens 𝔓*C²*
Quë as bëu et qui est mien,		Q. tu as 𝔓, b.] veu π
Et n'as pas gagnié que soit tien,		Et point n. g. 𝔓, quil s. 𝔓*Ga* qui s. *A*
Ou à tout le mainz gete hors		
Ceuz quë en toi tu contiens mors !	9310	Tous c. quen toy 𝔓, —tu *G*, tu tiens m. *A*
De tel arrousement sentir		arosem. 𝔓*GaH*
Se doivent bien et revesquir.		reuestir *aHC²*
Et mesmement tu, Cauvaire,		tu] mont de 𝔓, Caluaire *AaH*
Tenu es a ceci faire.		Tu es t. de c. f. 𝔓, c.] cestuy *a*

He fil, a mort m'as ferue	9315	Hee *GHC²*, chier f. *C²*
Et en moi l'as embatue		Et moi en tes las emb. *H*
Quant a autre tu me donnes		autres *a*, redonnes *AaHC²*
Qu'a toi, et que me redonnes		Que a t. et q. (qui *a*) me donnes *AaHC²*, et fault q. me ressoingne 𝔓
Autre que toi, comment que soit		c. quil s. 𝔓
Virge ; mez qui poiz fait à droit,	9320	q. f. (fais *a*) p. a. d. *HC²a* que fais pars a d. *A*
N'est pas poiz de toi et de li		N. pareil de t. 𝔓
En la balance bien onni.		bi.] asses π*GAaH* aussi *C²* a poix 𝔓, honny *H* vny 𝔓*a*
Il est deciple et tu segneur,		—et *G*, tu] toy 𝔓*aH*
De li te sai estre gregneur,		Que l. te s. sans fin g. 𝔓, greigneur π
Et ce fait doubler mon tourment,	9325	Ce me f. *AaHC²*, Et si f. double 𝔓
Quar semble que departement		Quil s. *aHC²* Qui s. *A*
Tu faces a touz jours de moi,		
Mesmement quar avec je voi		Mesmes q. a. ce ie v. 𝔓, M. pour ce que j. *HC²*, —auec *A* av.] bien *a*
Que fame m'as appelee		tu m. *C²*
Ausi com së avolee,	9330	Ainsi *AC²*, Tout ainsi comme vne av. 𝔓
Espave fusse ou estrange		Estr. f. et esp. *A*
Et de nulle connoissance ;		Nullement de ta c. 𝔓
Pour quoi dire je puis assez :		Par q. 𝔓, —je *C²*
Puis que de moi t'es transportés		tes estrangez 𝔓
Ainsi ostant i de mon non,	9335	Et soubstrayant i 𝔓
Justement et bien me puet on		—me *A*
Appeler et nommer Mara,		

Et que plus dite Maria
Ne soie, quar i, c'est Ihesus,
M'est hui osté et n'i est plus.   9340
C'estoit là douceur de mon non,
Amere en remaing par raison.

He Jëhan, biau tres douz amis,
    Or es tu mien, ce m'est avis.
Mon autre fil j'ai hui perdu,   9345
Crueuse mort le m'a tollu.
Mez Jëhan, de moi que feras?
Povre mere recouvré as.
Mestier ëusses comme moi
D'avoir confort, quar sai et voi   9350
Que du tout es desconforté
Et de grant duel au cuer navré,
Si que l'un l'autre ne pouons
Reconforter et ne savons,
Et povre assemblee en nous a.   9355
Mourons ci, l'un ça, l'autre la!

He angres, se forment plourés
    Et faites duel, nul tort n'aves.
Vostre createur ont occis,
Et vilainnement à mort mis   9360
Ceuz que vouz soulïés garder,
Conduire par tout et mener;
Quar ce sont ceuz quë il avoit
Plus chiers et que plus [il] amoit.

He fine amour, qui me joinsis   9365
    Et äunas à mon chier filz,
Ta lïeure m'est hui trop fort,
Elle m'estraint jusqu'a la mort.

He povre mere, que feras?
   Povre Marie que diras, 9370
Non Marie, mez marrie
Et de grant douleur remplie,
Et qui ne doi pas plus mere
Estre dite quë amere ?
Amour me fait le cuer amer, 9375
Comment qu'il soit douz sanz amer,
Et n'a fame de mer à mer
Que miex de moi on doie amer.

He filz Adam, que n'acourés
   Et a venir tant demoures ? 9380
Vez ci mon fil par tout navré,
Qui tant a este tourmente
Que de toutes pars en saut hors
Son sanc a ondes et a gors.
Venes, succiés, n'est rien si douz, 9385
Faites quë yvres soiés touz
De la grant amour qu'à vouz a !
Mere ne vëistes piec'a
Qui si tost sa cote fendist
Pour enfant qu'elle nourrisist 9390
Et pour mammelle li donner
Comme tost s'est laissié forer
Pour vous abandonner son sanc
Et vous moustrer sa grace grant.
Venes, mis est a forage 9395
Du tout et a pertruisage,
Et son sanc mis si a bandon
Quë en aiés redemption."

Or di qu'a bonne cause estoit [9400
   Quant ceste dame ainsi plouroit.

Hee GHC^2
He p. mere q. $\mathfrak{P}$, Non pas m. mais maras C^2
N. pas M. H, N. M. certes me. ma. $\mathfrak{P}$, Quant je voy la departie C^2 (9372)
de toutes do-rs $\mathfrak{P}$, raemplie H, De g d. suy r. C^2 (9371)
Je ne d. pl. dicte estre m. $\mathfrak{P}$, que ie ne H, que C^2, doit A, —pas C^2
Mais mara qui vault dire a. $\mathfrak{P}$, q.] mais AC^2

Combien $\mathfrak{P}$, que so. GA
Nest en terre nen mer amer $\mathfrak{P}$, femme GaH, de ca la mer $AaHC^2$, a] en π
Quon doiue mi. de moi a. $\mathfrak{P}$, on] en A

Hee GH, f. dadam $\mathfrak{P}$
Pourquoi a C^2
Veez G, Veci π Vecy AaH
Que A, ta.] tout a
tous costez en part h. $\mathfrak{P}$, en] lui $AaHC^2$
Le $AaHC^2$, sa. et a vndes et gros A, vndes GA, gorgs $\mathfrak{P}$
succier A succer $\mathfrak{P}$

quen v. $AaHC^2$
M. vous ne vist. $\mathfrak{P}$
—si C^2, cotte AH cocte a coste G robe $\mathfrak{P}$, rendist A
P. son enf. q. nourrist $\mathfrak{P}$, nourriss. A nour-resist H nourreist Ga
P. la m. $\mathfrak{P}$
Comment π, C. s. t. l. forrer a
—vous a
Et m. sa grace excellent $\mathfrak{P}$
V. il est m. a f. $\mathfrak{P}$
Abrochiey et en p. $\mathfrak{P}$, p-tuisage $\pi\mathfrak{P}GaHC^2$

Q. tous en ayent r. $\mathfrak{P}$, aie π

que b. HC^2
Que GaH, d.] femme aC^2

304 *Le Pelerinage Jhesucrist.*

<blockquote>

Le ciel et tout le firmament
En prirent obscurcissement.
Le soulel retraist sa clarte,
Si que tout fu obtenebré
U point que Jhesus regretoit   9405
Son pere et ainsi li disoit :

</blockquote>

prisdrent *G* prinstr. *HC*², prennent obein-
   sissem. *a*, obscurissem. π𝔅
Soleil retrahit 𝔅, retrest *H*
tant o. π𝔅, ent-bre *C*²
Ou π𝔅*GaHC*²

Complaincte du doulz Jesus pendant en croix a dieu son pere. 𝔅 (T.)

Jhesus a son pere. Matxxvii.

<blockquote>

"Puissant Dieu qui es mon pere,
Pour quoi en ma mort amere
Me laisses tu, si com semble,
A touz ces Jüis ensemble?   9410
Grant tempz a que dit t'avoie
Que ceste mort mont doutoie ;
Ton vouloir fas, non pas le mien,
Comment que m'en passasse bien.
En ceste guise m'as laissié   9415
De tout ce faiz pesant chargie.
A mon pouoir le porterai
Puis qu'a porter ent[r]epris l'ai.
De rien tu ne t'en melleras,
Mez a moi faire le lairas.   9420

Or ca, dist Jhesus, j'ai soif grant.
   Chaut fait, et labouré ai tant
Quë il est tempz que je boive,

Se rien vous aves a boire.
Ma sainniée ausi le requiert   9425
Et par raison ce y affiert."
Lors fiel et vin aigre prirent
Et en une esponge mirent,
A une perche li liant

</blockquote>

ch. xix.

tu ainsi quil se. 𝔅, c. moy s. *C*²
A c. J. qui sont cy e. 𝔅, A trestous *C*²
Longtemps a *HC*², —a *a*
Q. ces iuifs moult fort (—fort *a*) d. *HaC*²
fays *GC*² fay *H*
De quoy ie me p. b. 𝔅 Combien q. je voye b. *C*²
Quen *C*²
Et d. t. c. f. cy ch. *C*², fait π, ce pes. faix ch. 𝔅, p.] ycy *aH*

entrepris π𝔅*GH* &c., que a p. empris l. *a*

M. f. a moy tu en lairras 𝔅, Si com voy (ie voy *H*) mais le me la. (lerras *H*) *GaHC*²

Apres d. 𝔅, ca] a*C*²
f.] ay *aHC*², ai] iay 𝔅
Car il e. t. q. ie vueil boire *a* Q. de boire seroit saison 𝔅 Qua pou que le cuer ne me fault *HC*²
Se v. av. quelque boisson 𝔅 Si que tantost b. me fault *HC*²
saignee *G* seignie *aH*
Apres laquelle boire af. 𝔅
pristrent *HC*²
Que dedens u. 𝔅, espunge *a*, mistrent *H* le mistrent *C*²
li] la 𝔅 ce *GaH*

Le Pelerinage Jhesucrist.

Et a sa bouche haut levant ;   9430
Le quel boire pas ne queroit
Et de ce soif mie n'avoit.   m.] pas il 𝔓
Soit avoit de salut humain   Soif π𝔓GaHC² &c., auant π, du 𝔓
Qui devoit passer par sa main.   Q. pass. d. p. aHC²
Et supposé qu'ëust ëu   9435 Et ia soit ce que bien eust eu 𝔓, que il eust eu C²
Autre soif, n'eust il pas bëu   S. ore n. H, s. toutesfois n. b.𝔓, A.s.ore n. C²
Tel bevrage c'on li donnoit   Ce beuur. 𝔓, buur. GH, com πa quon 𝔓GH
Qui les Jüis touz arguoit   l. faulx j. 𝔓, arguait π
Que sa mort vouloient haster   Qui aH, h.] gaster π auancer 𝔓
Et li [le] cuer tantost crever. 9440 le πGu &c., Et le c. luy t. 𝔓, ly t. le cu. cr G
Sa sainnïée pou prisoient   saignie GaH signee π, po G
Qui bevrage tel offroient.   buur. GH, Q. t. b. li o. aHC²
Apres ce boire dist Jhesus
Deuz paroles briéves sanz plus :   brifues π briefues aHC² breues G𝔓

Jhesus pendant en croix fait son testament. 𝔓 (T.)

Jhesus a son pere. Joh. xix.
"Chier pere, je te recommant   9445
L'ame de moi tout maintenant.   Le myen esperit t. ma. 𝔓, —tout C²
J'ai mon labeur tout consommé   labour t. consumme 𝔓GaH
S'i comme avoies commande.   Ainsi que mav. ordonne 𝔓
Et mon testament [vous] lira   vous πGa &c.] te C²
Jëhan qui l'escrit et qui l'a. 9450 J. q. la escript 𝔓, lescripst G lescript aH
Vieng avant Jëhan, et le li !"   et] si a
Adonc Jëhan tout plourant vi   t.] en aHC²
De delés la Virge lever   —De G, Daupres de la v. 𝔓
Qui la ne faisoit que plourer
Et regreter touz jourz son filz 9455 —9455 a, regracier π, Pour les grans douleurs de son fils C² (9456)
A grant haschïes et grans cris.   A griefs saichies et a grief cry a A griefz hachies et a griefz c. C² (9455) A grief hach. et aigres c. H, hachiees G, hoquetz et a g. c. 𝔓

Et atainst Jëhan cel escrit   Et tantost J. print c. e. 𝔓, attainct GH atant a ataint C², cet a cest HC²
Et le lut mot à mot et dist :   Le lisant m. 𝔓

Testament de nostre seigneur estant en la crcix. 𝔓 (T.)

"Je Jhesus, le fil Marie,
    Voie, verité et vie,   9460
En ma mort qui m'est prochainne
Et qui m'est toute certainne
Je fas mon derrain testament,
Et *laisse* voluntairement
A mon pere l'ame de moi   9465
Pour garder la à bon convoi
Quant en enfer jus descendra
Et mes [amis] en ostera.
Au sepucre qu'a Joseph faiz
Mon cors pour ensevelir laiz,   9470
Et si le laisse auz pelerins
Qui iront par les droiz chemins,
Ou qui tost s'i radreceront
Quant forvoiés s'apercevront,
A fin qu'en soient repëus   9475
Et en leur voie soustenus.
Mon cuer je laiz entierement
A ceuz qui mon commandement
Et mez estatus garderont
Selonc le pouoir qu'il aront.   9480
A Jëhan laisse ma mere,
A fin que trop ne compere
L'ame de li mes grans douleurs
Par ses gemissemens et pleurs.
Ausi li laisse je Jëhan   9485
Que ne sueffre trop grant ahan
Pour moi, qui sui ses grans amis
Et il le mien, ce m'est avis.
Mon sanc je laisse en räencon

De *G*, f. de m. *C²*
Qui suis vo. 𝔓, Vo. et ve. *G* Vo. de ve. *C²*

Aussi q. 𝔓, Et aussi t. *GaHC²*
fais *GaHC²*, desrain *H* derrier 𝔓 derrenier *GC²*
laisse 𝔓*A*] laiz β lais π*Ga*, les voulenterinc-
    ment *aH*

P. la g. (conduire 𝔓) en b. a𝔓, a] en *C²*,
    conroy *HC²*
d-dray 𝔓
amis π*Ga* &c., ien o-ay 𝔓
sepulchre *GaH* sepulcre *C²*
ensepuel. *GaH*, lais π𝔓*GaH*

que a, se r. (red. *H*) 𝔓a*H*, adrec. *G*
f. ilz se verront 𝔓*GaHC²*
—en *C²*, que bien en s. 𝔓
en] de *C²*, vie α
laisse 𝔓

M. loys et statuz g. 𝔓
que il ont *aHC²*
je l. *C²*

L. delle m. 𝔓, m.] les *G* par *aHC²*

Quil α
P. ce que su. (je s. *C²*) α*C²*, P. quoy q. *H*,
    son grant amy 𝔓
Et luy le m. certain ien suy 𝔓, ce] se *GaH*
Et m. s. 𝔓, ie le l. π, en] a α, rancon π𝔓*G*

Lines 9459-63 = *Vie* 2459-63.

A touz ceuz qui compassion 9490
De moi et de ma mort aront
Et de pechié se garderont.
A ceuz qui seront parsüi
Ou fort tempté de l'anemi
En refui mon costé ouvert 9495
Et mez plaies laiz en apert.
A ceuz qui plaidier ne saront
Et qui mauvaise cause aront,
Se repentir et amender
Se vueulent et moi bien prier, 9500
De la lengue de moi fas laiz
A fin qu'elle tiegne les plais
Pour euz devant Dieu, mon pere,
Et advocate y apere.
A toute gent ausi donne 9505
Vraie pais et abandonne
Pour jouir en entierement,
S'a euz ne tient, et franchement.
Et de ce fas executeurs
Mez deciples et successeurs." 9510

A pres que ce testament fu
  Devant touz en apert lëu
Et apres ce que Jhesus dist,
Le chief enclin son esperit
Bailla au pere en paiement 9515
Et redemption de sa gent.
Et est ceci bien a penser
Pour ·ii· causes et a noter :
L'une est, que le faiz il portoit
De nos pechiés qui grant estoit, 9520
Pour quoi mervelle n'estoit pas
Se le chief il enclinoit bas ;

Et a c. q. s. poursuy $\mathfrak{P}C^2$, poursuiui H
Et f. t-tez $\mathfrak{P}$, lennemy $\mathfrak{P}GaH$.

l.] tout a
seront π
—qui Ga

veullent et vers m. tourner G veulent et
  eulx b. garder C^2, me $\mathfrak{P}$, m. deprier aH
De ma lang. ie leur f. $\mathfrak{P}$, fais lais $\mathfrak{P}Ga$ fes
  les H, fay C^2
ples H
e.] eulx GH

Ma bonne p. $\mathfrak{P}$
P. en j. ent. $\mathfrak{P}aHC^2$
t. aucunement C^2
fais $\mathfrak{P}GaHC^2$
d.] apostres $\mathfrak{P}$

Par dev. $\mathfrak{P}$, En ap. dev. t. l. aHC^2
Ainsi comme dessus est dit $\mathfrak{P}$, dit πGH
Ch. encl. ihesus s. e. $\mathfrak{P}$, mon C^2
au] a son $\mathfrak{P}$, B-e a mon pe. C^2
En C^2, sa] la HC^2 de la a
Or C^2, Et c. fait b. G, b. c. $\mathfrak{P}$

p.] auoit HC^2

N'est nul qui tel somme portast
Que mont le chief n'en abaissast.
L'autre cause bonne est ausi : 9525
Quar quant un marchant a choisi
Denrees quë il veut avoir
Et paier l'en faut grant avoir,
Aus denrees volentiers trait
L'ueil, quant le paiement en fait. 9530
Jhesus en sa mort fu marchant
A cui humain lignage tant
Plut quë il le vout achater
Et tres haut pris en vout donner.
Ce fu l'ame qu'avoit u cors 9535
Qui miex valoit que touz tresors.
Onques ne furent trouvees
A li si chiéres denrees,
Si que, quant paiement faire
Il dut et de bourse traire, 9540
Aus denrees traist le regart,
Et les iex tourna celle part
Où estoient, c'estoit mont bas,
En enfer crians touz ha las !
Et la encliner le falloit, 9545
Se regarder il les vouloit.
Et pour tel cause fu escrit
Quë enclin bailla l'esperit.
Ce fu le pris qu'il y falloit,
Nul autre pris n'i soufisoit ; 9550
Et n'est pas doute que ce pris,
En la main Dieu le pere mis,
En enfer fu tantost porté,
Et a ceuz en apert moustré
Qui rachatés en estoient 9555
Et de la issir devoient ;

tel] te a, q. p. tele s. 𝔓
Q. le ch. m. (bien H) n. aHC^2, Sans ch. baisser tant fust fort homme 𝔓
De la seconde c. dy GaHC^2
Que q. aHC^2, coisi π
Marchandises quil v. 𝔓
De p. G, Dont p. luy f. 𝔓
A ces d. 𝔓
Ses yeulx q. le p. est f. 𝔓, en] en a G est π𝔓HC^2
en] a G

A qui h-ine G, lhumain 𝔓, lumain l. tent a, qui 𝔓GaHC^2
Complut (Plot C^2H) quil le 𝔓HC^2 Illec et le a, achet. 𝔓GaH
h.] grant aHC^2

u] ou GaH au π

Nulles s. C^2

Si] Telement 𝔓, Si qua. le p.a
dubt 𝔓GH deubt π deust Aa, bource G
d. geta son r. 𝔓
t-ne a
Quelles estoient 𝔓, moult C^2
helas π𝔓GaHC^2
Vers 𝔓, lui faill. H
Sapperceuoir il 𝔓, le v. aH
P. celle (ceste HC^2) c. 𝔓HC^2, t.] telle π ceste Ga
Quencl. il rendit son esperit 𝔓
qui li f. π, —y C^2
ne suff. GH

enf. ne fu tost p. a

Lesquelz 𝔓, Q. a r-ter aHC^2, rachet. π𝔓G rachepter a
Et dillec i. tost dev. 𝔓

Le Pelerinage Jhesucrist.

C'est a dire que l'esperit,   q. son esperit ℬ
Si com u Pelerin est dit,   Ainsi que ou p. ℬ, u] ou ℬHC^2 au A en a
A la divinite conjoint   vng G
En touz tempz sanz departir point   9560   Est en t. t. s. partir p. ℬ
Les denrees hors en geta   dehors ℬ
Et en lieu sauf et bon mena   en b. l. et s. monta a b. et s. HC^2
Jusques alors que tempz seroit   J. atant q. bon s. aHC^2
Qu'au haut päis il les merroit.   Quen h. ℬGaH, le m. ℬG, menroit $GaHC^2$ meneroit ℬ

Et lors je vi, ce me sembla,   9565   ce] se G
   Que l'angre dont parlai piec'a   lange GaH, parle Ga
Qui haut u ciel avoit volé   av.] estoit H
Et s'estoit escuser ale   Et sexcus. est. a. ℬ, excus. GaH
D'Adam garder qui trebuchié   q. par pechie H, tr-cha ℬ
Estoit en enfer par pechie,   9570   enf. trebuchie H, En enf. et dolent tumba ℬ
Pour ce qu'estoit sus le pommier
Monté pour la pomme mengier,   M. hault pour du fruit m. $GaHC^2$
Au dit Adam tost ravola   rauala HC^2
Et semblant joieus li moustra.   j. s. aHC^2

     Hommes de bonne volente sont de meilleur condicion apres le peche de Adam quilz neussent este par auant. ℬ (T.)

L'angre Adam.

"A toi, dist, Adam je revieng.   9575   Ad.] lange aHC^2
Pour quoi te laissai, tu sces bien,   lessay GaH lassay π
Point il ne le te faut dire.   Par quoy p. ne ℬ, P. ne le te f. a d. aC^2, te le π
Mez quant voi que nostre sire
T'a de tes painnes rachaté   de t.] de ces Aa des G, rachete GaH
Et dë enfer tout hors gete   9580   des enfers ℬ, denf. ta t. a
Par le pris de l'ame de li
Et le paiement que li vi   Cest C^2, li] le a
Faire, n'a mie grandement,   F. pas ny a g. ℬ F. et na pas gramment Aa HC^2
En la croiz où encore pent,
A toi revieng pour compaingnier   9585
Et conforter et soulacier   Te c. ℬ, Et c. et conseillier C^2

     9566 refers to lines J 187-93 here above.

310 *Le Pelerinage Jhesucrist.*

Jusques alors que tempz sera
Qu'avec li lassus te merra,
Et di, Adam, hardiement
S'as este inobedient.   9590
Par l'obedience Jh*es*u
Pardon du tout en as ëu,
Et assez plus recouverras
Que par la pomme perdu n'as
Et tu et tout ton lignage,   9595
Se bien voules estre sage."

al.] atant aHC^2
ten H, menra $\mathfrak{P}GaH$
Et si dy $\mathfrak{P}$, Dist a Ad. *a*, dist H
in-ns π

P. et mercy tu as eu $\mathfrak{P}$
a.] beaucoup $\mathfrak{P}$, r-vreras $\pi\mathfrak{P}GaHC^2$
par fruit mengier pe. n. GaH, De ce que par fait p. as C^2
tu] toy $\pi\mathfrak{P}aHC^2$, trestout C^2
v.] tu veuls *a*

Or est il tempz d'aler au cors
  Qui en crois encor pendoit mors,
Non pas quë en rien exempté
Il fust de sa divinite.   9600
U point que le paiement fist
Et qu'il bailla son esperit
Le voile du temple rompi,
La terre croula et s'ouvri,
Si que plus*eurs* mors issirent   9605
Qui puis longuement vesquirent.
Pierres en furent fendues,
Et toutes orbes les nues
Pour le soulel qui oscurci
Et toute sa clarte perdi.   9610
Angres tout entour voloient
Qui plouroient et crioient :

Les angres. " Douz Jh*es*us, nostre createur,
Fil de Dieu, nostre bon segneur,
Mauvaisement t'ont ci occis   9615
Et crueusement les Jüis.
Bien te doivent hommes amer,
Loer touz tempz et mercier,

Q. enc. en cr. $\mathfrak{P}aH$, pend tout m. $\mathfrak{P}$ pendu m. π p. lors $AaHC^2$
r. soit ex. $\mathfrak{P}$, excepte aC^2
De sa saincte div. $\mathfrak{P}$, fut π soit $AaHC^2$, feust se sa G
Ou droict po. $\mathfrak{P}$
qui b. G, b.] rendit $\mathfrak{P}aH$ rendy C^2, s. doulx esp. $\mathfrak{P}$, esperist G
La G
Et aussi (Aussi HC^2) la t. s. (se ouv. H) aHC^2, c.] trembla $\mathfrak{P}$
Et pl. *a*, plusieurs GaH, m.] corps H
Q. (Et H) p. moult longtemps v. aHC^2
Et p. fu. C^2
o.] aueugles $\mathfrak{P}$ orbres C^2
q. se obs. π q. sobsc. $\mathfrak{P}$

Angelz G, t. a lent. v. $\mathfrak{P}$
et se dolosoient $\mathfrak{P}$

b.] doulz H, segeur. π
Moult faulsement t. $\mathfrak{P}$
creuiement l. faulx J. $\mathfrak{P}$
te] se C^2, deuoient π
To. te. l. et m. $\mathfrak{P}$, tout t. *a*

Le Pelerinage Jhesucrist.

Quant pour euz as ceci souffert		
Si honteusement en apert."	9620	Et h. *a* Tant h. *H*
A ce spectacle mainz furent		cestuy *H*, cest spectable *a* ceste chose *C*², maint *G* ou pluseurs 𝔓, sp. v. f. m. *π*, m. si f. *C*²
Qui tex signes ape*r*curent,		t.] tous ses 𝔓, Q. ces figures *a*. *HC*²
Math. xvii. Pour quoi Centurion disoit		Par *H*
Qui des chevaliers chief estoit :		
Centurion. " En verite, cest homme ci	9625	cest] ce sainct 𝔓
Fil Dieu estoit, je le *vous* di."		F. de D. est ie *a* F. est (Est f. *C*²) de D. je *HC*², F. D. est ie v. certify 𝔓
Autres ausi ce disoient		ce] le *H*
Et leur coupes en batoient		coulpes *GaHC*²
De li courouciés et dolens,		l. moult courcez 𝔓
En pleurs et en lermoiemens.	9630	l.] gemissem. 𝔓
Et lors vindrent les faus Jüis		Et adonc v. l. J. *GaHC*²
A Pilate et li ont requis,		et si lont r. 𝔓
Pour ce que leur sabbat estoit		
Sollempnel, et pas n'afferoit		
Qu'aucun cors en crois demourast,	9635	Que auc. en cr. (Quauc. en la cr. *HC*²) d. *a HC*²
A touz les cuisses on brisast		Qua t. 𝔓*aHC*²
A fin que plus tost fussent mors.		
Et aus larrons brisa on lors		
Les cuisses tout premierement ;		
Mez quant vint a l'aprochement	9640	M. v. q. a l. *a*
(De) Jh*es*u qui perdu la vie		
Ot, on ne li brisa mie,		Ot *GH* Eust *a*] Auoit *βπ*𝔓, n. l. b. on m. *C*²
Mez un des chevaliers avant		
Job. xix. Se mist, et d'une lance grant		
U costé destre le feri,	9645	
Si que tout en apert l'ouvri,		ap. ouuri *π*
Et sanc et eaue en fist issir		Dont s. et ea. si en yssit 𝔓, en yssy *HC*²
Pour l'escrit, qui est, acomplir.		P. ac. quen est escript 𝔓, ac-ply *HC*²
Les Jüis en la fin verront		—9649 *C*², Que l. j. en la f. verroient 𝔓
Cil (a) cui le costé percié ont.	9650	—9650 *C*², — a *a*, c.] qui *πGaH*, Celui que transfige auoient 𝔓

Cil qui songe.	Si revieng, Virge, a mon propos,	Cy a*HC*², reviens *C*²
	Que maintenant est tout desclos	Car 𝔓
	Le cuer ton fil et desfermé,	
	L'uis ouvert du destre costé	
	U quel, së ens regardes bien, 9655	Ou se dedens r. 𝔓, r-de π
	Je croi que deceue de rien	cr.] mactens 𝔓, desseuree *C*², de] en G*aHC*²
	De li connoistre ne seras,	le 𝔓 la π
	Et que ton fil est, bien saras.	sauras *GH* sauuras α
	Les Jüis cest avantage	L. J. tont fait c. a. 𝔓
	T'ont fait, à li à forage 9660	En mectant ton filz a fo. 𝔓, fa. et de li a fo. *H*, a] en π
	Metant, pour li du tout vuidier	Metre a Mettre *C*², Mettre du t. p. l. v. *H* P. entierement le v. 𝔓, du] de *G*
	Sanz point de sanc en li laissier.	lassier π
	Sus et jus tant y a pertruis	—9663 *P*, Bas et hault t. a de p. 𝔓, —a α, p-tuis π𝔓G*aHC*²
	Quë il couvient quë il soit vuis.	—9664 *P*, Q. force est bien q. s. tout v. 𝔓, quil s. *GH*, wuis π
Math. xxv.	En Arimathië avoit 9665	—9665 *C*² = 9666 *HP*, Ar-thia π*AGP*¹, ar. y av. 𝔓
	Uns honz qui deciples estoit	—9666 (blank line) *H* De ihesu de pres se tenoit *C*²*P*, Vn homme q. d-ple e. 𝔓α
	De Jhesu, mez apertement	—De a*H*, Mais pas nestoit appar-t *C*²
	Ne le savoient pas la gent	Ce nestoit congneu de la g. 𝔓 Que ne sapparceussent l. g. *C*²
	Pour ce que les Jüis doutoit,	
	Et nommé cil Joseph estoit. 9670	Lequel n. J. e. 𝔓
	Cil le cors Jhesu demanda	d-doit π
	A Pilate, qui li donna ;	
	Et tantost il l'osta et prist	il] cil a*H*, il osta 𝔓
oh. xix.	Et hors l'emporta, et le mist	lapporta *H* le porta α la porta *C*²
	Entre li et Nichodemus 9675	Et auec l. N. 𝔓, nicod. α
	En un monument neuf, où nus	un nuef m. a*HC*², mouuem. 𝔓
	N'avoit onques devant este,	Nauoient 𝔓, d. o. *G*, d.] mais α mais mis *HC*²
	Le quel trouverent apresté	
	En un courtil qui près estoit	c.] iardin 𝔓
	Du lieu où mort souffert avoit. 9680	s. m. *GHC*².
	La endroit l'ensevelirent,	Et la *C*², lenseulir. π lenseuelistrent *H*
	Et bons oingnemens y mirent,	Et de b. o. 𝔓*C*² loignirent 𝔓, misrent *G* mistrent *H*

Le Pelerinage Jhesucrist. 313

	Et estouperent au devant	
	L'entree d'une pierre grant.	
	Mez puis les Jüis alerent 9685	p.] apres 𝔓*H*
	A Pilate, et proposerent	
	Quë un grant deceveur estoit	
	Ce Jhesus que donné avoit,	
Math. xxvii.	Et qu'avoit dit a son vivant	Q. *C*², a] en 𝔓
	Qu'apres 'iii' jours comme devant 9690	
	A sa vie retourneroit.	En *aHC*², En plaine v. r. 𝔓
Les Juis a Pilate	Si te requerons ci endroit	Pour quoy r. 𝔓, requerrons 𝔓*G*, te prions ycy e. *aHC*²
	Que le sepucre soit gardé	sepulchre *GaH* sepulcre *C*², s.] bien 𝔓
	A fin quë il ne soit emblé,	Soit a f. quil n. 𝔓
	Et de ses deciples soit dit 9695	
	Faussement a la gent, qu'il vit,	F. au peuple q. 𝔓, qui v. *C*²
	De quoi seroit l'erreur plus grant	Aloit telz oeuures demonstra*n*t *C*³
	Que point n'a este par devant.	Q. il na e. au d. *a* Et pire que nestoit d. *H* Pour oster lerreur qui est grant *C*²
	Et ce Pilates otroia	P. ce leur o. 𝔓 Ce (Et *H*) P. leur o. *aHC*³
	Et licence leur en donna. 9700	leur] li *a*
Pilate aus Juis.	"Ales, dist il, si le gardés !	—9701 *C*², si] et 𝔓
	Asses de gardes v*ou*s aves."	—9702 *C*², g-de *H*
	Et lors gardes il y mirent	Et alors g. y m. *a*, misrent *G* mistrent *H*
	Sanz delai et establirent,	
	Et la pierre signerent bien 9705	seellerent b. 𝔓
	A fin c'on n'i touchast de rien	f. que on ni t. r. *a*, ny remuast r. 𝔓
	Que tost ne l'ap*er*cëussent	Quincontinent n. 𝔓, ne le perceuss. π*G*
	Et que sëurs plus en fussent.	q. de ce pl. s. ilz f. 𝔓, pl. s. π*GaHC*², feussement *a*
Cil qui songe.	**O**r es tu, Jh*e*sus, enfermés	
	Et dehors signés et fermes, 9710	formes *G*] seele 𝔓
	Et nulle compaingnie n'as	
	De quoi puisses avoir soulas	
	En lieu tenebreus et obscur,	
	En lit de pierre qui est dur,	p. fier et dur
	Et la ensanglanté te gis, 9715	ens. la 𝔓

2 S

Mort et crueusement occis.
En Golgatha est espandu
Ton sanc où terre l'a bëu.
La se gist toute pasmee
Ta mere et desconfortee 9720
Avec Jëhan, ton chier ami,
Qui point ne se depart de li,
Les quiex ne desirrent que mort,
Se briément ne leur faiz confort.
En enfer est l'ame de toi 9725
Descendue, non pas pour soi,
Mez pour les pecheurs rachater
Que li as voulu ordener.
Rapelle la, ell'a ja fait,
Et ceuz et celles a hors trait 9730
Que tu li avoies commis
Et en lieu predestiné mis.
Droiz est quë a toi reviegne,
Et que pres de toi se tiegne,
Jusqu' a tant que la rajoindras 9735
A toi et la räuneras,
Maugre qu'en aient les Jüis
Et touz ceuz qui te gardent l'uis.

A ce vespre et le samedi
Qu'estoit Jh*esus* enseveli, 9740
Estoit celle de Magdalon
Et les autres que bien scet on
Pour li mont desconfortees
Et grandement effrëees,
Non pas que querre n'alassent 9745
Oingnemens et aportassent,

cruelem. 𝔓 cruelm. *aHC*²
Golgata *GaH*
en t. lan veu *C*²
Et pres se 𝔓
et] moult 𝔓
Auecques 𝔓

desirent *GaH*
briefment *GHC*² brief *a* bien tost 𝔓
Es enfers 𝔓
D. mais n. 𝔓
Ains p. 𝔓, rachet. π*GaC*²

Rappelle π𝔓*GaH*] Rapella βΘ, la] le *H* les *a*

Q. dit li a. et c. 𝔓
pr.] pour destruire *HC*²
Bien est dr. qua t. tost r. 𝔓
quau plus pr. 𝔓
Jusques a t. q. la joind. *H*, le r. Θ, rej. π*Ga*
Et a t. tu la reuniras 𝔓, ramenras *GaHC*²

—te 𝔓

v. des. *C*²,—et *aH*, sabm. *G*
Que Jh. fu ens. *aHC*²

a. b. le s. *C*²
li] iesu 𝔓, moult *C*²
effraees Θ effrees π*GaH* espouentees 𝔓

Et o. *C*² Onguem. Θ, naport. 𝔓

With line 9728 the text continues in Θ (fol. 57 a), see note above at line 9233.

...EN AND THE ANGEL AT THE SEPULCHRE. Line 9,751, p. 315.

C^2, fol. 238.

Quar ses plaies desiroient
Oindre toutes et vouloient,
Si que la nuit point ne gurent,
Mez près d'adjourner s'esmurent,   9750

Et la droit à soulel levant
Vindrent, mez un angre devant
Ja u sepucre estoit entré,
Et Jhesus s'en estoit ale
Suscité de mort a vie.   9755
Et estoit la compaingnie
De touz ceuz qui le gaitoient
Et qui a garder l'avoient
Espouentés, et quant alors
Estoient ausi tous com mors,   9760
Mesmement pour la grant clarte
Que l'angre avoit là aporté,
Et que virent remuee
La pierre et du tout ostee,
Et que rien il n'avoit dedens   9765
Forz drapz et envelopemens.
Et ceste chose trouverent
Les fames quant enz entrerent,
Les quelles l'angre conforta,
Et leur dist que parti de la   9770
En Galilee estoit ale
De mort a vie suscité,
Et qu'a ceuz noncier l'alassent
Des deciples que trouvassent.

L i mesmes ausi s'apparut   9775
  A elles com faire li *plut*
Et ensemble les salua,

Q.] Pour ce que $\mathfrak{P}$
T. o. et veoir les v. $\mathfrak{P}$
geurent $\mathfrak{P}$ ieurent ΘH iurent GaC^2
M. des le point du iour s. $\mathfrak{P}$ M. a la iournee s. *a* M. a lui aourer s. HC^2, dadiournee se murent G
au s. $\Theta\mathfrak{P}$
ange $\mathfrak{P}GaH$ aigle Θ, a. par d. π
Ens ou aHC^2, sepulch. GaH

Ressuscite aH
E. y e. C^2
q. la agaitoient $\mathfrak{P}$, gardoient aHC^2

Espoent. Θ Espouantee G, —et aHC^2
E. t. (tout $\pi\mathfrak{P}$) a. c. $\Theta\pi\mathfrak{P}$, a. (ainsi GC^2) comme m. $aHGC^2$

Quillec lange av. ap. $\mathfrak{P}$, lange $\mathfrak{P}GaHC^2$
Et quaperceurent r. $\mathfrak{P}$, q. ilz v. C^2
Et du t. la p. o. aHC^2
r. ny av. $\mathfrak{P}$
enuolep. Θ
ce.] ainsi la $\mathfrak{P}$

langles Θ lange $\mathfrak{P}GaHC^2$

ressuscite $\mathfrak{P}C^2$
Et que eulx (celles H) n. l. aHC^2 Et que l. annuncer $\mathfrak{P}$
Aux dec. $\mathfrak{P}aHC^2$, Aux d. sans point tarder $\mathfrak{P}$

Il m. $GaHC^2$ Y m. π
plut $\Theta\pi Ga$ &c.] plus β, c.] quant $\mathfrak{P}$

Pour quoi chascune l'aprocha
Et les piés li manïerent
Et humblement l'aourerent.   9780
Et en ce point venu estoit
Un de ceuz qui gardé l'avoit
Aus Jüis pour euz anoncier
Comment avoient destourbier
Ëu, le sepucre gardant   9785
Et leur diligence faisant.
Pour quoi touz il s'assemblerent
Et ensemble conspirerent
Que grant argent il donroient
A ces gardes, s'il disoient   9790
Qu'en leur dormant venus fussent
Ses gens et emblé l'ëussent,
Et se Pilate en enqueroit,
Ce par euz tesmoingnié seroit.
Et ce firent il volentiers   9795
Pour ce qu'en eurent les deniers,
Et fu *par toute Judee*
La chose ainsi divulguee.

Toutevoies les 'xi' siens
Deciples ne crurent en riens   9800
Cez fauz tesmoingz, mez alerent
Où les fames l'affermerent
Estre alé en Galilee,
Aus quiex il dist que donnee
En terre et en ciel li estoit   9805
Puissance, et ausi leur donnoit
Auctorite d'aler preschier

saprocha ΘGaH
les] ses doulx 𝔓, li] sy G, menꞥierent C²
ladorer. 𝔓
Et sur se p. v-uz estoient 𝔓, venus H
Vns H, Les cheualiers q. le gardoient 𝔓
Deuers les j. p. leur no. 𝔓, —euz a
Lespouentable d. 𝔓
En l. aC², Quauoient eu s. g. 𝔓
Et grant d. en f. 𝔓
tout Θ] tantost 𝔓

donneroient 𝔓
ces] ses GH, g.] cheualiers 𝔓, se d. aH ce d. C²
Que comme ilz dormoient v. 𝔓, l.] en a, feuss. G
g.] disciples 𝔓
engueroit π
P. ceux ce t. s. 𝔓, tesmoing H, Ainsi fait il le trouueroit C²

orent aHC², l.] grans 𝔓
p. t. Jud. GaP¹HC²P] la chose diuulguee βΘπ𝔓
La ch. a. d. GaP¹HC²P] Ainsi (En ce point 𝔓) par toute iudee βΘπ𝔓
Toutesfois ses vnze disciples 𝔓 T. les anciens aHC²
Combien questoient courtois et simples 𝔓
M. incontinent sen al. 𝔓, Es f. C²
f. leur aff. 𝔓 f. leur enseignerent H
E. ale cest en G. 𝔓

li] leur aHC²

9800 a, b.—Les faulx iuifs ne crurent en rien
Ne les cheualiers aussi bien. 𝔓 (198 c).

Le Pelerinage Jhesucrist. 317

  Et de toute gent baptisier,   t-es gens 𝔓a
  Affermant qu'avec euz seroit   A-ns a
  Tant com cest siecle ci durroit.   9810   co.] que 𝔓, cest] ce 𝔓GaH, —siecle π, s.
                       dureroit 𝔓a, durrait G

A insi son bourdon hors monstra   Ains GH
  Quë il n'avoit moustré piec'a,   m. de p. 𝔓
  Et fu puis lors en son chemin
  Vëu touz jours com pelerin,   T. j. v. comme (bon aHC^2) p. 𝔓aHC^2
  Comment qu'avant l'ëust este   9815   Combien qu'av. il (—il C^2) l. 𝔓C^2
  Sanz avoir son bourdon monstré
  Si souvent com le moustra puis ;   so.] auant aC^2, c.] que 𝔓
  Mez l'escherpe moustroit touz diz,   moustra π𝔓, toudis Θa
  Et onques il ne la mucoit   o.] iamais 𝔓
  Së aucun vëoir la vouloit.   9820   A quiconque ve. 𝔓, le Θ

Apparicion de nostre seigneur Jesus aux deux disciples alans en emaus. 𝔓 (T.)

Marc. xvi.   En ·ii· deciples ce parut   A π𝔓G, Aus deux (—deux H) disc. sapparut
Luc. xxiv aHC^2, d. sapparut 𝔓 d. sappercut G
  Quant avec euz aler s'esmut   ale sen fut HC^2
  Vers un chastel qui est nomme
  Emaus par non et appelé.   Emaux π𝔓Ga, n.] mon π
  Cez ·ii· de li mont parloient,   9825   Es π, li] iesu 𝔓, moult C^2
  Et assez s'esmervelloient   a.] grandement 𝔓, sen merv. GC^2 se merv. H
                       sen esmerv. a
  Pour quoi il avoit mort souffert
  Si vilainnement en apert   appart C^2
  Aus quiex, quant Jhesus aprocha,   A. q. (Desquelx H) Jh. q. (moult C^2) ap.
                       aHC^2
  De qui parloient demanda   9830   quoi aC^2
  Ausi com ne les connëust   Ainsi que se ne 𝔓, Ainsi H, Comme sil n. l.
                       cogneust a, cognust G
  Et qué disoient ne scëust ;   sceut Θ
  Euz ausi ne le connurent,   Ceuls Θa, les Ga
  Quar leur iex empeschiés furent.   empeechiet Θ e-ie H
  Adonc li un d'euz respondi :   9835   A-nques lun 𝔓C^2, lun d. li r. aH
L'un des   " Ne sces pas que fu vendredi   p.] que 𝔓, sc. que fu fait v. aHC^2, venrendi π
deciples.   Fait de Jherusalem bien près   La en Jh. aHC^2, de] en GaH

Jhesus.	Dont [tu] tout seul pelerin es ?"	Dont tu s. Θ, De quoy s. p. (p. s. πaH) tu es GπaH Le bon p. fu tuez C²
	" Que fu ce ? " a il respondu.	Qui fust il a C²
Les deciples.	" Ce fu, dirent il, de Jhesu 9840	—fu π, distrent H, disdrent de Jh. G, ce distrent ilz Jh. C²
	Que les Jüis a mort mirent	misdrent G
	Dont courouciés mont nous firent,	courrouses 𝔓 c-cie H corroucier G, moult C²
	Quar prophete le savïon	Q. grant p. 𝔓
	Et esperance y avïon."	Esp. C², y] en lui 𝔓C²
	Adonc leur prist il a preschier 9845	l.] se 𝔓, —il HC²
	Et par les escris ensegnier	p. lescripture en. 𝔓
	Qu'ainsi soufrir le couvenoit,	lui conven. H
	S'entrer en sa gloire vouloit.	Sen la gl. aler v. a
	Et quant ce vint a l'avesprer,	laduesp. G leuesp. π lesuesp. 𝔓
	Avec euz s'en ala souper ; 9850	
	Mez si comme le pain brisoit	com G, M. ainsi que l. 𝔓
	Et que benëi leur bailloit,	benist le l. ba. 𝔓
	Tantost d'iceuz fu connëu,	T. deulx il fu recongnu 𝔓, d.] de eux aHC²
	Et il ausi lors plus vëu	M. il a. tantost p. v. 𝔓, ainsi C²
	Ne fu d'euz et s'esvanoui 9855	et] mais aHC², sesuanui Θa
	Et de leur regart departi ;	leurs π, r. se parti a
	De quoi decëus se tindrent,	d.] esmerueillez 𝔓 a dec. HC² moult dec. a
	Et en Jherusalem vindrent	ilz v. C² reuin(d)r. H𝔓
	Disans que l'avoient vëu	D-nt Θ, q. iesus av. 𝔓
	Et brisant le pain connëu, 9860	En b. HC² Et en b. 𝔓
	Et que vraiement suscité	voirement 𝔓, s.] retourne aHC²
	Estoit et de mort retourne.	r.] suscite aHC²
Cil qui songe.	Et pas je ne doi oublier,	Et apres ne 𝔓
	Se voulu s'est manifester	Sest v. sest m. π Sil a v. m. 𝔓, magnif. G magnifier C²
	A mainz apres sa passion 9865	Au m. ΘH Au moins GaC²
	Et mort et resurrection,	Sa m. 𝔓
	Que sa mere il ait oublié	—il aHC²

9838 a, b.—Qui ignorent le grant exploict
Quen la cite a este faict. 𝔓 (198 d).

Et ne s'i soit manifeste ; Que cy so. m. HC^2, se so. Θ
Quar oublié pas ne l'avoit, oubliee $\mathfrak{P}$
Qui autre chose n'attendoit, 9870 Ne aHC^2
Si com garde m'en prenoie Comme bien g. $\mathfrak{P}$, c.] que Θ
Du haut lieu où mis estoie, m.] ie H, m. iest. $\mathfrak{P}$
Si com je l'ai dit par devant. Ainsi que l. $\mathfrak{P}$, comme iay dit HC^2
Quant ell' ot fait sa plainte grant celle C^2, son plaint tresgrant H
Et faire touz jourz la vouloit, 9875 le ΘH
Jëhan, a cui commise estoit, cui] qui $GaHC^2$ quoy π, co. elle e. $\mathfrak{P}$
A sa requeste le matin
La mena dedens le gardin Ladmena G Lamena aC^2, iard. $\mathfrak{P} GaHC^2$
Où le sepucre fait estoit,
Où Jhesus, son fil, mort gesoit. 9880 —Jhesus π, Ou quel son cher f. $\mathfrak{P}$, gis. $\pi \mathfrak{P} GaHC^2$
Et ce fist elle pour soufrir fait C^2
Delés li son duel et mourir. Dedens l. $\mathfrak{P}$, dueil $GaHC^2$
Jamaiz plus vivre ne vouloit,
S'autrement ne le revëoit. receuoit aHC^2
Toutevoies Jëhan la mist 9885 Toutesvoies C, En cestuy iardin J. $\mathfrak{P}$, le Θ
Un pou loing, c'on ne la vëist, po G, lonc Θ loingnet $\mathfrak{P}$, com πH quon $\mathfrak{P} GH$
Et ne li fëissent ennui Et que ne li fiss. $\mathfrak{P}$, f. li a
Les gardes du sepucre qui
Ëussent pensé quë embler E bien peu p-ser $\mathfrak{P}$
L'ëust voulu et emporter. 9890 Leussent v. Θa, Elle eust v. et lemp. $\mathfrak{P}$

L a se tint elle doulousant —elle C^2, doulereusement aHC^2
Et touz jourz lermes espandant Tousiours en pleurant tendrement C^2, es-ns $\mathfrak{P}$
Jusques au dimenche matin
Et que la nuit devant prist fin. —Et π, Que la n. de d. $\mathfrak{P}$, print HC^2
La oui elle(s) nouvelles, 9895 elle $\Theta \pi G$ a &c., e. des (les H) n. $\mathfrak{P} H$
Et vit assez de mervelles

9873.—See above, line 93.
9884 a, b.—Et neantmoins tousiours auoit
  Vraie foy quil resusciteroit. $\mathfrak{P}$ (199 a).

De clarté et d'angres volans
Et de fames là aprochans,
Vers les quelles Jëhan ala
Qui les nouvelles aporta   9900
A li, pour li reconforter
Et faire cessier de plourer.
Quar de voir suscité estoit,
Et vëu le sepucre avoit
Tout vuit, et son suaire ausi   9905
Ensanglanté du sanc de li.
Et puis gaires ne demoura,
Si com je regardoie là,
Que Jhesus tout enluminé
De grant gloire et de grant clarte   9910
A li vint et a li parla :

Jhesus a sa " Mere, dist il, que faiz tu là ?
mere. Je sui ton fil, reconnois moi !
Plus ai ëu douleur pour toi
Que pour painne qu'aie souffert,   9915
Quar j'ai vëu tout en apert
Les grans douleurs quë as ëu
Pour moi et griément soustenu,
Dont tu te reconforteras
Puis quë en vie vëu m'as ;   9920
Et souvent je te reverrai,
Quar avec toi sui et serai.
Et Mara ne t'appele plus,
Quar je, ton i et ton Jhesus,
A toi revieng pour raourner   9925
Ton non com devant et parer."
Et a ces mos le regarda
La Virge, et nul mot ne sonna,
Quar nul mot dire ne pouoit
Pour ce que sourprise ell' estoit   9930

angelz G anges C^2
De f. illec ap. $\mathfrak{P}$
j. sen a. $\mathfrak{P}$

p. la r. $\mathfrak{P}C^2$ p. luy faire r. H
cesser ΘG
Que $\mathfrak{P}HC^2$, vray $\mathfrak{P}$, s-tes GaH, il e. C^2
le s. v. a. C^2
vvit C^2, souaire Θ

g.] pas a
Ainsi que j. $\mathfrak{P}$

—de Θ
A elle v. et y p. $\mathfrak{P}$, et lui p. a

eu de d. $\mathfrak{P}$, p.] de a
que iaye s. $\mathfrak{P}$ que ay s. G

griefm. ΘC^2, grief quas s. $\mathfrak{P}$
t. ten C^2
q. resuscite veu m. $\mathfrak{P}$

—9922 (line blank) H, Et doulcement conforteray a, Et mara ne tappelleray C^2 Quar je suis ton filz Jhesus C^2
je] moy $\mathfrak{P}$, Q. ie sui ton f. Jh. aH, i] et G, Si que mara ne seras plus C^2
aourer C^2 aourner ΘH ramener a raodourer G
et porter a
motz GaH
m. dit na aH
Q. rien d. elle ne p. aHC^2
soupr. $G\pi$ souspr. ΘaH

Le Pelerinage Jhesucrist.

De duel et joie entremellés,
Et l'un si de l'autre occupes
Que l'un pour l'autre ne soufroit
Faire ce que le cuer vouloit,
Ausi com luiteurs pas ne font 9935
L'un pour l'autre qu'en pensé ont.
Toutevoies soi abaissier
Vout tantost pour ses piés baisier,
Mez en rien il ne le soufri,
Ainz sa main prist disant ainsi : 9940

Jhesus a sa mere. " Assez tost il sera un tempz
Que de bonne heure nés les gens
Se connoistront, auz quiex aidier
Voudras quant en aront mestier.
Assez tost apres moi venras 9945
Et royne du ciel seras.
Mon pere t'i a apresté
Lieu delés moi selonc mon gre.
Toutes tes douleurs gete jus
Terdant tes iex sanz plourer plus. 9950
Le glaive de ma mort brisié
Est, qui t'avoit le cuer percie.
Së en as grant martire ëu
Et par mi l'ame l'as sentu,
Bon medecin je t'en serai 9955
Quant mon voiage fait arai."

Adonc la parole revint
A la Virge, et plus ne se tint
Quë elle ne parlast a li :
La mere au fil. " Fil, dist elle, rien ne me di 9960
De chose que je doie avoir.
Tu me soufis pour tout avoir.
Puis que je t'ai, rien ne me faut,

De j. et dueil a*HC*², et] de Θ*G*, dueil ℬa*H*
lun si (—si *H*) pour la. a*HC*²
s.] pouoit *GaHC*²

Ainsi que l. ℬ, luict. *Ga*
que p. *Ga* quen p-see ℬ quempense *HC*²
Et toutesfois s. ℬ
pies] biens π, Va tost soy po. *C*²
—il a, ne li *C*²
pr. sa m. *H*
un] en *H* le *C*²
ne *H*, h. toutes g. *C*²
Te *C*²

verras Θ
Et la r. ℬ

L. aupres moy ℬ
—tes a
Tuerdans *G* Torchans a Tourchant *H* Torchant *C*², Essuye ℬ
La g. Θ, ma] la *GaHC*²

Si a Et *GH*, Et s'en as tres g. ℬ

medic. πℬ*GaH*
veage parfait a. ℬ

Quelle n. a Quelle ne reparl. ℬ

suff. ℬ*GaH*, t.] ton a

De toute autre rien ne me chaut.
Mez d'une chose je te pri 9965
Que me dies, dont ai souci :
C'est de ce que, quant me parla
Symeon du glaive piec'a
Pluseurs choses avec me dist
Quë en clarte point ne me mist, 9970
Disant que ce me diroies
Bien a point, quant tu voudroies.
Si me semble qu'il en est point
Pour ce que du glaive, qui point
M'a, maintenant tu m'as parlé. 9975
Si en feras ta volente."

Dautre chose r. *aHC²*

ai] jai ΘG, soulcy G soussy 𝔓HC²
Ce est cella (de ce *a*) dont me p. *aH*, Ce est pour quoy m. p. C²

a. ce m. d. C²
Q. en la cl. p. ne mist G, Quen cl. p. il n. 𝔓
q. bien ce 𝔓
Tout a 𝔓
Sil G
gl est q. G
Tout maint. tu as p. *a* Maint. as ycy p. *H*, As maint. ycy p. C²

Jesus declare a sa mere quel est le glaiue donc Symeon luy a parle. 𝔓 (T.)

Jhesus a sa mere. " Mere, dist il, puis que savoir
Le veuz, je t'en dirai le voir :
De moi te dist ce quë il dist,
Si com le S. Esprit l'aprist 9980
Qui tout mon afaire savoit
Et qu'avenir de moi devoit.
Dë une cause causés sont
Souvent ij effes qui rien n'ont
De semblance, mez contraires 9985
Sont du tout en leur afaires ;
Et à la cause rien ne tient,
Mez de la matiere [ce] vient
Qui en soi prent impression
Si com veut sa condicion. 9990
(La) pluie terre sablonnace
Endurcist, et terre crasse
Amoloie, s'ell'est dure.

te d. *H*
m. il te 𝔓, te] ce *H*, m. est ce quil le d. C²
esperit G, li. apr. *H*

qui (que *H*) venir de *aHC²*
Et G, De mesme ca. causez s. 𝔓

m. sont c. 𝔓, c-re *H*
Totalement en 𝔓, affaire *HC²*
r.] pas 𝔓
m. prouient 𝔓 m. vient C², matere ΘG
en] de *aHC²*
Comme vient s. 𝔓
t. quest s. 𝔓, sablonasse G sablonnesse C²
grasse 𝔓*aHC²*
Amolloice π Amollie ΘGHC² Amolie *a*, Elle amollist selle estoit d. 𝔓

9965-10141 referred to by line 3266 here above.

Feu et soulel par nature
Cire et säin amoloient, 9995
Et argille endurciroient
Se leur estoit mise au devant.

Sayn et c. a. α La c. et le suif amollissent 𝔓, saing *G.H,* amollo. π*HC*² amolliroient *G*
Et larg. fort endurcissent 𝔓
Se (Et se *C*²) m. elle est. au d.*G* α*HC*², l. sont mises 𝔓, mis Θ

L es quiex choses te di pour tant,
  Quar quant aucun fait un grant bien
Et où n'a à reprendre rien, 10,000
Si en sont les effes divers
En *gens* de bien et en pervers.
Les mauvaiz en sont mal content
Par envie qui les surprent
Ou pour ce que c'est contraire 10,005
Au mal quë il veulent faire.
Aus bons la chose est bien plaisant
Et de ce font leur proufit grant.
Ainsi d'une cause pour voir
Puez ·ii· effes divers vëoir. 10,010
Je, qui des biensfaiz sui cause
Et touz bienz du monde cause,
En ma mort et ma passion,
En paiant la redemption
Par mon sanc mis a forage, 10,015
Ai fait a humain lignage
Un bien tres grant et precieus
Et sus touz autres mervelleus.
Et ce bien ci semblabement
Ne recoivent pas toute gent 10,020
Pour ce qu'il ont les cuers divers,
Les uns bons, les autres pervers.
Les effes en euz causés sont
Selonc que bons ou mauvais sont.

quelles ch. dy 𝔓, te] ie *Ga*
f. aucun b. α*HC*²
Ou a pr. ny a ri. 𝔓, ou a re. na ri. *GaHC*², —n'a Θ
ef.] fais α
gens π𝔓α*H*] gent βΘ*G*, en] est *G*
Li α*C*²
Pour la paine q. *HC*², P. grant e. 𝔓, sourp. Θ
Voir ou 𝔓
v.] ont vouloir de 𝔓

pourf. Θ
d.] vne α
Puelz *G*, Peut deux ef. d. auoir α, v.] auoir α*HC*²
Moy q. d. beaulx f. s. 𝔓, de biens fais Θ, des biens (de bien *C*²) s. fait c. α*HC*²
bien Θ, De t. les b. *C*²
Par 𝔓 Et *C*²
paient. *HC*²
Pour α*H*
h.] lumain α*H*
et esprecieuse *C*²
sur t. a. merueilles Θ
semblablem. π𝔓α*HC*² sanlablem. Θ sassemblem. *G*

peruers Θ
causez 𝔓 cause *G*
quilz sont m. ou bons 𝔓, ou] et *C*²

Si di que ceuz qui creance 10,025 Par quoy dy 𝔓, Or C^2
   Aront en moi et fiance,
Qui de leur mauz s'amenderont   Et aHC^2
Et reverence me feront
En gardant mes commandemens   Et H
Et suians mes ensegnemens, 10,030 En sieuant ΘEn suiuant 𝔓aH, suiuant G
Ceuz ci bonne matiere sont,   ci de b. G, m. font H
Et effet en euz recevront
De vraie resurrection   vr.] mort et de a mort a HC^2
Par ma mort et ma passion.   Et p. ma vraie pass. aHC
Et ceuz qui croire ne voudront, 10,035 —ceuz a
Qui en rien ne s'amenderont   Et en 𝔓aHC^2
Et qui pourpenseront erreurs   err.] entreulx C^2
Et de la foy persecuteurs,
Que mez deciples prescheront   pr-oient C^2
Par touz les lieus où il iront, 10,040 il seroient C^2
Pour ce que ne sont matiere   quil ne ΘH que il ne a, q. il nest m. C^2
Où si bon effet affiere,   affect G
En ruine et trebuchement   A r. 𝔓, et] en Θ
Iront et en leur dampnement.   en] a 𝔓HC^2
Et c'est un des poins que disoit 10,045 Ce est C^2
Symeon quant a toi parloit.

L'autre point fu quë il te dist   Autre p. C^2, Et l'aut. p. quaussi te d. 𝔓, —fu
   Quë en signe de contredit   a, dit π
Je seroie mis en ma mort   Fut quen s. 𝔓, contre dist G
                               Ja seroit HC^2, mis] pose 𝔓
Et avant, sanz avoir deport. 10,050 Lauant s. Θ Et auec s. aHC^2
Avant ma mort souvent y fu   Quant ma π, De ma m. s. y fu mis 𝔓
Mis par les Jüis, ce sces tu.   Mais a, Ainsi que bien sc. p. l. J. 𝔓
De moi grant contradiction   Qui de m. c. 𝔓, c-dition Θ c-dicion GaH
Fu et contraire opinion.   Fu c. et o. H, —et C^2
D'aucunz je fu dit deceveur 10,055 Daucun ie fui Θ, fu] suis H
Et dë autres aucunz sauveur,   de] des ΘG, Et dauc. des (—des H) aut. s.
                              aH Et dauc. aut. dit s. 𝔓 Et d. des
                              autres s. C^2
Des unz bon, des autres mauvaiz,   boins Θ bons πGHC^2

Le Pelerinage Jhesucrist. 325

Blasmé souvent de mez biensfaiz
Dont des autres los avoie
Et bon non en reportoie. 10,060
Demoniaque fu nomme
Et d'aucunz fil Dieu appele,
Puis né de fornicacion ;
Si que grant contradiction
Estoit de moi faite souvent 10,065
Sanz celle quë en mon tourment
[O], où (je) fu mis au be*r*saire

Et en signe, a cui touz traire
Pouoient ceuz qui vouloient,
Dont les unz a moi trahoient 10,070
Paroles envenimees
Qui saetes barbelees
M'estoient au cuer tres poingnans
Et plus asprement trespercans
Que le fer de lance ne fu 10,075
Dont u costé je fu feru ;
Et y fu contradiction
Des Jüis et Centurion :
Centurion fil Dieu me dist,
Mez les Jüis par grant despit 10,080
Et par ce qu'il me disoient
Grant contredit y faisoient.
Les larrons mesmes à descort
En estoient, quar l'un à tort
Estre tourmenté me disoit, 10,085
Et l'autre aus Jüis s'acordoit.

Encor ce durra longuement
Entre ceuz qui leur fundement
En la foy fermement feront

Bl-s C^2, de] par *a*C^2, biens fais ϴ bons f. πC^2
iauoie 𝔓
rap. 𝔓*H*
D-acle fuz 𝔓, fui ϴ sui *H*, Et tel questoie nom*m*e C^2
daucun ϴ*a*, filz de D. clame 𝔓, F. de D. et ap. C^2
ney 𝔓 nes O, Ne sans f. C^2
g.] quant *G*, c-dition ϴ contraccion C^2
faire ϴ
Soubz cellui qui *aHC²*, c. la quen m. 𝔓
Eu (En *a*) ou fu (sui *H*) *GaH*] Ou ie fu (fui ϴ fuz 𝔓) βϴπ𝔓, au] en *G* comme en 𝔓, bers. ϴ𝔓*GaH* Je fus m. C^2
En bute ou s. 𝔓, c.] qui π𝔓*GH*, A fin que trestous y̆ tr. C^2
Bien p. c. q. le v. 𝔓
u. contre m. tiroient 𝔓, traiho. ϴ traio. *aHC²*

saiettes π𝔓*GaH*, rebarb. 𝔓
Esto. π𝔓*G*, au] a mon 𝔓, tresp. ϴ
pl. agus et plus trenchans *G*, asp. perchans *H*, pl. quaspr. C^2
de lalance ϴC^2
u] ou π𝔓*GH* au *a*, D. ie suis ou c. fe. fui ϴ, fuz 𝔓

et de C. 𝔓
f. de D. *aHC²*
p. tresgr. 𝔓
ce] les maulx 𝔓
Quant c. ilz f. *HC²*, fas. ϴ
disc. *a* discord 𝔓
Est. quant li vns *HC²*, l.] li vns *G*, lun deulx a t. *H*
E. conuerte C^2

Et ce durera l. 𝔓, dura *aH*, longhem. ϴ
E. eulx q. (que *H*) *aH*
Ferm. en la fo. fer. *aHC²*, foy] fin *G*

Et entre ceuz qui ne voudront 10,090	C. en moy nest. b. 𝔓
Croire ne estre baptisiés,	
En leur erreurs touz jours fichiés.	En la (leur *HC*²) foy fermement fi. *aHC*²
Des Crestiens ausi seront	christians 𝔓
Mainz qui de fait contrediront,	Pluseurs q. c. *aH*
Les uns bonnes euvres faisans 10,095	Lesquelx b. erreurs f. *H*
Et mez commandemens gardans,	g-nt ϴ
Les autres par faiz et par dis	
Mauvais, de paiens vaillans pis.	Mesmes de pa. vallent p. *H* Des pa. valent assez pis *C*² M. pires dassez que iuifz 𝔓, paians *G*
Ce sont des contredis assez	=10,100 *C*², d.] de *GaC*² les *H*
Pour les quiex j'ai este leves 10,100	=10,099 *C*², Par *aHC*²
Comme signe tres hautement	s.] seigneur *H*, leue je fu t. h. *C*²
Pour estre vëu de la gent,	Et p. *C*²
Et pour estre signe et sarcel	=10,104 (M. cors afore c. t.) *C*², est. signant (si grant *a*) sa. *GHa*, sarciel ϴ sarchel π cerceau 𝔓
D'aforer mon cors com tonnel,	=10,103 (Fu afin dest. grant sa.) *C*², Daforel ϴ Dasroier *a*, com] pour *G*, tonneau 𝔓
A fin que le sanc trait en fust 10,105	Tant q. *C*², feust *G*
Qui a chascun valoir pëust.	
C'est que Symeon entendi	
De ce point quant parlas a li.	
Du tiers point as bien entendu,	Ou π Au *GaHC*², tierc ϴ, p. tu las e. *aH*
Quar de fait tu l'as bien sentu. 10,110	s.] veu *C*²
Le glaive de ma mort perca	La g. ϴ, ma] la *a*, p-cha *H* p-sa 𝔓
L'ame de toi, quant y entra.	
Martire en seras clamee	reclamee 𝔓
De touz martirs et nommee.	m.] les miens *HC*², renom. 𝔓
Du derrenier point doiz savoir 10,115	Au *Ga*, Ou dernier π, dêrrainier ϴ, derrier p. do. tu s. 𝔓
Que ne doi pas le cuer avoir	dois ϴ*aH*, point *a*
Navré et percié en apert	
Et devant chascun descouvert	adescouuert *C*²
Pour mon vouloir a tous monstrer	mon] nous *a*

Le Pelerinage Jhesucrist.

Et quel sui *euz* manifester, 10,120
Que ne soit ausi m'entente
Que chascun ne me presente
Tout son cuer et sa volenté
Pour vëoir *eus* et son pensé,
Comment que t*ous* cuers bien voie 10,125
En apert sanz point de toie,
Et les pensees sache bien
De touz, par un droit qui est mien,
Si est il droit, puis qu'ai monstré
Mon cuer a touz et revele. 10,130
En grant douleur et grant tourment,
Que chascun le sien doucement
Me moustre par confession
Ou à celui qui en mon non
Est menistre de ce vëoir 10,135
Et en a de moi le pouoir.
Ceci Symeon te disoit,
Pour ce que de loing bien vëoit
Que pluseurs ainsi feroient
Et rien n'i contrediroient. 10,140
De ce te soufise a present !
Ailleurs me voiz apertement
Moustrer, et de ci t'en iras
En autre lieu où m'atendras
En oroisons et en joie 10,145
Jusqu'a tant que te revoie."
Ainsi se departi de li
Et alleurs ala si com vi.

|Jh. xx. Puis avint qu' en un lieu fermé,
Où ses deciples assemblé 10,150
Estoient, doutans les Jüis,
Il entra sanz ouvrir les huis,

euls Θ eulx *G*] enz βπ dedens 𝔓 —euz α,
Quel s. dedens m. 𝔓 Et qui ie s. m. *H*,
magnif. G*aH*, E. pour moy magnifester
*C*²

euls Θ eulx α*H*] ens β*πG* dedens 𝔓, et]
tout 𝔓, s.] mon α*HC*²
Combien q. 𝔓, voy α
s. aucune taye 𝔓, p. de croy α
Et ses p. ie s. b. 𝔓, sage b. Θ saichiez b. *C*²
tout *C*²
Se il e. d. α, drois π*GaH*

d.] paine *H*, et en t. Θ et grief t. π𝔓, E. g.
grief et en g. t. *C*²

min. *G* maistre α le min. 𝔓, neoir Θ voir 𝔓
m.] loing α
—te α*HC*²
—bien Θα*C*²] il *H*
pluiseur Θ
De *C*²
souffice Θ suff. *G𝔓aH*
men v. Θ*GaHC*²
Me m. et tu t. i. 𝔓, et tu ten i. π*GaHC*²

o-on α*C*², En sainctes o. et j. 𝔓

Tout a. dep. *H*, —se *C*², A. delle se d-ty 𝔓
Aill. (Et aill. *H*) ala comme ie vy 𝔓*H*

—un α, —en *C*², freme Θ

E. pour d-nce des J. 𝔓
e. ens s. o. luis (les h. *H*) α*HC*²

	Disant quë a euz touz pais fust		Leur d. qua t. eulx p. f. 𝔓, qua e. π, eulx p. feust *GaHC*²
	Et que nul doutance n'ëust.		nulz a nulle *H*, nul deulx do. 𝔓
Jhesus aus deciples. Luc. xxiv.	"Ce sui je, dist; mez piés vëés	10,155	—je *G*, s. d. il m. a, voyez 𝔓, d. il or veez *C*²
	Et mes ·ii· mains et les tastés !		Aussi mes ma. 𝔓, mes ma. bien vueil les (que a*H*) t. *GaH*, Mes piez et mes m. et t. *C*²
	Os et char n'a pas esperit		Ne os ne chair 𝔓
	Si comme j'ai", que pour ce dist		Ainsi que j. p. ce le d. 𝔓, com Θa
	Quë esperit le cuidoient		Q. vng e. estre ilz le c. 𝔓, Car e. ilz le *C*²
	Et esbahis en estoient.	10,160	—10,160 *C*²
	Et lors piés et mains et costé		p. m. *C*²
	Leur moustra si com fu navre.		m. comme f. 𝔓, fust π
Joh. xx.	Et quant l'eurent ainsi vëu,		Et apres quainsi l. v. 𝔓, lorent a*HC*²
	Grant joie touz en ont ëu.		
	Puis leur redist : "pais soit a vous !	10,165	l. dist p. s. auec v. *G*, a] en *C*²
	Vez ci, je vous envoie to*us*		Veezcy π𝔓*G* Veschi Θ Vecy a*H*
	Pour aler la foy anuncier		annu. *G*
	En la fourme quë envoier		
	M'a voulu mon pere ci jus."		
	Et apres encor leur dist plus :	10,170	
	" Par maniere de souflement		
	Recevés touz presentement		tout a*H*
	Le S. Esprit, et bien sachiés		
	Quë à quicunq*ue* les pechies		a quelz conques 𝔓
	Arés remis, remis seront,	10,175	
	Ou detenus, detenus sont."		d-nu d-nu *G*, d-nu d-us (tenuz 𝔓a*H*) seront π𝔓a*H*, Ou docteurs tenuz ilz s. *C*²
	Or avint il que pas n'estoit		
	Thomas present quant ce disoit,		
	Si que, quant apres dit li fu		Par quoy q. 𝔓
	Que vif il l'avoient vëu,	10,180	Comme viuant ilz 𝔓
	Il dit que ja ne le creroit,		dist Θ*GaH*, croirroit 𝔓a*C*² croirroit *G*
	Se vëu com euz ne l'avoit		Se vif aussi ne le veoit a*HC*²
	Et se n'avoit son doit bouté		sil n. 𝔓a*HC*², doy *GaH*
	Es lieus où il estoit navre ;		
	Si que, quant autre foiz revint	10,185	Par quoy q. 𝔓
	Jh*esus*, de ce bien li souvint		A iesu de ce b. s. 𝔓

Et dist a Thomas que mëist
En son costé, et où vousist,
Son doit, et le regardast bien,
Et mescrëant ne fust en rien.   10,190
Et lors Thomas le reconnut,
Et en la foy estant, com dut,
Dist : "mon segneur es et mon Dieu,
Et vëu t'ai en autre lieu."
Et dist Jhesus : "tu m'as crëu   10,195
Pour la cause que m'as vëu.
Ceuz benoiz soient qui croiront
En moi, et point ne me verront."

Pour ce d. a Th. quil mist 𝔓, quil m. *GaHC*²
c. ou il v. *aHC*²
doy *GaH*
nen f. *H*, feust *G*, en] de *a*, M. ne seroit de r. *C*²
Lors Th. tost le r. *HC*², recognut *G* reconnuyt 𝔓 recognust *C*²
est. mieulx duit 𝔓, dubt *GH*
—es *a*
V. bien ie t. 𝔓
Et lors J. luy d. Thomas 𝔓
Tu as creu p. ce q. v. mas 𝔓 P. ce q. (q. aplain *C*²) tu m. v. *aHC*²
benois π*a* benoist *G*, Tous c. b-oistz s. 𝔓, crer. π
et] qui 𝔓

Jesus par trois fois interrogue sainct Pierre sil layme. 𝔓 (T.)

[Joh. xxi.]
Une autre foiz Jhesus trouva
       Pierre et (par) ·iii· foiz li demanda
Së il l'amoit, et il ausi   [10,200
Par autant de foiz respondi
Que bien [il] l'amoit voirement,
Mez toutevoies fu dolent
Que tant de foiz li demandoit   10,205
Et que son vouloir bien savoit.
Et en ce parlement li dist
Jhesus par ·iii· foiz et commist
Que ses ouailles il gardast
Et en bons pastis les menast,   10,210
Si que faute de pasture
N'ëussent pas souz sa cure
De doctrine et d'ensegnement
Qu'en ·ii· manieres on aprent :
Par exemple de bonnes meurs   10,215
Que doivent avoir bons pasteurs,
Par avis de bon preschement
Qui doit estre fait bien souvent ;

—par ΘπG𝔓*aHC*², —et Θ
l'am.] amoit Θπ le am. *G*, Se bien lam. et P. aussi 𝔓
A. de f. li r. *aHC*²
il πG*u* &c., Q. il lam. b. vraiem. *aHC*², b. il am. *G*π𝔓
toutes vo. π, toutesfois fu il (il fu *aHC*²) d. 𝔓*aHC*²

il] bien *aHC*²
bon 𝔓*a*, p-iz 𝔓 p-ilz π

Ne peussent auoir so. *a*, N. et ne feussent sans c. 𝔓, so.] sans *a*
et ens. π𝔓

exemples ΘπG

preech. Θ
Q. doiuent e. f. (fais *a*) s. *aH*, b. f. π, —bien *C*²

Quar ausi com le cors est vain
En brief tempz, s'a faute de pain, 10,220
Ausi l'ame vainne seroit
Tantost, se pëue n'estoit
De bonnes exortations
Et vives predications.
Et encor a taire n'est pas 10,225
Que le bon pasteur et prelas
Ne doie paistre tiercement
Ses ouailles temporelment
Selonc qu'en a la puissance
Par dëue soufisance 10,230

Sanz rien du leur a soi sachier
Ou sanz raison amenuisier ;
Quar qui le leur a soi trairoit
Et a son euz l'apliqueroit,
Pasteur ne seroit pas, mez leuz, 10,235
Si com exposé l'ont pluseurs.

Or di, quant ces paroles dit
Ot Jhesus, tantost li redist :
"Pierre, quant jeunes estoies,
A ton vouloir te caingnoies, 10,240
Et aloies où te menoit
Ta volenté et semonnoit ;
Mez ci apres, quant viél seras,
En tel guise pas ne feras,
Quar un autre lors te caindra 10,245
Et à son vouloir te merra,
Non pas au tien ; et bien entent

[Jhesus a Pierre. Joh. xxi.]

Quant π, Q. ainsi que l. 𝔓, est] tost π𝔓 tout HC^2
Seroit par deffaulte d. p. π𝔓GaHC,^{a}p.] fain Θ
Ainsi 𝔓
Tost se refection nauoit 𝔓, pene GH
exhort. π𝔓G

le] de G, les bons p-rs H, pastour πGa
Est tenu p. t. 𝔓, pestre πGa, tierchem. Θ chierem. H seurement C^2
temporem. 𝔓
—la a le Θ
—10,230 a, P. bonne et p. d. s. 𝔓 P. bonne cognoissance H, Pour eulx donner cognoissance C^2

soi] eulx aC^2, sach.] tirer 𝔓
emmenuis. π

Q. q. lor a s. retrair. (requerroit H) aHC^2
Indeuement et appliq. 𝔓, a soy eulx G, euz] oeus Θ oeulx H vs aC^2, la ap. C^2
Loup tel s. non mie pasteurs 𝔓, P-our G, leups GaH loups πC^2
Ainsi que dient les sainctz docteurs 𝔓, c. le tesmoignent pl. aHC^2, p-sours πC^2

Apres que c. 𝔓, Oil dist q. H Et q. aC^2, p. dist πGaH p. ot d. C^2
Et ih. aH, Jhesus t. apres redist C^2, redit 𝔓
jouenes Θ

cingnoies 𝔓 changoies aHC^2

et] se a, s.] se mouuoit π𝔓 sen iouoit G
M. q. ap. tu v. s. aHC^2, vieil π𝔓GaH
P. ainsi tu ne le (—le H) f. aHC^2
Q. l. u. a. t. c. G, lors] si C^2
Qui HC^2, menra Θ𝔓GaH menrra π
et] mais H

10,224 a, b.—Bonne et profitable lecture
Et de meditation pure. 𝔓 (200 d).

Le Pelerinage Jhesucrist.

Que c'est le senefiement		Comment c. 𝔓, signif. π𝔓GaH
De tel martyre com aras		Du m. tel que lauras 𝔓, matiere aC²
Et de telle mort com mourras.	10,250	tel comme tu (—tu C²) morras aC², tel Θπ GaH, comme GaH
Et ceste parole te di,		c.] telle a
Quar mainz folz se sont orguelli		maint fol (foul GH) ΘGaH
Quant on leur a cures donné		Que on les a Θ, —on a, Q. l. a cure este d. 𝔓, cure 𝔓HC²
Des ames et auctorite		
Sanz point considerer la mort	10,255	—10,255 π𝔓GH, Sans Θa] Sant β
En faisant a leur subjes tort,		—10,256 π𝔓GH, leurs sugies a
Si que pour ce que t'ai donne		—10,257 π𝔓GH, —ce Θ
Telle cure et auctorite		—10,258 π𝔓GH, Tel a, et telle a. C²
Et autre foiz et maintenant		Aut. f. comme m. 𝔓, f. m. π
La mort te voiz amentevant,	10,260	vas GaH, te fuitz rament. 𝔓, va am-tenant C²
A fin qüe orguel ne prengnes		A celle f. quorg. 𝔓, nempr. H, preign. 𝔓GH
Et que vers moi ne mesprengnes.		Ne q. a
Devant tes iex la doiz avoir		
Et que n'i puez fallir savoir."		s.] de voir a

Adonc Pierre li demanda	10,265	
De S. Jëhan quë il vit la :		q.] lequel 𝔓
"Que sera, dist il, de cetui?"		cestuy G
Jhesus dist : " Je le vueil ainsi		vuil G, a.] ycy C²
Demourer, mez de rien a toi		de] en aHC²
N'en apartient, vieng apres moi	10,270	vien πGaH
E te sueffre dë enquerre		seuff. G, Et ne soiez curieux denq. 𝔓
Ce où rien ne pues aquerre."		De ce ou 𝔓, puelz G
Pour les quiex paroles dit fu		Pa. pour l. d. Θ, P. quelles pa. 𝔓
Des deciples touz et crëu		dic. et de t. cr. a, De t. les disc. et c. 𝔓
Au premier, que Jëhan mourir	10,275	Pour lors q. J. iamais m. 𝔓
Ne devoit pas ne mort soufrir ;		d. ne la m. s. 𝔓
Mez ainsi pas ne l'entendoit		
Jhesus, mez en pais le vouloit		
Faire du monde departir		
Apres mainz maus qu'ot a soufrir	10,280	maint mal aHC²

Pierre a Jhesum.
Joh. xxi.
Jhesus respont.

Et vouloit qu'en propos de bien
Demourast sanz soi mouvoir rien,
Non pas com Pierre qui mué
S'estoit, qui l'avoit renïé,
Ausi com se dit li ëust : 10,285
Pierre, souvenir te dëust
Qu'en la foy pas ne demouras
Quant par ·iii· foiz me renias,
Mez Jëhan y vueil demourer
Et jusqu' a fin perseverer; 10,290
Si te dëusses bien souffrir
D'ainsi son estat enquerir.

Apres mont de tex parlemens
Et de pluseurs ensegnemens
Que fist, puis que ressuscité 10,295
Fu et en apert soi moustre
Par aucunnes autres guises
Que toutes n'ai pas ci mises
Et par tempz de quarante jours,
Marc. xvi. Ses deciples appela touz 10,300
Et u mont de Olivet ala
Où de son regne leur parla,
Comme tant qu'alassent preschier
Et par tout la foy annuncier,
Et que qui creance y aroit 10,305
Et le baptesme recevroit
Sauf seroit, et celui perdu
Qui creance n'aroit ëu.
Jhesus aus "Si vous dirai, dist, que ferés :
deciples.
Marc. xvi. Quant haut monter vous me verres 10,310
Et a mon pere retourrai
Du quel la volente fait ai,
Luc. xxiv. En la cite vous retourrés

pourpos Θ repos *a*
soi] se 𝔓, mourir *G*
c.] que Θ
Cest. *G*, que Θ car 𝔓 et *aHC²*
Ainsi comme s. 𝔓

point *HC²*

vuil *G* voult *aHC²*, v. ie d. 𝔓
a] en 𝔓*HC²*, perscev. *G*
souffir 𝔓

A. pluseurs t. *aHC²*𝔓
bons en. *C²*
Quil *H*
—Fu *G*, —soi *aH*] se 𝔓, —et *C²*, soi] et *C²*
Et p. *C²*, P. pluseurs et diuerses g. 𝔓
toute Θ, Q. cy n. p. t. (—t. *C²* trestoutes *H* couuertes *aC²*) m. *GaHC²*
Et au chef d. 𝔓
m. doliv. π𝔓*GaH*
Et d. *GH*, lor Θ
Commendant 𝔓 Commettant *C²*, prechier Θ
Et l. (sa *C²*) f. p. t. a. *HC²*
Et qui cr. qui cr. *GaH*, auront *HC²*
receuront *HC²*
Sauue s. et cil p. 𝔓, seront et ceux p. *H*, et] a *C²*
nauront *H* ny aur. 𝔓
dir. q. vous f. *aHC²*
Q. en h. mo. me v. 𝔓, mo. h. *aHC²*
A m. p. retourneray *aH*, recourrai Θπ retonray 𝔓 retourneray *G*(*aHC²*)
faicte *a*, f. iay 𝔓
ci. retournerez 𝔓*aHC²*, recourres *a*

Le Pelerinage Jhesucrist. 333

En lieu certain et vous metres   mettres *Ga* mettez *HC²*
Touz ensemble avec ma mere   10,315
Où bien tost jë et mon pere   je] moy *a* et moy 𝔓
Nouvelles robes vous donrons   roebes Θ, donrrons π
Du S. Esprit qu'envoierons,   esperit *GC²*
Du quel serés si revestu
Que robe vous sera vertu,   10,320   r-es v. seront v-uz 𝔓
Et a parler vous aprendra
Quanque neccessaire sera."   Tout q. n. 𝔓*C²*, Q. mestier il v. s. *aH*, neccessite Θ

Apres tex parlemens piteus,   telz 𝔓*aP* tes Θ ces *GH*
   Amiables et doucereus   delicteux *a*
Sa benëicon leur donna   10,325   Benediction l. d. 𝔓, benicon Θ
Et chascun ausi l'aoura.   —Et *C²*
Et en ce point je vi ouvrir   —Et *HC²*
Le ciel, et de la haut venir   et den h. *H*
D[ë] angres grans processions   Des *a*, Danges *C²* Dangelz *GH*, grandes 𝔓
Par ordres et par legions   10,330
A doubles rens jus descendans   rengs *Ga* rengees 𝔓, jus] que *C²*
Et si tres doucement chantans
Que le mont d'Olivet rioit
Et le päis qui la estoit.   Et tout le 𝔓, que *G*, q. entour (quentour *HC²*) est. *aHC²*
Et u milieu se mist Jhesus,   10,335   mil. estoit ih. *aC²*
Et droit monta u ciel la sus   Et (Qui *C²*) ou c. d. m. lassus *aHC²*
A tout s'escherpe et son bourdon   t. lesch. π*GH*
En joie et jubilation
Tele qu'il sembloit que croulast   que s. π*HC²*, crol. π𝔓*G* tremblast *a*
Tout le ciel amont et tremblast   10,340   tr.] crollast *a*
De la feste c'on y faisoit   quon y *G*
Et la joie qui y estoit.   la] de *a* de la *H*
Et au monter avoit trouve   a m. auoir t. *G*, t-vez 𝔓
Ceuz que d'enfer avoit gete,   quil *aHC²*, av. d. *aC²*, g-ez 𝔓
Li attendans en lieu certain   10,345   Qui lactendoient en 𝔓
Où se moustra tout premerain   t.] le *GaHC²*

Le larron qui cria merci
Et qui mourut bien pres de li.
Cel lieu où il les avoit mis
Leur sembloit estre paradis. 10,350
Leur angres les y tenoient
En joie et les confortoient.

Au passer que par euz il fist
A euz quanqu'il estoient dist :
"Venes amont, venes, venes ! 10,355
Un autre paradis arés.
A mon pere ferai joie
De vous qui estes ma proie
Et qui estes mes denrees
Qu'ai chiérement achatees." 10,360
Ainsi monta il tout devant
Et euz apres li ensuiant
Jusques a tant que furent mis
En mainz degres en paradis,
Aucuns plus bas, aucuns plus haut 10,365
Selonc que chascun d'euz le vaut.
Et il en son siege et son lieu
Fu receü et homme et Dieu.
Lors ceuz d'amont et ceuz d'aval
Chantoient touz en general. 10,370
Angres a touz lés voloient

Et de trompes buccinoient
Si hautement et doucement,
Si fort et continuelment
Que bien sembloit en general 10,375
Que ce estoit feste royal.

Quant ainsi Jhesus fu assis
A la destre du pere et mis

334   *Le Pelerinage Jhesucrist.*

q.] se *a*
Ce ΘℬaHC²

Les anges aHC², angelz G
Et doulcement l. c. aH Doulcement l. c. C²

par my eux f. aHC²
quanquel est. π

m. chier p. HC², faray a
v. tous q. C², este Θ
Ma possession et d. ℬ, q.] vous a aussi HC²
Que ch. iay (Q. iay ch. aHC²) ach. ℬaHC²
il de t. π, t.] au aC²
Et tous eux a. le suiuant ℬ, ensieuant Θ
    ensuiuant GaH
quilz HC²
en] de aHC²

S. ce q. ch. le v. GaHC², deulz π
il] luy ℬ, et] en Θ
Il f. r. ℬ, r-us G
Et aHC²
tout ΘC²
Angelz G, A. (Les angelz H) entour eulx
   voul. aH, tout elles v. Θ, Anges entour
   eulx v. C², lez πG costez ℬ
tromples buchin. Θ, trompetes ℬH, busin.
   GC²
hautemement Θ, d.] liement aHC²
f. c-uelem. ℬ f. et c-uellem. H f. et si c. C²
b.] il H, Quil s. C²
Q. cestoit grant f. r. ℬ, e.] feust aHC²

fu ihes. aHC²
du] son C², —et Θa

Le Pelerinage Jhesucrist.

Avec le S. Esprit qui tiers
Par droit est touz jours coustumiers,

Jhesus a son pere. " Pere, dist Jhesus, retourné [10,380
Sui a toi, et ai consommé
Ce que faire me commandas
Quant jus u monde m'envoias,
Dont bien je me fusse passé. 10,385
Ensegnes t'en ai aporte
Si com autres pelerins font
Qui en estrange terre vont.
De tex denrees c'on a la
Je t'ai fait venir par deca, 10,390
Non obstant que grans coustemens
Y aie mis et grans despens.
Et du dit pelerinage
Ci je t'aporte l'image
Telle comme fu moulee 10,395
U moule de la contree
Où tu fëis impression
De plus noble condicion,
Et dont le S. Esprit mouleur
Fu com du moule gouverneur. 10,400
Regarde, se tu le connois !
Sus moi, se tu veuz, bien le voiz."

Le S. Esprit. "Certes, a dit le S. Esprit,
Ici n'a il nul contredit.
Voirs est que l'ymage quë as 10,405
Et qu' aportes du päis bas
Moulee par moi a este
U moule qu'ai touz jours gardé
Que pour toi ton pere grava
Quant d'originel le purga. 10,410

Bien as fait de li aporter

consumme Ga
qua f. aH
j.] bas $\mathfrak{P}$, Q. ou j. π, u] ou $\pi\mathfrak{P}GHC^2$ au ea
—je aHC^2
Enseig. GaH
Ainsi quautres $\mathfrak{P}$
est-ges t-es aHC^2
teles $\mathfrak{P}$, enseignes quil a la G, Car longtemps ay este dela C^2 (10,390)
Je men suy venu p. C^2 (10,389)
cost. $\mathfrak{P}$, Et certes de gr. C^2
Jaye G, M. gy a. et tresgr. d. $\mathfrak{P}$
Et dicelui p. $\mathfrak{P}$

Toute tele que f. $\mathfrak{P}$, maullee Θ molee G croulee a
maulle Θ mollé G monde a
La ou tu fis i. $\mathfrak{P}$
plus] tres C^2
esperit $\pi\mathfrak{P}GaH$, mol. $GaHC^2$ maulleur Θ
—com H, moulle H noble G, Fu du moule et g. C^2, maulle et g. Θ

C. dist C^2
Cy C^2, na point de c. H
Car vray e. q. l. quas $\mathfrak{P}$, Vous C^2
qu-tas a, p. de b. $\mathfrak{P}$, Quaporte as C^2
Maullee Θ Mol. $\pi\mathfrak{P}GH$ Molue a, M. de p. $\mathfrak{P}$, Moule C^2
maulle Θ moulle H mole GC^2
Quant p. t. t. p. greua (grena HC^2) aHC^2, garda G
Q. de tout mal le preserua $\mathfrak{P}$, d'o.] dorguel $\pi(aH)C^2$ Q. dorgueil ton pere (dorguel il le H) pu. aH
Moult b. as f. de lap. $\mathfrak{P}$, li] le aH loy C^2

336　　　　　　*Le Pelerinage Jhesucrist.*

Pour toi bon pelerin monstrer."	P. b. p. te m. 𝔓
"Ausi, dist Jh*esus*, mon bourdon	
Ai raporté, et est raison,	Jay r. et cest r. 𝔓, apporte π*GaH*
Ce me semble, que mis il soit　　10,415	il] y Θ*aH*
Avec l'escherpe ci endroit,	
A fin que ne soit oublie	quil n. *a*
Comment pelerin ai este."	iay 𝔓*C²*
Ainsi fu acordé, la sont,	
Jamaiz remëus n'en seront.　　10,420	remuez 𝔓 ramenes *aHC²*, ne s. Θ*aHC²*

Lors furent mo*n*t sollempnement	solemp. π sollennenment Θ solennellem. *G* solem*p*nelm. *aH* solemnelem. 𝔓
Appelees et hautement	A-lles *G*
Par un angre les dames troiz	Les ·iii· dames dont autre fois *aHC²*, ange 𝔓*GaH*
De quoi j'ai parlé autre foiz :	Vous parlay et leurs no*m*s orrois *HC²*
Justice fu, la doutee,　　10,425	Ce fut j. la 𝔓, l. bien d. *C²*
Verite, la bien loee,	
Misericorde, la douce	Et m. *C²*
Qui rigueurs tendans adouce.	Q. trestoutes r. ad. 𝔓, r-r tendaus Θ, rigeurs π rigoureux *GaHC²*
Aus ·iii· Dex le pere parla	
Quant aprochiées furent la :　　10,430	Apres quaprochees f. 𝔓, ap-chies π, f. de la *HC²*
"Piec'a, dist il, vo*us* traitastes	traict. *G* traistates *a* arrestastes *H*
Dë Adam, et m'en parlastes	Du pere Ad. 𝔓, Et de A. me p *H*, —et *C²*, me p. *aHC²* —on *G*] en π
Comment aidier on li pourroit	
Et se sauvé estre pourroit,	sauuey 𝔓, pouoit *a*
Et non mie seulement li,　　10,435	ne m. π, m. tant s. 𝔓, li] il *HC²*
Mez tout humain lignage ausi.	lhum. 𝔓*a*
Et apres plus*eurs* contredis	
Finablement acort fu pris	
Que de ce faiz se chargeroit	Et d. *H*, faix 𝔓 fait Θ faict *G* —faiz *C²*, se] ce π𝔓 le *G*
Mon fil, et sauver les iroit,　　10,440	filz *GaH*
Et en habit de pelerin	
Pour euz se metroit a chemin.	monstroit *H*, a] au *GaHC²*

10,424.—See above, line 300.

Le Pelerinage Jhesucrist.

Or y a este, ce saves;		
Bien les ensegnes en vëés,		Car b. ens. *H*, voyez 𝔓
Et bien aves ausi scëu	10,445	Et au. av. vous b. sc. 𝔓
Quiex painnes il y a ëu,		Queles 𝔓, y] en π𝔓 *GaHC*²
Quel paiement il en a fait		Et q. p. 𝔓
Du sanc de son cors tout hors trait.		Et ou (Ou *C*²) rien amender y lait (am. il ait *HC*²) a*HC*², —tout *G*
Si vueil savoir s'il *vous* soufist		vuil *G*, suffist *GaH*
Ou rien à amender y gist,	10,450	Ou se r. am. 𝔓, r. am. il y g. a*HC*², git ϴ
Mesmement quar tout plainnement		
De l'amende me tieng content		
Que pour son offense devoit		
Adam, qui offendu m'avoit."		of. auoit a

Les ·iii· dames a Dieu le pere.

Adonc a genous toutes troiz	10,455	
Se mirent, disans : "Sire roys,		misdr. *G* mistr. *HC*², d-nt *GaH*
Bien doit soufire voirement ;		suff. *G*, vraiem. a*HC*²
Onques maiz ne fu paiement		
Fait si grant ne redemption,		
Et bien se doit pener tout ho*m*	10,460	
De ton plaisir et volente		
Faire, de tel pris rachaté."		

Dex le pere a ycelles.

"Or vueil je donc, a dit li roys,		vuil *G*, doncques (—doncques a) dist l. r. a*HC*², —a *C*²
Que soiés un entre *vous* troiz,		un] bien a
Que jamaiz descorde n'i ait	10,465	disc. 𝔓 descort *GaHC*²
Et acort de pais en soit fait,		paix *GaHC*²
Et que ceci tantost voie		t. on v. 𝔓
Par vrai signe, si que joie		P. vng v. s. q. grant j. 𝔓, P. droit (—droit a) sig. vray si a*HC*²
Commenciée soit et feste		C-cee en s. et grant f. 𝔓 Grant c-cie s. et faicte *H* S. c. et faicte *C*²
Où voudrai, chascun s'apreste."	10,470	Or (Et a) v. que ch. a*HC* , vaudr. π] ie veulx que 𝔓

Psal. lxxxiv

Lors les dames se leverent		d. saluerent *HC*²*P*
Et l'une l'autre acolerent		lune et laut. accoll. *G*, sacoler. 𝔓
Liement euz entrebaisans		L-ns ϴ, Lune lautre entr. a*HC*² Ioieusement sentr. 𝔓
Par douz et benignes semblans.	[10,475	dons ϴ, beneurez *H* honnorez *C*²

Dieu le pere aus angres.

Lors dist li roys : "Assemblés v*ous*,
Angres, quanque vouz estes t*ous*,
Et faites feste par revel
A mon fil, venu de nouvel !
Et a la feste appellerés
Ceuz qu'avec li a amenés,   10,480
Et qui le miex chanter sara
De bien chanter s'efforcera.
Et les premieres chanteront
Les dames qui en acort sont."

E̶t fu la feste criee   10,485
Lors, et faite l'assemblee
Sus les cercles que p*er*cëus
Avoie au premier et vĕus,
Mez le nombre crĕu estoit
D'un nouvel qui touz circuioit,   10,490
Mis au plus bas, où ordenés
Furent les nouviaus amenes.
Lors devant se prist a chanter
Justice et la feste mener,
[En disant de cuer gai et baut]   10,495
[Devant t*ous* ceste chancon haut :]

Justice chante.

"Se rigoureuse j'ai este
Et le droit du segneur gardé,
De qui estoie advocate
Des le tempz et de la date   10,500
Quë Adam sus l'arbre monta
Et que la pomme menga la,
Ma rigueur amoloiement
A pris et grant atrempement
Pour ceuz que [la] a rachatés   10,505
Le fil Dieu et d'enfer getes,
Et pour touz ceuz qui pelerins

le roy 𝔓 G *a*
Angelz G Anges C²

filz G
appellez *aH*C²
que o lui *H*C²

Et b. 𝔓
premiers G*H*C²
en] a *aH*C²

Et f. toute lass. 𝔓
Dessus l. c. quaperceux 𝔓, qui G, q. aperchus
  Θ quaperceus *aH* q. pardessus C²
Jauoye tout au 𝔓, —et C²
creu en e. 𝔓
Du *aH*C², tout π𝔓
Mais 𝔓*aH*C²

L. se p. a ch. d. 𝔓
Dame j. ainsi disant 𝔓
—10,495 βΘB⁵π𝔓*a*, E. d. d. c. g. et b. G*H*
—10,496 βΘB⁵π𝔓*a*, D. t. c. ch. h. G*H*
Si G*H*, r. ay *a*
seigeur π
Du quel iest. lad. 𝔓, jestoie C²
Depuis le 𝔓, de] des G*aH*
dessus 𝔓, labre Θ
r. grant a. 𝔓, amolloiem. *H* amolliem. 𝔓G³
A p. (Apres *H*) g. et at. *aH*C², atemprem. 𝔓
la Θ, P. (Par C²) tous (trestous 𝔓) c. qua
  (que a *H*C²) r. 𝔓*H*C²
filz G
que Θ

Le Pelerinage Jhesucrist.

	Seront ensuians ses chemins.		en sieuant Θ ensuiuant 𝔓a*H* esmeus *G*, ses] ces a
	Ma rigueur a si trempee		a] est *HC*², trempe π atremp. a*HC*² atempree Θ𝔓
	En son sanc et abevree	10,510	De 𝔓, son saint sa. *HC*², sang 𝔓*G*, abuur. *G*a*H*
	Que jamaiz tendre ne pourra		
	Contre ceuz quë en son sanc a		
	Lavés, se la lavëure		L. au moins se 𝔓
	Gardent en bon soing et cure.		en] par 𝔓
	Hautement en doivent chanter	10,515	Lyement 𝔓
	Ceuz qu'a voulu ainsi amer.		C. que tant a v. am. 𝔓 C. quil a v. amener *G*, voulus a
	Je l'en lo ausi et merci,		Et luy rendre los et m. 𝔓, le loue a*HC*²
	Quar jamaiz n'ëust este qui		j. il ny eust eu q. 𝔓
	Tel grant faiz entrepris ëust		Ce a, Ces grans fais *HC*² Vng si g. fait 𝔓, fait π𝔓*G*
	Ne qui avoir fait le pëust."	10,520	Ne cui amour faire l. p. 𝔓, av.] amour π𝔓, fais (si *C*²) les p. *HC*²
	Puis chanta Misericorde :		Apres ch. 𝔓a*C*²*P*
Misericor-de chante.	"Puis que Justice s'acorde		P. dist q. 𝔓 Disant q. *HC*²
	A moi, et est acordee,		Et qua m. elle est ac. 𝔓, est bien a. *C*²
	Et la pais est confermee		Et par la p. e. accordee a, p. du tout c. *HC*²
	Par le fil du roy suscité	10,525	filz *G*, s.] iustice a
	De mort, au pere retourné,		m. a vie suscite (ressuscite *H* restore *C*²) a*HC*²
	Je m'enhardirai, bien le di,		m-dieray a
	De plus près aprochier de li		de] a Θ
	Quë u tempz passé je n'ai fait ;		n. point f. 𝔓
	Et ne sera si grant meffait	10,530	
	Pour qui n'ouse bien supplier		quoy nose *G*
	Et supplication baillier,		
	S'ainsi n'estoit que le meffait		Se a. *G*, Cest assez (assauoir *HC*²) se l. m. a*HC*²
	Contre mon douz maistre fust fait,		fust] nest *HC*²
	C'est a savoir le S. Esprit	10,535	esperit *G*a*HC*²
	Qui son advocate me fist.		
Math. xii.	Qui contre li se meffera		
	Point advocate ne m'ara,		
	Mez en touz autres cas le vueil		le] ie 𝔓
	Estre, et passer jusques au sueil	10,540	iusquau s. *G*

2 X 2

De la Trinite pour prier
Pour touz et graces empetrer.
Bien voi quë abandonnee
M'i est a touz jourz l'entree,
Et bien veut que ma main mete 10,545
Le pelerin en s'escherpe
Pour prendrë enz ce que voudrai
Et faire en ce que bon verrai.
Si est bien droiz et bien raison
Qu'en die nouvelle chancon : 10,550
Loé soit il, li douz Jhesus !
Par li par tout sont biens venus."

Et *GH*
tous] dons C^2, g-ce *aH*, impetr. *G*
Car b. v. C^2, v.] appercoy $\mathfrak{P}$
est] sera $\mathfrak{P}$, j. mais l. C^2
Bien permectra le pelerin $\mathfrak{P}$, —ma *a*, main y mette C^2
Quen sesch. mecte la main $\mathfrak{P}$, Au p. dedens se. HC^2
Pr. dedens ce $\mathfrak{P}$, q. ie v. *H*, p. y ce q. je v. C^2
Et ce q. de (—de *a*) raison v. *aHC²*, f. ainsi q. $\mathfrak{P}$
Bon d. est et bonne r. $\mathfrak{P}$
Que d. Θ Quon d. *aHC²* Que ien d. $\mathfrak{P}$
L. il s. le d. π, s. le d. roy Jh. $\mathfrak{P}$
Car (Quant HC^2) par li s. tous b. v. *GaHC²*, son Θ

Verite dist : " Je chanterai
A mon tour, grant desir en ai.
Droiz est et mon maistre le veut 10,555
Et rien dire sanz moi ne seut,
Et tout avoue quanque di
Et desavouee de li
Onques ne fu et ne serai,
Quar rien ne di qui ne soit vrai. 10,560
Së u päis où a este
Mon maistre mout a demoure,
Plus grant feste devon faire
Touz en son joieus repaire,
Mesmement quant victoire ëu 10,565
A de celui qui esmëu
À guerre commencier l'avoit
De quoi encor par tout on voit
En terre jus ses baniéres
Haut dreciées es frontiéres 10,570
Des eglises des crestïens
Monstrans le sanc espandu ens.

en] ien $\mathfrak{P}$
D-t $\mathfrak{P}$
Qui r. $\mathfrak{P}$
T. il a. q. ie dy $\mathfrak{P}$, tost aduce *G*
Si q. des. $\mathfrak{P}$, desaduoee *G* sauouee π
fui ΘH, et] ne $\pi\mathfrak{P}aHC^2$
que $\mathfrak{P}$ quil *a*, vroy *G*
Et se ou p. la ou $\mathfrak{P}$
Son *a*

quar $\pi\mathfrak{P}$
De c. q. duit et es. $\mathfrak{P}$, q. est es. π
c-nchiet Θ c-cie C^2

te-s C^2, jus] mises HC^2
Hautes d. par les f. $\mathfrak{P}$
de c. π
M-nt $\Theta\pi\mathfrak{P}GaH$, sang *G*, respandu $\mathfrak{P}$

Le Pelerinage Jhesucrist.

Feste ausi faire li devons   A. fa. fe. d. 𝔓 Et fa. fe. a. (—ausi *H*) d. *aH*
De ce que maintenant vëons   Et bien faire f. d. *C²*
                voions *G*
Estre ci haut arrivees   10,575   E. ycy en h. 𝔓, amenees *H*
Par li nouvelles denrees,   Pour *a*, luy 𝔓*H* les *G*
Prises au(s) dessouz des nues   —10,577 Θ, au π𝔓*GaH*, dessus *aH*
Et qui onques maiz vëues   —10,578 Θ, v.] ne furent *a*
Ne furent en ce haut païs,   Veues en cellui (cest *H*) p. *aH*, —haut *C²*
Les quelles je tieng de grant pris   10,580   Qui toutesfois sont d. 𝔓, prix *G*
Quant en son haut siege royal   Car *G*
Près de li en especial
Les tient sanz departir jamaiz.
Et qui regarde ceste paiz   que *H*
Et ceste grant aliance,   10,585   alli. *G*
Mervell' est que ne s'avance   M-ueille *G* M-lles 𝔓
De li loer et mercier
Et rendre graces sanz cesser,   grace Θ*GaH*, cessier π
Quar onques ne fu qui pensast,
Et miex di, qui penser ousast   10,590   Ains m. 𝔓, os. *G*
Que le plus bas au plus haut joint   au] ou *GH*
Fust, sanz jamaiz departir point,   Feust *G*
Si vouz pri que touz en chanton
Ensemble, et grant feste faison."   fe. en fa. *G*

  Lors haut et bas touz s'esmurent 10,595   Adont b. et h. (Adonc h. et b. *C²*) t. *HC²P*,
   Qui sus les dis cercles furent   tout Θ
                  sur *G* dessus 𝔓*C²*
Et commencierent hautement   aultem. *H*
A chanter et joieusement :   et] moult 𝔓
 La chan- " Glorefïés, magnefïés   G-fie m-fie 𝔓, manif. π
 çon u ciel. Soies fil Dieu qui retournés   10,600   filz *G*, f. de D. q. r-ne 𝔓; filz de Dieu *C²*
Es d'estrange païs a nous,   En *H*, De lest. *C²*
Qui aus grans despens et grans couz   A tresgr. *C²*, aus] a Θ*a*, couls Θ cous π coux
De ton sanc as touz rachaté   *GaH* costz 𝔓
Qui le rachat prennent en gre !   s. nous as r. *aHC²*, tout Θ, rachete *GaH*
Malëureus sont et seront   10,605   p.] ne prent *a*

Qui en bon gre ne le prendront." —bon C^2
Longuement la feste dura Longhem. Θ
Et grant joie avoit ca et la
De *sons*, chans et melodies sons π𝔓GaH] souz β (s *over erasure*) douls Θ, De doulx s. 𝔓
Par acors et armonies, 10,610 accort aC^2, a. tresbien onnyes C^2
Si entremellés doucement E-llées si d. 𝔓
Qu'il sembloit que le firmament Qui s. Θ
En fourmiast et en risist fremiast aHC^2, —en Θ
Ausi com se chanter vousist. Ainsi comme ch. 𝔓
Et telle l'ordenance estoit 10,615 Et celle ord. a, t. ord. H
Selonc qu'à semblant me venoit, s-blance v. H, —me C^2
Quar Adam et ceuz qui la sus Que A. 𝔓C^2, et autres q. 𝔓
Estoient de nouvel venus E. nouellement v. 𝔓
Tenoient le pié de dessouz T. la teneur de d. 𝔓, piet Θ
De quanque sus chantoient touz 10,620 Et q-ques Θ, dessus 𝔓
Les angres, la feste menans angelz GH, Anges C^2
Sus les cercles et festoians. f.] tournoians aHC^2
Et la teneure telle estoit Et celle (la a) teneur 𝔓a, tel G
Du chant que dessouz on chantoit :
" Jhesu, nostre bon redempteur, 10,625
Nostre douz et piteus sauveur, d.] bon aHC^2
Nous te loons et mercions
Humblement et regracions
De ce que ton sanc espandu respandu H
As pour nous, et es descendu 10,630
En enfer pour nous delivrer
Et avec toi faire monter
Ci en cest païs glorieus, Ycy (Et a) en ce p. 𝔓u, ce p. H
Et nouz as fait benëureus —Et a, fais Θ𝔓aH, bien eur. 𝔓G
Par grace, de quoi esvellier 10,635 de] par G, q.] toi aH, es.] seueiller 𝔓
Se doit le monde et mervellier, mo. esmerv. H mo. se eueiller 𝔓
Quar pour mal nous as bien rendu. as] est C^2, m .] bien
De la pomme mal le mors fu,
Mez rendu nous en as tel bien

Le Pelerinage Jhesucrist. 343

Quë à son contrepois n'est rien   10,640   s. vray c. 𝔅
Tout le bien du monde pesé   m. passe HC^2
A faire et fait du tempz passe.   —fait a, du] le 𝔅
Glorefïés en soies tu
Sanz fin a touz jourz, douz Jhesu !"   —douz a

Au tempz que celle feste estoit   10,645   Ou 𝔅HC^2, ceste f. H
   Et quë ainsi chascun chantoit,   q. chasc. a. ch. 𝔅aHC^2, —chascun ϴ
Un angre Jhesus appela   ange Jh-u C^2
Et a Jëhan, qui estoit la   A baptiste q. 𝔅
Avec les autres festoiant,
L'envoia, et venir avant   10,650
Le fist a li sanz demourer
Et outre les autres passer ;   Et parmy (auec aHC^2) l.a. monter π𝔅$Ga HC^2$
Et avec li fist il ausi   li] ceulx a eulx C^2, —il G, li monter a. 𝔅
Monter pluseurs, si com je vi,   Fist p. ainsi que j. 𝔅 M. si c. p. j. H
Des quiex le nombre grant estoit   10,655
Et dont chevaliers y avoit   Ch. pluseurs y 𝔅
Et grant multitude d'enfans   de enf. C^2
Touz ensemble feste faisans.
Quant furent la, devotement   Et lesquelz q. il f. la 𝔅
L'aourerent et humblement,   10,660   Chascun h. ladora 𝔅
Et Jhesus a son pere dist :

           Jesus presente a dieu son pere sainct iehan baptiste que herode auoit decole. 𝔅 (T.)

le fil au
[ète.]   "Voiz ci Jëhan que tuer fist   Voi ϴ Veez Gu, Vecy J. H, q.] lequel 𝔅
Herode pour ce que m'amoit   quil m. ϴ𝔅
Et que mon messagier estoit.   message H
C'est cil qui par tout anunca   10,665   anonca aHC^2
Ma venue, et me baptisa,
Qui m'apparelloit la voie   Et lequel me paroit l. v. 𝔅, Et m-eilla aHC^2
Par tout où passer devoie,
Quë u ventre saintefias   sanctif. G sa-a C^2
Et que magnefié si as   10,670   Et par tout a passer si (dit a) as (a C^2)
                                                         aHC^2, si] tu 𝔅

Que pur homme gregneur de li
Onques u monde ne nasqui.
Ces chevaliers ausi tu voiz
Qui, pour tes mandemens et loys
Garder, ont este batailleurs   10,675
Jusqu'a mort, ce sont Machabeu(r)s,
De ces enfans qui mors pour moi
Sont, pas taire [je] ne me doi.
Piec'a pour euz argué fu
Et me fu dit que mon dëu   10,680
Pas ne faisoie quant tuer
Les laissoie, qui lors parler
Ne pouoie selonc raison
De humainne condicion.
De touz ceuz ci present te fas   10,685
Avec les autres que plus bas
Voiz sus le cercle derrenier
Pour fair'en ton vouloir plenier,
Et metre les ou bas ou haut
Selonc que sces que chascun vaut." 10,690

pour ΘGH pas 𝔓 point α, pour hom-s C^2

G-derent estre b. α, b-lleux HC^2
Machabeus ΘπℬGaHC², J-ques a G, ce] te α
c.] tels Θ ses H, par G
je 𝔓, point t. α, men d. αHC^2
arguer H
La ou me 𝔓, fust C^2

L. delaiss. 𝔓, laissoie que C^2

Et H, lhum. 𝔓
De ceux cy t. pr. H
qui ΘαH
Tu v. s. l. c. dernier 𝔓, le] ce HC^2, daerrainier Θ
P. en f-e t. vueil pl. 𝔓, —en αC^2, plenn. π plain. H plan. G
l. m. α, ou h. ou b. π Et l. colloquer b. 𝔓

Dieu le pere au fil.
Lors dist le pere : "A toi en est,
Pour touz y a maint biau lieu prest;
Toutes les foiz que tu voudras
Leur lieus assener leur feras.
Se plus veuz dire si le di'!"   10,695

P. toy α, bel ΘπGaHC^2

assignier α𝔓, asseurer leurs C^2
v. pl. α

Sainct esperit est enuoye aux apostres. 𝔓 (T.)

Le fil respont.
"Ouil, dist il ; avant que ci
Retournasse du bas päis,
Fait y avoie des amis
Qu'avec ma mere j'ai laissié,
Aus quiex ai enconvenancie   10,700
Quë avec euz touz jours serai

O il d. 𝔓 Oy d. A Oyl C^2, ycy C^2
du p. b. 𝔓
Fais Θ, Damis a. f. grant amas 𝔓
Auec H
iai Θ𝔓αH, encouuenenchie Θ
Quauecqes 𝔓, feray π

Le Pelerinage Jhesucrist. 345

Et sanz moi point ne les lairai.		—point *a*, lerray *H*
Avec ce je leur ai enjoint		—je *H*
Que, pour preschier de point en point		preechier θ
La foy, voisent par touz päis	10,705	tout *Ga*
Et qu'a touz ceuz qui convertis		Et a t. c. que 𝔓
Seront, annoncent sauvement		—10,707 *H*, annunchant *P*[1], S. sans nul varyement *C*²*P*
Apres qu'aront baptizement.		Ilz donnent le b. *C*²*P*
Si te di quë, où il iront,		Or te di ques lieus ou ir. 𝔓
Pluseurs tyrans il trouveront	10,710	P. faulx ty. tr. 𝔓, il] y *H*
Qui leur seront durs et pervers,		
Rebours et crueuz et divers,		Robeurs *aHC*²
Contre les quiex pas assez fort		fors 𝔓
Ne seroient, se bon confort		seroit *H*, bons c-rs 𝔓
N'avoient, le quel ai pramis	10,715	lesquelz 𝔓, iai p. θ, prom. π𝔓*GaHC*²
A euz touz et debteur m'en fis		eux et tout d. (doubteur *H*) me f. (fist *H*) *aHC*²
Avant que d'euz departisse		me dep. *C*²
Et ci a toi revenisse.		ycy *C*², reuerance *H*
Si que, se ce qu'ai acrëu		Par quoy si ce que iay ac. 𝔓 Si q. quanque iay ac. *aHC*², —se *G*
Avec quanque j'ai despendu	10,720	Aussi ce que j. 𝔓
N'estoit paié, pas ne seroit		Nestoie π, Nencor (Encor *C*²) pas p. ne s. *aHC*²
Mon pelerinage par droit		
Acompli ne dëuement.		Ne a. d. *HC*² Bien a. nassez d. 𝔓
Tout doit paier completement		c.] entierement 𝔓
Pelerin sanz acroire rien	10,725	
Et ses despens faire du sien.		
Si que, chier pere, je te pri		Par quoy 𝔓
Que tu entendes a ceci."		
Le pere au fi. "Fil, dist le pere, bien est voir		Filz *G*
Que quanque doiz et puez devoir	10,730	puelz et dois *GH*
Je le doi et y sui tenu,		
Et droiz est que ce qu'acrëu		Et bien c. droit q. 𝔓, qua creu *G*
As en ton pelerinage		Tu as *C*²
Tantost en soit fait paiage.		En s. t. f. bon p. 𝔓
Si me semble que ce que dois	10,735	

2 Y

Et qu'as pramis à ceste foiz		prom. 𝔓GaHC²
Est reconfort pour tes amis		r.] confort π solas 𝔓, p. t. bons a. 𝔓
Qui prescheront par le païs.		
Or n'est confort ne conforteür		nest aucun consolateur 𝔓
Qui puist estre trouvé melleür	10,740	Q. de (en C²) riens p. e. m. HC², trouuer Θ
Qu'est le S. Esprit qui ci est		Que le s. esperit GaHC²
Qui a nostre vouloir est prest.		a] en H, n.] vostre GH
Tout est un jë et tu et li		Tant π, iou tu Θ moy et toy 𝔓, toy π𝔓aH
Et n'avon rien qui soit parti.		
Si que, S. Esprit, la iras	10,745	Par quoy S. 𝔓, esperit GaHC², la] tu C²
Et mon chier fil aquiteras		—fil H
En ses amis reconfortant		s. bons a. consolant 𝔓
Et ton consel a euz donnant,		Et de t. c. confortant 𝔓
Si que sanz quelque doutance		
De tyrans ou leur puissance	10,750	Ses t. ne de l. 𝔓, —tyrans H, Facent dutout l. C²
Il entreprengnent a preschier		Et HC²
Et la foy par tout annuncier.		la] leur aC²
Et a ce faire tu prendras		f. entreprenras H f. emprenras C²
Tele fourme com tu voudras		comme Θ que 𝔓H
Qui à ce faire apartendra	10,755	
Et plus couvenable sera."		
"Certes, a dit le S. Esprit ;		esperit C²
Bien vueil faire ce qui est dit,		que G, f. quanque e. aH
Mez de la fourme que prendrai		p-dra H
Consel ici prendre je doi.	10,760	p. voulray 𝔓P¹, C. pr. yci C²
Au tempz que les enfans Adam		Ou 𝔓
Par leur orguel et grant boban		g.] leur aP¹C², beuban ΘP¹H
La tour de Babel faisoient		t. babilone f. 𝔓
Et jusqu'au ciel la vouloient		le Θ
Lever, tu Dieu (le) pere la main	10,765	—le π𝔓GaH, —Leuer Θ, tu] toy 𝔓, t. dois (voir C²) p. HC², —la a
Y mëis, et pour faire vain		Tu y mis 𝔓
Leur labeur et leur ouvrage,		Tout leur bon et HC², labour G

Line after 10,759 and after 10,760 left in blank H.

Sanz delai tout leur lengage   languaige *H*
Si devisas et confundis   Tu ℬ, div. ℬ*G*
Que les paroles ne les dis   10,770   ne] et *Ga*
L'un de l'autre ne savoient
Et entendre ne pouoient.
Et ainsi plus rien ne firent,
Ainz tantost se departirent
Et alerent en lieus divers   10,775
Par toutes contrees dispers
Pour ce quë ensemble habiter
Ne les laissoit divers parler.

Or sces tu qu'encor ainsi sont,   sc. que enc. *a*
  Pour quoi je di que, se là vont 10,780
La foy annuncier ceuz que dis,   f. nuncer c. q. ie d. ℬ, anoncier *C²*
De rien on n'entendra leur dis,   Nullement n-dront ℬ, —on π
Se ne refais le lengage un   le] ce *G* tout le *H*
Com jadis fu tout en commun,   —tout *C²*
Ou së à ceuz qui prescheront   10,785   —se *aHC²*, Ou ce a ç. q. les p. ℬ
Et en divers païs iront   en ces d. ℬ
Touz les lengages tu n'aprens   —les *C²*, tu] tous Θ
Des contrees où les entens
Envoier, que puez faire bien.
Pour quoi il m'est avis que rien 10,790
De fourme prendre ne me doi   p. ie ne doy. *aH*
Meller fors du consel de toi   Meilleur *aC²*, c. ton filz ℬ
Et ausi du consel ton filz."

<small>Dex le pere au S. Esprit.</small> Lors dist le pere encor : " Bien dis,   enc.] en tout *a* tres bien ℬ
Mez des lengues le muement   10,795   de *G*, langages pas nentent *a*, remuement ℬ
Com devant point faire n'entent.   Comme auant ℬ, f.] fors *HC²*, n.] muement *a*
Du vouloir mon fil et du tien   m. pere et le t. *a*, du] le *aHC²*
Piec'a ce fu fait, ce sces bien.   P. se (si ℬ) fu *a*ℬ, fa. tu sc. Θ
La cause fu raisonnable,
L'effet estre per manable   10,800   Leffort ℬ, permen. *H* pernable Θ

En doit, ou grant prejudice
En seroit fait a Justice.
Mez bien voudrai que les prescheurs
Qui iront en päis pluseurs
Sachent parler et entendre   10,805
Touz lengages sanz mesprendre.
Et ce bien tu leur aprendras
Ausi tost com à eus seras.
Et së a toi et a mon filz
Semble estre bon, il m'est avis   10,810
Que tu, qui leur ensegneras
Les lengages et aprendras
Et pour les quiex seras parleur
Et miex dit lengue que la leur,
Fourme de lengues departans   10,815
Et vers divers päis tendans
Devras prendre ; si en dira
Mon fil que bon l'en semblera."

"Miex, dist il, ne puet estre fait
Et où si bonne raison ait.   10,820
Et m'est avis, pour ce que nus
De force sont et comme crus
Mez deciples à ce premier,
Et qu'il aroient bien mestier
D'estre endurcis et enforciés   10,825
Pour miex resister a leur griéfz,
Les lengues de feu semblance
Ëussent et la puissance."

"A ce, dist le pere, m'acort,
Quar je sai bien que grant confort   10,830
Est le feu à mole terre
Et l'endurcist et la serre,
Si qu'assez tost en sonneroit
Bon, vaissel, se fait en estoit.

D. autrement g. p. 𝔓
S. f. a dame J. 𝔓
—bien G, Je C², v. b. aHC², pecheurs π
Lesquez i. 𝔓
bien p. C²

Et tout ce tu (—tu C²) HC², —bien a, —tu Θ
c.] que Θ
Aussi se 𝔓
b. a mon av. aHC²
toy 𝔓

par C²
Es 𝔓, dist G
Formes π𝔓, langue aHC²
Par devers div. 𝔓
Deura a
Non a, filz G, lui s. 𝔓GaH lui en s. C²

nuls Θ] mus aHC²
Mes disciples et c. cr. (—et c. cr. H) aH
Mes disciples et esperdus C²
Sont trestous a aHC²
Pour quoy a. tres b. m. 𝔓
D. end. feruens et chaulx 𝔓
reciter a l. grez HC², g.] gies a, a tous maulx 𝔓
Que ces lang. 𝔓
et de feu l. p. 𝔓

Ad G
scay aHC² scoy G
E. la le f. Θ, a] en C², molle 𝔓GHC², t.] cerce HC²
Qui le. 𝔓, Et que C², Et si le. alenserce H, et lenserre a et lenserce C²
en] hault 𝔓G, t. resonneroit aHC²
Le v. qui f. 𝔓

Le Pelerinage Jhesucrist. 349

  Et miex assez en sonneront   10,835
  Les deciples, se cuiz en sont.
  Sonner les faut par preschement
  Si que les oent bien la gent."

Le S. Esprit au pere et au fiz.
  " Ainsi, dist lors le S. Esprit,
  Là droit m'en voiz com avez dit.   10,840
  Melleur consel ne pouoie
  Avoir quant à ceste voie."

  E<small>t</small> ne demoura pas granment
   Que du ciel manifestement

Act. ii.
  En l'air aval vint un grant son   10,845
  Avec grant coruscation

  De feu com lengues soi monstrant
  Et ca et la soi departant.
  Et en la maison où assis
  Estoient et ensemble mis   10,850
  Les apostres leur pramesse
  Attendans, si com expresse
  Fait leur bon maistre leur avoit,
  Le S. Esprit descendi droit,
  Et en chascun d'iceuz se mist   10,855
  Et tel confortement leur fist
  Que tyrans puis ne douterent,
  Mez pour la foy s'exposerent
  A mort et a tres griefz tourmens,
  Les lengages de toutes gens   10,860
  Parlans par toutes regions
  Si proprement que n'estoit honz
  Qui entendre ne le[s] pëust
  En quelque region il fust,
  Et au son ne les entendist   10,865
  A bon feu avoir este cuit.

Tes d. 𝔓, cuiz 𝔓 quis Θ cuit C^2
—10,837 GaH, fait 𝔓
—10,838 GaH, Qui de somme excite la g. 𝔓
Aussi HC^2, esperit C^3
dr.] ie ne 𝔓, La m. v. comme a. (maues H lauez C^2) d. aHC^2, c. maues G
pourroie 𝔓C^2
Accepter q. 𝔓

chor. 𝔓 chorustacion π corruscacion G constacion a consolacion H demonstracion C^2
se m. 𝔓

Dedens l. 𝔓
Et les disciples et m. 𝔓, —et π
Illec actendens l. p. 𝔓, promesse C^2
A eulx tous faicte bien ex. 𝔓
Par l. m. gaire nav. 𝔓, boins m-es av. Θ
esperit C^2
Dessus ch. deulx il se m. 𝔓, de ceux aHC^2

les t. C^2, t. point ne doubtoient aHC^2, p.] apres 𝔓
M. (Aincois HC^2) p. l. f. sopposoient (sexposoient C^2) aHC^2
a] si H, grans Ga, grief t-nt Θ
toute gent Θ
p.] de aHC^2
quil n. 𝔓a, ne pot C^2
les p. Θπ𝔓aHC^2] le $\beta\pi G$, Que H, puet π
De q. 𝔓, r. quil f. 𝔓$GaHC^2$
e-deist G
Au πGaH, auoient e. cuiz 𝔓, estre cuist GH, quit Θ

Lors Dieu le pere dist au fil :
"Je croi qu'en la terre d'essil
Où as fait pelerinage
Ne doiz plus rien dont paiage 10,870
Tout fait ne soit entierement."
"Pere, dist il, encor m'entent,
Et autre chose te dirai.
Tu sces que la mere quë ai
Et quë en terre me donnas 10,875
De moi à oublier n'est pas.
De sa char et son sanc vestu
Sui sanz part d'autrui, ce sces tu.
En moi ont este tourmentés
Sa char et son sanc sus nommes. 10,880
Du tout a toi completement
N'aroie pas retournement
Fait, së avec moi ne venoit
Ou amenee n'i estoit
Pour li paier ce que li doi, 10,885
Si com tu mesmes en ta loy
Ancïennement establis.
Aval u terrïen païs
Ne l'en ai(t) fait nul paiement,
Ou au mainz tres petitement 10,890
L'ai fait, c'est de li honnourer
Et reverence li porter.
Petit semblant li ai moustré
Toute foiz qu'a à moi parle,
Et pou, se n'est estrangement, 10,895
Je li ai tenu parlement,
Si que, qui parler m'i ouist,
Estrange de li me dëist,
Se n'a tant seulement este,
Puis que de mort fu suscite, 10,900

L. dit D. l. p. dit π, filz Ga
dexilz G
f. ton p. $\mathfrak{P}H$
N. d. r. d. le droit p. H, —plus αC^2, dont] que le $\mathfrak{P}$, d. le p. C^2, peage α
Nen s. f. t. e. $\mathfrak{P}$ T. ne s. f. e. G, Fait n. C^2

Vne a. HC^2, Vne ch. ie te d. α
q. iay $\mathfrak{P}G$

chair $\mathfrak{P}$
dautre H

ch. so. sanc dessus n. αHC^2, sus] suis G
c.] retournement $Ga HC^2$ vray compliment $\mathfrak{P}$
r.] complettement $Ga HC^2$
F. sauec m. G, m. elle n. $\mathfrak{P}$

Comme toy m. $\mathfrak{P}$, tu] toi αC^2, meismes H
lestabl. $\mathfrak{P}G$, Aucunement as e. C^2
La val ou $\mathfrak{P}$
ai $\Theta\pi\mathfrak{P}Ga H$, Se l. π, F. ie nen ay aucun p. $\mathfrak{P}$
Au moins que t. p. $\mathfrak{P}$
L. ie f. c. de lhon. $\mathfrak{P}$
—li G

Toutesfoys $\pi\mathfrak{P}Ga HC^2$, que a m. a, qua m. a p. $\mathfrak{P}$
peu si non estr. $\mathfrak{P}$

Telement q. p. moyst $\mathfrak{P}$
Bien est. $\mathfrak{P}$
Ce G Si $\mathfrak{P}$
q. fuz d. m. s. $\mathfrak{P}$, fu] sui αHC^2

Qu'ai fait pour li reconforter
Et apaisier son duel amer,
La quel chose celeement
Ai fait sanz sceü de la gent ;
Si que, perès, encor li doi   10,905
Tout le viez deu de la Loy,
Le quel se ne li paioie,
Pas bien dire n'ouseroie
Que mon pelerinage fust
Bien acompli si com deust.   10,910
Si que, chier pere, je te pri
Que il te souviegne de li,
Et que ainsi quite soie
De quanque doi pour ma voie."

Dieu le pere au fil. "Fil, a respondu le pere,   10,915
Bien sai que tu et ta mere
Estes un materielment,
Une char, un sanc simplement.
Et bien est droit et bien raison
Que pas n'en soit division,   10,920
Mez que ci l'aies près de toi.
Toutevoies ceci otroi
Par condicion que deport
N'ait point en terre de la mort,
Plus deporter pas ne l'en doi   10,925
Comment que soit que j'ai fait toi ;
Ausi tu ne m'en pries pas
Et sai bien que tel vouloir as.
L'ame de son cors partira
Par les coustumes de piec'a,   10,930
Mez rassembler tout repourron
Tost je et tu quant nouz voudron,
Et faire tout le remanant

la r. ℬ
rapais. ℬ, d.] vueil π
Laquelle ℬ G
Jay f. et tout secretement ℬ, s. le sc. C²
Par quoy pere e-ore ℬ, pere πℬGaHC², encore ℬH
vieil GaH viel C², T. lancien deu ℬ
le p. π
nos. ℬGaH

acompli H, ac. ainsi quil d. ℬ, c. je dust C²
Par quoy ch. ℬ
Q. bien t. ℬ
que] par ℬ, aussi π, quittes je s. C²
p.] en a

ce a r. C²
scoy G, tu] toy ℬa, Je s. bien q. toy C²
m-riement ℬ m-rialment aH
un] et G
Et b. ie (ie b. a) maccort par r. πℬGaHC²
ne s. C²
Quant ycy lauras p. ℬ, ci] tu aHC², prins C²
Toutesfois c. ie o. ℬ

Car pl. dep. ne ℬ
C. quil s. HC²
Et a. ℬC², n. le vuols p. C²
de li (lui C²) depart. aHC²

r. bien la pouons a ress. bien nous pourrons HC²
T. moy et toy q. ℬ, tu] toy H
remen. πGaH

Qui en sera ap*ar*tenant.
Et des maintenant je t'acort 10,935
Quë en faces apres sa mort
Du tout en tout ta volente,
Et quë a l'ame räuné
Soit le cors amené ca sus,
Et que de nos angres la jus 10,940
Soit alé querre lïement,
Et que lors sanz nul targement
Tu t'aquites par devers li
De quanque li doiz, et ainsi
Sera ton pelerinage 10,945
Paié sanz nul arrierage.
Ainsi le vueil, (ain)si l'otroie.
Bien est digne d'avoir joie
Celle dont tenons parlement
De qui du tout a toi m'atent." 10,950

Puis granment pas ne demoura
Que pluseurs angres appela
Jh*e*s*u*s du siege où se sëoit
Delés son pere a cui tenoit
Compaingnie le S. Esprit, 10,955
Aus quiex angres ainsi il dist :
" De ma mere que v*ou*s saves
Et que lonc tempz gardé aves
Aval en terre de labour
Est venu le derrenier jour. 10,960
Corp*o*relment doit tost mourir
Et l'ame du cors departir,
Mez assez tost rassembleront
Et tout un com devant seront ;
Descendés là, et tout gardés 10,965
Jusqu'a tant qu'ainsi fait verres,

Et tresmaint. *H*, ie tactor *a*
Quen f. tout ap. 𝔓
Selon la tienne v. 𝔓
l. soit r. 𝔓, r.] adune *a.* avne *HC²*
Le co. et ram. 𝔓, co. et am. *HC²*, ramene Θ𝔓*G*
angelz *G* anges *C²*
ales *H* alee *aC²*, querir 𝔓
s. atargem. *aHC²*
— par *C²*
li dis *a*
S. bien t. *C²*
arrer. *G*
ainsi βΘπ𝔓*G*α*H*, vuil *G*
Car b. *C²*

angelz *G* anges *C²*
on 𝔓, se] il Θ*HC²*
Pres de s. 𝔓, c.] qui π𝔓*G*α*HC²*

Et ausquelz anges ai. d. 𝔓, q. ainsi il a dit *aH* q. parla et ai. d. *C²* q. tantost ainsi dit *G* auez *H*
Q. l. t. g-dee a. *G*, g-dez a. *C²*

E. peruenu le derrier j. 𝔓, daerrainier Θ
Que c-orement d. m. 𝔓, corp*e*relm. π

c.] que 𝔓
la] y 𝔓

Jhesus aus angres.

Le Pelerinage Jhesucrist.

Et la m'amenés ci amont !"		ci] ycy $\mathfrak{P}$ ca a*H*, ca mont C^2
Adonc tantost descendus sont		Et la t. a, d-du Θ
Et firent ce qui leur fu dit		que $\mathfrak{P}Ga H$
Joieusement sanz contredit.	10,970	Alariuer s. a A lamener s. *HC*²
A l'amener grant joie fu		En l-nant grande j. firent $\mathfrak{P}$ Grant j. demenee f. C^2, j. y fu a
Et encontre li sont issu		encore *H*, Et a lencontre delle yssirent $\mathfrak{P}$, Des anges et encore ys. C^2
D'angres compaingnies si grans,		Daultres Ga*H*, En sont des c. gr. C^2
A douces voiz si haut chantans		doulce $\mathfrak{P}GH$
Que ciel et terre en rioient	10,975	le c. C^2
Et de joie fourmioient,		form. πG fremio. a*HC*², tout f. C^2
Et estoit tele la chancon :		t. leur ch. C^2

Chanson des anges a lassumption nostre dame. $\mathfrak{P}$ (T.)   Anges chantent deuotement a la vierge marie montant es cieulx. $\mathfrak{P}$ (T.)

Les angres chantent.	"Or ca, dame, grant joie avon	ca] ia π
	De la grant honneur qui te vient	
	Si com droit est et apartient. 10,980	Comme d. $\mathfrak{P}$, drois a*HC*²
	Ta venue nous est belle	e moult b. C^2
	Et par toi nous renouvelle	t.] ton corps *HC*², t. en n. $\mathfrak{P}$
	Tout deduit et toute feste,	Solas d. $\mathfrak{P}$
	Et n'est cil qui ne s'apreste	n'est] ny a *HC*², cil] nul a celuy $\mathfrak{P}$
	De toi comme dame servir 10,985	
	Et du tout faire ton plaisir."	

Ainsi u ciel la menerent		Et a. C^2
Et ainsi la presenterent		a.] humblement $\mathfrak{P}$, Et ioyeusement p. *HC*²
Devant le haut throne de Dieu		h.] grant *HC²P*, trosne *HC*²
Où estoit apresté son lieu	10,990	
A la destre de son fil chier		
Où fu assise sanz targier		
Et où tantost la couronna		t. laraisonna a*P*¹ *HC²P*
Son fil et ainsi dit li a :		Si f. a

354   *Le Pelerinage Jhesucrist.*

Jesus couronne sa mere royne de paradis. 𝔓 (T.)—Coronee a este n're dame et constituee royne de paradis. 𝔓 (T.)

Jhesus a sa mere.
" Mere, du gré et volente   10,995   du] au HC^2
De mon pere et auctorite,
De l'acort ausi et vouloir   Et du gre au. aP^1HC^2P
Du S. Esprit, qui un de voir   —10998 (line blank) H, q. a pouoir C^2P
Sommes touz troiz, la couronne   Present te fai de la c. C^2P S. tuit troy et la
                                                  c. H, tr. a l. P^1, la] noble 𝔓
De ce regne je te donne,   11,000   reaulme 𝔓, r. q. j. C^2
Röyne de tout tu seras.   du Θπ𝔓$GaHC^2$, tout] ciel HC^2
Quanque commander tu vourras   Tout (Et C^2) q. c. v. 𝔓C^2, —tu a
Sera fait, touz obëiront   tout Θ et C^3 car t. 𝔓
A toi qui sont et qui seront.   Tous a toi qui sont et ser. C^2
Et ne sera nul en terre,   11,005   nulz HC^2
S'aucunne chose requerre   ch.] demande 𝔓
Te veut de cuer devotement   du c. 𝔓aH
Que ne li puisses prestement   ne puisse a, le H
Faire, se vouloir tu en as.   F. se en as le v. a, se le v. en as HC^2
Et pour ce ne lairai je pas   11,010   — Et a
Que du tout ne face ton gre
Quant voudras et ta volente.   Ton vouloir et a
Së a toi faire bel semblant   Et se a te f. beau s. 𝔓, f. toy HC^2
Attendu jusqu'a maintenant
Ai, plus*eurs* causes y avoit :   11,015   Jay 𝔓
Le cors qui de toi me venoit
Me falloit a tourment livrer,   faill. GaH
Et le päis où demourer   Aussi l. 𝔓
Me falloit m'estoit dangereus   faill. GaH, f. est. π𝔓
Et pour pluseurs maus e*n*nuieus,   11,020   enuieux πGaH
Et cause nulle n'avoie   nu. c. aHC^2, Aucune c. ie nav. 𝔓
De soulas avoir ou joie.   De nul s. a. ne j. 𝔓, De av. (faire H) s. et
                                                  (ne C^2) j. aHC^2
Se të ëusse ausi semblant   De ce eu. π, Se (Et G) ie teusse Θ GC^2,
Moustré, ta merite si grant   Se de ce a. monstrey s. 𝔓
                                                  Je teusse mer. 𝔓
Ne fust mie selonc la foy   11,025   Neusses pas eu s. 𝔓, fut π
Que chascun doit avoir en moi ;   Qui π, d.] veult aHC^2
Mez maintenant le tempz venu   Maint. le t. est v. 𝔓

Le Pelerinage Jhesucrist.

Est que vueil faire mon dëu	Quenuers toy v. ℞
De toi com[me] mere honnourer	comme π℞G*aH*
Et reverence toi porter. 11,030	Et t. r. p. a*HC*², te ℞G
Or commande ce que voudras,	
Ciel et la terre en ton bail as."	Le c. et te. ℞, Car ci. et te. *HC*², —la π℞G*a H*, en ta baillie as α

La mere au fil.
"Chier fil, a elle respondu,   filz *G*
De ce que tant il t'a plëu   ta compleu ℞
En ce regne moi honnourer   11,035   De m. en ce (cest *HC*²) siecle h. a*HC*², cestuy reaulme me h. ℞
Et tel reverence porter,
Toi, ton pere, le S. Esprit   p. et l. ℞*C*²
J'en merci[e] sanz ce qu'aquit   mercie ℞*H*, mercie et s. ℞
Onques aie de ce faire   A iamais iaye ℞, en a. *C*²
Et de si grant bien fait taire.   11,040   Ne ℞, si] ce π, f.] faire *G*, b. me (—me *H*) faire (—taire a*H*) a*H* b. parfaire *C*²
Mez une chose te dirai,
Puis que si grant congié en ai.   en] ien ℞
Garde, së en ton voiage   Regarde bien sen t. ℞, G. toy s. *H*
Et en ton pelerinage
Tu as acompli tout a plain   11,045
Quanque ton lignagë humain   Tout q. ℞, t.] tout α
A de toi piec'a attendu.
Je voi là ton cousin tout nu,
Jëhan, et Adam là plus bas   et] aussi ℞, le *G* les a*HC*²
Et autres pluseurs à grans tas   11,050   grant α
Que sanz leur cors as amenés,   Qui *C*², s.] nus a ius *HC*²
Pour quoi de moi sont nus clames.   de m.] leurs corps α, nudz ℞*C*²

Corps humains resusciteront, aultrement neust este besoing que le filz de dieu eust prins corps humain, mais seulement ame. ℞ (T.)

Ne soufist pas, se venue   suff. *G*, v.] tenue a*HC*²
Sui ci de mon cors vestue,
Et les autres vestus ne sont,   11,055
Mesmement ceuz qui tous jours ont
Entr'euz et leur cors lahouré
Et ensemble se sont pené
D'aquerre ta grace et t'amour,   Dacquerir ℞*H*
Et pour les quiex ausi labour   11,060

Jusqu'a la mort tu as ëu.
Bien se pourroient deceü   p. tenir d. $\mathfrak{P}$
Tenir qui en compaingnie   Q. en ta digne c. $\mathfrak{P}$ Clamer que en ta c. C^2
Aroient usé leur vie
Esperans par toi sauvement,   11,065   p.] de aHC^2
Së apres le departement   Et Θ Cy C^2, le leur d. $\mathfrak{P}$
D'ensemble rejoins n'estoient   Ens. $\mathfrak{P}aHC^2$, reioint Θ resiois H resioins C^2
Et dessevrés demouroient.   Et se d. C^2, dess.] dessemes H separez $\mathfrak{P}$
Et croi que pas ce n'entendis   q. ce p. n. aH
Quant pour euz sauver cors prëis. 11,070   — euz a, po. les s. ton c. pr. $\mathfrak{P}$
De leur cors le tien est venu
Par moi, si com il t'a plëu.   si] ainsi $\mathfrak{P}$, comme $\pi\mathfrak{P}GaH$, comme ta aHC^2
Leur cors le tien ca ensüir   co. leuer et ens. aHC^2, cha π deca $\mathfrak{P}$, en-
              sieuir Θ
Doivent et apres li venir,   li] toy G, D. a. toy et v. C^2
Supposé que leur esper*i*s   11,075   Non obstant q. $\mathfrak{P}$, leurs C^2
Soient haut par ta grace mis,   S. cy h. $\mathfrak{P}$
Autrement n'eust mestier este   m. n. aHC^2
Qu'à cors te fusses äuné ;   Que de c. te f. arme $\mathfrak{P}$, furent arme π
Sanz cors prendre, se vouloies,   se] ne a, Car s. c. pendre C^2
Esper*i*s sauver pouoies   11,080   Tous e. C^2
Sanz avoir fait prejudice   S. faire quelque p. $\mathfrak{P}$, f. nul p. C^2
Comment que fust à Justice.   Ne contraire a dame J. $\mathfrak{P}$, f.] soit a, q. ce soit
Et ne te desplaise, chier filz,   a J. H, q. ce f. C^2
Se je t'en ai dit mon avis."   — ai a

<small>Jhesus a sa mere.</small> "Chiere mere, dist il, mez mo*n*t 11,085   mere mais moult d. y $\mathfrak{P}$, moult GHC^2
   Me plaist quant jë ai ci amont   que $\mathfrak{P}GC^2$, que iay am. ycy $\mathfrak{P}$, q. iay a
Advocate bonne et sage
Es causes d'umain lignage.   Pour cause aHC^2
Et saches qu'ainsi sera fait   sachies Θ

11,070.—With line 11,070 MS. *z* (Bibl. Nat. f. frc. No. 12,465) breaks off at the end of fol. 214 (last leaf of a layer). The next layer is lost; only its catchwords *De lour corps* (=first words of line 11,071) are still preserved at the bottom of fol. 214.

Le Pelerinage Jhesucrist. 357

Com tu as dit, si que ja plait	11,090	Comme 𝔓a*H*, d. ne ia p. 𝔓 d. quil te p. *H*, — ja *GaC*²
En nul tempz lever n'en faudra ;		Et nul t. lamer *HC*², ne f. Θπ
Mez si tost mie ne sera.		
Les cors de matiere pesant		Le π*HC*², matere Θ
N'ont mie d'avantage tant		Non *C*², m.] bien scez 𝔓
Pour monter com les esp*e*ris	11,095	c.] quont Θ c. ont *C*², comme esp. π
Qui sont creés ca sus et pris.		p.] mis a*HC*²
Ca retournent naturelment		Chi Θ Cy *C*² Sa a, Qui r. n-reement 𝔓
Com a leur premier orient,		
Se jus ne se sont enlaciés		Ses a, Sembas n. 𝔓
En las ou en roiz de pechiés.	11,100	Es l. ou es retz 𝔓, r. depecies a r. despeciez *HC*²
Si faut que les cors pourrissent		Il f. bien q. 𝔓
Et que dë euz tout hors issent		—tout a, t. h.] entierement 𝔓
Toutes pesanteurs humainnes		= 11,104 a*P*¹*HC*²*P*, Trestoutes *C*²
Par jours, par mois, par semainnes		= 11,103 a*P*¹*HC*²*P* (pesantures *P*¹)
Et par lonc tempz, si que purgiés	11,105	
Si soient et si allegiés		Se a*HC*², So. telement et al. 𝔓, aleg. π
Quë a leur esp*e*ris aler		leurs *C*², e. tresbien al. 𝔓
Il puissent plus tost et monter.		I musent p. t. a m. a
Et encor ne soufira pas,		Encores n. 𝔓*C*², suff. π𝔓*GaH*
Mez faudra quë aval bien bas	11,110	M. bien f. quav. 𝔓, Ains faurra (fauldra *C*²) quav. bi. et (—et a*C*²) bas a*HC*²
Contre euz voisent les esp*e*ris		Vers e. sen v. leurs esp. 𝔓
Par les quiex seront haut ravis		h. s. π𝔓*GaHC*²
A l'aïde que leur feront		q. lors l. 𝔓
Nos angres qui près en seront ;		Les 𝔓, angelz *G* anges *C*², que Θ
Ce sera au grant jugement	11,115	
Que le monde son finement		
Ara [et] que touz suscités		et *G*, *A*. (Fera a*HC*²) q. t. ressusc. 𝔓a*HC*²
Seront a moi et amenes,		S. et a m. am. *G*
Bons et mauvaiz en lieu certain,		
Touz vestus de leur cors humain.	11,120	v. et l-s c-ps h-s *C*²
Et monteront les bons ca sus		b.] corps π, ca] la a
Et les mauvaiz en enfer jus.		L. m. en enf. la (ca *H*) j. a*HC*²
Se, mere, ci es venue		M. se es ci v. a, Si que m. *C*²

De ton humain cors vestue,
Il n'i avoit rien a purgier,   11,125
A pourrir ne a allegier.
Comme le mien je l'ai purgié,
Glorefié et allegié.
N'est quë un le tien et le mien,
Et si n'ëusse mie bien   11,130
À mon vueil fait mon voiage,
Se de moi et toi partage
Fust, si que je fusse ca sus
Et ta demourance fust jus.
Partis ainsi nous serïon   11,135
Qui un seul cors sanz plus avon."

A donc Gabriel s'avanca
  Et saluer la dame ala
En soi a li recommandant
Et en nouvel chant commencant,   11,140
Au quel angres et esperis
Touz ensemble de joie espris
S'assemblerent en poursuiant
Ce que Gabriel par devant
Commenca. Vez ci la chancon :   11,145
"En ceste haute region
Ne soit nul qui ne viegne avant
Et qui ne chante nouvel chant.
Nostre roy, qui estoit alé
En terre jus, est retourne,   11,150
Et a sa mere fait venir
Pour tout le royaume tenir
Et gouverner à son vouloir,
Et auctorité et pouoir
Li a otroié et donné   11,155
Que rien ne soit fait qu' à son gre.

Gabriel chante et les autres.

p.] forgier *H*

aleg. π*H* alig. α

aleg α*H* alye *C*²

Cest q. *G* Ce n. q. 𝔓, le m. et le t. α*HC*²

si] pour ce ie 𝔓

f.] comply 𝔓

t. fust p. 𝔓

F. signe j. f. sa s. *C*² Q. je demourasse ca s. 𝔓,
  q. refeusse *G*

Car diuisez a. s. 𝔓 Car departis n. serron *H*
  P. et separes s-s *C*² P. n. deuz s. α
Et que u. c. s. nous n'auons *C*²

s.] commenca (erased α) α*HC*²

A elle se r. 𝔓

angelz *G* anges *C*², et et espris π

poursieuant Θ poursuiuant *GaH*

per α

veschi Θ vecy π veezcy *G*] ce fu α*HC*²

a f. sa m. v. 𝔓

P. ce noble r. 𝔓

ny 𝔓, que s. α*H*

Le Pelerinage Jhesucrist.

De bonne heure l'ai servie,
Et encor toute ma vie   encore C^2
Tenu me tieng li servir plus,   Tenir α, riens $G\mathfrak{P}$, la s. $\mathfrak{P}$
Et de touz nous il n'i a nus   11,160   Et n. t. nen y a nuls Θ, nous t. $\mathfrak{P}$α, de tres-tous C^2
Qui ausi faire ne doie   ainsi α, f. faire ne le d. Θ, ne li d. C^2
En grant lëece et en joie.   lyesse $\mathfrak{P}$ liesse C^2, en] grant αH en grant C^2
Or en chanton tres lïement,
Et ca amont n'ait instrument   sa α cy C^2, Et par deca n. $\mathfrak{P}$ Et cy aual n. H
Qui avant ne soit aporté   11,165   ni Θ, Q. ne s. av. ap. αHC^2
Et si par Musique acorde
Que n'i soit oui nul descort,   Qui Θ, Q. ouy ny s. n. desacord $\mathfrak{P}$
Et des joueurs chascun aport
Le sien qui miex en scet jouer !"   que Θ

Lors fu tout fait sanz demourer 11,170   tost α
  En la maniere que fu dit,   questoit d. π$GαHC^2$
Et a jouer chascun se prist   chesc. α
Selonc que faire le savoit   s.] pouoit αHC^2
Et l'instrument quë il avoit ;   Et selon l. quauoit $\mathfrak{P}$, qu av. α
Et avec ceuz qui n'avoient   11,175   auec ce c. $\mathfrak{P}HC^2$
Instrumens tex com vouloient   c. ilz C^2
Se prirent a forment chanter   prindrent G, prinstrent f. C^2, f. α$H\chi$, f.] tresfort $\mathfrak{P}$
Et leur haut chant entremeller   entreulx mell. H
Avec les sons des instrumens   le son Θα$H\chi$
Qui jusques aus bas elemens   11,180   Q. souef aus (a HC^2) b. e. αHC^2 Molt grant melodie rendens χ, j. b. elim. Θ
De toutes pars furent ouis.
Et n'estoit rien a mon avis
En ciel, en terre qui feste   E. t. ne en c. q. $\mathfrak{P}$, en] nen χ ne en C^2, que $H\chi$
Ne fëist tres manifeste.   fist voire t. $\mathfrak{P}$, feissent H
Et touz anemis hebergier   11,185   —11,185 χ, ennem. G, herb. H
S'estoient füis et mucier   —11,186 χ, Sen est. alez et m. $\mathfrak{P}$ Si sest. fait et (—et H) m. αH, et fait mucier C^2
En enfer si parfondement   —11,187 χ, En e. bien p. C^2
Par paour et si closement   —11,188 χ, P. grant p. $\mathfrak{P}$, Et auec ce si cl. α Et auec ce clouseem. H La feste fut joyeusement C^2

Que sus terre n'en demoura		—11,189 χ, sur *GH*, en *a*, Faicte et ne demoura *C²*
Nul, tant com la feste dura.	11,190	—11,190 χ, c.] que 𝔓, Sur terre nul tant com dura *C²*
Mont à aise lors dormoie Et en verite pensoie		= 11192 (Et en verite bien cuidoye) χ Moult a. l. je d. *C²* —en *G*, p.] bien cuidoie *P¹H*, Ce fust (Que ce feust χ) vray quant ie songoye *C²* χ
Quë ainsi fust com j'ai conté, Mez point de moi n'est affermé		Et quainsi *C²*χ, fu *G*, c.] que θ
Forz en tant com l'Escripture	11,195	—11,195 *G*, F. t. (autant 𝔓) comme l. a𝔓 F. de t. c. (que la *P¹*) saincte escr. *P¹* *HC²χP*
En dit la verite pure.		—11,196 *G*, dist θ*A*, d. a l. 𝔓, v. tres p. *P¹HC²χP*
Un songe fu, si com tost vi,		fu (fis *C²*χ) ou tout ce vi *HC²*χ, t. c. *a*
Quar par le grant son quë oui		Quant *G* Que *P¹* Qui *aHC²*χ, q. iouy *C²*χ q. ie o. 𝔓
Et par la chanterie grant		Aussi 𝔓, pour χ
Toutes mez orelles remplant	11,200	empliant *a* emplant *HC²* emplent χ
Esvellié fu, et me trouvai		Esueillies fui θ, Esveillez *C²*
U gardin dont devant dit ai		
Acouté dessouz le pommier		Acoutre *a* A coute *H*, Acoude dessus 𝔓
Dont le pié m'estoit orellier		Ou l. *aHC²*χ, orill. χ
Et où les oisiaus estoient	11,205	Sus (Soubs *C²*χ) lequel l. o. chantoient *H* *C²*χ, est.] chantoient *a* (*HC²*χ)
Qui encor s'i deduisoient.		si] se π𝔓*a*, Et vng tresdoulx chant demenoient *H* Entreulx et se resiouissoyent *C²*χ
Ainsi mon songe a touz je di,		Et ai. m. s. a t. dy *HC²*χ, —je *a*, die *d*
Et que prient pour moi leur pri.		qui *d*, prie *d*

Explicit le pelerinage Jhesucrist. Loroison de cil qui le songa et qui le lira βθ. Repetition du pelerinaige iesuscrist par maniere de deuote oroison. 𝔓 (T.)

Cy fenist le liure du pelerinaige de Jhesucrist. L'oroison de celluy qui fist le dit pelerinage touchant la matiere d'icelluy *C¹*.

Lines 11191 a-b.—Et point de soussy nauoie
   En verite bien cuidoie *C²*
Line 11,202 refers to line 28 et seqq. here above.

11,208.—The text of this third Pilgrimage ends with line 11,208. The following lines (11,209-11,416) contain the author's prayer to the Lord Jesus based on the preceding text. In most MSS. there occur, therefore, to separate the prayer from the text of the Pilgrimage, rubrics to this effect; but these rubrics offer so great variations in their wording that hardly any of them can be regarded as genuine, not even those of the two best MSS. (βθ) given above in the text after line 11,208. The other ones will find place in the Appendix.

GUILLAUME DE GUILEVILLE.

C^2, fol. 45.

To face p. 360.

Le Pelerinage Jhesucrist. 361

Douz Jhesu, fil Dieu le pere, [11,210
   Bien est tempz quë or m'apere
Comment a toi je sui tenus.
Sanz le premier bien qui venus
De toi m'est en creation
Et nouvelle production
D'estre qui n'estoie mie   11,215
Moi donnant amë et vie,
Nouvellement tu m'as bien fait,
Consideré le grant meffait
Pour quoi à mort puis obligié
Ai este par maint *grant* pechie   11,220
Avec cil d'Adam, mon pere
Et dë Eve, ma viez mere ;
Quar si com maintenant vëu
Et nouvellement ai lëu,
Tu, qui es impe*rm*uable   11,225
Et en estre pe*rm*anable
Seras et es et as este
Sanz point muer stabilite,
Es venu pelerinage
Faire pour moi et voiage,   11,230
Du quel, quant regardé les pas
Quë a passer n'espa*r*gnas pas
Pour moi en enfer jus querir
Où tu me vëoies pe*r*ir,
Mont me sent obligié a toi   11,235
Et redevance grant t'en doi.

t.] raison *H*, apaire *C²*

Sauf *HC²*, que *C²*

que *C²*, q. rien ie n. $\mathfrak{P}$
A m. octroyant a. $\mathfrak{P}$ En m. d. corps a. *HC²*, d. et a. Θ

p.] plus *HC²* bien $\mathfrak{P}$
grant $\Theta\mathfrak{P}H$] mon $\beta\pi GC²$

vielz *G* vieze π vieille *HC²*] premiere $\mathfrak{P}$
Q. ainsi que m. $\mathfrak{P}$, Ainsi c. *HC²*

Que toy q. $\mathfrak{P}$, es vray dieu non muable *HC²*
Et ton est. est (—est *C²*) pardurable *HC²*, en ton est. $\mathfrak{P}$, parm. Θ

S. m. estab. *H*, p.] riens *C²*, establette *C²*
pour p. *C²*
p. nous pecheurs et v. $\mathfrak{P}$
je regarde *C²*, r-day le *G*
Et a *HC²*, nespergn. *G* nespargna Θ nespargne *C²*

v.] regardoies $\mathfrak{P}$
Dont *G* Moult $\pi\mathfrak{P}HC²$, sens *C²*
te d. *G*

Lines 11,209-11,416 are wanting in *a*, but not through the loss or want of space or paper, since the last leaf of the volume (foliated 292), on which stand only the last 20 lines (11,189-11,208), would have afforded space enough for the transcription of the lines 11,209-11,416, and this the more so as after fol. 292 there is one leaf (the last of the layer) wanting, and the number 292 should accordingly be 291; see description of MS. *a* in the Introduction.

Premierement je t'ai vëu
Petit enfant et povre et nu   enf. p. *HC*²
Fors tant que ta mere t'avoit   —tant *C*²
Selonc que pouoit et savoit   11,240
Couvert de drapelés petis   des *H*, dr-letz *GH*
Que Povreté li avoit quis.
Et sai bien que point hebergié   —point *G*, herberg. π*G* herbegie Θ
N'ëusses este ne logie
Ne ta mere, se Povreté   11,245
Ne vous ëust lieu apresté   v.] lui *HC*², e. le l. 𝔓
En une estable, où estoient   u. hale la ou esto. 𝔓
Pluseurs bestes et gesoient,   et] qui y 𝔓*HC*²
Des essaies et du soustrait   estayes 𝔓 ass. Θ, ess. en vn son trait *H* e. en un s. *C*²
Des quelles un povre lit fait 11,250
Fu pour vous ii̇̈ où fustes mis   —ii *C*², feustes *G*
Sanz consel et confort d'amis.   S. confort (conseil *C*²) dauoir ne dam. *HC*², et] ne 𝔓
La soufris tu le martire   Et l. *C*², tu] iesu 𝔓
De la loy qui circuncire   la vielz lo. 𝔓
Te vint en ton sanc espandant, 11,255   sang π𝔓*GH*
Et la maniere toi moustrant   Et le mistere t. *H*, te monst. 𝔓, matiere *C*²
Comment apres dur seroies   duis *H*, d. tu s. *C*²
Quant par le päis iroies ;   Lorsque p. 𝔓
Quar bien il li estoit avis,   —bien *G*
Së en jeunece bien apris   11,260   Sen ta j. 𝔓
De griéftés soufrir estoies,   grietes π griefte *G*, Des durtez s. 𝔓
Miex apres les soufferroies.   M. asses le s. *G*, souffrero. π𝔓*GH*, Et m. *C*²
Et ce fëis tu voir assez :   Ainsi que tu fiz trop as. 𝔓, Et si feistu v. *G*, fais π
De l'anemi tu fu[s] temptés,   fus Θπ &c.
Tu jëunas et fain ëus,   11,265   et moult grant f. 𝔓
Et en maintes manieres fus
Injuriés par faiz, par dis   f. et d. π𝔓*GHC*²
De ceuz a cui plus bien fëis.   pl. de b. fis. 𝔓
Demoniaque t'ont nommé   D-iacle 𝔓, De moyses que t. *C*²
Et de fornication né,   11,270

Le Pelerinage Jhesucrist.

Homme mauvaiz et deceveur,
Prophete fauz et enchanteur,
Et t'ont voulu precipiter   princ-te C^2
D'amont aval et lapider.   De mont en val θ
Et finablement conspiré   11,275
Ont, comment as este livre   Ilz ont comme as $\mathfrak{P}$, comme π
A mort, fausement accusant   taccus. $\mathfrak{P}$
Toi, et le larron delivrant   Et vng faulx lar. d. $\mathfrak{P}$
Qui adjugié à mort estoit   Q. a iugey $\mathfrak{P}$
Pour homicide selonc droit.   11,280   Par homec. θ

En maintes guises t'ont moquié,
   Devant toi euz agenoullie,
Baillans le rosel en la main   B-nt θπ$\mathfrak{P}$H, la] ta HC^2
Aussi com fusses un roy vain,   Ainsi que f. $\mathfrak{P}$
Couvert ton chief et li batu   11,285   Bandey ta face et tont b. $\mathfrak{P}$, li] le H tont π$\mathfrak{P}$
Toi demandant : qui t'a feru,   Te $\mathfrak{P}$ En HC^2
Puis toi donnant grans joees   Et HC^2, te d. $\mathfrak{P}$
De leur poins et grans paumees,
Et toi en mi le vis crachant   Sur ta doulce face cr. $\mathfrak{P}$
Et mainz autres despis faisant,   11,290
Pour les quiex et autres pluseurs
À avenir encor gregneurs   —A π$\mathfrak{P}$GHC^2, encore(s) $\mathfrak{P}$ (H)
En ton oroison sanc suas,
Si que en couroient tout bas   Telement quen coulerent b. $\mathfrak{P}$; courourent π
A terre les grosses goutes   11,295   Jusqua t. $\mathfrak{P}$, tresgrosses C^2
Senefians les grans doutes   Bien monstrans l. horribles d. $\mathfrak{P}$, g.] griefues HC^2
Que de la mort ja avoies   ja] lors tu $\mathfrak{P}$, av.] veoies HC^2
Et de l'ame ja veoies.   Car en ton cuer bien le sentoies HC^2, l.] lesperit $\mathfrak{P}$
Ton deciple à ce te trahi   d-ples θ, d. qui te trahit $\mathfrak{P}$

Lines 11,298-11,311.—These 13 lines are partly lost, since a part of this last but one page of the volume (page 494, column 1), which they begin, has been torn off P^1. See also below, note at lines 11,345 and 11,392.

Et ·xxx· deniers te vendi,	11,300	v-it ℘
Toi reputant de pris petit.		Te ℘
A tout lanternes et de nuit		lampt. *G*, l. a minuit *H* l. a mienuit *C*²
Fus devant les juges mene,		menes *G*, le j-e *C*²
Com murtrier et larron lïé,		murdrier, lies *G*, murtier π, li.] promie *C*²
La traitié irreveran̄ment	11,305	Li traitre inreueraum. *H*, irreuerem. ℘*G*, Toy traictie *C*²
Et injurïé laidement,		
Et finablement presenté		
Au juge de mort et livre.		A pilate et a m. l. ℘
Ce fu Pilate qui te mist		Lequel arrogamment te m. ℘
A questions et qui te fist	11,310	q-on Θ*C*²
Par Herode questionner		
Et a l'estache tourmenter		lestaque Θ, a est. conuerser *H*, conuerste *C*²
D'escourgiées, si qu' espandus		Des courgieez *G* D-gies π*H*, D-giez si que respandu ℘
Estoit ton sanc a terre jus,		En fu ton *HC*², Fut ton s. et de te. beu ℘
Qui apres couronner te fist	11,315	Et *C*²
D'espines que trouva ou quist		quil t. ℘, ou] et *G*
Si aspres que te percoient		quelles te perso. ℘
Le chief et jus espandoient		et] si que *H*, et abas respand. ℘ et saillir faisoient *C*²
Ton sanc, et ainsi aus Jüis		et ai.] semblablement ℘, aussi *C*²
Te presenta de sanc rougis.	11,320	
Point ne falloit autre rougeur		dautre *HC*²
A ton vestement ne couleur.		ne] et *GH*
Et n'en furent en rien content		Dont ℘, ne *C*²
Les Jüis, mez plus aigrement		
Crierent que crucefïé	11,325	Crioient *C*², crucif. *G*
Tu fusses et a mort livre.		
Adonc par le commandement		
Pilate sanz delaiement		De p. ℘*C*², d.] targement *C*²
Au gibet de Cauvaire fus		
Mené et la despoullié nus,	11,330	Menes et la d-llies *G*
Estendu par mains et par piés		E-dus Θ*GC*²
Et par mi fendus et perciés,		mi tout oultre pe. *GHC*²

Si que ton sanc par tout couloit		p. mi c. Θ
Et la terre jus abevroit,		abuuroit ℬ*GH*
Et ainsi fus tu haut leve	11,335	t. en h. *C*²
Devant tous et crucefié,		crucif. *G*
Mis à l'estendart hautement		Mais *C*², a] en *H*
Et en spectacle à toute gent,		En *C*²
A honte et à confusion		—a *G*
Et à plus grant irrision	11,340	g. derision ℬ
C'on pouoit faire et grant despit		
Par dit, par fait et par escrit		Sayetes de lang. ℬ, longues π*G* lances *HC*², et de dars π
De saetes, lengues et dars		
C'on y ruoit de toutes pars,		Que on *C*², y] te ℬ, r.] gettoit *HC*²
Non pas seulement les Jüis,	11,345	Et non ℬ
Mez li un des larrons qui mis		M. lun d. *G*, lun d. deux la. ℬ, uns de la. Θ
Assez près de toi mort soufroit		
Pour ce que desservi avoit.		d. lauoit Θπℬ*C*²
Et celle saingniée tres grant		icelle ℬ ceste *G*, saignie πℬ*GH*
Ne fu pas encor soufisant	11,350	encore *C*², suffis. *G*
Aus Jüis, mez au cuer sainnier		m. encor (encores ℬ) s. πℬ*HC*², seignier *GC*²
Te firent, et le cors percier		
D'une lance quë y bouta		De grant l. ℬ, quon y b. *H*
Un dur sainneur qui estoit la		seigneur πℬ*GH*, U. mauuais tirrant q. fu l. *C*²
Qui de ton sanc fist tout partir	11,355	Car. de ton s. f. tant yssir *HC*², p.] yssir *GH*
Le remanant et hors issir.		i.] partir *GH*
Et onques avoir n'i pëus		onque Θ, ne p. *G*, pois *H* pouis *C*²
A boire, et si le requerus,		requëis *H* requers *C*²
Fors fiel et ordure [tres] grant		tres *H*, Lors *G*
Qui à tel sainnïe afferant	11,360	A *C*², —Qui *H*, saignies πℬ*GH*
En rien couvenable n'estoit		
Forz tant que ta mort plus hastoit.		

Lines 11,345-11,370 partly lost too through the same defect of the MS. in the 2nd column of page 494 as lines 11,298-11,311 in the first one. See above, note at line 11,298, and below, note at line 11,392 *P*¹.

Ainsi mourus à grant douleur,
A grant lamentement et pleur
De ta mere qui la estoit, 11,365
Qui pour toi la mort desiroit
Quant de tel mort te vit mourir,
Pour quoi ausi je doi gemir
Et toute ma vie plourer
Së à point y vueil regarder ; 11,370
Quar pour moi tu as ceste mort
Soustenu, et à mon grant tort
Rien n'as meffait, mez tout ceci
J'ai par mes pechiés desservi.
Ma coupe, Jhesu, ma coupe ! 11,375
Pechié les iex si m'estoupe
Que jamaiz pour toi regarder
Je ne les ouserai lever,
Ne moi faire vëoir a toi.
Douz Jhesu, pardonne le moi, 11,380
Et de moi aies tel merci
Que mon tort metes en oubli,
Par devers ton pere pardon
Moi empetrant que, pour raison
De ta mort, ne soit contre moi 11,385
Indigné, quë indigné croi
Pour ce que tu, son fil, es mort,
Si com bien le scet, à mon tort.
Ma coupe, Jhesu, je t'en di,
Et en suppliant je te pri 11,390
Que tu ne me soies pas plus
Riguoureus quë aus Jüis fus
Que de ta mort tu escusas

Et aussi souffroit g. d. HC^2
Gr. lamentacion et p. $H\ C$
Ta m. q. illec e. HC^2

q. je doy a. g. G
v. fort pl. $\mathfrak{P}$
v. bien r. $\mathfrak{P}$
p. quoy tu HC^2, este C^2
S-nue $\mathfrak{P}$, S-nue a H, a moult g. GH, Ce a este a tres gr. C^2
mais (ne HC^2) desseruy $\pi\mathfrak{P}GHC^2$
Par m. pe. iay (as HC^2) tout cecy $\pi\mathfrak{P}GHC^2$
doulx J. C^2
Mon p. l. i. tant m. $\mathfrak{P}$, P. si (si fort HC^2) l. i. est. GHC^2
Ne les oseroye l. $\mathfrak{P}C^2$, oseroye $\pi\mathfrak{P}GAH$
Naussi me f. $\mathfrak{P}$, Ne f. v. m. a t. (a t. m. C^2) HC^2
p-nes θ
moi tu a. $\mathfrak{P}$

Mimpetr. q. p. lachoison $\mathfrak{P}$

I. laquel chose cr. (toy H) $\phi GAHC^2$
—ce A, Si comme tu HC^2
Comme b. $\mathfrak{P}$, —com H, Et bien scay que cest par m. C^2, scay par m. GAH
c. humblement je $\mathfrak{P}$
ten H
Quau moins tu $\mathfrak{P}$
Rigour. $\pi\mathfrak{P}GH$ Rigor. B^5, quaux faulx J. tu f. P
exc. $B^5\pi\mathfrak{P}G$

Lines 11,392 et seqq., which should begin the last page (495) of P^1, page 494 column 2, ending at the line 11,391, are lost, since the upper part of page 495 has been torn off, as the upper part of the preceding page 494 has been. See above, note at lines 11,345 and 11,298.

Le Pelerinage Jhesucrist.

Com ignorans, et supplias
Ton pere que leur pardonnast   11,395
Et que pardon leur en donnast.
Et ausi te pri que pardon
Tu me faces, com au larron
Fëis, qui merci te pria,
Qui à un seul mot empetra   11,400
Avec toi estre en paradis,
Touz ses meffaiz en oubli mis.
Ce te requier pour abregier
Mon voiage dont ai mestier
Pour les grans meschiëz qui y sont   11,405
Et qui grans destourbiers y font,
Et pour la grant desirance
Que j'ai quë a moi s'avance
Ta grace, pour moi adrecier
Par le chemin et le sentier   11,410
Par où je doie toi süir
Pour a celui terme venir
Où apres grans labeurs alé
Es et en ton lieu retourne,
[C'est en la gloire celeste]   11,415

[Où nous puissons avoir estre.]

q. les regardaist B^5 q. pardon l. fist $\mathfrak{P}$, quil C^2
—11,396 G, Et de l. mal ne les punist $\mathfrak{P}$
a. je te prie pa. B^5
Me fache come fesis le l. B^5, Que ma f. χ
Quant merchit de cuer t. p. B^5, Tu fis $\mathfrak{P}$, p.] crya $C^2 \chi$
Et B^5, seur m. Θ, impet. $\mathfrak{P}$] engendra $H\chi$ engenra C^2
Auoeque t. en p. B^5

Si $\pi \mathfrak{P} A$, Si te suppli p. $HC^2 \chi$, Che toi r. p. abrig. B^5
veage vueilles adrecier $\mathfrak{P}$
m-chiefs GH
g-t d-ier my f. $\mathfrak{P}$, —y C^2

jen ay quen m. s. $HC^2\chi$, a] viers B^5, m. bien tost s. $\mathfrak{P}$
p. bien madr. $\mathfrak{P}$
Le droitte voie et B^5
P. la ou $\mathfrak{P}$, je te d. (doy$\mathfrak{P}G$) s. (ensuir B^5) $B_5\mathfrak{P}\phi GAHC^2\chi$, sieuir Θ suiuir $\mathfrak{P}$
chel. tierme B^5
labours G, labeur ales B^5
r-nes B^5
—11415 $\beta\Theta A^2 B^5 B^2 B^3 \pi \mathfrak{P} y d A e p$, (z a P^1 end before this line l. 11415, see note at the bottom), occurs in $\phi a v G c b g H C^2 \chi P$, celestre $b g H C^2 \chi P$
—11,416 $\beta\Theta A^2 B^5 B^2 B^3 \pi \mathfrak{P} y d A e p$, occurs in $\phi a v G c b g H C^2 \chi P$, av. nostre e. $c g H C^2 \chi P$

11,415, 11,416.—Incomplete are MS. z (ending at line 11,070 through loss of one layer. See above, note),
,, ,, a (stopping at line 11,208. See note above),
,, ,, P^1 (lines 11,392 et seqq. being torn off).
For the "Explicits" after line 11,414 (11,416 respectively) see Appendix.

APPENDIX

CONTAINING THE ADDITIONAL LINES OF THE TEXT WHICH WERE TOO COPIOUS TO BE PRINTED IN FOOT-NOTES.

338a Et aussi fault il bien entendre
   b Afin quil ny ait que reprendre
   c Quaucunes choses cy trouuees
   d Ou present euure et recitees
   e Comme est en latercation
   f Faicte pour lincarnation
   g De iesucrist deuotement
   h Par les vertuz et doulcement
   i Ou autres teles et semblables
   k Combien que ne soient mye pour fables
   l Toutesfoiz ne fault pas penser
   m Que je les aye volu poser
   n A ce quon croye que iaye esté
   o Cest altercaz fait ne traicte
   p Ains lay fait pour deuotion
   q Et saincte edification
   r En ensuiuant vernard mon pere
   s Qui men a monstre la maniere
   t En son tresbel premier sermon
   u Faict de lanunciation.
   v Et tout ainsi quay fait deuant
   w En mon deuxiesme songement
   x En declarant denfer les peines
   y Et de paradis ioye soueueraines

   z Tenu iay forme corporele
  aa Pour duire a la maniere et regle
  bb Quon puisse aucunement sauoir
  cc Et en soy mesmes conceuoir
  dd Les grans peines ou ioye sans fin
  ee Que receura tout pelerin
  ff Selon la vie quaura tenu
  gg Et bien ou mal aura vescu. ℔ (fol. 150 c-d).

The thirty-four additional lines 2334 k-tt are headed by the following colophon and ten introductory lines (=2334 a-k) in *s* (MS. written by Raoulet d'Orliens):

Cy apres sensuiuent trois miracles | qui aduindrent la nuit de la natiuite | de ihesucrist mis en cestui liure et ad | ioustes par R. dorliens du congie et con | sentement de ·ii· maistres en theologie | cest assauoir maistre estienne de | chaumont et maistre iehan adam.

2334a Premier [miracle] :
     En celle glorieuse nuit   (2334 a-k)
   b Que la vierge sanz cri ne bruit
   c Enfanta ou poure logis
   d Le vray dieu a qui suy subgis

 e Et demoura vierge enterine
 f Tres humble tres doulce et benigne
 g Apparurent pluseurs miracles
 h Visibles sanz aucuns ostacles
 i Des quelz ie ne me vueil pas taire
 k Car ci vous en vueil trois retraire :
2334 l Aussi (Veu z) fut tout pour (par H) verite
 m La nuit de la (sa P^1) natiuite   [(2334 l-tt)
 n Du (Le P^1) filz dieu veu (De mainte femme et z) de maint homme
 o Oultre (Entre a) tybere qui (tibre qui est P^1) a romme
 p Queurt ruissel (Court courir z, ruisse avG) en grant habondance
 q Duille qui fut (est a, Ruissel duille en z) signifiance
 r Que huille (vile C loile P^1) de grace estoit nee
 s Au (Ou H) monde icelle (m. en ic. zH) nuytiee
 t Le secont miracle (z)

Encore (E-re $veaH$ Et encor z) fu un autre signe
 u Qui est bien de (Q. b. est a z) recorder digne
 v Car a (en z) ce tempz faisoit grant froit
 w Et nulle verdure (Et v. en arbres z) nestoit
 x Mais a celle nuit proprement (vraiement z)
 y Que nasqui nostre sauuement
 z Que vray dieu et vrais homs je dy (home dy P^1)
 aa Toutes les vignes dengady (degady H)
 bb Qui seches estoient fleurirent
 cc Et verdes (vertez $zaeH$) fueilles et fruit firent
 dd Tant que chascun en habondance
 ee En prenoit (prenoient P^1 cueilloit z) a sa suffisance.
 ff Le tiers miracle (z)

Apres que celer ne doit nulz (Et de rechief q. c. nuls (z)
 gg Le haut (grant H) temple de romulus (Ne doit le t. r. z)
 hh Que les romains dedens la ville
 ii Firent bel pour ce que sebile (De rome fir. q. seb. z)
 kk Leur auoit dit lonc temps deuant
 ll Qui dureroit (Quil d. e Que il durroit b) jusques a tant
 mm Que vne vierge enfanteroit
 nn Sy distrent que ja ne seroit (ja nauenroit z)
 oo Que vierge eust enfantement
 pp Si (Et z) le firent seurement
 qq Mais celle nuit quelle enfanta
 rr Le temple cheut (chut vzH cheust a) et crauanta (creuanca a)
 ss Les ydoles qui ens estoient
 tt Quant (Que za) les romains lors aouroient.

2926a Aussi est cler que premier ne
 b Peut estre dit et bien nomme
 c Deuant qui autre nest nascu
 d Pose quautre ney, ne venu
 e Soit apres, car il nest pas dit
 f Que pour verifier ce dit
 g De premier ney que vng autre apres
 h Nasquir doye, ou soit par expres
 i Ains suffist quaucun par auant
 k Nascu ne soit aucunement. ℬ (f. 163d)

4702a Quil auoit quant il fut mene
 b En ierusalem puis trouue
 c Le tiers iour entre les docteurs
 d Leur faisant questions pluseurs
 e Et que ce mistere perfect
 f Sen retourna en nazareth
 g Jusques il eut ·xxix· ans
 h Quil vint auecques ses parens
 i Aux nopces ou miracle fit

Appendix. 371

   k Ainsi quauons tantost escript
   l Desquelles tout secretement
   m Sen partit et receleement
   n Afin quil ne fust honore
   o Du miracle et magnifie. 𝔓 (f. 172d)

5148a Mais vien ca poure malostru
   b A ce cy que me diras tu
   c Tu donnes toutes regions
   d Du monde sadorations
   e Te veult faire quas tu donne
   f Aux autres qui tout adore
   g Et que desormais donneras
   h Aux autres quant plus rien nauras
   i Puis qua cestuy tout veulx donner
   k Sil est content de tadorer. 𝔓 (f. 175a)

For 5371 and 5372 𝔓 has the following ten lines.

   a Car ainsi que a male action
   b Nest deu double punition
   c A la bonn[e] sem[bla]blemment
   d Nest deu double retribuement
   e Toutesfois ne veulx pas entendre
   f Et si ne vous veulx pas defendre
   g De bien faire deuant la gent
   h Mais non pour le glorifiement
   i De vous, ains que glorifie
   k En soit vostre dieu et loue. 𝔓 (f. 176b)

8442a Mais nous hommes qui lignorons
   b En ce faisant meriterons
   c Et pour ce aurons tresgrant loyer
   d Que ce souffrons pour lamender
   e Mais mieulx ce fist, afin quexemple
   f De luy prenons que nulle offense
   g Ne ferons se benignement
   h Redarguons nous mal faisant. 𝔓 (f. 191d)

J.-Chr.=Ame 6477-92.
9274a He doulx filz pour quoy approcher
   b Nose de toy pour tembrasser
   c Moult volentiers tes clos ostasse
   d Et tes griefues playes estanchasse
   e Et ton sang que ie voy couler
   f Et au dedens de terre entrer
   g Moult volentiers aussi touchasse
   h Ta doulce bouche et la baisasse
   i Judas ton traistre la baisa
   k Ne scey comment faire losa
   l Ne comment aussi luy souffris
   m Abeuurey aussi tont les iuifz
   n De fiel et de beuuraige amer
   o Quant la soif te ouyrent clamer
   p Et lasse, de toy suis seuree
   q Pres quen suis a la mort liuree
                                𝔓 (f. 195d-196a)

The "Explicits" after line 11,208 (see here above, note at line 11,208) read somewhat differently in most of the MSS. consulted, viz.:

1. Deo gracias.—Cy fine le pel. J.-Chr. *v*

2. Deo Gracias.—Cy fine (fenist *y*) le pel. J-Ch.—Cest cy apres (—C. cy a ϵ) ci (ci apres *c*) commence *yc*) loroison de cil (celluy *y*) qui le songa selon la maniere du dit pelerinage (p. va ϵ) *y*φ*a*G*ec*

3. Cy fenist le pel. J-Ch.—Laucteur parle et fait sa priere. *d*

4. Cy finist le pel. nostre seigneur J-Ch.—Cy est a la fin comme celluy qui songoit en se eueillant se trouua ou iardin au pie du pommier qui se mist a genouz en faisant sa priere a Dieu *A*

5. Explicit le pel. J-Ch.—Deo gracias.—Cy sensuit loroison du pelerin contenant en brief tout le pel. que J-Ch. fist en ce monde *H*

6. Explicit le pel. J-Ch.—Item vne deuote prijere ensiwant apres B^b

7. Cy fenist le pel. J-Ch.—Cy apres sensuit loroison de cil qui le songa selon fourme et la maniere du dit pel. p

8. Cy fenist le liure du pel. J-Ch.—Loroison de celluy qui fist le dit pel. touchant la matiere dicelluy C^a

9. Cy commence la table de ce present liure par maniere doroison en recitant brief ce que oyons estre contenu &c. (sic) χP

10. There are no "explicits" at all in $a P^1 \pi \mathfrak{P}$; in $\mathfrak{P}$ the beginning of the "Prayer" is not even indicated by a larger capital, in the "Table" however the "Prayer" figures under two different headings, one of them is given here above in the text, the other one reads: Epilogation de la vie de nostre saulueur Jesuscrist $\mathfrak{P}$

The "Explicits" after line 11414 (11416 resp.).

1. (After 11416) Amen. $\pi H C^c \chi P$ (π gives then the name of the scribe quite in full (see description of MS. π in the "Introduction" and adds: Scriptor qui scripsit cun Christo viuere possit).

2. (after 11414) Amen (—Amen y). Qui peregrinasti patriamque tuam (—tuam d') remeasti|

Duc post te, dominum, miseratus me peregrinum. $\beta \theta y d$.

3. (after 11416) Amen. Cy fine loroison de lacteur $\phi a v G$ (G adds: Explicit hic liber | Scriptor sit crimine liber. | Detur pro pena scriptori pulchra puella; then there follows the name of the scribe (Rommentin), of the first owner (Monseigneur d'Angierville) and the date of the MS. (1437). See description of this MS. in the "Introduction").

4. (after 11414) Amen. Cy fenist le pel. J-Ch. et commence le pel. de lame e

5. (after 11414) Amen, laquelle chose nous vueille octroier le pere, le fils et li sains esperit. Amen.—Cy fenist le pel J-Ch.—Explicit totum opus deo gracias. p

6. (after 11416) Ci fine le pel. J-Ch.—Ci apres commence vne oroison de nostre dame que celui, qui escripst ce liure, fist. (For the text of this short prayer of 16 lines, see description of MS. c in the "Introduction.") c

7. (after 11414). Cy finist des pelerinaiges| Lutile et notable romant | En sentences et en lengaiges | Tout gay mignot et tout plaisant| Et toutesfoys deuotement | Traictant tout ce quest necessaire | A chacun pour son sauue ment | Acquerir et pour a dieu plaire | —a dieu graces.—Clereuaulx. $\mathfrak{P}$

Contraste insuffisant ou
différent, mauvaise qualité
d'impression

Under-contrast or different,
bad printing quality

Texte manquant ou pris
dans la reliure; reliure
trop serrée

Missing text or text caught
in the book-binding; too
tight book-binding